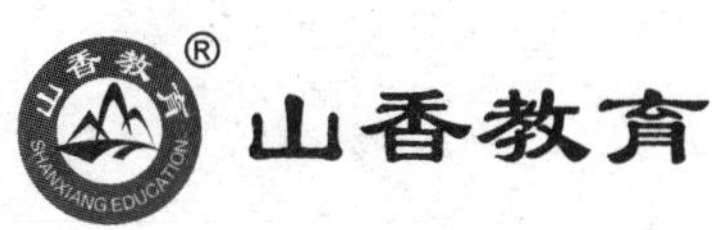

教师招聘考试历年真题详解及预测试卷

小学音乐

真题试卷

（本真题试卷由山香教育考试命题研究中心收集、整理）

目　录

2023年江苏省淮安市涟水县教师招聘考试真题试卷(一)

小学音乐

(满分100分　时间120分钟)

本套试卷共31小题,包括填空题(10小题),单项选择题(10小题),连线题(3小题),写作题(2小题),名词解释(3小题),简答题(2小题),作品分析题(1小题)。

一、填空题(本大题共10小题,每空1分,共20分)

1. 在乐音体系中,各音的名称叫作________,供歌唱用的名称叫作________。

2. 小字一组的c,位于乐音体系中央,称为________;小字一组的a,用作确定乐音体系中各音高的标准,称为________。(常考)

3. 在乐曲中有两种或两种以上不同拍子先后出现叫作________。

第3题

4. 对山歌通常是一问一答地________编唱。

5. 昆曲素有"________"的雅称,它融________、________、________、________、________为一体,被联合国教科文组织列为首批非物质文化遗产。

6.《蓝色狂想曲》是________的作品,他成功地将________与________结合起来。

7.《致春天》是挪威作曲家________最著名的钢琴小品之一。

8. 圆舞曲起源于________北部,是一种________拍子的舞曲。

9. 瑞士民歌《瑞士山歌》采用了民间传统的________唱法。

10. 聂耳所写的革命歌曲被誉为________。

二、单项选择题(本大题共10小题,每小题1分,共10分)

11.《阿细跳月》是(　　)乐曲。

A. 藏族　　B. 蒙古族　　C. 彝族　　D. 傣族

12.《霓裳羽衣曲》是我国(　　)著名的歌舞作品。

A. 汉代　　B. 唐代

C. 宋代　　D. 元代

第12题

13. 一个音由弱拍或拍中弱部位延续到次一强拍或拍中强部位，改变原来节拍的强弱规律，称为(　　)

A. 重音　　B. 延长音

C. 切分音　　D. 强音

14. 柴可夫斯基创作的弦乐四重奏是(　　)

A.《月光》　　B.《魔笛》

C.《如歌的行板》　　D.《G 大调弦乐四重奏》

15. 钢琴独奏《向阳花》采用了(　　)的素材。

A. 河北民歌《小白菜》　　B. 苏北民歌《李玉莲调》

C. 山西民歌《绣荷包》　　D. 蒙古族民歌《小黄鹂鸟》

16. 增六度与下列哪个音程互为等音程(　　)

A. 小七度　　B. 倍减七度

C. 减七度　　D. 大七度

17. 音位不变，将纯四度音程上方音升高半音为(　　)

A. 大三度　　B. 减四度

C. 增四度　　D. 减五度

18. 调号同为两个升号的关系大小调是(　　)(常考)

A. D 大调和 c 小调　　B. D 大调和 b 小调

C. F 大调和 d 小调　　D. D 大调和 d 小调

19. 下列属于贺绿汀的作品是(　　)(常考)

A.《游击队歌》　　B.《牧童之歌》

C.《映山红》　　D.《儿童团放哨歌》

20. (　　)是巴赫的作品。

A.《水上音乐》　　B.《小夜曲》

C.《晨景》　　D.《马太受难曲》

第 20 题

三、连线题(本大题共 3 小题，每线 1 分，共 15 分)

21. 将下列速度术语及其含义对应连接。

Grave	稍快
Prestissimo	小行板
Andantino	速度自由
Piu mosso	庄板
Ad libitum	最急板

22. 将下列作者及其作品对应连接。

《田园交响曲》　　　　　　肖邦

《波兰舞曲》　　　　　　　贝多芬

《鳟鱼五重奏》　　　　　　舒伯特

《爱之梦》　　　　　　　　李斯特

《卡门序曲》　　　　　　　比才

23. 将下列民歌及其国家对应连接。

第 23 题

《美丽的西丽托》　　　　　印度尼西亚

《划船歌》　　　　　　　　法国

《蓝色的爱》　　　　　　　德国

《银色的桦树林》　　　　　加拿大

《幽静的山谷》　　　　　　墨西哥

四、写作题（本大题共 2 小题，每小题 3 分，共 6 分）

24. 写出下列各调调号。

A 大调　$^{\#}$F 大调　^{b}E 大调

25. 以下列音为根音，按要求构成音程。

五、名词解释（本大题共 3 小题，每小题 5 分，共 15 分）

26. 无词歌

27. 江南丝竹

28. 协奏曲

六、简答题（本大题共 2 小题，共 18 分）

29. 请写出民族管弦乐队的乐器分组。（8 分）

第 29 题

30. 简要写出贝多芬的音乐风格特点以及重要作品。（10 分）

七、作品分析题（本大题共 16 分）

31. 以江苏民歌《无锡景》和山东沂蒙地区的民歌《沂蒙山小调》为例，简述中国民歌中小调的特点。

2023年浙江省杭州市萧山区教师招聘考试真题试卷(二)

小学音乐

(满分100分　时间120分钟)

本套试卷共35小题,包括单项选择题(20小题),判断题(10小题),分析写作题(2小题),简答题(2小题),教学设计题(1小题)。

一、单项选择题(本大题共20小题,每小题2分,共40分)

1. 速度记号Moderato表示(　　)(易混)

A. 行板　　B. 慢板　　C. 快板　　D. 中板

2. 增八度音程转位后是(　　)

A. 增一度　　B. 减一度

C. 减八度　　D. 增八度

第2题

3. 调式音阶以主音为中心,主音下方三度的音为(　　)

A. 上主音　　B. 下中音　　C. 属音　　D. 下属音

4. #F大调的同名小调是(　　)

A. #C大调　　B. #d小调　　C. #D大调　　D. #f小调

5. 在和声小调中,小七和弦是在(　　)音上构成的。

A. Ⅰ级　　B. Ⅱ级　　C. Ⅲ级　　D. Ⅳ级

6. 木卡姆是流行于我国(　　)地区的歌舞音乐形式。

A. 内蒙古　　B. 新疆　　C. 西藏　　D. 云南

7. 伽倻琴是下列哪个民族的代表性乐器(　　)

A. 蒙古族　　B. 藏族　　C. 朝鲜族　　D. 鄂伦春族

8. 呼麦是哪个民族特有的单人多声部表演艺术(　　)

A. 蒙古族　　B. 藏族

C. 维吾尔族　　D. 哈萨克族

9. 京韵大鼓属于(　　)类说唱音乐。

第9题

A. 弹词　　B. 道情

C. 鼓词　　D. 牌子曲

10. 基本主题出现三次以上，中间插入互不相同的段落，这样的曲式结构称为(　　)

A. 复二部曲式　　B. 回旋曲式　　C. 变奏曲式　　D. 复三部曲式

11. 柴可夫斯基的三大芭蕾舞剧是(　　)

A.《天鹅湖》《红舞鞋》《胡桃夹子》　　B.《睡美人》《胡桃夹子》《红舞鞋》

C.《胡桃夹子》《睡美人》《天鹅湖》　　D.《春之祭》《睡美人》《天鹅湖》

12. 舒伯特最重要的创作领域是(　　)

A. 交响乐　　B. 歌剧　　C. 艺术歌曲　　D. 钢琴曲

13. 原来交响曲中的第三乐章是小步舞曲，贝多芬将其改为(　　)

A. 奏鸣曲　　B. 圆舞曲　　C. 进行曲　　D. 谐谑曲

14. 表现主义音乐的代表人物勋伯格及其两个弟子，被人们称为(　　)乐派。

A. 新古典主义　　B. 新浪漫主义　　C. 新维也纳　　D. 新巴洛克

15. 下列哪部歌剧采用了中国民歌《茉莉花》的音乐元素(　　)

A.《蝴蝶夫人》　　B.《图兰朵》　　C.《茶花女》　　D.《卡门》

16. 圆舞曲又称华尔兹，是起源于(　　)的民间舞蹈。

A. 奥地利　　B. 波兰　　C. 法国　　D. 德国

17. 我国最早刊印的古琴曲集是朱权的(　　)(常考)

A.《弦索备考》　　B.《神奇秘谱》　　C.《乐府传声》　　D.《溪山琴况》

18. 下面旋律的主要创作手法是(　　)

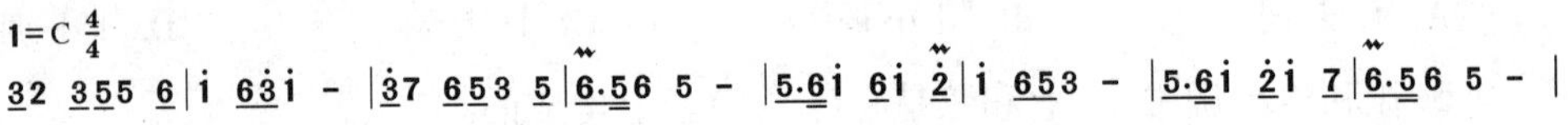

1=C $\frac{4}{4}$

32 355 6 | 1̇ 63̇1̇ - | 3̇7 653 5 | 6·56 5 - | 5·61̇ 61̇ 2̇ | 1̇ 653 - | 5·61̇ 2̇1̇ 7 | 6·56 5 - |

A. 同头换尾　　B. 螺蛳结顶　　C. 换头合尾　　D. 修宝塔

19. 按民歌种类划分，青海花儿属于(　　)

A. 山歌　　B. 小调　　C. 劳动号子　　D. 信天游

20.《霓裳羽衣曲》是我国(　　)代著名的歌舞大曲。(常考)

A. 宋　　B. 汉　　C. 唐　　D. 明

二、判断题(判断下列各题的正误，正确的打"√"，错误的打"×"。本大题共10小题，每小题2分，共20分)

21. 交响诗是单乐章结构的音乐体裁。　　(　　)

22. 京剧四大名旦：梅兰芳、程砚秋、尚小云、荀慧生。（常考） （ ）

23. 金、石、土、革、丝、木、匏、竹是我国民族乐器制作的六种主要材料，称为“八音”。 （ ）

24. 康塔塔是一种大型器乐套曲，多以圣经为题材，风格偏抒情。 （ ）

25.《天鹅》是圣-桑的作品。 （ ）

第 24 题

26. “dim.”是渐慢的意思。 （ ）

27. 关系大小调的主音构成小三度。 （ ）

28. $\frac{9}{8}$ 属于混合拍子。 （ ）

第 25 题

29. 纯五度、减五度、增四度都是自然音程。 （ ）

30. 五线谱中的音符符尾永远写在符干右边并弯向符头。 （ ）

三、分析写作题（本大题共 2 小题，每小题 5 分，共 10 分）

31. 分析谱例，回答下列问题。

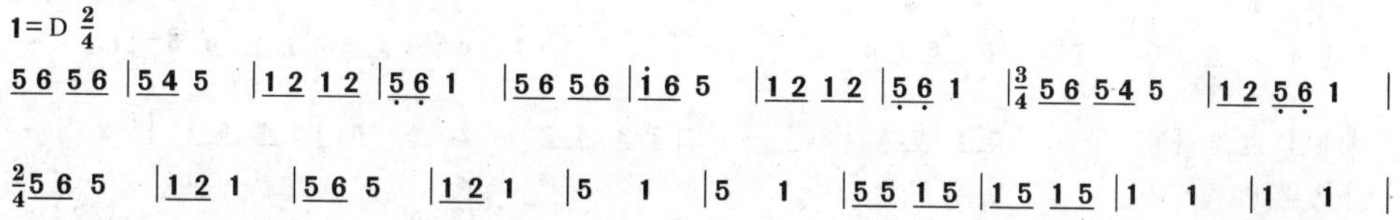

1＝D $\frac{2}{4}$

56 56 | 54 5 | 12 12 | 5̣6̣ 1 | 56 56 | i̇6 5 | 12 12 | 5̣6̣ 1 | $\frac{3}{4}$ 56 54 5 | 12 5̣6̣ 1 |

$\frac{2}{4}$ 56 5 | 12 1 | 56 5 | 12 1 | 5 1 | 5 1 | 55 15 | 15 15 | 1 1 | 1 1 |

问题：

（1）整首乐曲的调式是________。（2 分）

（2）乐曲主要的作曲手法是________。（2 分）

（3）乐曲的作者是________。（1 分）

第 31 题

32. 按要求写出下列指定音阶或调号。

（1）D 燕乐宫调式音阶（3 分）

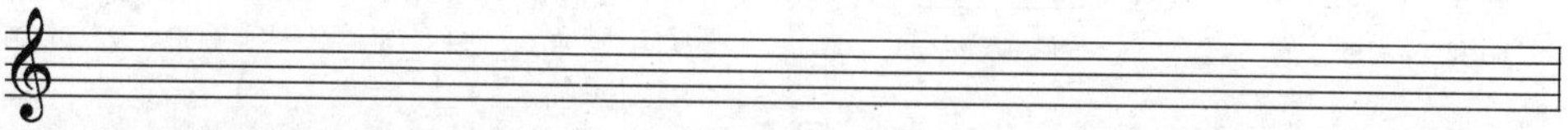

（2）^{b}b 小调调号（2 分）

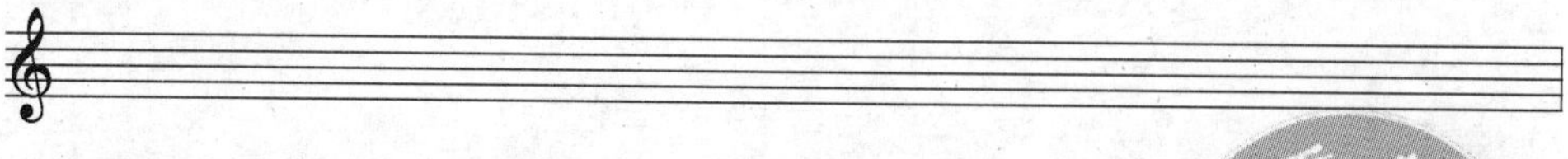

四、简答题（本大题共 2 小题，每小题 5 分，共 10 分）

33. 简述印象主义音乐的主要特点以及代表人物。

34. 简述进行曲的音乐风格特点，并列举几种不同风格的进行曲。

五、教学设计题（本大题共 20 分）

35. 请你以小学四年级下册《友谊的回声》为主要教学内容写一课时歌唱教学的教学设计。

要求：规范、完整地体现歌唱教学的新理念。

友谊的回声

1=^{b}E $\frac{2}{4}$

中速 清新地

王 健词

龚耀年曲

（1 4 6 | i 7 6 | 5. 5 3 4 | 5 - | 2 3 4 | 3 2 6 | 7 0 6 5 | 1 - ）|

‖: 5 1 3 2 | 1 - | 5 1 5 4 | 3 - | 2 3 4 3 | 2. 6 | 5 4 3 1 | 2 - |

1.静静湖水边， 静静山谷中， 向着大森林， 向着高山岭，

(2 2 6) (2 2 2)

2.静静大海边， 静静沙滩上， 向着天的那一边， 向着海的那一岸，

5 1 3 | 1 - | 1 4 5 | 6 - | f i 6 0 | pp i 6 0 | f 7 5 0 | pp 7 5 0 |

我喊一声 喊一声， 噢 噢 噢 噢

我喊一声 喊一声， 噢 噢 噢 噢

4 2 4 | 2 - | 0 5 5 6 | 5 4 3 | 5 4 3 | 2 6 7 | 1 - | 1 0 :‖

回声回声， 神秘的回声， 可爱的回声。

回声回声， 遥远的回声， 友谊的回声。

4 1 6 5 | 4. 5 | 3 1 5 4 | 3 - | 4 2 4 | 2 - | 0 5 5 6 |

和我心相应， 和我情相通， 回声回声， 友谊的

渐慢

5 4 3 | 2 0 4 5 | 6 - | 5 4 3 | 2 6 7 | 1 - | 1 0 ‖

回声是人间 最美的回声。

2023年山西省特岗教师招聘考试真题试卷(三)

音　乐

(满分100分　时间120分钟)

本套试卷共46小题,包括单项选择题(25小题),填空题(6小题),书写题(3小题),判断改错题(10小题),论述题(2小题)。

一、单项选择题(本大题共25小题,1~5小题,每小题2分,6~25小题,每小题1分,共30分)

1.评价教师的基本要求是(　　)

A.师德师风　　B.综合素质

C.为人师表　　D.认真履行教育教学职责

2.《学记》列举了当时教育的种种弊端及不良后果,比如其中"今之教者,呻其占毕,多其讯言,及于数进而不顾其安"的现象。这种现象不符合教学中的(　　)

A.巩固性原则　　B.直观性原则

C.启发性原则　　D.理论联系实际原则

3.课堂教学中,李老师让同学们在规定时间内写出所有学过的偏旁为"衣"的汉字,结果小明写的汉字最多。这说明小明的思维具有(　　)

A.流畅性　　B.变通性

C.独特性　　D.敏感性

4.在以"中国式现代化"为议题的教学中,以下最能体现思政课本质要求的是(　　)

A.甲老师讲述了2022年中国空间站建成的动人故事

B.乙老师讲述了习近平总书记"十个明确"思想的重要理论

C.丙老师诠释了"只有符合本国国情的现代化道路才是最好的道路"的深刻道理

D.丁老师引用了习近平总书记提出的"中国式现代化既体现了社会主义建设规律,也体现了人类社会发展规律"的基本观点

5. 有人说，学校开展的是集体主义教育，家庭进行的是个人主义教育，社会进行的是实用主义教育。面对这样的现象，应强调贯彻的主要德育原则是（　　）

A. 发扬积极因素与克服消极因素相结合　　B. 教育影响的一致性和连贯性

C. 正面教育与纪律约束相结合　　D. 集体教育与个别教育相结合

6. 下列作品不属于美籍俄罗斯作曲家、指挥家、钢琴家斯特拉文斯基的是（　　）

第6题

A.《火鸟》　　B.《春之祭》

C.《春之歌》　　D.《彼得鲁什卡》

7. 13世纪（　　）的产生逐渐把中世纪复调音乐推向高峰，被称为复调音乐新技术的实验地。

A. 考普拉　　B. 经文歌　　C. 迪斯康特　　D. 奥尔加农

8. 下列与刘天华的音乐贡献不相符的一项是（　　）

A. 创作了《病中吟》《光明行》《良宵》等10首二胡曲

B. 创作了《改进操》等3首琵琶曲

C. 创作了《荫中鸟》《幽兰逢春》等著名竹笛曲

D. 坚持"改进国乐"的理想，将二胡发展成独奏乐器

9. 歌剧《白毛女》中杨白劳的主题音调是以（　　）为素材创作的。

第9题

A. 河北民歌《小白菜》　　B. 山西民歌《捡麦根》

C. 陕北民歌《蓝花花》　　D. 江苏民歌《茉莉花》

10. 我国戏曲以（　　）划分声部。

A. 音色　　B. 音域　　C. 角色　　D. 行当

11. 古琴是中国的传统乐器，早在汉代已有今天的形制，它有（　　）

A. 6弦13徽　　B. 7弦13徽

C. 7弦12徽　　D. 6弦12徽

12. 下列作品中不属于江南丝竹的是（　　）（易混）

A.《欢乐歌》　　B.《中花六板》

C.《平湖秋月》　　D.《行街》

13. 探戈是一种中速、二拍子或四拍子的舞曲，起源于（　　）

A. 非洲，后传入阿根廷　　B. 美洲，后传入阿根廷

C. 欧洲　　D. 亚洲

14. 美国南部新奥尔良的黑人舞蹈音乐"爵士乐"兴起于20世纪（　　）年代。

A. 20　　B. 30　　C. 40　　D. 50

15. 广东音乐"三件头"主要使用(　　)、扬琴、秦琴等。

A. 板胡　　B. 二胡

C. 椰胡　　D. 高胡

16. ________和________的游吟诗人对中世纪世俗音乐的发展起着重要作用。选(　　)

A. 德国;法国　　B. 意大利;德国

C. 意大利;法国　　D. 英国;德国

17.《长征组歌》描绘了10个环环相扣的战斗生活场面,其中第5首是(　　)

A.《四渡赤水出奇兵》　　B.《过雪山草地》

C.《到吴起镇》　　D.《飞越大渡河》

18. 小提琴曲《苗岭的早晨》是以(　　)为素材创作的作品。(常考)

A.《大地飞歌》　　B.《苗寨月色》

C.《醉苗乡》　　D.《歌唱美丽的家乡》

19. 唐诗《李凭箜篌引》中提到的民族乐器箜篌是一种(　　)

A. 弹拨乐器　　B. 吹奏乐器

C. 打击乐器　　D. 拉弦乐器

20. 下列选项中对彝族舞蹈表述正确的是(　　)

A. 跳歌是彝族人民喜庆丰收时所跳的民族舞蹈

B. 跳歌被联合国教科文组织公布为"人类口头和非物质文化遗产代表作"

C. "三道弯"是彝族舞蹈的基本体态

D. 踏歌又称"达蹋""跳歌""左脚""跳锅庄"

21. 日本的传统音乐系统称为(　　)

A. 净琉璃(曲艺)　　B. 都节　　C. 邦乐　　D. 尺八

22. 我国传统的声乐模式有民歌、曲艺和(　　)

A. 戏曲　　B. 琴书

C. 京韵大鼓　　D. 新歌剧

23.《非洲赞歌》是非洲西部哪个国家的民歌(　　)

A. 加纳　　B. 布隆迪

C. 刚果　　D. 塞纳加尔

24. 下列民歌与其发源地对应错误的是(　　)(易错)

A. 湖南民歌—《铜钱歌》　　B. 北京民歌—《对鲜花》

C. 湖北民歌—《牧童》　　D. 河北民歌—《对花》

25. 下列不属于歌剧《江姐》中的唱段的是(　　)(易混)

A.《青松林内红旗扬》　　B.《数九寒天下大雪》

C.《春蚕到死丝不断》　　D.《五洲人民齐欢笑》

二、填空题(本大题共 6 小题,每空 1 分,共 20 分)

26. ________是哈萨克族民歌的主要伴奏乐器,________是维吾尔族的特色乐器,________是蒙古族的特色乐器,________是彝族的特色乐器,________是朝鲜族的特色乐器。

27.《孔雀舞》是我国________族的代表性舞蹈,朝鲜族的代表舞蹈是________,苗族的代表舞蹈是________,白族舞蹈家杨丽萍 1986 年创作并演出的独舞是________。

28. 六大交响曲包含有贝多芬的《田园交响曲》、________,舒伯特的________,德沃夏克的________,柴可夫斯基的________,________的《幻想交响曲》。

第 28 题

29. 长征的胜利,是中国革命转危为安的关键,毛泽东曾形象地指出“长征是历史记录上的第一次,长征是________,长征是________,长征是________。”(易错)

30. 文人音乐与________音乐、宗教音乐、民间音乐共同构成中国的传统音乐。

31. 戏曲界“南洪北孔”的代表作品分别是________和________。

第 31 题

三、书写题(本大题共 3 小题,共 12 分)

32. 写出以♭B 为宫音的雅乐角调式的音阶。(写调名)(4 分)

第 32 题

33. 写出♭B 雅乐角调式的音阶。(3 分)

34. 分析调式。(5 分)

(1)下面旋律的调式调性为________。

(2)下面旋律的调式调性为________。

四、判断改错题(判断下列各题的正误,正确的打"√",错误的打"×",并改正。本大题共10小题,每小题1.5分,共15分)

35. 羽调式是以羽为主音的民族调式,属于小调色彩的调式。 ( )

36. 我国京剧被联合国教科文组织定为非物质文化遗产。 ( )

37. 相和歌的原始形式是民间徒歌。 ( )

38. 管弦乐曲《红旗颂》的引子中采用了《东方红》的音调为素材。 ( )

39. 南戏最初产生在浙江温州地区。 ( )

40.《保卫黄河》是钢琴协奏曲《黄河》的第四乐章。 ( )

41. 协奏曲是亨德尔除歌剧之外最重要的创作领域。 ( )

42. 文艺复兴时期的法国最发达的声乐体裁是歌谣曲。 ( )

43. 巴赫的《马太受难曲》是瓦格纳在1829年首先发掘并亲自指挥上演的。( )

44. 古组曲是18世纪中叶流行的组曲,通常由德国的库朗特、法国的阿勒曼德、西班牙的萨拉班德、英国的基格四种舞曲组成。 ( )

五、论述题(本大题共2小题,共23分)

45. 论述梅兰芳的主要成就,并写出三首代表作品。(8分)

46. "嫦娥一号"是中国探月计划中的第一颗绕月人造卫星,搭载"嫦娥一号"的歌曲有32首,请你写出其中15首。(15分)

2023 年安徽省教师招聘考试真题试卷(精编)(四)

小学音乐

(满分 120 分　时间 150 分钟)

本套试卷已收录 56 小题,包括单项选择题(29 小题),判断题(10 小题),匹配题(10 小题),创编题(4 小题),教学设计题(3 小题)。

一、单项选择题(本大题共 29 小题,每小题 1 分,共 29 分)

1. 下面谱表中两音的音名以及组别标记正确的是(　　)

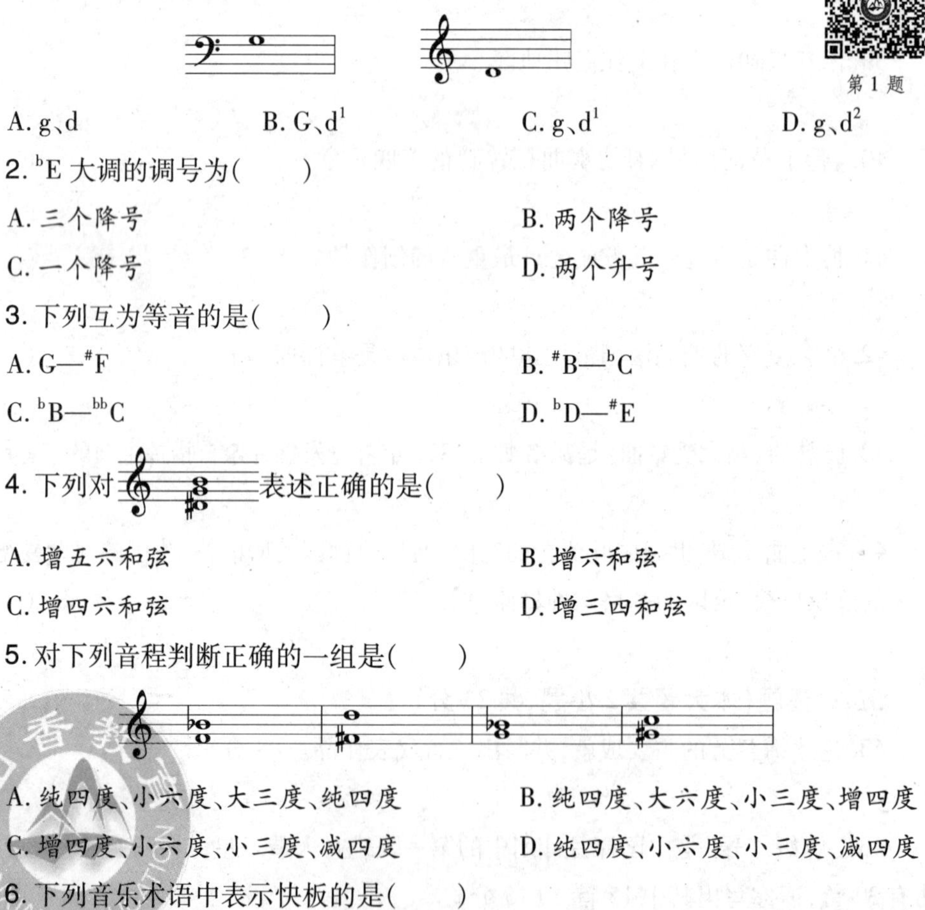

第 1 题

A. g、d　　B. G、d^1　　C. g、d^1　　D. g、d^2

2. ^bE 大调的调号为(　　)

A. 三个降号　　B. 两个降号

C. 一个降号　　D. 两个升号

3. 下列互为等音的是(　　)

A. G—$^\#F$　　B. $^\#B$—^bC

C. ^bB—^{bb}C　　D. ^bD—$^\#E$

4. 下列对  表述正确的是(　　)

A. 增五六和弦　　B. 增六和弦

C. 增四六和弦　　D. 增三四和弦

5. 对下列音程判断正确的一组是(　　)

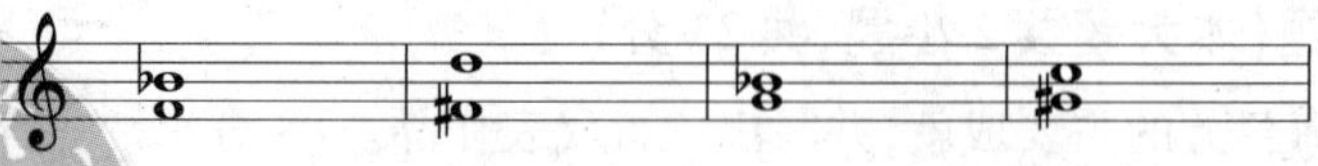

A. 纯四度、小六度、大三度、纯四度　　B. 纯四度、大六度、小三度、增四度

C. 增四度、小六度、小三度、减四度　　D. 纯四度、小六度、小三度、减四度

6. 下列音乐术语中表示快板的是(　　)

A. Andante　　B. Largo　　C. Moderato　　D. Allegro

7. ^{b}A 自然大调的关系小调是(　　)

A. f 自然小调　　B. $^{\#}$f 自然小调

C. ^{b}a 自然小调　　D. c 自然小调

第 7 题

8. 音乐术语 rall. 表示(　　)(易混)

A. 渐弱　　B. 渐强

C. 渐慢　　D. 突强

9. 歌曲《南泥湾》的曲作者是(　　)

A. 马可　　B. 麦新

C. 郑律成　　D. 聂耳

10. 音乐教育家黄自创作的我国第一部清唱剧是(　　)(常考)

A.《花非花》　　B.《长恨歌》

C.《玫瑰三愿》　　D.《踏雪寻梅》

第 10 题

11. 下列属于我国打击乐器的是(　　)

A. 木琴　　B. 小军鼓

C. 云锣　　D. 扬琴

12. 钢琴小品《牧童短笛》的曲作者是(　　)

A. 周广仁　　B. 丁善德

C. 贺绿汀　　D. 刘天华

13. 下面旋律片段出自(　　)

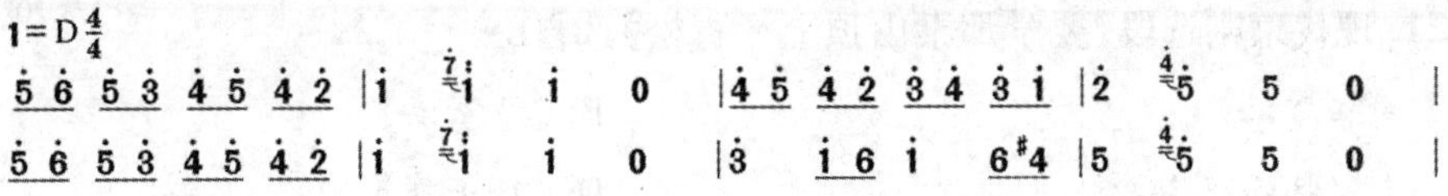

1=D $\frac{4}{4}$

5 6 5 3 4 5 4 2 | 1 7/1 1 0 | 4 5 4 2 3 4 3 1 | 2 4/5 5 0 |

5 6 5 3 4 5 4 2 | 1 7/1 1 0 | 3 1 6 1 6 #4 | 5 4/5 5 0 |

A.《小步舞曲》　　B.《加伏特舞曲》

C.《匈牙利舞曲》　　D.《军队进行曲》

14. 下面旋律片段的曲名和曲作者正确的是(　　)

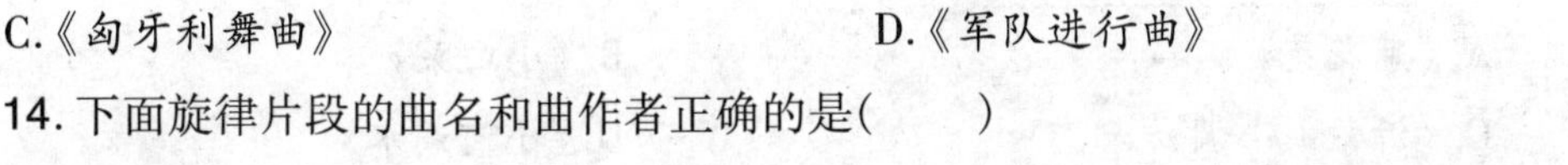

A.《摇篮曲》—舒伯特　　B.《摇篮曲》—勃拉姆斯

C.《梦幻曲》—舒曼　　D.《春之歌》—门德尔松

第 14 题

15. 下列不属于莫扎特的作品的是(　　)

A.《鳟鱼》　　B.《费加罗的婚礼》

C.《唐璜》　　D.《魔笛》

16. 毕生竭力追求“自由、平等、博爱”的理想，并开创浪漫主义之先河的德国作曲家是(　　)

A. 巴赫　　B. 莫扎特　　C. 海顿　　D. 贝多芬

17. 下列属于西洋铜管乐器的是(　　)

A. 长笛、单簧管、圆号、长号　　B. 圆号、长号、小号、大号

C. 单簧管、圆号、长号、小号　　D. 单簧管、双簧管、长号、大号

18. 下列不属于法国作曲家圣-桑创作的管弦乐组曲《动物狂欢节》中的作品的是(　　)(易混)

A.《天鹅》　　B.《狮王进行曲》

C.《袋鼠》　　D.《野蜂飞舞》

19. 下列民族乐器中柳琴是(　　)

A. 　　B. 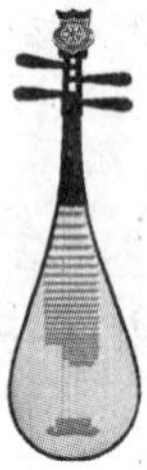　　C. 　　D.

20. 唐代初期创作的一部战争题材的大型歌舞曲是(　　)

A.《霓裳羽衣曲》　　B.《秦王破阵乐》

C.《凉州》　　D.《十面埋伏》

第 20 题

21. 现代京剧选段《要学那泰山顶上一青松》选自(　　)

A.《红灯记》　　B.《沙家浜》

C.《智取威虎山》　　D.《铡美案》

22. 下列属于云南民歌的是(　　)(常考)

A.《蓝花花》　　B.《小白菜》

C.《沂蒙山小调》　　D.《小河淌水》

23. 下面旋律片段的调式调性是(　　)

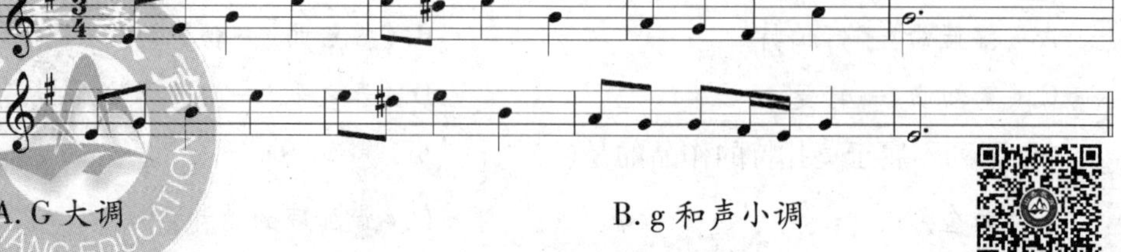

A. G 大调　　B. g 和声小调

C. e 和声小调　　D. e 羽调式

第 23 题

24. 下面旋律的所属地域是(　　)

A. 东北　　B. 云南

C. 江苏　　D. 陕西

25. 下列歌曲与国家对应正确的是(　　)

A.《拉库卡拉查》—挪威　　B.《铃儿响叮当》—俄罗斯

C.《红河谷》—墨西哥　　D.《剪羊毛》—澳大利亚

26. 四川民歌《太阳出来喜洋洋》的体裁是(　　)

A. 山歌　　B. 小调

C. 劳动号子　　D. 飞歌

27. 下面旋律的曲作者国籍是(　　)

A. 德国　　B. 法国　　C. 奥地利　　D. 挪威

28.《义务教育艺术课程标准(2022 年版)》中音乐学科的课程内容包含(　　)

A. 欣赏、表现、创造、联系　　B. 演唱、欣赏、创编、表现

C. 欣赏、表现、创造、活动　　D. 审美、感知、体验、创造

29.《义务教育艺术课程标准(2022 年版)》的课程理念包含(　　)

第 29 题

①坚持以美育人　②重视艺术体验

③突出课程综合　④培养艺术人才

A. ①②④　　B. ②③④

C. ①②③④　　D. ①②③

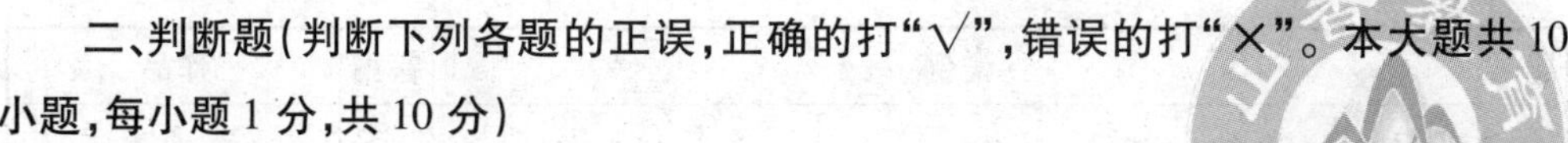

二、判断题(判断下列各题的正误,正确的打"√",错误的打"×"。本大题共 10 小题,每小题 1 分,共 10 分)

30. 管弦乐序曲《仲夏夜之梦》是门德尔松的作品。(　　)

31. 元杂剧《窦娥冤》的作者是关汉卿。(　　)

32. 由相同的主部和几个不同的插部交替出现构成的乐曲为变奏曲。
（　　）

33. 花儿是流行于贵州东南部的一种苗族山歌。（　　）

34. 广东音乐的代表人物吕其明的代表作有《步步高》《渔舟唱晚》《旱天雷》。（　　）

第 34 题

35.《金蛇狂舞》是聂耳根据民间乐曲《倒八板》整理改编的一首民族器乐合奏曲。（　　）

36. 作曲家亨德尔被称为是“德国古典作曲家中的最后一人”。（　　）

37. 康塔塔是一种多乐章的声乐套曲，起源于奥地利。（　　）

第 36 题

38. 歌曲《谁不说俺家乡好》是吕其明为电影《红日》所作的插曲。
（　　）

39.  $\frac{2}{4}$ [4] 此记号表示休止 4 小节。（　　）

三、匹配题（本大题共 10 小题，每小题 1 分，共 10 分）

将下列古代乐器前的字母填入对应的表格。

匹配题

序号	周代八音分类	答案	乐器
40	竹类		A. 埙
41	土类		B. 笙
42	革类		C. 箫
43	丝类		D. 柷
44	木类		E. 琴
45	匏类		F. 鼓

将下列曲名前的字母填入对应的表格。

题号	谱例	答案	作品
46	1=G $\frac{2}{4}$ i i i 6 6i6 | 5 i 6 6 5 6 | 53 - | 3 0 |		G.《嘎达梅林》
47	1=A $\frac{2}{4}$ 5. i 352 | 1 3 5 | 6. 5 3523 | 5. 0 |		H.《乌苏里船歌》

续表

题号	谱例	答案	作品
48	1=F $\frac{2}{4}$ 3 6 3 5 3 2 | 3 2 1 7 6 | 6 6 7 6 5 3 5 | 6 - | 6 6 7 6 5 3 5 | 6 - |		I.《槐花儿时开》
49	1=F $\frac{4}{4}$ 6 3 3 2 3 | 5 6 1 6 | 2 3 2 1 6 | 2· 3 5 i | 6 - - - |		J.《花儿与少年》

四、创编题(本大题共 4 小题,每小题 10 分,共 40 分)

50. 将下面曲调发展至 8 小节。

1=$^{\flat}$B $\frac{2}{4}$

1 2 3 5 | 6 6 5 |

51. 为下面节奏编创旋律。

$\frac{2}{4}$ X X X X X | X X X | X· X X X | X X X |

X X X X X | X X X | X X X X X X | X 0 |

52. 将下面旋律翻译成简谱。

第 52 题

53.《七色光之歌》是一首热情奔放、充满阳光的少儿歌曲，下面旋律为歌曲的前奏(1～12小节)，请为该旋律谱写钢琴伴奏。

五、教学设计题(本小题共3小题，共30分)

授课年级:三年级

课时:1课时(40分钟)

课型:歌曲教学综合课

内容:歌曲《祖国祖国我们爱你》

54. 写出歌曲《祖国祖国我们爱你》的作品分析。(10 分)

提示:从歌词、曲式结构、调式调性、旋律、节奏、乐句的情感表现等方面进行分析。

55. 写出本课的教学目标。（5 分）

56. 写出本课教学难点并设计解决难点的教学过程。（15 分）

2022年湖南省长沙市岳麓区教师招聘考试真题试卷(五)

中小学音乐

(本套试卷只收录音乐学科专业知识部分,80分)

本套试卷共38小题,包括判断题(10小题),单项选择题(11小题),填空题(10小题),简答题(4小题),综合题(3小题)。

一、判断题(判断下列各题的正误,正确的填A,错误的填B。本大题共10小题,每小题0.6分,共6分)

1. 学堂乐歌是近代音乐史上出现的新生事物,其曲调大多来自中国古曲。 (　　)

2. 中国近代音乐史上被称为"学堂乐歌之父"的是李叔同。(常考) (　　)

3. ^{b}E大调的调号为三个降号。 (　　)

4. Fortissimo在乐曲中表示"很弱"。 (　　)

5. 莫扎特歌剧的类型有喜歌剧、正歌剧和悲歌剧三种。 (　　)

6.《甘洒热血写春秋》和《智斗》均属于现代京剧《沙家浜》中的唱段。(易混) (　　)

7. 王光祈是民族音乐学的奠基人,曾与李大钊等人一起在北京创办了"少年中国学会"。 (　　)

8.《思乡曲》采用了河北民歌《城墙上跑马》的旋律。 (　　)

9. $\frac{6}{8}$拍的整小节休止用全休止符记写。 (　　)

10.《一抹夕阳》选自歌剧《伤逝》,是子君唱的一首宣叙调。 (　　)

二、单项选择题(本大题共11小题,每小题1分,共11分)

11. 音乐课程评价应着眼于评价的诊断、激励与(　　)的功能。

A. 改善　　B. 促进　　C. 奖励　　D. 调整

12. a 小调的稳定音级是(　　)

A. a、c、d　　B. a、c、e　　C. a、d、e　　D. a、b、c

13. 下面旋律出自(　　)

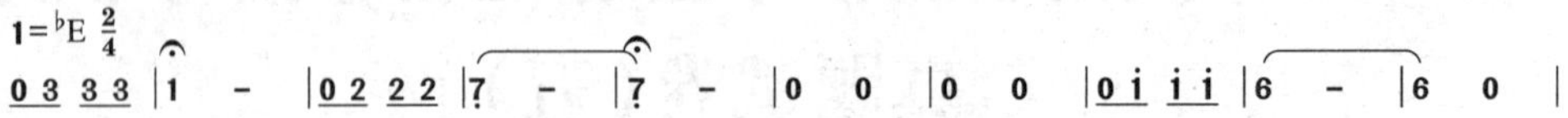

1=$^\flat$E $\frac{2}{4}$

0 3 3 3 | 1 - | 0 2 2 2 | 7 - | 7 - | 0 0 | 0 0 | 0 i i i | 6 - | 6 0 |

A.《第三(英雄)交响曲》　　B.《第五(命运)交响曲》

C.《第六(田园)交响曲》　　D.《第九(合唱)交响曲》

14. 下列选项中,以 B 为主音的调式是(　　)

A. 以 E 为商的羽调式　　B. 以 F 为属音的和声小调

C. 以 D 为角的徵调式　　D. 以 F 为Ⅴ级音的和声大调

15. 我国最早刊印的古琴曲集是朱权的(　　)

A.《弦索备考》　　B.《神奇秘谱》

C.《乐府传声》　　D.《溪山琴况》

第 15 题

16. 减三和弦的第二转位构成的音程关系为(　　)

A. 大三度 + 增四度　　B. 增五度 + 小三度

C. 小二度 + 增四度　　D. 增四度 + 小三度

17. 明代四大声腔中产生在江西的是(　　)

A. 海盐腔　　B. 余姚腔

C. 弋阳腔　　D. 昆山腔

第 17 题

18. “丝竹更相和,执节者歌”形容的是相和歌,体现的是丝竹乐。以下作品不属于江南丝竹的是(　　)

A.《行街》　　B.《三六》

C.《紫竹调》　　D.《雨打芭蕉》

19. 以下属于莫扎特的歌剧是(　　)

A.《费加罗的婚礼》　　B.《大进行曲》

C.《茶花女》　　D.《塞维利亚的理发师》

第 19 题

20. 下列哪首作品与其他三项不属于同一个作曲家(　　)

A.《升华之夜》　　B.《一个华沙的幸存者》

C.《乐队变奏曲》　　D.《特里斯坦与伊索尔德》

21. 我国第一部诗歌总集是(　　)

A.《楚辞》　　B.《乐府诗集》

C.《诗经》　　D.《九歌》

第 21 题

三、填空题(本大题共 10 小题,每小题 1.3 分,共 13 分)

22. 音乐课程的价值主要体现在审美体验价值、________价值、社会交往价值和文化传承价值四个方面。(常考)

23. 在一首乐曲中,有一个主题至少出现 3 次,主题之间会有与之形成对比的材料,该结构被称为________。

24. 根据调式的性质,将音程分为________。

25. 音的性质有四种,分别为音高、________、音色和音量。(常考)

26. 柏辽兹的代表作品《幻想交响曲》是一部________交响曲。

27. 嵇康的音乐美学思想集中体现在________一文中。

28. 我国第一首流行歌曲是________。

29. 西方最早的复调音乐产生于公元 9 世纪,被称为________。(常考)

30. F 音在________自然小调中为属音。

31. 第一国际标准音的振动频率为________ Hz。

四、简答题(本大题共 4 小题,共 20 分)

32. 简述什么是清唱剧。(4 分)(常考)

33. 简述中国民间音乐由哪几个部分组成。(5 分)

34. 简述《乐记》中的音乐思想。(6 分)

35. 简述六代乐舞。(5 分)(常考)

第 35 题

五、综合题(本大题共 3 小题,每小题 10 分,共 30 分)

36. 简述艺术歌曲的定义。分析下面谱例的作品名称和作者,并简述该作品产生时期的音乐特点。

37. 西方音乐史上有过一个“强力五人团”,请围绕他们回答下列问题。

问题:

(1)请写出他们的名字并列举他们的作品。(5 分)

(2)请以一位作曲家的作品为例,简述其创作影响。(5 分)

38. 在一次班级音乐会上,大家都积极地参加表演,气氛活跃。李明唱的一首《成都》更是打动了大家的心。大家争先恐后地进行表演,气氛越来越热烈。

问题:

(1)你作为该班的老师,会如何引导这种班级音乐会?(5 分)

(2)你认为“流行音乐”应该进课堂吗?(5 分)

2022 年湖北省教师招聘考试真题试卷(六)

小学音乐

(满分 100 分　时间 90 分钟)

本套试卷共 26 小题,包括单项选择题(15 小题),填空题(6 小题),简答题(2 小题),综合题(3 小题)。

一、单项选择题(本大题共 15 小题,每小题 2 分,共 30 分)

第 1 题

1. 下列选项中属于西洋管弦乐器的是(　　)

A. 板胡　　B. 云锣

C. 京钹　　D. 小提琴

2. 被誉为“中国的音乐神童”的小提琴演奏家是(　　)

A. 马思聪　　B. 丁善德

C. 李叔同　　D. 艾凯尔

3. 歌曲《西风的话》《踏雪寻梅》深受学生喜爱,其作曲家为(　　)

A. 贺绿汀　　B. 冼星海

C. 黄自　　D. 舒曼

4. 下列选项中被称为地方性戏曲剧种的是(　　)

A. 民谣　　B. 黄梅戏

C. 昆曲　　D. 京剧

5. 古希腊以符号和字母分别用于记写器乐与歌唱的谱例,即器乐记谱法和(　　)

A. 字母记谱法　　B. 符号记谱法

C. 声乐记谱法　　D. 数字记谱法

6. 柴可夫斯基的最后一部交响乐作品是(　　)

A.《第六(悲怆)交响曲》　　B.《葬礼进行曲》

C.《胡桃夹子》　　D.《致远方的爱人》

第 6 题

7. 以一个乐段构成的乐曲形式，被称为（　　）

A. 一段体　　B. 二段体

C. 三段体　　D. 四段体

第 7 题

8. 在基本音级间所构成的八度称为（　　）

A. 增八度　　B. 大八度

C. 小八度　　D. 纯八度

第 8 题

9. 音程中，高的音叫作冠音，低的音叫作（　　）

A. 音数　　B. 度数　　C. 乐段　　D. 根音

10. 把原来按偶数均分为两部分的音符时值平均分成三部分称为（　　）（常考）

A. 四分音符　　B. 八分音符

C. 三连音　　D. 二分音符

11. 歌曲《教我如何不想她》由刘半农作词，曲作者为（　　）（常考）

A. 胡适　　B. 赵元任　　C. 萧友梅　　D. 聂耳

12. 戏曲界通常根据器乐的组合方式和音色特征把戏曲的器乐分为（　　）（常考）

A. 武打和武场　　B. 文场和武场

C. 文场和武打　　D. 武场和文戏

13. 下列选项中属于器乐表演形式之一的是（　　）

A. 齐奏　　B. 童声合唱　　C. 戏曲　　D. 二人转

14. 下列选项中属于正确的歌唱姿势的是（　　）

A. 脖子伸长　　B. 肌肉紧张

C. 腰椎挺起　　D. 驼背

15. 下列选项中不属于艺术课程的核心素养的是（　　）

A. 审美感知　　B. 创新表达

C. 艺术表现　　D. 文化理解

二、填空题（本大题共 6 小题，每空 2 分，共 12 分）

16. 歌曲《走西口》属于________（地区）民歌。

17. 从单声部齐唱向多声部合唱过渡的一种有效的练习方式是________。

18. 按照三度音程关系叠置起来的三个音所构成的和弦叫作________。

19. 反映了“旧社会把人逼成鬼，新社会把鬼变成人”这一哲理的中国歌剧是________。

20. 传统的琵琶曲从演奏手法和风格上一般可分为武曲和________两大类。

21. 原本性音乐教育是________音乐教育体系的基本理念。

三、简答题(本大题共2小题,每小题10分,共20分)

22. 简要介绍琵琶曲《十面埋伏》。

23. 简述学堂乐歌对我国近现代学校教育发展的影响。

第23题

四、综合题(本大题共3小题,共38分)

24. 写出力度记号“强”和“中强”的力度标记。(10分)

25. 根据下面乐器分类找到相对应的乐器名称,并填写在答题线上。(12分)

①无音高乐器　②有音高乐器

a. 音筒 b. 木籍鼓

c. 串铃 d. 木琴

①________、________;

②________、________。

26. 教学设计(16 分)

依据下方的教学目标,为一年级歌曲《拍皮球》设计唱游教学过程。

拍皮球

1＝F $\frac{2}{4}$ 王利锦词曲

中速 欢快、活泼地

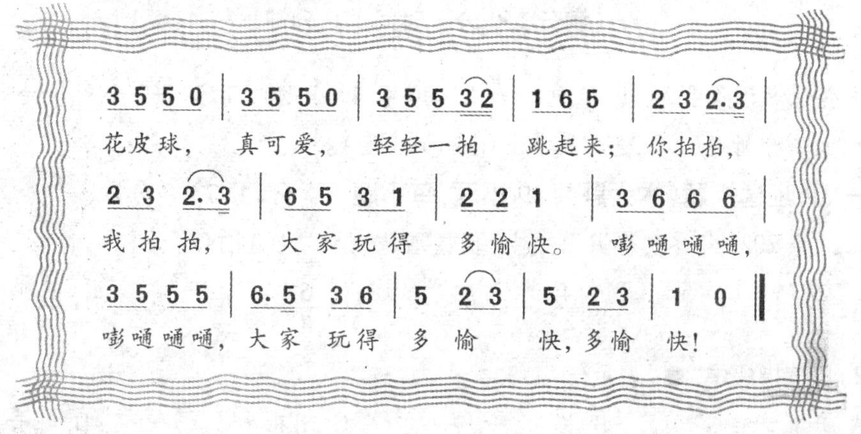

教学目标:

(1)审美感知:感受歌曲欢快活泼的音乐风格,激发学生的音乐学习兴趣。

(2)艺术表现:能用灵巧的歌声,清晰地演唱《拍皮球》,并使用双响筒和三角铁为歌曲伴奏。

(3)创意实践:围绕歌曲的节拍节奏和拍皮球的游戏特点,让学生依据音乐特点做律动创编。

(4)文化理解:让学生在趣味唱游中表现音乐,学会互相合作。

2022 年江西省教师招聘考试真题试卷(精编)(七)

小学音乐

(满分 150 分　时间 120 分钟)

本套试卷已收录 54 小题,包括单项选择题(49 小题),简答题(2 小题),论述题(1 小题),案例分析题(1 小题),教学设计题(1 小题)。

一、单项选择题(本大题共 49 小题,每小题 1.5 分,共 73.5 分)

1. 北京 2022 年冬奥会开幕式主题歌《雪花》是(　　)拍。

A. $\frac{2}{4}$　　B. $\frac{4}{4}$　　C. $\frac{6}{8}$　　D. $\frac{3}{4}$

2. 竖笛指法中"●"表示(　　)

A. 开孔　　B. 掐孔　　C. 闭孔　　D. 吐音

3. 彭修文对下列哪首作品进行了改编(　　)

A.《瑶族舞曲》　　B.《渔舟唱晚》

C.《鸭子拌嘴》　　D.《锦鸡出山》

4.《霓裳羽衣曲》属于下列哪个朝代(　　)

A. 汉代　　B. 元代

C. 宋代　　D. 唐代

第 4 题

5. "子在齐闻《韶》,三月不知肉味,曰:'不图为乐之至于斯也'"体现了音乐课程的(　　)

A. 人文性　　B. 实践性

C. 传承性　　D. 审美性

6. 音乐具有"不确定性"特点,体现了音乐的(　　)价值。

A. 审美体验　　B. 社会交往

C. 创造性发展　　D. 文化传承

7. 下列蒙古族民歌中,属于短调民歌的是(　　)

A.《草原上》　　B.《我是草原小牧民》

C.《牧歌》　　D.《辽阔的草原》

第 7 题

8. 下列声腔与赣剧起源有关的是(　　)

第8题

A. 昆山腔　　　　B. 海盐腔

C. 余姚腔　　　　D. 弋阳腔

9. 下面标记表示的演唱(奏)顺序正确的是(　　)

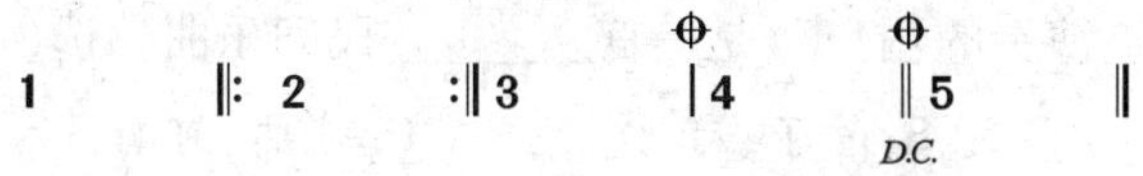

1 ‖: 2 :‖ 3 |Φ 4 ‖Φ 5 ‖
D.C.

A. 12234512234　　　　B. 1223412235

C. 12212345　　　　D. 12345235

10. 下面旋律运用的发展手法是(　　)

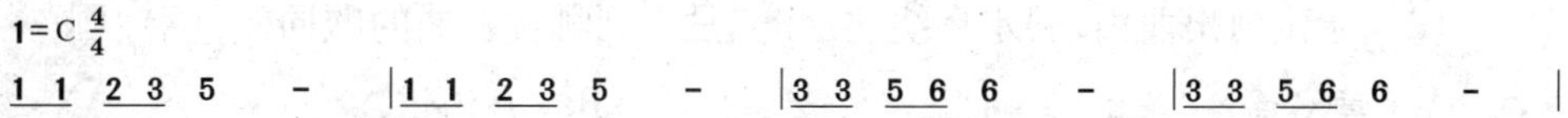

1=C $\frac{4}{4}$

1 1 2 3 5 - | 1 1 2 3 5 - | 3 3 5 6 6 - | 3 3 5 6 6 - |

A. 移调　　　　B. 加花

C. 模进　　　　D. 对比

11.《大河之舞》以爱尔兰特色舞蹈为主,还融合了热情的(　　)(易混)

A. 巴西桑巴　　　　B. 阿根廷探戈

C. 斯洛伐克土风舞　　　　D. 西班牙弗拉门戈

12. 下面旋律选自(　　)

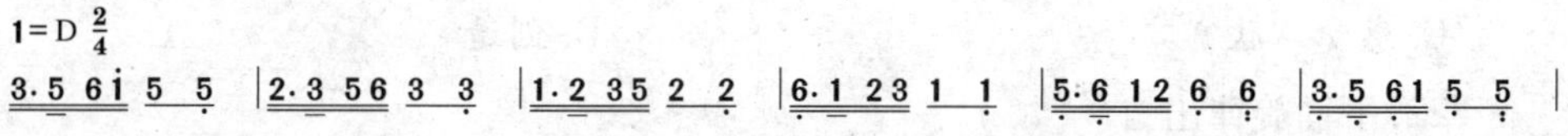

1=D $\frac{2}{4}$

3·5 6i 5 5 | 2·3 56 3 3 | 1·2 35 2 2 | 6·1 23 1 1 | 5·6 12 6 6 | 3·5 61 5 5 |

A.《彩云追月》　　　　B.《夕阳箫鼓》

C.《阳春白雪》　　　　D.《渔舟唱晚》

13.《共产儿童团歌》出自影片(　　)

第13题

A.《红孩子》　　　　B.《闪闪的红星》

C.《烽火少年》　　　　D.《英雄小八路》

14. 在琵琶协奏曲《草原放牧》中,主奏乐器用(　　)技法,描绘了"阳光照耀草原"的主题。

A. 挑　　　　B. 扫

C. 拂　　　　D. 轮

15. 与下面旋律相对应的民族是(　　)

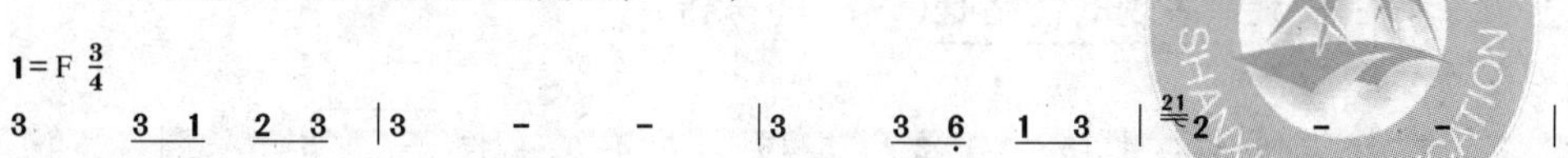

1=F $\frac{3}{4}$

3 3 1 2 3 | 3 - - | 3 3 6 1 3 | ^{21}2 - - |

A. 朝鲜族　　B. 傣族　　C. 彝族　　D. 蒙古族

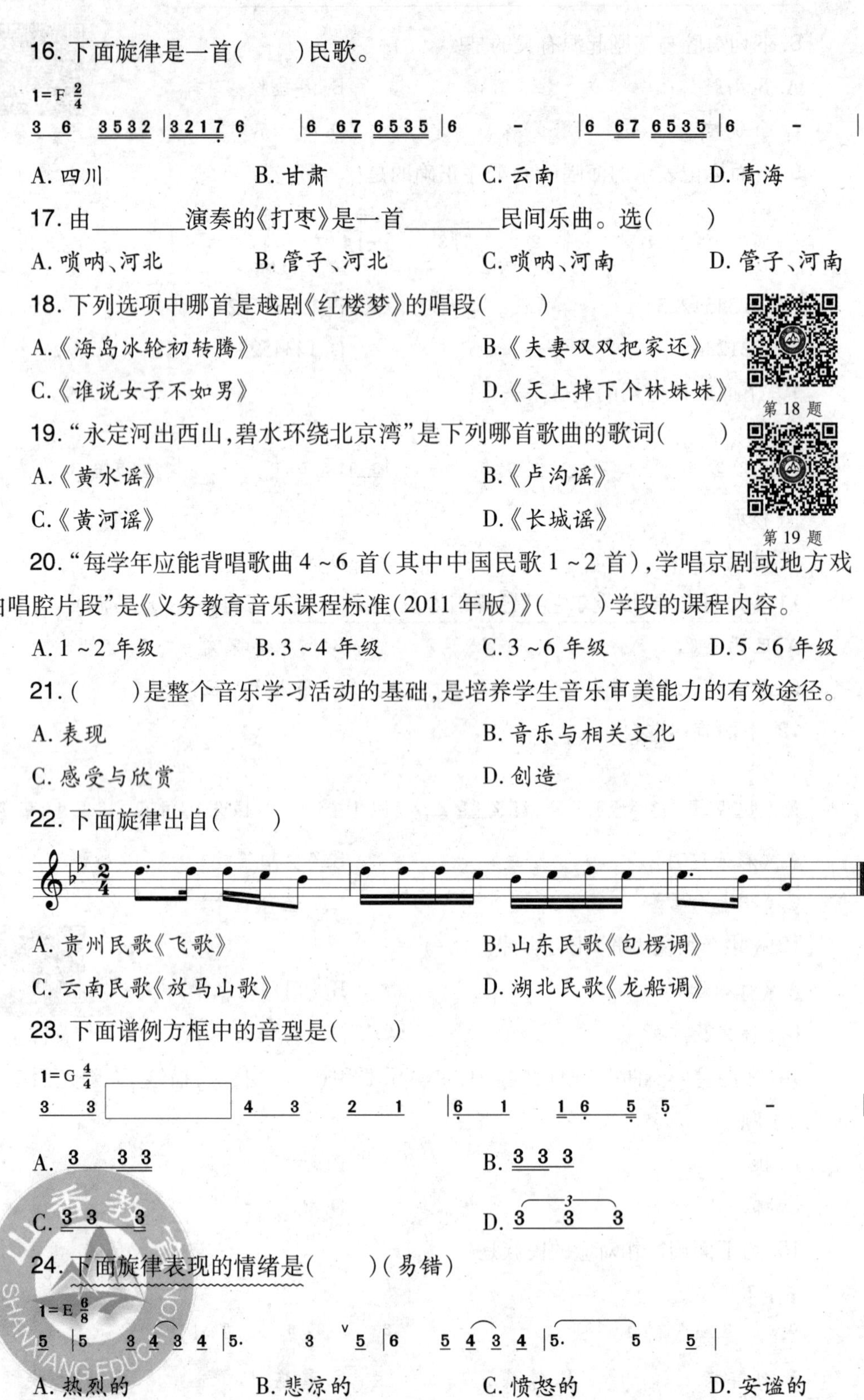

16. 下面旋律是一首(　　)民歌。

1=F $\frac{2}{4}$

3 6 3532 | 3217 6 | 6 67 6535 | 6 - | 6 67 6535 | 6 - |

A. 四川　　B. 甘肃　　C. 云南　　D. 青海

17. 由________演奏的《打枣》是一首________民间乐曲。选(　　)

A. 唢呐、河北　　B. 管子、河北　　C. 唢呐、河南　　D. 管子、河南

18. 下列选项中哪首是越剧《红楼梦》的唱段(　　)

A.《海岛冰轮初转腾》　　B.《夫妻双双把家还》

C.《谁说女子不如男》　　D.《天上掉下个林妹妹》

第 18 题

19. "永定河出西山,碧水环绕北京湾"是下列哪首歌曲的歌词(　　)

A.《黄水谣》　　B.《卢沟谣》

C.《黄河谣》　　D.《长城谣》

第 19 题

20. "每学年应能背唱歌曲 4 ~6 首(其中中国民歌 1 ~2 首),学唱京剧或地方戏曲唱腔片段"是《义务教育音乐课程标准(2011 年版)》(　　)学段的课程内容。

A. 1 ~2 年级　　B. 3 ~4 年级　　C. 3 ~6 年级　　D. 5 ~6 年级

21. (　　)是整个音乐学习活动的基础,是培养学生音乐审美能力的有效途径。

A. 表现　　B. 音乐与相关文化

C. 感受与欣赏　　D. 创造

22. 下面旋律出自(　　)

A. 贵州民歌《飞歌》　　B. 山东民歌《包楞调》

C. 云南民歌《放马山歌》　　D. 湖北民歌《龙船调》

23. 下面谱例方框中的音型是(　　)

1=G $\frac{4}{4}$

3 3 [　　] 4 3 2 1 | 6 1 1 6 5 5 - |

A. 3 33　　B. 333

C. 33 3　　D. 3 3 3 (三连音)

24. 下面旋律表现的情绪是(　　)(易错)

1=E $\frac{6}{8}$

5 | 5 3 4 3 4 | 5. 3 5 | 6 5 4 3 4 | 5. 5 5 |

A. 热烈的　　B. 悲凉的　　C. 愤怒的　　D. 安谧的

25. 歌曲《阿拉木汗》是一首广为流传的(　　)民歌。(易混)

A. 维吾尔族　　B. 哈萨克族

C. 柯尔克孜族　　D. 塔吉克族

26. 以下教学目标中,能体现“过程与方法”的选项是(　　)

A. 能用柔和、连贯的歌声唱出对月亮的喜爱

B. 能够了解蒙古族长调和短调的不同特点

C. 能够以视唱为主、听唱为辅,逐步提高识读乐谱的能力

D. 了解波尔卡的音乐风格特点

27.《赶牲灵》是一首(　　)(常考)

A. 信天游　　B. 花儿　　C. 爬山调　　D. 山曲

28. “曹操”这个角色在传统京剧行当中属于(　　)

A. 生行　　B. 旦行　　C. 净行　　D. 丑行

29. 宇航员王亚平在中国空间站中用我国哪种传统乐器演奏了《茉莉花》(　　)

A. 古琴　　B. 古筝　　C. 琵琶　　D. 二胡

30. 下列速度术语由慢到快排列正确的是(　　)

A. Largo—Andante—Allegretto—Presto

B. Largo—Allegretto—Andante—Presto

C. Allegretto—Largo—Presto—Andante

D. Andante—Largo—Allegretto—Presto

31. 下面旋律片段出自小提琴独奏曲(　　)

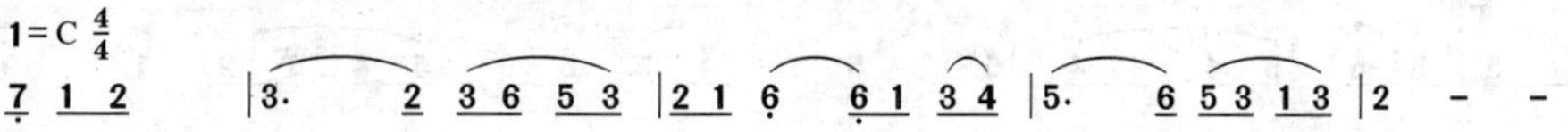

1=C $\frac{4}{4}$

7 1 2 |3. 2 3 6 5 3 |2 1 6 6 1 3 4 |5. 6 5 3 1 3 |2 - -

A.《流浪者之歌》　　B.《伦敦德里小调》

C.《引子与回旋随想曲》　　D.《梦幻曲》

32. 下列哪首歌曲是电影《上甘岭》的插曲(　　)

A.《我和我的祖国》　　B.《祖国颂》

C.《歌唱祖国》　　D.《我的祖国》

33. 下面旋律片段表现的是(　　)的形象,主要运用的乐器是(　　)

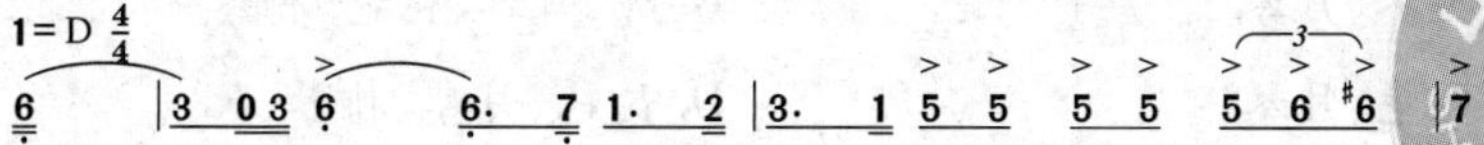

1=D $\frac{4}{4}$

6 |3 0 3 6 6. 7 1. 2 |3. 1 5 5 5 5 5 6 #6 |7

A. 狼、圆号　　B. 老爷爷、大管

C. 鸭子、双簧管　　D. 老爷爷、低音提琴

34. 下面旋律片段属于(　　)

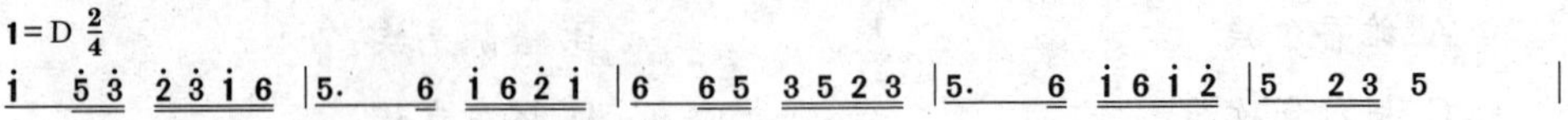

1=D $\frac{2}{4}$

1̇ 5̇3̇ 2̇3̇1̇6 | 5. 6 1̇62̇1̇ | 6 65 3523 | 5. 6 1̇61̇2̇ | 5 23 5 |

A. 四川民歌　　　　B. 云南民歌

C. 江西民歌　　　　D. 福建民歌

35. 下列歌曲与民族对应错误的是(　　)

A.《巴塘连北京》——藏族

B.《打起手鼓唱起歌》——维吾尔族

C.《苹果丰收》——苗族

D.《迷人的火塘》——侗族

36. 下列哪个是四拍子的指挥图示(　　)

A. 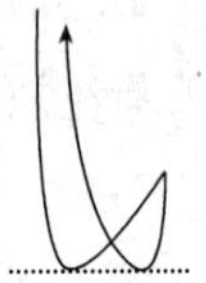　　B.

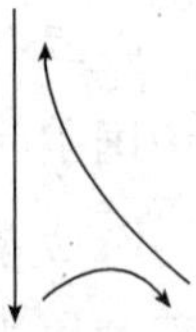

C. 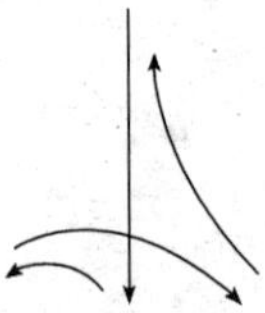　　D.

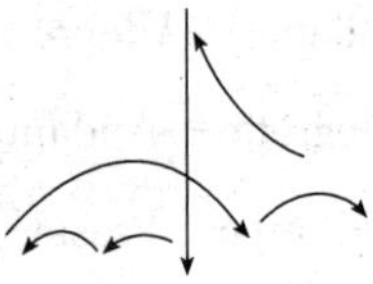

37. 下面旋律片段的作者是(　　)

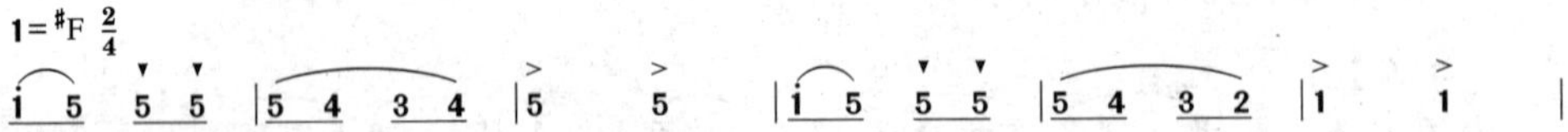

1=#F $\frac{2}{4}$

1̇ 5 5 5 | 5 4 3 4 | 5 5 | 1̇ 5 5 5 | 5 4 3 2 | 1 1 |

A. 勃拉姆斯　　B. 莫扎特　　C. 舒曼　　D. 罗西尼

38. 下列四件乐器的名称依次是(　　)

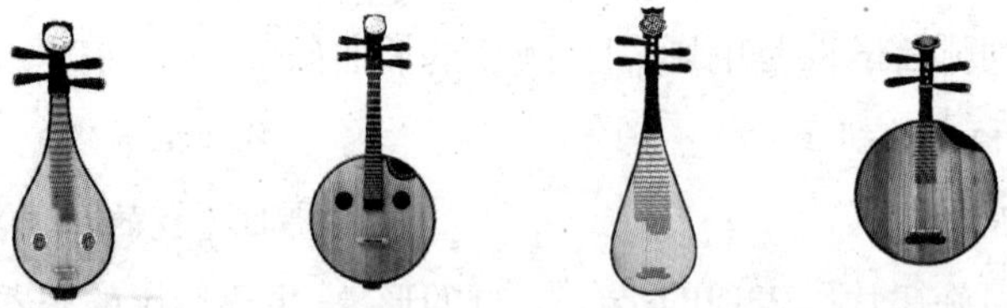

A. 琵琶、阮、柳琴、月琴　　　　B. 阮、月琴、琵琶、柳琴

C. 柳琴、阮、琵琶、月琴　　　　D. 琵琶、月琴、柳琴、阮

39. (　　)分为身体打击乐(Body percussion)和嗓音打击乐(Vocal percussion)。

A. 身式　　B. 声式　　C. 身势　　D. 声势

40. 下面旋律片段出自(　　)的作品。

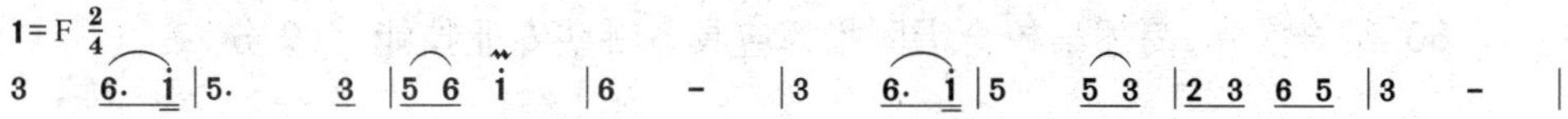

1=F $\frac{2}{4}$

3 6. i | 5. 3 | 5 6 i | 6 - | 3 6. i | 5 5 3 | 2 3 6 5 | 3 - |

A. 刘天华　　B. 黄海怀　　C. 华彦钧　　D. 闵惠芬

41. 歌曲《唱支山歌给党听》的曲式结构为(　　)

A. 带再现单二部曲式　　B. 不带再现单二部曲式

C. 带再现单三部曲式　　D. 不带再现单三部曲式

42. 燕乐调式中闰与宫的音程关系为(　　)

A. 大二度　　B. 小二度　　C. 增四度　　D. 纯四度

43. 下面旋律表现了(　　)人民尽情唱歌时的情景。

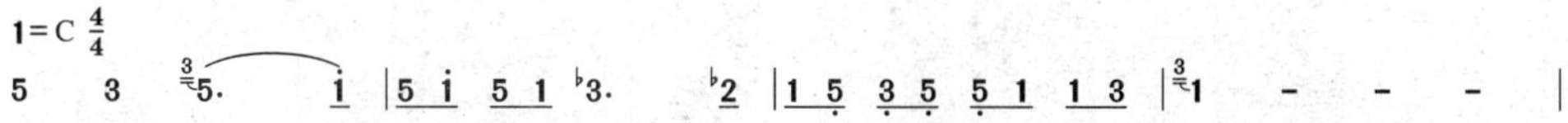

1=C $\frac{4}{4}$

5 3 5. i | 5 i 5 1 ♭3. ♭2 | 1 5 3 5 5 1 1 3 | 1 - - - |

A. 彝族　　B. 苗族　　C. 侗族　　D. 佤族

44. “能用手风琴演奏主要声部旋律”是对(　　)目标的表述。

A. 情感态度与价值观　　B. 知识与技能

C. 过程与方法　　D. 感受与欣赏

45. 在中国传统戏曲的锣鼓经中,“乙”是指(　　)

A. 休止　　B. 梆子　　C. 板鼓　　D. 小锣

46. 下列属于自然音程的是(　　)

A. 减六度　　B. 减七度

C. 增四度　　D. 增五度

47. 下列不属于古琴演奏技法的是(　　)

A. 泛音　　B. 散音　　C. 点音　　D. 按音

48. 下面旋律的进行方向是(　　)

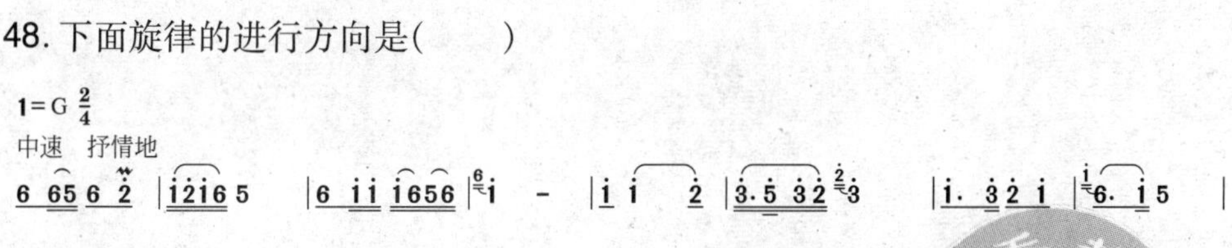

1=G $\frac{2}{4}$

中速　抒情地

6 65 6 2 | i2i6 5 | 6 ii i656 | i - | i i 2 | 3.5 32 3 | i. 32 i | 6. i 5 |

A. 上升型　　B. 下降型　　C. 横向型　　D. 波浪型

49. 管弦乐《野蜂飞舞》采用了连续(　　)半音级进滑行,急速的演奏,形象地描绘了野蜂飞舞时的嗡嗡声。

A. 六十四分音符　　B. 十六分音符

C. 三十二分音符　　D. 八分音符

二、简答题(本大题共2小题,共15分)

50. 结合实际,简述学校合唱团指挥应具备哪些专业技能。(9分)

51. 请用竖笛和任意两种打击乐器为下面旋律编配伴奏。(6分)

竖笛
| 0 0 0 0 | 6 1 3 5 3 3 2 | 3 3 2 3 6 7 | 1 3 2 1 6 5 | 3 - - - ‖
| 6 3 3 6 3 | | | | ‖

( ) | | | | | ‖
( ) | | | | | ‖

三、论述题(本大题共15分)

52. 请为某小学"红杜鹃"合唱团的日常训练设计二声部练声曲,并写出设计意图和练习要点。

1=F $\frac{2}{4}$
稍自由、山歌风、自由地

| 3 31 2 | 3 - | 3 - | 1233 3 | 1233 3 | 1235 3 | 3 5 - | 3 - ‖
| 0 0 | 0 0 | | | | | | ‖

四、案例分析题(本大题共 22.5 分)

53. 根据案例回答下面问题。

案例:在欣赏课《空山鸟语》上,王老师先让同学们完整而充分地聆听,并对二胡演奏的技法进行了简单的讲解,然后请学生分享在音乐中"看到"的景象,有的说"树上小鸟在对话";有的说"听到了山谷里的回音";有的说"感受到了鸟语花香"。其中一位学生说的"抓鸡"引起了老师的注意,于是,王老师问道:"你为什么会这样想呢?"学生回答:"我看过奶奶从菜市场买的鸡跑了,她着急到处抓,大家帮忙一起抓,听到这首乐曲让我一下就想到了这个场景。"王老师没有用"谁想象得好,谁想象得不好"来单纯评价,而是等学生表达完想法后,再分享作曲家的创作意图。

问题:请依据《义务教育音乐课程标准(2011 年版)》的相关内容,对以上案例做出判断并分析评价。

五、教学设计题(本大题共 22.5 分)

54. 根据下面内容,完成教学设计。

课题:《甘洒热血写春秋》

课型:唱歌课

年级:四年级

课时:一课时

甘洒热血写春秋

——选自现代京剧《智取威虎山》

1=E $\frac{2}{4}$ $\frac{1}{4}$

【西皮快二六】

《智取威虎山》剧组词曲

(5. 165 4561 | $\frac{1}{4}$ 5)5 | 3532 | 1 2 | 0 1 | 6 3 | 2(161 |

今日痛饮庆功酒,

2)1 | 3535 | 2326 | 1(272 | 1)3 | 216 | 1 0 | 1. 2 |

壮志未酬誓不休。来日

3 2 | 1212 | 323 | 2(65 | 3235) | 6 | 65 | 3. 5 |

方长显身手,甘洒热

mp 渐强

2 3 | 5(65 | 3561) | 2. 3 | 4 | 4 | 4 | 4 | 4 | 43 |

血写春秋。

渐慢 ff 原速

2 12 | 325 | 2321 | 1 2. 6 | $\frac{2}{4}$ 1. (32 | 1612 3524 |

3. 23 | 5356 7672 | 6. 765 | 3235 651 |

稍慢

5 -) | 0 0 | (5356 | 7567 | 1 - | 1 0) ‖

(笑声)哈哈哈哈……

请完成:

(1)作品分析

(2)教学目标

(3)教学重难点

(4)教学过程

2021 年广东省广州市花都区教师招聘考试真题试卷(精编)(八)

中小学音乐

(满分 100 分　时间 120 分钟)

本套试卷已收录 82 小题,公共知识部分包括单项选择题(35 小题),多项选择题(5 小题),案例分析题(1 小题);学科专业知识部分包括单项选择题(29 小题),判断题(10 小题),简答题(1 小题),论述题(1 小题)。

第一部分　公共知识

一、单项选择题(本大题共 35 小题,每小题 0.92 分,共 32.2 分)

1. 十九大报告指出,实现伟大梦想,必须建设伟大工程。这个伟大工程就是我们党正在深入推进的(　　)新的伟大工程。

A. 党的建设　　B. 改革开放　　C. 脱贫攻坚　　D. 生态建设

2. 十九大报告指出,必须坚持国家利益至上,以________为宗旨,以________为根本。选(　　)

A. 国民安全;国土安全　　B. 人民安全;政治安全

C. 政治安全;人民安全　　D. 人民安全;经济安全

3. 实事求是是党的基本思想方法、工作方法、领导方法。坚持实事求是,关键在于"求是",即(　　)

A. 坚持一切从实际出发　　B. 了解实际,掌握实情

C. 深入探求和掌握事物发展的规律　　D. 勇于实践,善于实践

4. 在新发展理念中,坚持(　　)发展是中国特色社会主义的本质要求。

A. 创新　　B. 统筹　　C. 绿色　　D. 共享

5. 坚持社会主义市场经济改革方向,核心问题是处理好(　　)的关系。

A. 公民和市场　　B. 政府和企业

C. 政府和市场　　　　D. 公民和政府

6. 2021年政府工作报告指出，要推动（　　）优质均衡发展和城乡一体化，加快补齐农村办学条件短板，健全教师工资保障长效机制，改善乡村教师待遇。

A. 义务教育　　　　B. 职业教育

C. 学前教育　　　　D. 普通高中教育

7. 周老师经常对迟到、旷课等影响班级评优的学生进行殴打、罚站、罚下蹲、扇嘴巴等。学校多次对其劝诫，但周老师拒不改正。根据《中华人民共和国教师法》的规定，学校可以对周老师给予相应的处分，其中不包括（　　）

A. 解聘　　B. 警告　　C. 记过　　D. 罚款

8. 预防未成年人犯罪，应当结合未成年人不同年龄的生理、心理特点。加强（　　）、心理关爱、心理矫治和预防犯罪对策的研究。

A. 法制教育　　　　B. 青春期教育

C. 道德教育　　　　D. 政治教育

9. 初三学生陈某沉迷网络，无故夜不归宿、离家出走。学校可以根据情况采取相关管理教育措施，其中不包括（　　）（易混）

A. 予以训导　　　　B. 要求参加校内服务活动

C. 要求参加特定的专题教育　　　　D. 责令具结悔过

10. 张老师在教学中带头践行社会主义核心价值观，弘扬真善美，传递正能量。张老师遵循了（　　）的教师职业行为准则。

A. 坚定政治方向　　　　B. 传播优秀文化

C. 自觉爱国守法　　　　D. 坚持言行雅正

11. 疫情防控期间，学生不适宜到学校领取成绩单，某地一小学便通知家长去班主任家里领取，班主任邵老师于是在微信群里发了消息："家长们，别人欠钱给的大米，需要的话帮销一点。"不少家长都顺便买了米。邵老师的做法（　　）

A. 正确，家长买米纯粹是自愿行为

B. 正确，班主任利用业余时间为家长提供了便利

C. 错误，违背了坚守廉洁自律的教师职业行为准则

D. 错误，违背了规范从教行为的教师职业行为准则

12. 某教师在备课时设置的"当讨论有关小煤窑瓦斯爆炸事件时，学生应能积极表达自己关注生命等观点"这一目标属于教学情感目标中的（　　）

A. 接受和反应　　　　B. 价值体系个性化

C. 形成价值观念　　　　D. 组织价值观念系统

13. 下列哪种类型的板书可根据需要，灵活地突出课文的某一部分或某种思想，增强针对性，以使学生把握学习重点。同时，它也是教师在有丰富经验的基础上，充分发挥聪明才智的主要板书手段。(　　)

A. 内容式板书　　　　B. 强调式板书

C. 设问式板书　　　　D. 序列式板书

14. 加涅将学习的过程分为八个阶段，在(　　)中，为了促进学习迁移，教师必须让学生在不同情境中学习，并给学生提供在不同情境中提取信息的机会。(常考)

A. 回忆阶段　　　　B. 习得阶段

C. 反馈阶段　　　　D. 概括阶段

15. 小学科学教师在讲解完《地表变化带给我们的信息》一课后，问道："读了威格纳的故事，你从他身上学到了什么?"这种课堂提问类型属于(　　)

A. 开放式提问　　　　B. 封闭式提问

C. 爬梯式提问　　　　D. 举例式提问

16. 杜威认为，教育目的是只存在于"教育过程以内"，不存在"教育过程以外"的目的。该观点体现的教育目的价值取向是(　　)

A. 社会本位论　　　　B. 个人本位论

C. 宗教本位论　　　　D. 教育无目的论

17. 赫尔巴特将教学过程分为四个阶段，学生在课堂上学会了测量，课后自己拿工具去进行路段测量属于其中的(　　)

A. 联想　　B. 明了　　C. 系统　　D. 方法

18.《礼记·学记》中的"君子如欲化民成俗，其必由学乎""是故，古之王者，建国君民，教学为先"主要体现了教育的(　　)

A. 经济功能　　　　B. 文化功能

C. 政治功能　　　　D. 个体发展功能

19. 教师在组织课程内容时，对于某些重要的、在教材各个部分重复涉及的内容，要不断增加其广度与深度，即后面出现的内容应该是在更高层次上进行探讨，而不仅仅停留在同一水平的重复。这体现的课程内容组织原则是(　　)

A. 顺序性原则　　　　B. 连续性原则

C. 整合性原则　　　　D. 点拨性原则

20. 王老师觉得身边的共产党员都很优秀，又能为大家服务，所以很努力地要加入党组织。这属于态度与品德形成过程中的(　　)(常考)

A. 依从　　B. 内化　　C. 认同　　D. 逆反

21. 德育模式中的(　　)认为,与人友好相处是人类的基本需要,帮助学生满足这种需要是教育的职责。

A. 认知模式　　B. 体谅模式

C. 价值澄清模式　　D. 社会模仿模式

22. 数学教师向小明提出,如果这次月考考试成绩有进步,就免去他每天多做三道试题的任务。根据斯金纳的强化理论,这属于(　　)(常考)

A. 正强化　　B. 负强化　　C. 正惩罚　　D. 负惩罚

23. 有些学生学习了分数乘法后,再去进行分数加减法计算时,竟然将分子与分子,分母与分母分别相加减。这属于(　　)

A. 逆向负迁移　　B. 逆向正迁移

C. 顺向正迁移　　D. 顺向负迁移

24. 某学生在记忆“公元前525年波斯征服埃及,636年阿拉伯与拜占庭会战”这两个历史事件的时间时,进行了灵活的信息处理,即两个事件的年份都是前一个数字的平方等于后两位数。该学生运用的学习策略属于(　　)

A. 计划策略　　B. 组织策略

C. 精细加工策略　　D. 资源管理策略

25. 学生高某在解决问题的过程中,能在较短的时间内考虑可供选择的多个方案、假设,表现出思维不受阻滞的特点。这说明高某的思维具有(　　)

A. 探究性　　B. 变通性

C. 流畅性　　D. 独创性

26. 有些学生被老师叫起来回答问题时,对平时已掌握的内容都想不起来,坐下后却又突然想起来了。这种现象体现的遗忘理论是(　　)

A. 动机说　　B. 同化说

C. 记忆痕迹衰退说　　D. 提取失败说

27. 某学生根据朱自清在《荷塘月色》中对江南采莲旧俗的描述,想象出一幅采莲的欢乐场景。这类想象属于(　　)

A. 幻想　　B. 空想

C. 创造想象　　D. 再造想象

28. 某学生偏科严重,不喜欢英语这门学科,但为了在高考中取得好成绩,即使不喜欢该门学科也会认真听老师讲课。这类注意属于(　　)(易混)

A. 无意注意　　B. 无意后注意

C. 有意注意　　D. 有意后注意

29. 以文字、概念、逻辑关系为主要对象的记忆属于(　　)

A. 形象记忆　　B. 抽象记忆

C. 情绪记忆　　D. 动作记忆

30. 某班级群体的共同目标无法完成,班干部号召力不强,学生情绪易波动,正确舆论时强时弱,班级规范不能得到普遍遵守。这种班级群体属于(　　)

A. 松散型　　B. 集团型　　C. 浮动型　　D. 集体型

31. 班级管理是一种有目的、有计划、有步骤的社会活动。这一活动的根本目的是(　　)

A. 实现教育目标,使学生得到充分、全面的发展

B. 提升班主任素质和管理水平

C. 组织开展班会活动,放松学生心情

D. 提高学生成绩和学校升学率

32. 自我中心的学生会因受到伙伴的批评而改变行为,自我控制能力欠缺的学生能够在集体的监督约束下逐步形成自律意识。这体现了班级组织的(　　)

A. 矫正功能　　B. 诊断功能

C. 导向功能　　D. 促进发展功能

33. 学生个人专长的确定和兴趣的培养、重大转折时期的环境适应和自我心理调节均属于以(　　)为中心的学校心理咨询内容。

A. 教育发展　　B. 校园辅导

C. 心理治疗　　D. 心理卫生

34. 学校心理素质教育的首要功能是(　　)

A. 开发智力,促进能力发展　　B. 提高德性修养,培养良好品德

C. 促进和维护学生心理健康　　D. 培养主体意识,形成完善人格

35. 心理辅导教师张某在辅导过程中,进入受辅导学生的内心世界,通过他的眼睛看事物,体察他的思想与感受,了解他观察自己与周围世界的方式。张某的行为符合辅导要求中的(　　)

A. 信任　　B. 同感　　C. 真诚　　D. 尊重

二、多项选择题(多选、错选或少选均不得分。本大题共 5 小题,每小题 1.16 分,共 5.8 分)

36. 下列属于孔子的教育思想的有(　　)(常考)

A. 有教无类　　B. 学而优则仕

C. 温故而知新　　D. 因材施教

37. 十九大报告指出，坚持(　　)有机统一是社会主义政治发展的必然要求。

A. 依法治国　　B. 党的领导

C. 人民当家作主　　D. 四项基本原则

38. 根据教育部办公厅印发的《中小学教育惩戒规则(试行)》的规定，学生的下列哪些情形中，确有必要的，可以实施教育惩戒(　　)

A. 小李拒绝参加班级公益服务

B. 小张欺凌同学，打骂老师

C. 小周扰乱学校教育教学秩序

D. 小林实施有害他人身心健康的危险行为

39. 下列属于外部学习动机的有(　　)

A. 为了获得老师的表扬而学习英语

B. 为了与外国人沟通而学习英语

C. 为了满足自己的求知欲而学习英语

D. 为了将来找到理想的工作而学习英语

40. 下列关于班级授课制的表述，正确的有(　　)

A. 大规模地面向全体学生进行教学，有助于提高教学效率

B. 以培养学生的实际操作能力为主，能充分发挥学生的主体性

C. 能保证学习活动循序渐进，并使学生获得系统的科学知识

D. 在实现教学任务上比较全面，有利于学生多方面的发展

三、案例分析题(本大题共 12 分)

[**案例 1**]在一节新课文的学习结束后，语文老师何某请两位学生在黑板上比赛听写学过的五个生字。学生 A 和学生 B 积极举手“应战”。结果学生 A 全对，获得了同学们的掌声，学生 B 因为只写对了两个而羞愧地低下了头。见此情景，何老师说道：“B 同学虽然只写对了两个，但他刚才第一个举手，而且他的字写得很漂亮，值得同学们学习。相信 B 同学下次也能全写对。”这时，学生 B 抬起了头，脸上洋溢着灿烂的笑容……

[**案例 2**]学生伍某属于班上的后进生，数学考试经常不及格，但他酷爱打篮球，经常利用课余时间练习投篮，有时甚至因为太投入而忽略了上课铃声，导致上课总是迟到，刘老师多次对其教育均无效。在一次考试中，伍某认真地做完了每一道题，而且自我感觉良好。当刘老师分析试卷时，伍某一看自己考了 75 分，分数远比预想中的要高，心里非常高兴，于是和同桌说了几句话。刘老师发现后，走到伍某身边说：“伍某，你不要太兴奋，别看这次考了 75 分，但却是第 40 名，全班倒数第四。”伍某的头立即低

了下去，觉得自己考得再好也考不过其他同学，认为自己是个失败者……

41. 结合新课程改革中教育评价的相关理论，评析、比较案例1和案例2中两位教师的做法。

第二部分　学科专业知识

四、单项选择题（本大题共29小题，每小题0.95分，共27.55分）

42. 音乐起源学说中的(　　)认为，人类是从自然界的音响如虫叫、鸟鸣、风声、水流声、雨声中得到灵感而创造出音乐的。

A. 劳动说　　B. 模仿说

C. 巫术说　　D. 表现说

43. 音乐美分为优美、壮美、崇高美、喜剧美、欢乐美、悲剧美六个基本范畴，其中(　　)是音乐美中最具普遍性的基本范畴，具有温柔、平和、纯净与细腻的特点。

A. 优美　　B. 壮美

C. 崇高美　　D. 喜剧美

44. 人声或乐器所能达到的最低音和最高音之间的范围称为(　　)

A. 音值　　B. 音阶　　C. 音域　　D. 音列

45. 在简谱中，音的长短是在基本音符后面或下面加短横线来表示的，其中表示全音符的是(　　)

A. $\underline{\underline{1}}$　　B. 1 –　　C. $\underline{1}$　　D. 1 – – –

46. F自然大调的平行小调是(　　)(常考)

A. c自然小调　　B. b自然小调

C. d自然小调　　D. e自然小调

47. 在$\frac{4}{4}$拍的强弱规律中，第一拍为(　　)拍。

A. 强　　B. 弱　　C. 次强　　D. 次弱

48. 下列选项中属于增三和弦的是(　　)(常考)

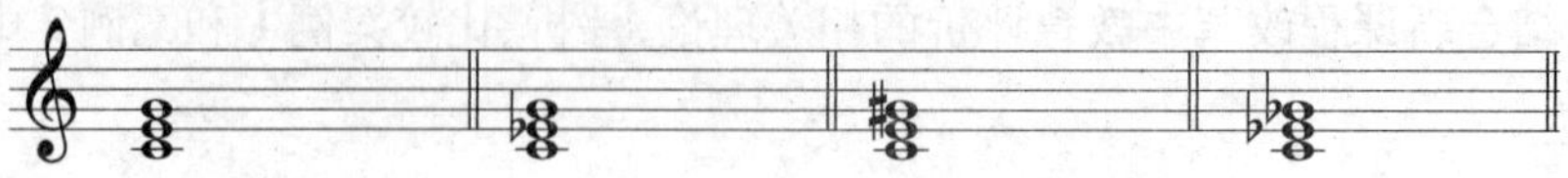

A　　B　　C　　D

49. 在和弦排列法中,(　　)是指上方三声部中相邻声部之间的距离在五度以上的(含五度)的排列方式,它能使音响效果比较开阔。

A. 密集排列法　　B. 开放排列法

C. 混合排列法　　D. 以上均不是

50. 在曲式的基本结构中,(　　)是歌曲中的最大单位,能表达出完整或相对完整的音乐内容。

A. 乐汇　　B. 乐节

C. 乐句　　D. 乐段

51. “对比、发展、统一”是(　　)结构的特点,它适用于表现戏剧性题材内容,也可以表达田园性的、抒情的乐思。

A. 奏鸣曲式　　B. 变奏曲式

C. 回旋曲式　　D. 二部曲式

52. 劳动歌曲是伴随劳动生产时所唱的歌曲,其艺术表现特征不包括(　　)

A. 节奏上重音突出,音乐强弱对比鲜明

B. 音乐的情感表现形式以沉重、痛苦为主

C. 歌曲往往显现出质朴、粗犷、豪迈的风格

D. 演唱有独唱、对唱、一领众和等多种形式

53. 在创作歌词时,应注意的事项不包括(　　)

A. 形象集中　　B. 受众广泛

C. 词曲完全分离　　D. 传播媒体多样

54. 在歌曲主题的发展手法中,(　　)在于巩固音乐主题、发展音乐思想、加深音乐形象、统一歌曲内容和构成音乐的曲式。

A. 模进　　B. 重复　　C. 展开　　D. 对比

55. (　　)的作用是导入歌曲,预示歌曲的情绪、音调、调性、速度等。

A. 前奏　　B. 间奏　　C. 尾声　　D. 伴奏

56. 声乐演员在舞台上演唱离不开手势的表演,常用的手势有“引、定、开、合、托、错”几种。其中“合”,双手手势收拢回缩,可表示(　　)

A. 意境开阔　　B. 沉思内省

C. 情绪昂扬热烈　　D. 坚决而不可侵犯

57. (　　)一般用于稍慢速度的轻吟低唱歌曲中,特别是感叹、缠绵、如泣如诉或是温存的窃窃私语的段落,该唱法能使感情表达极为真切,更富有感染力。

A. 美声唱法　　B. 通俗唱法　　C. 气声唱法　　D. 假声唱法

58. 在$\frac{2}{4}$拍指挥的基本图示和变化图示中,下列属于二拍子的基本图示的是(　　)

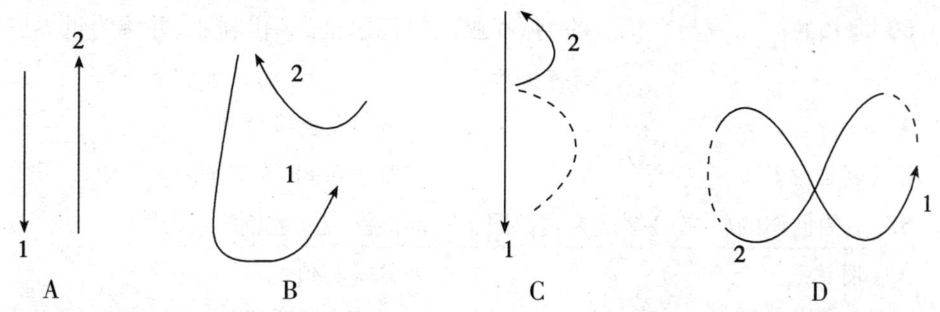

59. 萨拉萨蒂的《卡门主题幻想曲》旋律取自法国作曲家比才的歌剧《卡门》主要唱段,全曲采用了很多(　　)技巧,这些技巧的合理运用,令这首幻想曲显得绚丽多姿,光彩夺目,富有表现力。

A. 风笛　　B. 长号　　C. 小提琴　　D. 萨克斯

60. "啊！黄河！你是中华民族的摇篮！五千年的古国文化,从你这儿发源;多少英雄的故事,在你的身边扮演！啊！黄河！你是伟大坚强,像一个巨人出现在亚洲平原之上,用你那英雄的体魄,筑成我们民族的屏障。"这一朗诵词选自《黄河大合唱》的(　　)

A. 第一乐章《黄河船夫曲》　　B. 第二乐章《黄河颂》

C. 第四乐章《黄水谣》　　D. 第五乐章《河边对口曲》

61. (　　)的音乐创作具有鲜明的时代感,严肃的思想性,高昂的民族精神和卓越的艺术创造性,为中国无产阶级革命音乐的发展指出了方向,树立了中国音乐创作的榜样。

A. 贺绿汀　　B. 吕其明　　C. 阿炳　　D. 聂耳

62. "小花脸"是我国京剧行当中(　　)的俗称,是喜剧角色。

A. 生　　B. 丑　　C. 净　　D. 旦

63. 古琴是我国历史悠久、传统的民族(　　),它归于丝竹类乐器。(常考)

A. 铜管乐器　　B. 弹拨乐器

C. 木管乐器　　D. 打击乐器

64. 下列关于印象派音乐特点的说法错误的是(　　)

A. 旋律模糊新颖　　B. 节奏上用复拍子,复杂多变

C. 音色独特,丰富新奇　　D. 和声音响和谐,强调色彩不变

65. (　　)被誉为“西方近代音乐之父”,其代表作品有《平均律钢琴曲集》《马太受难曲》。

A. 巴赫　　B. 肖邦

C. 穆索尔斯基　　D. 柴可夫斯基

66. 海顿的(　　)与亨德尔的《弥赛亚》、门德尔松的《伊利亚》并称为世界三大神剧。

A.《四季》　　B.《蓝色多瑙河》

C.《创世纪》　　D.《第 88 号交响曲》

67. 韦伯创作的(　　)被认为是德国第一部浪漫主义歌剧。(常考)

A.《图兰朵》　　B.《奥伯龙》

C.《自由射手》　　D.《森林少女》

68. 下列属于贝多芬的代表作品的是(　　)

A.《茶花女》　　B.《田园交响曲》

C.《仲夏夜之梦序曲》　　D.《跳蚤之歌》

69. 莫扎特的《唐璜》是一部(　　),剧中的主人公唐璜是中世纪西班牙的一个专爱寻花问柳的胆大妄为的典型人物,他既有反面人物的特点,也有正面人物的性格。

A. 悲剧　　B. 戏剧　　C. 喜歌剧　　D. 幕间剧

70. 将西方芭蕾技巧与中国民族舞蹈的表现手法结合,创造出民族芭蕾的世纪精品,并成就了中西文化在芭蕾艺术领域完美融合的世界奇迹的芭蕾舞剧是(　　)

A.《鱼美人》　　B.《大红灯笼高高挂》

C.《红色娘子军》　　D.《罗密欧与朱丽叶》

五、判断题(判断下列各题的正误,正确的打“√”,错误的打“×”。本大题共 10 小题,每小题 0.65 分,共 6.5 分)

71. 抒情性是舞蹈和音乐的共同点。(　　)

72. 減字谱被公认为目前最准确、最科学的记谱方法。(　　)

73. 在乐谱中见到 D. C. 标记时,要从头开始演奏。(　　)

74. 四部和声写作是和声学习中最不常用的形式。(　　)

75. 在“起承转合”结构写作方式中,与最开始乐意相呼应,总结全曲的是“转”。(　　)

76. 螺蛳结顶是音乐创作的一种技法，是指将原有乐句逐步紧缩直至最后形成简洁顶端的方法。（　　）

77. 在合唱指挥动作中，预备拍是作为指挥开始音乐进行前的预示动作。（　　）

78.《空山鸟语》是我国近代音乐家刘天华创作的二胡独奏曲。（　　）

79. 柏辽兹是法国古典乐派的主要人物。（　　）

80. 歌剧产生于16世纪的英国伦敦。（　　）

六、简答题（本大题共5分）

81. 简述掌握好钢琴即兴伴奏的编配需做好哪些方面的工作。

七、论述题（本大题共10分）

82. 正确的发声是歌唱的基础，试述歌唱发声训练过程中的注意事项。

2021 年福建省教师招聘考试真题试卷(九)

小学音乐

(满分 100 分　时间 120 分钟)

本套试卷共 34 小题,包括单项选择题(20 小题),填空题(10 小题),综合题(4 小题)。

一、单项选择题(本大题共 20 小题,每小题 2 分,共 40 分)

1. 音乐速度用语“Andante”所表达的意思是(　　)

A. 急板　　B. 行板　　C. 慢板　　D. 快板

2. 小六度音程的音数是(　　)

A. 2　　B. 3　　C. 4　　D. 5

第 2 题

3. 下列属于两个降号调的是(　　)

①^{b}B 大调　②$^{\#}$g 和声小调　③F 五声徵调式　④D 五声商调式

A. ②③　　B. ①③　　C. ①④　　D. ③④

4. 箫所属的乐器种类是(　　)

A. 弹拨乐器　　B. 打击乐器　　C. 拉弦乐器　　D. 吹奏乐器

5. 音名 A 在$^{\#}$f 旋律小调中是(　　)

A. 中音　　B. 下属音　　C. 导音　　D. 低音

6. 音乐中的拍子被称为“散拍子”的是(　　)

A. 混合拍子　　B. 变换拍子　　C. 自由拍子　　D. 复拍子

7. 艺术包含三种主要社会作用,分别是(　　)

①审美认知作用　②审美感受作用　③审美娱乐作用　④审美教育作用

A. ①③④　　B. ②③④　　C. ①②③　　D. ①②④

8.《义务教育音乐课程标准(2011 年版)》中的课程性质是(　　)(常考)

①人文性　②审美性　③实践性　④主体性

A. ①②④　　B. ①②③

C. ①③④　　D. ②③④

9.  的时值总和是(　　)的时值。

A. 八分音符　B. 附点二分音符　C. 全音符　D. 二分音符

10.  的和弦性质为(　　)

A. 增三和弦　B. 减三和弦

C. 大三和弦　D. 小三和弦

第 10 题

11. 下列属于民族弹拨乐器的是(　　)

①琵琶　②古琴　③京胡　④阮

A. ①③④　B. ②③④　C. ①②③　D. ①②④

12. 民间合奏曲《欢欣的日子》的曲作者是(　　)

A. 贺绿汀　B. 黄自　C. 朱践耳　D. 萧友梅

13. "捷克音乐之父"是(　　)(常考)

A. 斯美塔那　B. 德沃夏克

C. 格里格　D. 西贝柳斯

第 13 题

14. 下列属于广东音乐的是(　　)(易混)

①《雨打芭蕉》　②《旱天雷》　③《步步高》　④《天仙配》

A. ①③④　B. ②③④　C. ①②③　D. ①②④

15. 下列属于西洋木管乐器的是(　　)(常考)

①萨克斯　②钢琴　③法国号　④英国管

A. ①③　B. ③④　C. ①④　D. ②④

16. 下列属于藏族民间音乐的是(　　)

①果谐　②短调　③长调　④堆谐

A. ②④　B. ③④　C. ①③　D. ①④

17. 下列属于奥地利作曲家舒伯特的作品的是(　　)

A.《牧童短笛》　B.《狂欢节》

C.《魔王》　D.《蝴蝶夫人》

18.《救国军歌》的曲作者是(　　)

A. 刘炽　B. 冼星海　C. 黄自　D. 聂耳

19. C 徵调式的商音是(　　)

A. 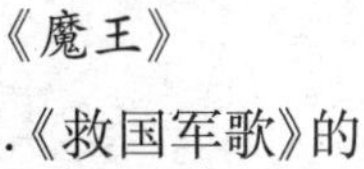　B.

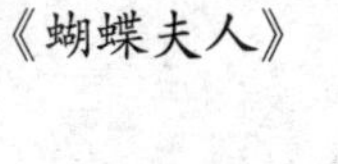

C.　　　　　　　　D.

20.《玉簪记》的所属剧种是(　　)

A. 昆剧　　B. 豫剧　　C. 京剧　　D. 川剧

二、填空题(本大题共 10 小题,每空 1 分,共 20 分)

21. 以和弦的根音为低音的和弦是________,以和弦的三音、五音、七音为低音的和弦统称为________。(常考)

22. 说唱音乐的艺术特点是:与语言紧密结合、________、伴奏乐器简便和________。

23. 艺术的本质和艺术特征二者密不可分,本质是特征的________规律,特征是本质的________。

24. 传统京剧的伴奏分为________、________。(常考)

25.《北京喜讯到边寨》是采用我国少数民族________和________的音乐素材创作的。

26. 肖邦主要的创作领域是________,被誉为“________”。

27. 古希腊时期的音乐记谱法的两大类分别是________、________。

28. 歌曲创作于 1939 年,原名为________;解放战争后更名为________;1988 年 7 月 25 日被定为《中国人民解放军军歌》。

29. 燕乐歌舞大曲结构通常由________、中序、________三部分构成。

30. 管弦乐《红旗颂》的曲作者是________,引子部分采用了歌曲________的音调素材。(常考)

第 30 题

三、综合题(本大题共 4 小题,共 40 分)

31. 重新正确组合以下节奏。(6 分)

5/8 (3+2)

32. 分析下面旋律并按要求作答。(8 分)

(1)调式调性:________。(2 分)

(2)将以上旋律移高小三度记谱。(6 分)

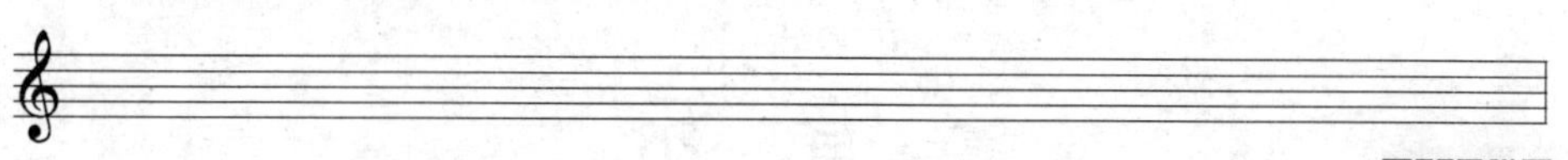

33. 分析以下旋律并按要求作答。(8 分)

第 33 题

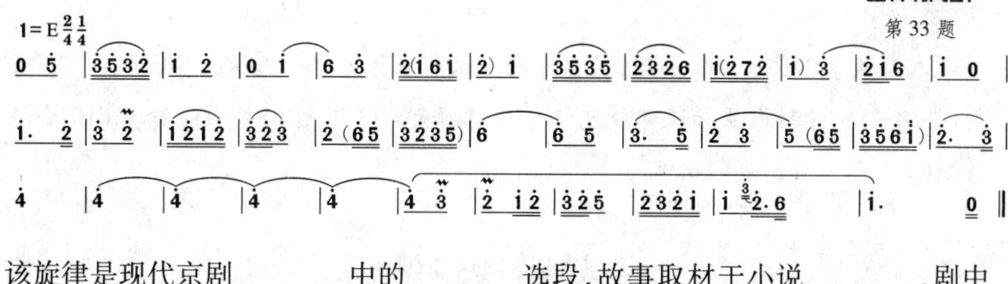

该旋律是现代京剧________中的________选段,故事取材于小说________,剧中人物是________。

34. 按要求完成下列问题。(18 分)

美丽的祖国多可爱

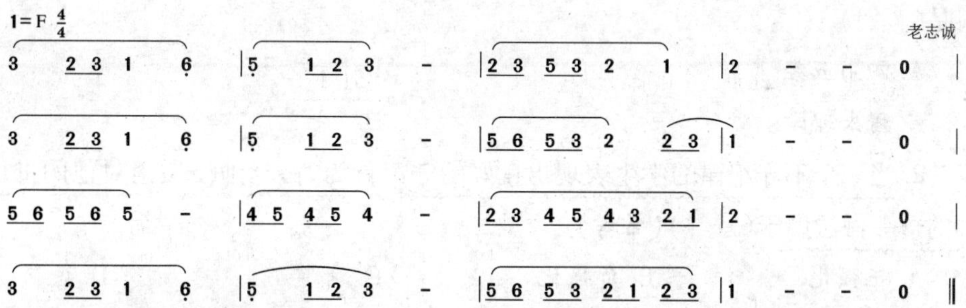

(1)写出该曲的曲式类型。(5 分)

(2)写出该曲的曲式结构图(用曲式结构图作答)。(7 分)

(3)写出该旋律的创作手法。(6 分)

2021年山东省临沂市教师招聘考试真题试卷(精编)(十)

音　乐

(满分100分　时间120分钟)

本套试卷已收录109小题,教育理论知识部分包括单项选择题(40小题),多项选择题(15小题);学科专业知识部分包括单项选择题(39小题),多项选择题(10小题),写作题(3小题),分析题(2小题)。

教育理论知识

一、单项选择题(本大题共40小题,每小题0.5分,共20分)

1. 不同时期有不同的教育内容,追溯历史,苏轼的少年时代,最有可能的学习材料是(　　)

A. 四书五经　　B. "六艺"

C. 程朱理学　　D. "七艺"

2. 当一个不守纪律的学生表现出良好的守纪行为时,老师便撤销对他的批评,老师的这一做法属于(　　)(常考)

A. 正强化　　B. 负强化　　C. 消退　　D. 惩罚

3. 同学叫小明出去玩,可是他正在做作业,小明最终克制了自己,谢绝了同学的邀约。这主要体现的心理过程是(　　)

A. 知觉过程　　B. 思维过程

C. 意志过程　　D. 情感过程

4. 在师生关系上,我国古代教育强调师道尊严,而现代教育则强调尊师爱生、民主平等,这一事实反映了教育的(　　)

A. 历史性　　B. 继承性

C. 相对独立性　　D. 永恒性

5. 按照赫尔巴特的教育理论，在教育学的学科基础上，能够说明教育的途径、手段的是（　　）

A. 伦理学　　B. 心理学

C. 实践哲学　　D. 生理学

6. 赵老师认为，数学学习中形成的认真审题的态度及其审题的方法将会对学习化学、物理等学科有积极影响。这种现象属于（　　）（易混）

A. 负迁移　　B. 垂直迁移

C. 一般迁移　　D. 具体迁移

7. 王老师在课堂教学中经常采用小组竞赛的方式组织教学，教学过程中出现了小组间隐匿学习资料的现象，这体现了教育的（　　）

A. 正向显性功能　　B. 正向隐性功能

C. 负向显性功能　　D. 负向隐性功能

8. 李强经常在同学中表现出贪玩、不在乎考试的样子，但在私下里却偷偷努力，拼命学习。从李强的表现来看，其自我价值动机倾向的类型极有可能是（　　）

A. 高驱低避型　　B. 低驱高避型

C. 低驱低避型　　D. 高驱高避型

9. 在解决问题时，人们常常采用启发式策略，主要是为了（　　）

A. 保证问题解决的正确性　　B. 提高想象力

C. 缩短问题解决的时间　　D. 提高动机水平

10. 在中国历史上，为集中权力，统一思想，秦始皇焚书坑儒，汉武帝独尊儒术。这体现了（　　）

A. 政治经济制度决定受教育权

B. 政治经济制度决定教育内容的取舍

C. 教育相对独立于一定社会的政治经济制度

D. 教育与社会发展的不平衡性

11. 儿童的思维发展从具体到抽象，不可逆转，这要求我们在教育中要遵循儿童心理发展的（　　）规律。（常考）

A. 连续性　　B. 顺序性　　C. 不均衡性　　D. 阶段性

12. 在学校文化中，有一种无形的力量（如学校的办学理念、校风、学风等）影响着学校的发展，这种无形的力量属于学校的（　　）

A. 精神文化　　B. 制度文化

C. 规范文化　　D. 物质文化

13. 以日本学制为蓝本,明显反映“中学为体,西学为用”思想的中国近代学制是(　　)(常考)

A. 壬子癸丑学制　　B. 癸卯学制

C. 壬寅学制　　D. 壬戌学制

14. 赵老师在教学中不太讲究结构,喜欢与学生相互作用,喜欢采用讨论的方法,从以上表现看,赵老师的认知风格可能是(　　)

A. 场依存型　　B. 场独立型

C. 冲动型　　D. 反思型

15. 春秋时期孔子兴办私学,“自行束脩以上,吾未尝无诲焉”。就教师职业的历史发展而言,这属于教师职业发展的(　　)

A. 非职业化阶段　　B. 职业化阶段

C. 专门化阶段　　D. 专业化阶段

16. 李老师在教学过程中充分发挥自身潜能,教学中的每一项任务力求做到极致,按照马斯洛需求层次理论,李老师达到的最高层次的需要是(　　)(常考)

A. 尊重需要　　B. 归属与爱的需要

C. 自我实现的需要　　D. 安全需要

17. 学生的个性各不相同,学习方式多种多样,要求老师因材施教,在特定情况下运用“教育机智”,这体现教师职业劳动的(　　)

A. 主体性　　B. 示范性

C. 间接性　　D. 创造性

18. 教师仅掌握学科专业知识是不够的,教师还要掌握关于学生身心发展方面的知识,这些知识属于教师的(　　)

A. 条件性知识　　B. 本体性知识

C. 实践性知识　　D. 缄默性知识

19. 教学中,孔子提到“不愤不启,不悱不发”,这要求教师在提问时做到(　　)

A. 提问明确具体　　B. 提问有层次性

C. 提问有趣味性　　D. 提问时机合适

20. “学生所学到的,顶多也不过像是在他口袋里装了几把钥匙或者几枚铜钱而已。学生所学的一切,对他个人的心智成长,毫无意义。”马斯洛此话批判的是(　　)

A. 内发学习　　B. 经验学习

C. 主动学习　　D. 外铄学习

21. 教物理的王老师在教学过程中经常想到的问题是:如何呈现教学内容,如何

有效地把握课堂,如何帮助学生提高成绩。说明王老师处于教师专业发展的(　　)阶段。(常考)

A. 关注生存　　B. 关注情境

C. 关注学生　　D. 关注自我

22. 讲解完全平方公式后,王老师提出问题:"已知 $a=99$, $b=97$,那么 $a^2-2ab+b^2=?$"并要求学生立即给出答案,这是(　　)的提问。

A. 知识水平　　B. 理解水平

C. 应用水平　　D. 评价水平

23. 学生在上课时对学习内容用眼看、用耳听、用心记、用嘴说。这样做不仅能多渠道获取信息,还能提高(　　)能力。

A. 注意的转移　　B. 注意的起伏

C. 注意的分散　　D. 注意的分配

24. 在三维课程目标中,特别关注让学生"学会学习"的维度是(　　)维度。

A. 知识　　B. 过程与方法

C. 情感态度与价值观　　D. 技能

25. 为了节省时间,提高教学效率,对于一些理论性、难度或操作性相对较低的学科知识,比较适合的课程内容编排方式是(　　)

A. 直线式编排　　B. 螺旋式编排

C. 纵向组织编排　　D. 横向组织编排

26. 王老师的课堂教学特别强调"以预设为基础,提高生成的质量和水平;以生成为导向,提高预设的针对性和开放性",这符合课程实施的(　　)

A. 相互调适取向　　B. 忠实取向　　C. 创生取向　　D. 过程取向

27. 维果斯基的"最近发展区"思想与《学记》的"语之而不知,虽舍之可也"的表述体现了(　　)的原则。

A. 因材施教　　B. 教学相长　　C. 启发性　　D. 量力性

28. 在班级内部,教师根据学生的特点、兴趣与意愿进行分组教学,各组学习时间相同,学习内容不同,这种分组是(　　)

A. 外部分组　　B. 内部分组　　C. 能力分组　　D. 作业分组

29. 若教学的主要目标在于情感态度和价值观的激发与养成,则在以下的教学模式中,应优选(　　)

A. 抛锚式教学　　B. 范例式教学

C. 情境—陶冶式教学　　D. 目标—导控式教学

30. 学生以词的声音表象、动觉表象为支柱进行智力活动，这表明其处于心智技能的(　　)阶段。

A. 物质活动或物质化活动　　B. 出声的外部言语

C. 无声的外部言语　　D. 内部言语

31. 按照评价采用的标准进行分类，事业编教师招聘考试属于(　　)

A. 标准参照性评价　　B. 常模参照性评价

C. 个体内差异评价　　D. 诊断性评价

32. 参加实验的学生预先知道自己将参加某项实验，从而行为表现得更为积极和主动，比平时有更佳的努力和表现，这种效应是(　　)

A. 霍桑效应　　B. 罗森塔尔效应

C. 主试效应　　D. 巴纳姆效应

33. 王老师是某年级的级部主任，每学期的期初、期末总有个别学生家长想送礼请客，王老师一概拒之门外，王老师的行为主要体现了师德规范中的(　　)

A. 爱岗敬业　　B. 教书育人　　C. 为人师表　　D. 关爱学生

34. 老师在教学中经常指导学生通过列提纲和画关系图等技术，帮助学生分析课程的内容结构，更好地理解课程内容。老师想通过这些技术教会学生的学习策略是(　　)(易混)

A. 资源管理策略　　B. 精细加工策略

C. 组织策略　　D. 复述策略

35. 为相对全面地认识学生在解决特定的人际—社会问题时可能的反应及遇到的困难，以及更好地引发学生良好的道德情感，帮助学生学会关心，教师应选用的德育模式是(　　)

A. 认知模式　　B. 体谅模式

C. 社会模仿模式　　D. 价值澄清模式

36. 在班级管理中，王老师特别强调集体的教育力量，开展集体活动，让学生在良好的班级氛围中得到教育，同时通过对个别学生的教育，来促成集体的形成与发展，这种班级管理模式是(　　)

A. 班级平行管理　　B. 班级民主管理

C. 班级常规管理　　D. 班级目标管理

37. 认为学习成绩差的学生品行也不好，这是一种(　　)

A. 社会刻板效应　　B. 投射效应

C. 罗森塔尔效应　　D. 近因效应

阅读材料,回答38～40小题。

下课后,几位年轻教师就课堂教学展开交流。

庄老师说:“采用什么样的教学方法,其关键在于教学内容。比如弄清概念之间的关系,讲授法的效果比较好,而要解决技能操作方面的问题,演示法、练习法等更有优势。”

国老师说:“教学方法的选用既要看内容,更要考虑这堂课你要达到什么成果,如果要让学生形成某种情感态度,情感陶冶法是首选,如果要让学生记住一些基本知识的话,讲授法效果较好。”

殷老师说:“我认同两位老师的说法,但是教学方法要发挥其应有的作用,离不开对学生学习动机的激发,我在上课时经常结合教学内容进行关于学习的社会意义、个人前途等方面的教育,我发现学生的学习干劲更足了。”

38. 庄老师提到的弄清概念之间的关系,按照奥苏贝尔对学习的分类,最适合的学习方式是(　　)

A. 有意义的接受学习　　B. 有意义的发现学习

C. 机械的接受学习　　D. 机械的发现学习

39. 从国老师的谈话中,我们能够看出,对教学方法的选用,其关注点在于(　　)

A. 课程性质　　B. 能力水平

C. 教师素养　　D. 课程目标

40. 殷老师注重将学习内容与学习的社会意义、个人前途等联系起来激发学生的学习动机,这种学习动机类型是(　　)

A. 远景的直接性动机　　B. 近景的间接性动机

C. 近景的直接性动机　　D. 远景的间接性动机

二、多项选择题(多选、错选或少选均不得分。本大题共15小题,每小题1.2分,共18分)

41. 关于个体身心发展的动因,下列表述或观点倾向于“外铄论”的是(　　)

A. 化性起伪

B. 人的心灵如同一块白板,可以任意涂抹

C. 万物皆备于我

D. 行为主义的行为塑造理论

42. 德育方法的选择需要考虑学生的心理年龄特征,对小学低年级学生比较奏效的德育方法是(　　)

A. 两难问题辨析法　　B. 分组讨论法

C. 情感陶冶法　　　　　　　　　　　　　D. 实际锻炼法

43. 以下属于经典性条件反射的是(　　)

A. 小明帮助同学受到了表扬,以后就经常帮助别人

B. 一朝被蛇咬,十年怕井绳

C. 看见闪电捂耳朵

D. 望梅止渴

44. 下列教育家与其思想观点对应正确的是(　　)

A. 荀子:倡导“性恶论”,认为教育的作用是“化性起伪”

B. 洛克:反对天赋观念,提出了“白板说”,倡导“绅士教育”

C. 杜威:认为教育即生活,学校即社会

D. 陶行知:认为生活即教育,提出了生活教育理论

45. 以下属于建构主义的教学主张的是(　　)

A. 有意义的自由学习观　　　　　　　　B. 支架式教学

C. 情境性教学　　　　　　　　　　　　D. 随机通达教学

46. 下列表述中,体现对教师能力素养要求的是(　　)

A. “要使学生获得一点知识的亮光,教师应吸进整个光的海洋”

B. 教师应“既知教之所由兴,又知教之所由废”

C. 教师语言表达要做到“生动、形象、具有启发性”

D. 教师应注意课堂教学中的自我监控与课后的自我反思

47. 以下心理学派与代表人物对应正确的是(　　)(易混)

A. 精神分析——弗洛伊德　　　　　　　B. 行为主义——华生

C. 人本主义——艾利斯　　　　　　　　D. 格式塔——托尔曼

48. 课程有多种分类,不同类型的课程具有不同的特点,下列关于不同类型课程特点的描述正确的是(　　)

A. 学科课程特别强调知识的逻辑,布鲁纳的结构主义课程是其典型代表

B. 活动课程特别强调学生的直接经验,杜威的活动课程是其典型代表

C. 显性课程是学校情境中以直接的、明显的方式呈现的课程,在学校课程建设中不可或缺

D. 隐性课程是学校情境中以间接的、内隐的方式呈现的课程,在学校课程建设中可有可无

49. 下列表述中,能够体现循序渐进教学原则的是(　　)

A. 孔子《论语》中“闻斯行诸”的故事

B. 孟子“盈科而进”的教学方法

C.《学记》中“杂施而不孙，则坏乱而不修”的表述

D. 苏格拉底的“产婆术”

50. 下列关于需要的说法，正确的是(　　)

A. 需要具有对象性

B. 人和动物满足自然需要的方式没有区别

C. 社会需要是人特有的

D. 人的需要是发展的

51. 下列关于教学方法的表述，正确的是(　　)

A. 注入式教学把学生看成是知识的容器，讲授法是其典型代表

B. 讨论法和读书指导法属于以语言传递为主的教学方法

C. 演示法是一种辅助性教学方法，要和讲授法、谈话法等配合使用

D. 美国心理学家布鲁纳倡导的发现法是一种以引导、探究为主的教学方法

52. 了解和研究学生是班主任工作的前提和基础，下列描述反映中等生特点的是(　　)

A. 自尊心和竞争意识强　　B. 信心不足

C. 不适度的自尊心，意志力薄弱　　D. 表现欲不强

53. 张强在学习数学方面是一位自我效能感比较高的学生，他在数学学习上可能表现为(　　)

A. 做数学题时遇到困难更有坚持性

B. 上数学课认真听讲

C. 学习数学情绪低落

D. 喜欢选择与数学学习相关的活动

54.《关于全面深化新时代教师队伍建设改革的意见》提出，要弘扬高尚师德，广大教师要坚持四个统一，争做(　　)的好教师。

A. 有理想信念　　B. 有道德情操

C. 有扎实学识　　D. 有仁爱之心

55. 下列说法中合理合法的是(　　)

A. 实施义务教育，不收学费、杂费

B. 按照学生的考试成绩进行排队，侵犯了学生的隐私权

C. 不分民族、语言，年满 6 周岁的儿童应上小学，特殊情况可放宽到 7 周岁

D. 如果学生旷课，要及时通知家长或者其他监护人

学科专业知识

一、单项选择题(本大题共 39 小题,每小题 0.7 分,共 27.3 分)

1. 非洲音乐的主要特点是节奏复杂多变,(　　)在非洲音乐中有十分突出的地位。

A. 锣　　B. 琴　　C. 鼓　　D. 号

2.《春江花月夜》原是一首琵琶独奏曲,又名(　　)

A.《潇湘水云》　　B.《阳关三叠》

C.《夕阳箫鼓》　　D.《高山流水》

3. 我国现存最久的一首文字谱记写的琴谱是(　　)(常考)

A.《碣石调·幽兰》　　B.《广陵散》

C.《高山流水》　　D.《梅花三弄》

4. 京剧形成于(　　)时期。

A. 两汉　　B. 南北朝　　C. 清朝　　D. 元朝

5. 由于地区、民族不同,对山歌的称谓也不同,如在甘肃、青海、宁夏一带山歌被称为(　　)

A. 爬山调　　B. 山曲　　C. 花儿　　D. 飞歌

6. 享有"百戏之祖"美誉的戏曲是(　　)

A. 京剧　　B. 昆曲　　C. 豫剧　　D. 越剧

7.《穆桂英挂帅》《花木兰》《朝阳沟》均属于(　　)

A. 豫剧　　B. 评剧

C. 话剧　　D. 戏剧

8. 长鼓舞是(　　)的代表性舞蹈。

A. 蒙古族　　B. 满族

C. 鄂伦春族　　D. 朝鲜族

9.《黄河大合唱》的词曲作者是(　　)(常考)

A. 田汉、聂耳　　B. 光未然、聂耳

C. 田汉、冼星海　　D. 光未然、冼星海

10. 肖邦被誉为(　　)

A. 钢琴诗人　　B. 钢琴之王

C. 钢琴之父　　D. 天才音乐家

11. 夜曲原指一种流行于(　　) 世纪西洋贵族社会中的器乐套曲,风格明快典雅,常在夜间露天演奏,与“小夜曲”类似。

A. 16　　B. 17　　C. 18　　D. 19

12. (　　)是我国新歌剧成型的标志性作品。(常考)

A.《白毛女》　　B.《江姐》

C.《洪湖赤卫队》　　D.《刘胡兰》

13. 下列不属于曲艺音乐的选项是(　　)

A. 河南坠子　　B. 堆谐

C. 京韵大鼓　　D. 山东琴书

14. 下列打击乐器中发出的音响为噪音的是(　　)

A. 木琴　　B. 定音鼓　　C. 镲　　D. 马林巴

15. 下列不属于京剧“四大名旦”的是(　　)(常考)

A. 尚小云　　B. 荀慧生　　C. 周信芳　　D. 程砚秋

16. 下列乐器中属于“竹”类材料制作的是(　　)(常考)

A. 磬　　B. 竽　　C. 箫　　D. 埙

17. 下列不属于柴可夫斯基的作品的是(　　)

A.《天鹅湖》　　B.《1812 序曲》

C.《悲怆奏鸣曲》　　D.《六月——船歌》

18. 单簧管属于(　　)

A. 铜管乐器　　B. 木管乐器

C. 打击乐器　　D. 弓弦乐器

19. 歌剧《洪湖赤卫队》首演于 1959 年,1960 年北京电影制片厂摄制成同名歌剧艺术片,并在 1961 年举办的首届电影“百花奖”中获得最佳音乐奖,该剧故事的发生地在(　　)

A. 湖南　　B. 江西　　C. 湖北　　D. 山东

20. 我国有许多地方剧种,可谓“百花齐放”,下列选项中具有安徽地方特色的剧种是(　　)

A. 越剧　　B. 吕剧　　C. 黄梅戏　　D. 评剧

21.《中花六板》属于江南(　　)

A. 丝竹乐　　B. 打击乐　　C. 管弦乐　　D. 拉弦乐

22.《辽阔的草原》是流行于内蒙古呼伦贝尔的一首传统(　　)民歌。

A. 小调　　B. 长调　　C. 短调　　D. 大调

23. 17 世纪初至 18 世纪中叶，起源于意大利并流传于欧洲的一种音乐风格是(　　)

A. 古典主义音乐　　B. 浪漫主义音乐

C. 巴洛克音乐　　D. 民族主义音乐

24. 下列选项中不属于古典主义音乐代表人物的是(　　)

A. 海顿　　B. 莫扎特　　C. 贝多芬　　D. 舒伯特

25. 歌剧(　　)是比才创作的。

A.《卡门》　　B.《费加罗的婚礼》

C.《茶花女》　　D.《费德里奥》

26. 下列选项中不属于现代京剧的是(　　)

A.《海瑞罢官》　　B.《红灯记》

C.《花为媒》　　D.《沙家浜》

27. 下列选项中不属于施光南创作的是(　　)

A.《在希望的田野上》　　B.《祝酒歌》

C.《英雄赞歌》　　D.《伤逝》

28. 下列作品中不属于琵琶曲的是(　　)

A.《十面埋伏》　　B.《大浪淘沙》

C.《湘妃调》　　D.《光明行》

29. 按音的分组，应标记为(　　)

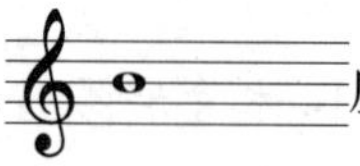

A. B　　B. b　　C. b^1　　D. b^2

30. 下列属于变化半音的是(　　)

A. 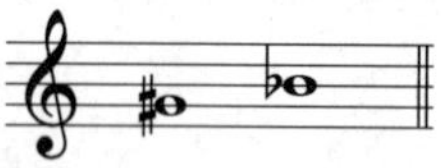　　B.

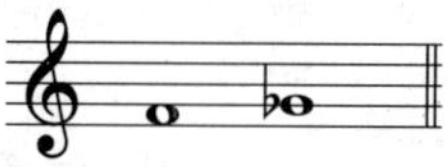

C. 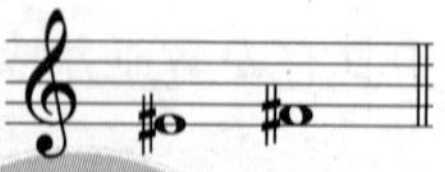　　D.

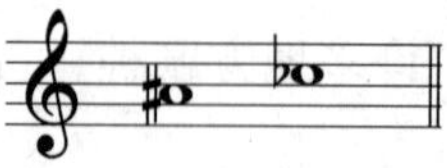

31. 下列各音中属于 $^{\times}$B 的等音的是(　　)

A. C　　B. ^{b}D　　C. $^{\times}$C　　D. ^{bb}D

32. 下列选项中与增八度互为等音程的是(　　)

A. 增九度　　B. 大九度

C. 小九度　　D. 减九度

33. $\frac{9}{16}$拍属于(　　)

A. 单拍子　　B. 复拍子　　C. 混合拍子　　D. 散拍子

34. 在 E 音上方构成增四度的音是(　　)

A. 

B.

C. 

D.

35. 下列音程中,与 [音程谱例] 互为转位音程的是(　　)(易错)

A. 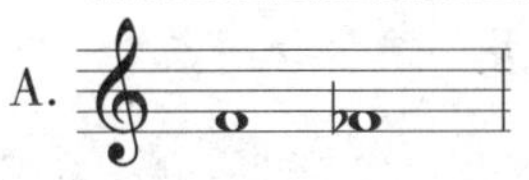

B. 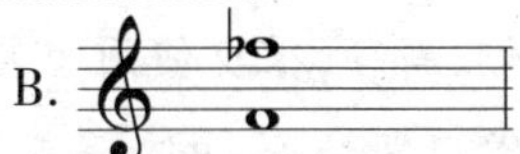

C. 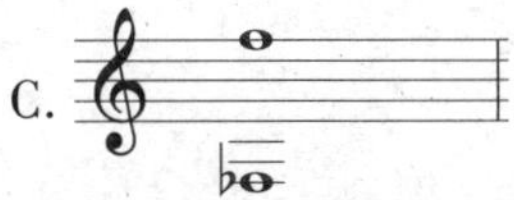

D.

36. 减四度和增五度音程分别属于(　　)

A. 自然音程、变化音程　　B. 变化音程、自然音程

C. 自然音程、自然音程　　D. 变化音程、变化音程

37. 下列表示“从头反复”的是(　　)

A. D. S.　　B. D. C.　　C. 𝄐　　D. ∾

38. 在$\frac{3}{4}$拍中,下列节奏符合音值组合法的是(　　)

A. 

B. 

C. 

D. 

39. 在$\frac{2}{4}$拍中,下列连音符使用不当的是(　　)

A. 

B. 

C. 

D.

二、多项选择题(多选、错选或少选均不得分。本大题共 10 小题,每小题 1.2 分,共 12 分)

40. 清乐调式是在五声调式音阶的基础上加入了(　　)

A. 闰　　B. 变宫　　C. 变徵　　D. 清角

41. 与大六度音程音数相等的是(　　)

A. 倍增五度　　B. 倍减八度　　C. 减七度　　D. 增五度

42. D 在________自然大调中为导音,在 A 大调中其音级名称为________。选(　　)

A. E　　B. ^{b}E　　C. Ⅳ　　D. Ⅴ

43. 以下属于印象主义音乐特点的是(　　)

A. 旋律模糊、新颖,很少使用重复、扩充方法,缺乏调性感

B. 节奏上常用复拍子,复杂多变

C. 和声、音响方面不太和谐,强调色彩多变,富于造型性

D. 音色独特、丰富、新奇;结构松散,不规整

44. 下列属于交响音乐体裁的是(　　)

A. 交响曲　　B. 协奏曲

C. 交响组曲　　D. 交响序曲

45. 下列作品属于古琴曲的是(　　)

A.《流水》　　B.《酒狂》

C.《渔舟唱晚》　　D.《梅花三弄》

46. 下列属于京剧唱腔和伴奏的是(　　)

A. 武场　　B. 西皮　　C. 文场　　D. 二黄

47. 音乐课程目标具有(　　)功能。

A. 明确音乐教育发展方向　　B. 提示音乐教育计划要点

C. 提供音乐学习经验方法　　D. 确定音乐教育评价基础

48. 下列选项中属于音乐课程基本理念的是(　　)

A. 以音乐审美为核心,以兴趣爱好为动力

B. 强调音乐实践,鼓励音乐创造

C. 弘扬民族音乐,理解音乐文化多样性

D. 面向部分学生,注重个性发展

49. 音乐课程性质总结为三种性质,分别是(　　)(常考)

A. 选择性　　B. 人文性　　C. 实践性　　D. 审美性

三、写作题（本大题共 3 小题，共 10 分）

50. 音值组合题。（3 分）

51. 按要求构成指定和弦。（3 分）

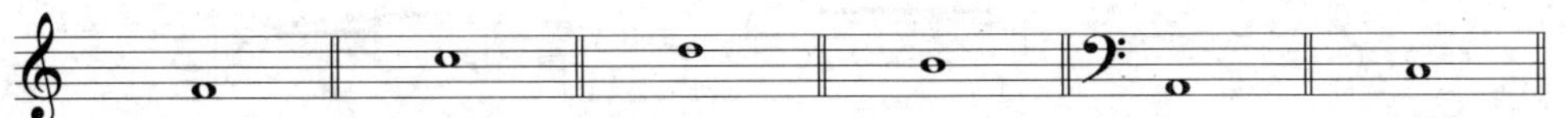

以指定音为三音 小五六和弦	以指定音为三音 减小三四和弦	以指定音为五音 半减七二和弦	以指定音为五音 大七五六和弦	以指定音为七音 大七五六和弦	以指定音为七音 小大七三四和弦

52. 按要求构成指定音阶。（4 分）

（1）E 旋律大调上下行音阶（用调号记写）

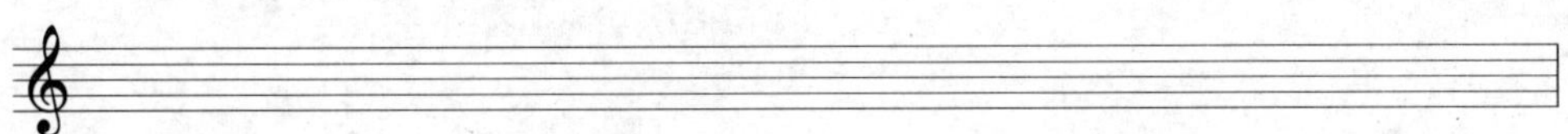

（2）D 雅乐角调式下行音阶（用临时变音记号记写）

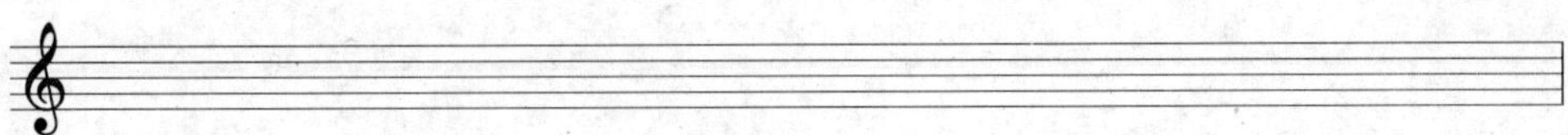

四、分析题（本大题共 2 小题，共 10 分）

53. 分析下列各三和弦属于哪些和声大调。（6 分）

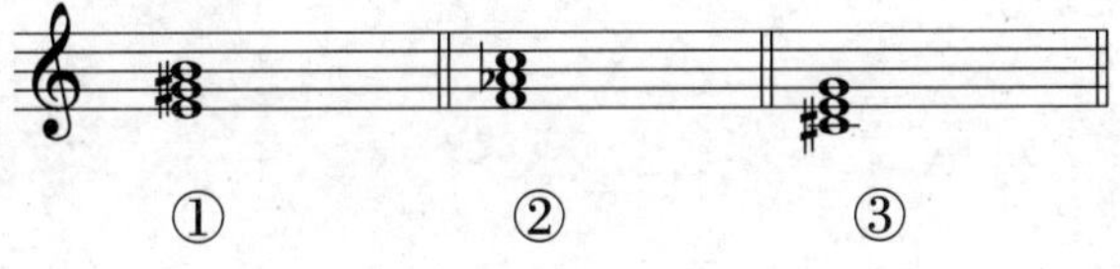

①　　②　　③

54. 分析调式调性。(4 分)

(1)

该旋律调式调性________________

(2)

该旋律调式调性________________

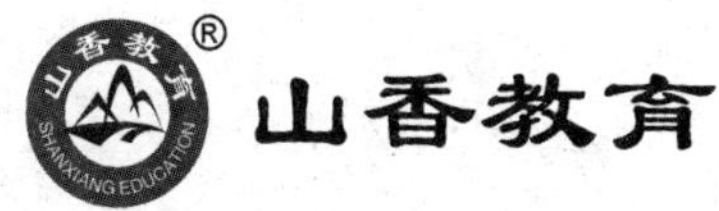

教师招聘考试历年真题详解及预测试卷

小学音乐

预测试卷

（本预测试卷由山香教育考试命题研究中心编写）

目　录

教师招聘考试预测试卷(一)

小学音乐

(满分 100 分　时间 120 分钟)

本套试卷共 57 小题,包括单项选择题(40 小题),判断题(10 小题),写作题(4 小题),简答题(2 小题),教学设计题(1 小题)。

一、单项选择题(本大题共 40 小题,每小题 1 分,共 40 分)

1. 下列属于变化半音的是(　　)

A. 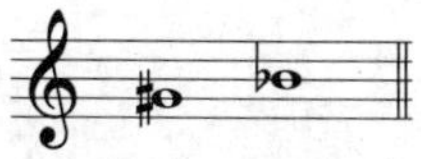　　　　B.

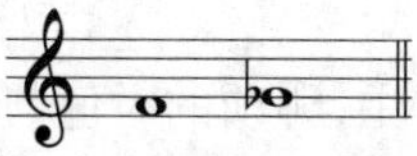

C. 　　　　D.

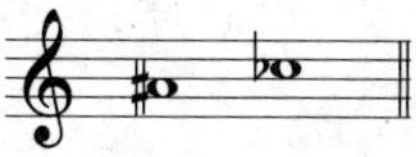

2. 下列属于变化音程的是(　　)

A. 　　　　B.

C. 　　　　D.

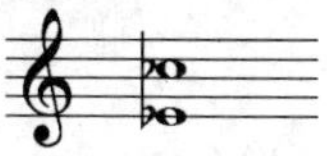

3. 下列哪个和弦是大小七和弦(　　)

A. 　　　　B.

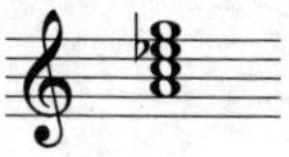

C. 　　　　D.

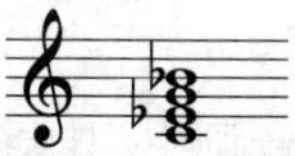

4. 在^{b}b 旋律小调上行音阶中,第Ⅵ级音所使用的临时变音记号应该是(　　)

A. 还原记号　　B. 降记号　　C. 升记号　　D. 没有

5. 下列音乐术语中,表示从慢到快的是(　　)

A. Moderato—Allegro—Allegretto　　B. Allegretto—Moderato—Allegro

C. Largo—Moderato—Andante　　　　D. Largo—Andante—Moderato

6. 的实际演奏效果是(　　)

A. 　　　　B. 

C. 　　　　D. 

7. 用^{b}B 调小号奏乐谱,其实际音高应为(　　)

A　　B　　C　　D

8. D 大调半音阶中,上行第 11 个音级和下行第 7 个音级分别是(　　)

A. $^{\#}$B 和$^{\#}$G　　　　B. C 和^{b}A

C. $^{\#}$B 和$^{\#}$G　　　　D. C 和$^{\#}$G

9. 下列连音中,哪项的时值与其他三项不相等(　　)

A. 

B. 

C. 

D. 

10. G 大调下属调的平行调是(　　)

A. a 小调　　　　B. b 小调

C. c 小调　　　　D. C 大调

11. (　　),其音阶结构是由两个相同的四声音阶(小二度、大二度、大二度)组合而成,中间由大二度分开;和自然小调相比,第Ⅱ级降低半音;与第Ⅲ级开始的自然大调音阶完全相同。

A. 多利亚调式　　　　B. 弗里几亚调式

C. 伊奥尼亚调式　　　　D. 利底亚调式

12. 在常用的等音调中,其调号关系为(　　)

A. 五升等于六降　　　　B. 六升等于五降

C. 七降等于六升　　　　D. 七升等于五降

13. “三分损益法”中产生的大全音的音分值为(　　)

A. 200　　B. 204　　C. 210　　D. 214

14.“耳之与声也，有同听焉”“与民同乐”的思想认为“每个人都有听音乐的能力，音乐表现了人的喜怒哀乐，以政通人和的社会局面为前提来欣赏音乐”的观点属于(　　)

A. 儒家　　　　B. 道家

C. 法家　　　　D. 墨家

15. 中国近代音乐教育的开端以(　　)的产生为标志。

A. 军乐队　　　　B. 学堂乐歌

C. 教会学校中的音乐教育　　　　D. 国立音专

16. 下面旋律是广东音乐，其曲名是(　　)

1=C $\frac{4}{4}$

热烈、欢快地

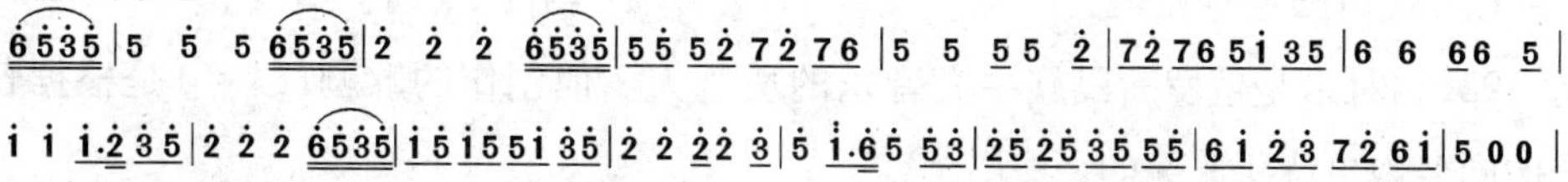

6535 | 5 5 5 6535 | 2 2 2 6535 | 55 52 72 76 | 5 5 55 2 | 72 76 51 35 | 6 6 66 5 |

1 1 1·2 35 | 2 2 2 6535 | 15 15 51 35 | 2 2 22 3 | 5 1·6 5 53 | 25 25 35 55 | 61 23 72 61 | 5 0 0 |

A.《平湖秋月》　　　　B.《旱天雷》

C.《步步高》　　　　D.《小放牛》

17. 我国西汉时期有位音乐家，他“性知音，善歌舞”，《汉书》中以“每为新声变曲，闻者莫不感动”来夸赞他，他也是汉代乐府机构的领导者，这位音乐家是(　　)

A. 李延年　　B. 王安石　　C. 钱乐之　　D. 阮籍

18. 它被称为“东方小提琴”，但其表现力与小提琴又有很大不同，尤其是它的滑音独具特色，模拟人声惟妙惟肖。它指的是下列哪种乐器(　　)

A. 二胡　　B. 琵琶　　C. 革胡　　D. 阮

19. 中国律学史上把一个八度细分到最高程度的乐律学家是(　　)

A. 荀勖　　　　B. 京房

C. 何承天　　　　D. 钱乐之

20. 下面歌曲片段出自(　　)

1=$^{\flat}$B $\frac{4}{4}$

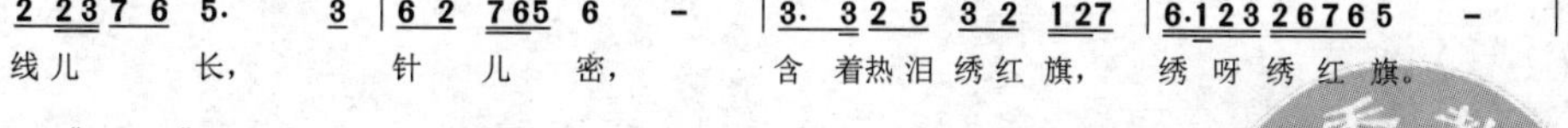

2 23 7 6 5· 3 | 6 2 765 6 - | 3· 32 5 3 2 12 7 | 6·1 23 2676 5 - |

线儿　长，　针　儿　密，　含　着热泪绣红旗，　绣呀绣红旗。

A.《江姐》　　　　B.《兄妹开荒》

C.《洪湖赤卫队》　　　　D.《小二黑结婚》

21.《凤凰展翅》是一首著名的(　　)独奏曲，乐曲通过对凤凰优美姿态的描绘表现了对美好生活的向往。

A. 唢呐　　B. 笛子　　C. 笙　　D. 管子

22. 下面歌曲片段的所属地域是(　　)

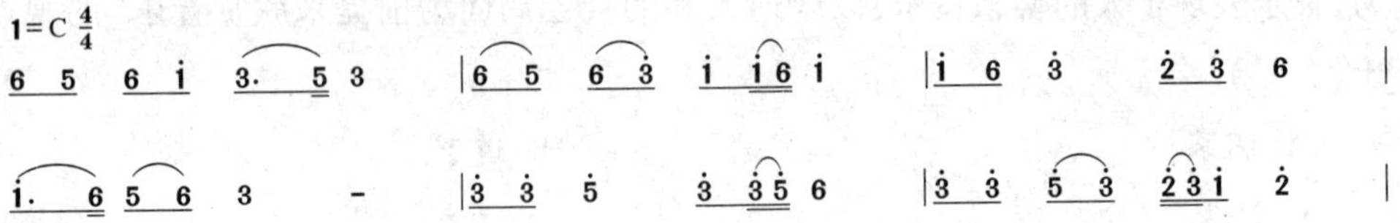

1=C $\frac{4}{4}$

6 5 6 i 3. 5 3 | 6 5 6 3 i i6 i | i 6 3 2 3 6 |

i. 6 5 6 3 - | 3 3 5 3 35 6 | 3 3 5 3 23i 2 |

A. 江苏　　B. 湖南　　C. 安徽　　D. 江西

23. 乐器“缶”的制作材料是(　　)

A. 革　　B. 土　　C. 石　　D. 匏

24. 下列歌曲与《义勇军进行曲》有相同时代背景和时代风格的是(　　)

A.《长江之歌》　　B.《北京喜讯到边寨》

C.《城墙上跑马》　　D.《保卫黄河》

25. 格林卡是俄罗斯民族主义音乐的奠基人。他创作的歌剧(　　)是根据普希金的同名叙事诗所改编的。

A.《鲁斯兰与柳德米拉》　　B.《伊凡·苏萨宁》

C.《卡玛林斯卡亚》　　D.《马德里之夜》

26. (　　)的半音和声不仅为音乐的连续性和炽热情感的表现提供了基础,而且把欧洲大小调体系的和声推到了崩溃的边缘。

A. 柴可夫斯基　　B. 普罗科菲耶夫

C. 瓦格纳　　D. 理查德·施特劳斯

27. 作曲家普罗科菲耶夫为儿童写的带有故事朗诵的交响童话是(　　)

A.《荒山之夜》　　B.《图画展览会》

C.《彼得与狼》　　D.《骷髅之舞》

28. “甘美兰”是(　　)的传统器乐合奏形式。

A. 南非　　B. 印度尼西亚

C. 泰国　　D. 印度

29. 轻歌剧《霍夫曼的故事》是________国的轻歌剧作家________的作品。选(　　)

A. 法;奥芬巴赫　　B. 法;古诺

C. 德;贝多芬　　D. 奥地利;莫扎特

30. 下列不属于“三大安魂曲”的是(　　)

A. 福雷《安魂曲》　　B. 威尔第《安魂曲》

C. 亨德尔《安魂曲》　　D. 莫扎特《d 小调安魂曲》

31. 下列交响曲中,(　　)不仅包含着贝多芬个人人生的体验和总结,也深藏着作曲家对人类终极价值的关切。

A.《第三交响曲》　　B.《第五交响曲》

C.《第六交响曲》　　D.《第九交响曲》

32. 源于阿尔卑斯山区牧民呼唤羊群、牛群的喊叫声,特点是运用真、假声两种唱法迅速地交替演唱,形成一种有趣的、令人惊讶的奇妙效果,这种唱法是(　　)

A. 恰克合唱　　B. 约德尔唱法

C. 保加利亚重唱　　D. 格里奥说唱

33. 印度尼西亚的《星星索》是一首克隆钟歌曲,该作品的音乐特点是(　　)

A. 曲调欢快活泼　　B. 有很多滑音和装饰音

C. 直线式的旋律　　D. 每句前紧后松,唱法柔和松弛

34. (　　)是 20 世纪最成功的民族主义作曲家之一,他为匈牙利音乐打开了新的局面,其代表作有《两幅肖像》《柯树特》等。

A. 巴托克　　B. 柯达伊

C. 威廉斯　　D. 霍尔斯特

35. 从艺术门类的美学原则来看,表情艺术主要包括(　　)

A. 戏剧与电影　　B. 曲艺与杂技

C. 摄影与美术　　D. 音乐与舞蹈

36. 交响乐队中用于校音的乐器是(　　)

A. 双簧管　　B. 单簧管　　C. 竖琴　　D. 小提琴

37. $\underline{\underset{\cdot}{6}\cdot\ \underline{\dot{6}}}\ \underline{\dot{6}\ \dot{5}}\ \ \underline{\dot{5}\ \dot{3}}\ \ \underline{\dot{3}\ \dot{2}}\ \ \underline{\dot{2}\ \dot{1}}\ \ \underline{\dot{1}\ 6}\ |$ 的指挥图示是(　　)

A.

B.

C.

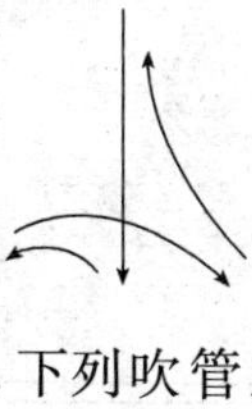

D.

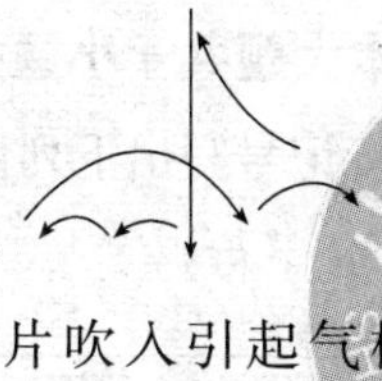

38. 下列吹管乐器中,原理为将气息通过哨片吹入引起气柱振动而发音的是(　　)

A. 笛子　　B. 巴乌　　C. 芦笙　　D. 唢呐

39. 音乐学科课程内容包括“欣赏”“表现”“创造”和(　　)4类艺术实践。

A. 演唱　　B. 演奏

C. 联系　　D. 音乐与姊妹艺术

40. 义务教育艺术课程包括音乐、美术、舞蹈、戏剧(含戏曲)、影视(含数字媒体艺术)5个学科,以(　　)为基础,以学习任务为抓手,有机整合学习内容,构建一体化的内容体系。

A. 艺术实践　　B. 艺术表现

C. 审美感知　　D. 文化理解

二、判断题(判断下列各题的正误,正确的打“√”,错误的打“×”。本大题共10小题,每小题1分,共10分)

41. 长休止记号是指当一个或数个音以相同的时值反复(或交替)奏响,为了减少乐谱记写中的工作量而使用的一种省略记号。(　　)

42. 乐曲中各种拍子交替出现,称为“混合拍子”。(　　)

43. 唱赚由南宋勾栏艺人孔三传创立,由“缠令”和“缠达”两种曲式交替进行。(　　)

44. 江西采茶戏表演以“扇子花”“手帕功”“矮子步”等为特色,曲调婉转,节奏鲜明,演出剧目反映了劳动人民的生活,因此很受人民群众的喜爱。(　　)

45. 唱游是高年级学生学习音乐的主要形式。(　　)

46. 阿根廷的探戈被阿根廷人视为国粹,也是欧洲民间音乐中最具代表性的歌舞。(　　)

47. 优美欢快的《翠湖春晓》和低沉忧愁的《塞外村女》是我国国歌曲作者聂耳创作的。(　　)

48.《恨似高山仇似海》是歌剧《白毛女》的经典唱段。(　　)

49.《长城随想曲》是朱践耳创作的一首著名的二胡协作曲,全曲分“关山行”“烽火操”“忠魂祭”“遥望篇”四个乐章。(　　)

50.《美育书简》是德国古典主义美学家席勒的代表作。(　　)

三、写作题(本大题共4小题,共22分)

51. 以临时变音记号写出下列调式的音阶。(4分)

(1)F旋律大调(下行)

(2)以 D 为徵音的燕乐商调式(上行)。

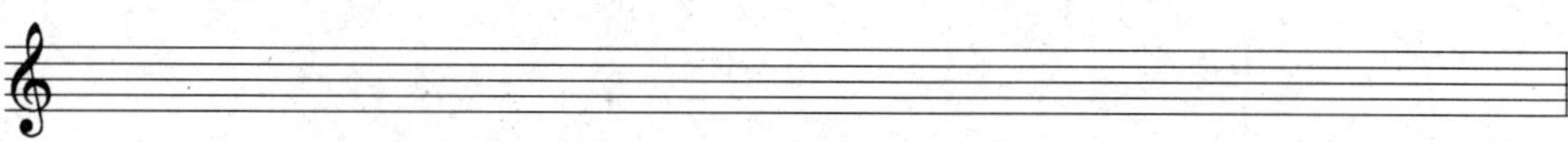

52. 以下列各音为根音,向上构成指定音程。(6 分)

53. 运用鱼咬尾的发展手法,将下面指定的第一乐句发展成四个乐句构成的乐段。(4 分)

1=C $\frac{4}{4}$

6̣　3　2· 3 1 2 | 3　-　-　- |

54. 为下面高声部旋律编配四部和声。(8 分)

四、简答题(本大题共 2 小题,每小题 5 分,共 10 分)

55. 简述达尔克罗兹音乐教学法能够培养和发展学生哪些方面的能力。

56. 简述中国戏曲唱腔的结构形式。

五、教学设计题(本大题共 18 分)

57. 根据提供的材料,以四年级学生为教学对象,以《可爱的家》为课题,写一篇教学设计。

可爱的家

[美]比肖普曲
吴妍因填词

1=D $\frac{4}{4}$

1 2 |3· 4 4 5 |5 - 3 5 |4· 3 4 2 |3 - 0 1 2 |3· 4 4 5 |
我的 家 呀真 可 爱, 美 丽 清 洁又 安 详, 姐妹 兄 弟很 和

5 - 3 5 |4· 3 4 2 |1 - 0 5 5 |1̇· 7 6 5 |5 - 3 5 |
善, 父 亲 母 亲都 健 康。 虽然 没 有好 花 园, 月 季

4· 3 4 2 |3 - 0 5 5 |1̇· 7 6 5 |5 - 3 5 |4· 3 4 2 |1 - - 0 |
凤 仙常 飘 香, 虽然 没 有大 厅 堂, 冬 天 温 暖夏 天 凉。

5 - 4 2 |1 - 2 - |3 - 0 5 |1̇· 7 6 5 |5 - 3 5 |4· 3 4 2 |1 - - ‖
啊, 可 爱 我 的 家, 让 我 们抱 成 团, 相 亲 相 爱 地久天 长。
3 - 1 7̣ |1 - 7̣ - |1 - 0 3 |3· 5 4 2 |3 - 1 3 |2· 1 2 7̣ |1 - - ‖

要求:

(1)写出教学目标。

(2)写出教学重难点。

(3)写出主要的教学过程。

教师招聘考试预测试卷(二)

小学音乐

(满分 100 分　时间 120 分钟)

本套试卷共 46 小题,包括单项选择题(20 小题),多项选择题(10 小题),填空题(10 小题),连线题(1 小题),写作题(2 小题),案例分析题(1 小题),论述题(2 小题)。

一、单项选择题(本大题共 20 小题,每小题 1 分,共 20 分)

1. 同主音和声大小调中,音高不同的音级是(　　)

A. Ⅲ、Ⅵ　　B. Ⅲ、Ⅵ、Ⅶ

C. Ⅲ　　D. Ⅲ、Ⅴ、Ⅶ

2. 下列调式中以 A 为主音的是(　　)

A. 以 C 为宫的羽调式　　B. 以 B 为宫的羽调式

C. 以 C 为宫的商调式　　D. 以 B 为宫的商调式

3. 标准的钢琴键盘上包含有(　　)组完整的音组。

A. 五　　B. 六

C. 七　　D. 八

4. 七个十六分音符的时值总和等于(　　)

A. 一个复附点二分音符　　B. 一个附点二分音符

C. 一个复附点四分音符　　D. 一个附点四分音符

5. 在声乐唱法中,(　　)追求完美的、完全控制的、精致的发音效果。

A. 美声唱法　　B. 通俗唱法

C. 民族唱法　　D. 原生态唱法

6. 有两件乐器或更多乐器,各由一人演奏同一乐曲的不同声部的演奏形式,称为(　　)

A. 齐奏　　B. 重奏　　C. 独奏　　D. 伴奏

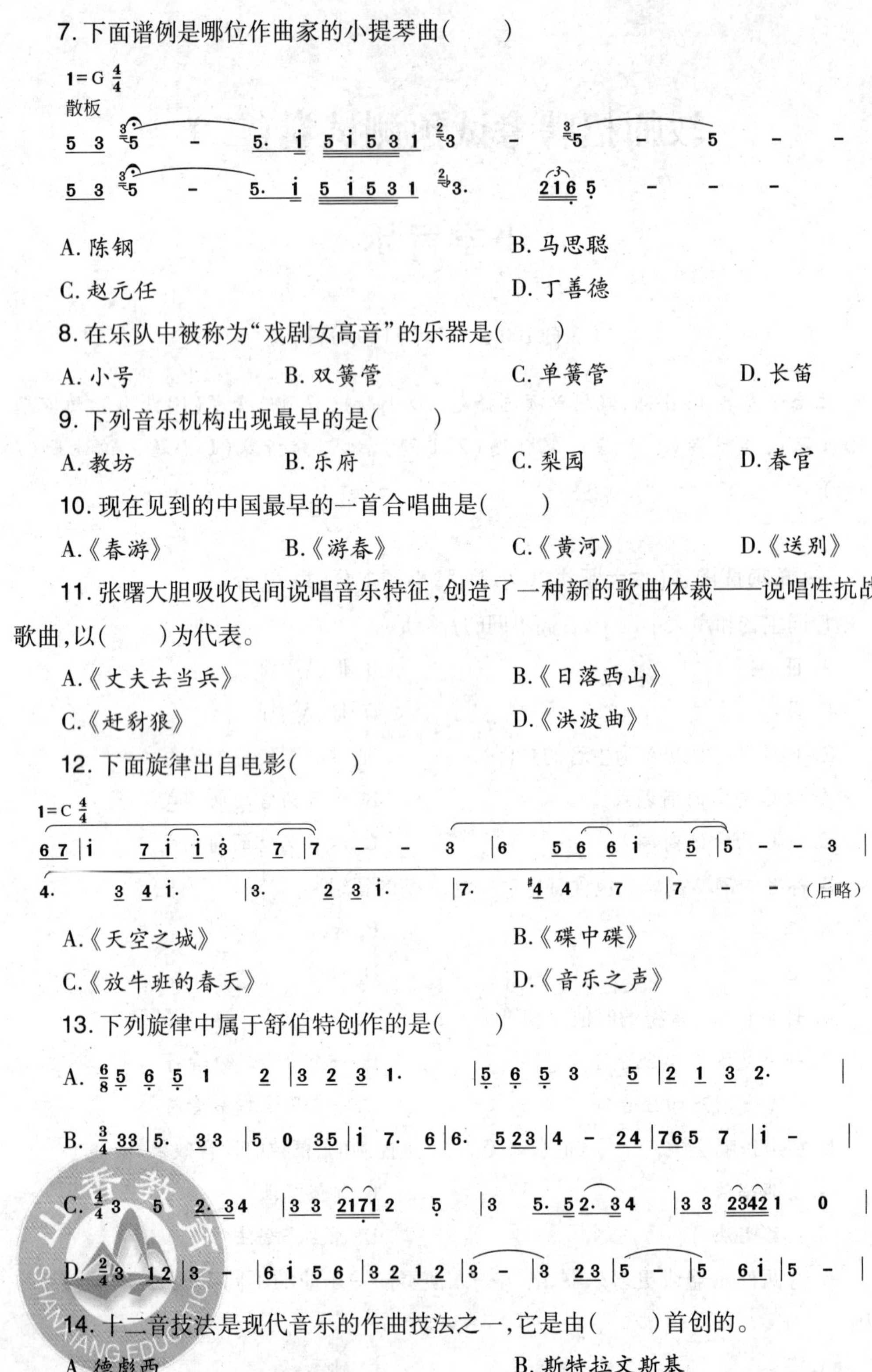

7. 下面谱例是哪位作曲家的小提琴曲(　　)

A. 陈钢　　B. 马思聪

C. 赵元任　　D. 丁善德

8. 在乐队中被称为"戏剧女高音"的乐器是(　　)

A. 小号　　B. 双簧管　　C. 单簧管　　D. 长笛

9. 下列音乐机构出现最早的是(　　)

A. 教坊　　B. 乐府　　C. 梨园　　D. 春官

10. 现在见到的中国最早的一首合唱曲是(　　)

A.《春游》　　B.《游春》　　C.《黄河》　　D.《送别》

11. 张曙大胆吸收民间说唱音乐特征,创造了一种新的歌曲体裁——说唱性抗战歌曲,以(　　)为代表。

A.《丈夫去当兵》　　B.《日落西山》

C.《赶豺狼》　　D.《洪波曲》

12. 下面旋律出自电影(　　)

A.《天空之城》　　B.《碟中碟》

C.《放牛班的春天》　　D.《音乐之声》

13. 下列旋律中属于舒伯特创作的是(　　)

A. 6/8 5 6 5 1 2 | 3 2 3 1. | 5 6 5 3 5 | 2 1 3 2. |

B. 3/4 3 3 | 5. 3 3 | 5 0 3 5 | i 7. 6 | 6. 5 2 3 | 4 － 2 4 | 7 6 5 7 | i － |

C. 4/4 3 5 2. 3 4 | 3 3 2 1 7 1 2 5 | 3 5. 5 2. 3 4 | 3 3 2 3 4 2 1 0 |

D. 2/4 3 1 2 | 3 － | 6 i 5 6 | 3 2 1 2 | 3 － | 3 2 3 | 5 － | 5 6 i | 5 － |

14. 十二音技法是现代音乐的作曲技法之一,它是由(　　)首创的。

A. 德彪西　　B. 斯特拉文斯基

C. 穆索尔斯基　　D. 勋伯格

15. 下列歌曲中不属于美国作曲家福斯特创作的是(　　)

A.《噢,苏珊娜》　　B.《老黑奴》

C.《美丽的梦中人》　　D.《念故乡》

16. (　　)是 14 世纪意大利文艺复兴时期“新艺术”的代表人物,他没有写过宗教音乐作品,主要创作世俗的叙事歌。

A. 马肖　　B. 兰迪尼

C. 杜费　　D. 班舒瓦

17. 返始咏叹调的首创者是(　　)

A. 萨拉萨蒂　　B. A. 斯卡拉蒂

C. 佩里　　D. 弗朗克

18. 在理查德·施特劳斯的歌剧作品(　　)中,不协和音与近乎无调性的和声一起,默契地配合了残忍的剧情,因此该歌剧被称为“恐怖歌剧”。

A.《犹太女》　　B.《莎乐美》

C.《沉默的女人》　　D.《查拉图斯特拉如是说》

19. 曾有两位音乐家都创作过名为《土耳其进行曲》的作品,这两位音乐家是(　　)

A. 贝多芬和海顿　　B. 莫扎特和海顿

C. 李斯特和莫扎特　　D. 莫扎特和贝多芬

20. “通过观察、提问、交流、记录等方式,了解学生在欣赏、表现和创意实践等过程中的学习进程、行为表现,分析、把握学生的学习态度、学习体验、学习困难,给予必要的指导。”这一评价方式属于(　　)

A. 课堂评价　　B. 作业评价

C. 期末评价　　D. 表现性评价

二、多项选择题(多选、错选或少选均不得分。本大题共 10 小题,每小题 1.5 分,共 15 分)

21. 下列选项中哪些属于施光南的作品(　　)

A.《在希望的田野上》　　B.《打起手鼓唱起歌》

C.《吐鲁番的葡萄熟了》　　D.《清晰的记忆》

22. 下列选项中哪些属于威尔第的作品(　　)

A.《图兰朵》　　B.《茶花女》

C.《阿依达》　　D.《蝴蝶夫人》

23. 下列说法正确的有(　　)

A. 按照艺术风格划分,我国汉族的说唱曲种被大致分为评话、鼓曲、快板、相声四大类

B. 我国说唱音乐的表演形式主要有单口唱、对口唱、帮唱、拆唱、走唱等

C. 鼓词类说唱曲种俗称大鼓,主要流行在我国北方,如山东梨花大鼓、唐山大鼓等

D. 琴书是以主要伴奏乐器——扬琴命名的说唱曲种

24.《周礼·春官》中把乐器分为金、石、土、革、丝、木、匏、竹八类,称"八音",是中国历史上最早的乐器科学分类法。下列属于"革"类乐器的有(　　)

A. 磬　　B. 箫　　C. 鼗　　D. 鼓

25. 居伊是"强力集团"中的一位杰出人物,主要代表作有(　　)

A.《高加索的囚犯》　　B.《伊戈尔王子》

C.《叶甫盖尼·奥涅金》　　D.《上尉的女儿》

26. 下列哪几首音乐作品在创作过程中使用了"螺蛳结顶"的创作手法(　　)

A.《锦鸡出山》　　B.《春江花月夜》

C.《金蛇狂舞》　　D.《彩云追月》

27. 下列不属于歌剧《江姐》选段的是(　　)

A.《红梅赞》　　B.《数九寒天下大雪》

C.《看天下劳苦人民都解放》　　D.《五洲人民齐欢笑》

28. 12~13 世纪发展欧洲复调音乐的"巴黎圣母院乐派"中仅有的两位留下名字的作曲家为(　　)

A. 佩罗坦　　B. 兰迪尼

C. 维特里　　D. 莱奥南

29. 莫扎特是特殊的喜剧天才,三部喜歌剧(　　)均与戏剧家达·蓬特合作,成功地推动了歌剧的发展。

A.《游吟诗人》　　B.《女人心》

C.《唐璜》　　D.《费加罗的婚礼》

30. 西方音乐术语中,与中国传统音乐的符号"サ"表现的意思相近的是(　　)

A. Senza misura　　B. Ad libitum

C. Tempo　　D. Rigoroso

三、填空题(本大题共 10 小题,每空 1 分,共 20 分)

31. 写出下列音乐记号的名称:tr ________;rit. ________;a tempo ________。

32. 华沙起义失败后，肖邦写了一首著名的作品是________，这部作品又称为________。

33. ________是用录音机将鸟鸣、风声、机器声、人声的各种原始声音采录下来进行加工、剪接、处理的音乐创作形式。

34.《翻身的日子》是________创作的民族管弦乐曲。

35. 合唱是一种多声部演唱形式，以人声的分类为依据，合唱可以分为________和________。

36. 将纯八度分成十二个均等半音的律制称为________，除此之外，目前普遍采用的律制还有________和________。其中，________是产生等音、等音程、等和弦与等音调的前提条件。

37. 我国传统音乐中，每一板、每一眼都相当于一拍。板相当于小节中的________拍，眼相当于小节中的________拍。

38. 在$^{\#}$g和声小调中，构成增二度的两个音的音名分别是________和________。

39.《伏尔加船夫曲》是________（国家）民歌。

40. 艺术鉴赏的审美过程有审美直觉、________、________。

四、连线题（本大题共1小题，每线1分，共10分）

41. 将下列作品、国籍及作曲家对应连接。

《伊贝利亚》	意大利	格里格
《浮士德交响曲》	挪威	门德尔松
《威廉·退尔》	西班牙	李斯特
《乘着歌声的翅膀》	匈牙利	阿尔贝尼斯
《培尔·金特》	德国	罗西尼

五、写作题（本大题共2小题，共11分）

42. 为下面歌曲编配钢琴伴奏。（8分）

43. 将下面谱例翻译成简谱,并标明调号、拍号。(3 分)

六、案例分析题(本大题共 10 分)

44. 根据案例,回答下面问题。

案例:青年教师小欣在教二年级学生学唱《中华人民共和国国歌》时,先让学生欣赏了几组祖国大好河山的图片,又让学生用很长时间观看了一段抗日战争时期的影视短片,在学生观看完视频后,教师小欣给学生播放了两遍《中华人民共和国国歌》的音频,播放第二遍的时候让学生跟着音频演唱了一遍,最后在学生的歌声中结束了这堂音乐课。

问题:结合《义务教育艺术课程标准(2022 年版)》的相关内容,谈谈你对这个案例的看法,并提出改进建议。

七、论述题（本大题共 2 小题，每小题 7 分，共 14 分）

45. 你认为歌唱教学在小学音乐课堂中重要吗？为什么？应该怎样在课堂上培养孩子们的歌唱能力？

46. 瓦格纳是 19 世纪中下叶德奥音乐发展的重要代表人物，论述其音乐成就及代表作品。

教师招聘考试预测试卷(三)

小学音乐

(满分 100 分 时间 120 分钟)

本套试卷共 56 小题,包括单项选择题(40 小题),判断改错题(10 小题),写作题(3 小题),简答题(2 小题),教学设计题(1 小题)。

一、单项选择题(本大题共 40 小题,每小题 1 分,共 40 分)

1. 下列选项是小字组 b 音的是(　　)

A.　　　　B.

C.　　　　D.

2. 下面谱例中有 5 个“5”,音高从高到低排列依次为(　　)

#5653 ♮5 #45 4 2 3 | 4 ♭7 1 2 ♭3 5

(① ② ③ ④ ⑤)

A. ① = ② > ③ = ④ > ⑤　　B. ① = ② > ③ = ④ = ⑤

C. ① > ② = ③ = ④ = ⑤　　D. ① = ② = ④ > ③ = ⑤

3. 下列音程中,除(　　)是自然音程外,其他均为变化音程。

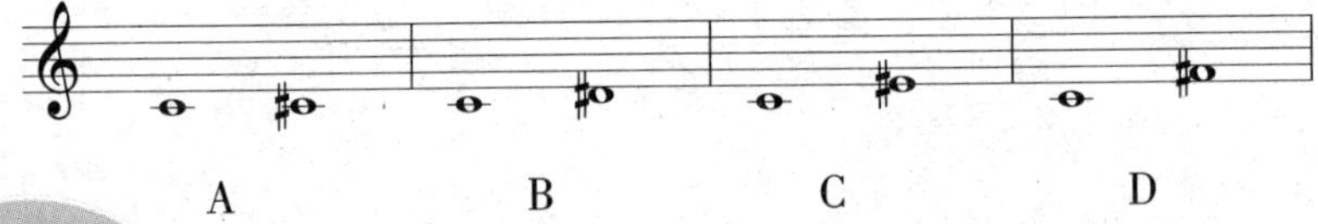

4. 将小七和弦的五音降低增一度后,其应为(　　)

A. 大小七和弦　　B. 大七和弦

C. 半减七和弦　　D. 减七和弦

5. c 小调和^{b}B 大调的关系是(　　)

A. 平行大小调　　B. 同主音大小调　　C. 近关系调　　D. 远关系调

6. 燕乐宫调式音阶与下列哪种调式音阶相同(　　)

A. 雅乐角调式　　B. 清乐商调式

C. 清乐徵调式　　D. 雅乐羽调式

7. 在 7 个升降号调以内，和声小调的第Ⅶ级音与七声雅乐调式中变徵音用的变音记号不可能是(　　)

A. ♭　　B. ♯

C. 𝄪　　D. ♮

8. 下列波音记法与奏法不正确的是(　　)

A　　B　　C　　D

9. 作为调式的后四个音，应当属于(　　)

A. ♭B 和声大调　　B. ♭C 旋律大调

C. ♭a 和声小调　　D. ♭b 旋律小调

10. 下面片段中，按照段落反复标记奏法正确的是(　　)

1.　2.　Coda

1 2 3 4 5 6 7 8 9 10

D. S.

A. ①②③①②④⑤⑥⑦⑧⑨⑩⑦⑧⑨⑩

B. ①②③①②④⑤⑥⑦⑨⑩

C. ①②③①②④⑤⑥⑦⑧⑨⑩⑥⑦⑧⑨

D. ①②③①②④⑤⑥⑦⑧⑥⑨⑩

11. c 和声小调中Ⅶ级音是(　　)中的闰音。

A. ♯C 燕乐商调式　　B. ♯G 燕乐徵调式

C. E 燕乐羽调式　　D. ♯D 燕乐角调式

12. 和自然小调相比，将第Ⅵ级音升高半音而构成主音上方的大六度音程称为(　　)

A. 利底亚六度　　B. 混合利底亚六度

C. 多利亚六度　　D. 弗里几亚六度

13. 下列乐器图片，根据中国古代八音分类法，从左向右正确的是(　　)

A. 丝；巾；竹；石　　B. 丝；巾；木；石

C. 丝；铜；革；土　　D. 丝；金；革；土

14. 孔子论“尽善尽美”“三月不知肉味”的音乐是(　　)

A.《武乐》　　B.《关雎》

C.《扶犁之歌》　　D.《韶乐》

15.《长恨歌》的第八乐章《山在虚无缥缈间》是根据(　　)的音乐素材发展写成的。

A. 古代歌曲《清平调》　　B. 古代歌曲《阳光三叠》

C. 京剧曲牌《柳青娘》　　D. 民间歌曲《茉莉花》

16. 藏族踢踏舞又称(　　)，是流行于藏族地区广大农村的一种自娱性集体歌舞。

A. 囊玛　　B. 跳月

C. 堆谐　　D. 秧歌

17.《黄河大合唱》从(　　)开始情绪上发生了转折。

A. 第二乐章《黄河颂》　　B. 第四乐章《黄水谣》

C. 第六乐章《黄河怨》　　D. 第五乐章《河边对口曲》

18.《乐府诗集》的编撰者是(　　)

A. 刘勰　　B. 李延年

C. 郭茂倩　　D. 杜佑

19. “正是江南好风景，落花时节又逢君。”诗句中的主人公是指唐代宫廷音乐家(　　)，安史之乱后流落民间。

A. 李延年　　B. 许和子

C. 段善本　　D. 李龟年

20. 在下列弦乐器中唯一的演奏音高与实际音高不同的乐器为(　　)

A. 低音提琴　　B. 大提琴

C. 小提琴　　D. 中提琴

21. 下面旋律片段属于(　　)

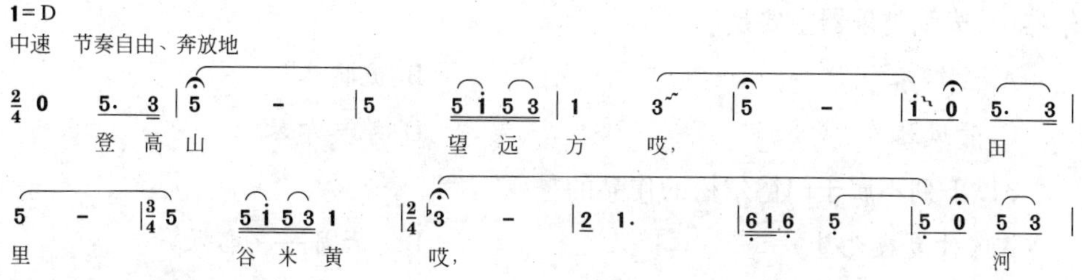

1=D
中速　节奏自由、奔放地

2/4 0 5. 3 | 5 - | 5 5 1̇ 5 3 | 1 3 | 5 - | 1̇ 0 5. 3 |
登高山 望远方 哎，田

5 - | 3/4 5 5 1̇ 5 3 1 | 2/4 ♭3 - | 2 1. | 6 1 6 5 | 5 0 5 3 |
里 谷米黄 哎，河

A. 赫哲族民歌　　B. 侗族大歌
C. 苗族飞歌　　D. 蒙古族长调

22. 京剧一般是男扮女，而(　　)常见的是女扮男。

A. 黄梅戏　　B. 评剧　　C. 越剧　　D. 昆曲

23. 刘天华的作品(　　)表达了“五四”时期人们追求光明、积极向上的精神风貌。

A.《病中吟》　　B.《闲居吟》
C.《空山鸟语》　　D.《光明行》

24. 诸宫调由宋元时期的(　　)所创。

A. 张五牛　　B. 关汉卿　　C. 姜夔　　D. 孔三传

25. 交响乐队中的双管乐队是指(　　)

A. 木管、铜管各有两支　　B. 木管有两支
C. 铜管有两支　　D. 木管、铜管各有一支

26. 由两个或两个以上声部同时演唱不同曲调，且每个声部只有一人担任的演唱形式是(　　)

A. 合唱　　B. 轮唱　　C. 齐唱　　D. 重唱

27. 进行曲的节拍特点是(　　)

A. 强、强　　B. 强、弱
C. 弱、弱　　D. 强、弱、弱

28. 确立了意大利歌剧序曲“快—慢—快”形式的作曲家是(　　)

A. A. 斯卡拉蒂　　B. 蒙特威尔第
C. 维瓦尔第　　D. 吕利

29. 1830 年初，柏辽兹在爱情的痛苦和失望中写了一部自传性的作品，它是(　　)。

A.《幻想交响曲》　　B.《希腊革命康塔塔》
C.《冬之旅》　　D.《罗密欧与朱丽叶》

30. 文艺复兴时期的乐器制造水平较前期有了较大的提高，这一时期使用的主要乐器中，拨弦类乐器主要是(　　)

A. 古钢琴　　　　B. 琉特琴

C. 管风琴　　　　D. 维奥尔琴

31. 下列不属于门德尔松的作品的是(　　)

A.《仲夏夜之梦》　　　　B.《六月——船歌》

C.《春之歌》　　　　D.《乘着歌声的翅膀》

32. 作曲家格什温的钢琴与乐队作品《蓝色狂想曲》把(　　)元素用于音乐会作品中，并获得了很大成功。

A. 摇滚乐　　　　B. 爵士乐

C. 十二音音乐　　　　D. 噪音音乐

33. 关于下面旋律片段的出处，判断正确的是(　　)

2/4 0 1 2 | 3 5 5· 6 | 5 3 1· 2 | 3 3 2 1 | 2 0 1 2 | 3 5 5· 6 | 5 3 1· 2 | 3 3 2 2 | 1 |

A. 日本《红蜻蜓》　　　　B. 澳大利亚《剪羊毛》

C. 印度尼西亚《星星索》　　　　D. 美国《噢，苏珊娜》

34. (　　)是著名的歌剧改革家，其歌剧中的宣叙调最具特色，他对每一个音都把握得稳健、紧凑，代表作有《阿尔切斯特》《奥菲欧与优丽狄茜》等。

A. 唐尼采蒂　　　　B. 亨德尔

C. 莫扎特　　　　D. 格鲁克

35. 古典主义时期，善于在交响曲中运用力度对比变化的是(　　)

A. 法国乐派　　　　B. 威尼斯乐派

C. 那不勒斯乐派　　　　D. 曼海姆乐派

36. 下面作品演奏形式的首创者是(　　)

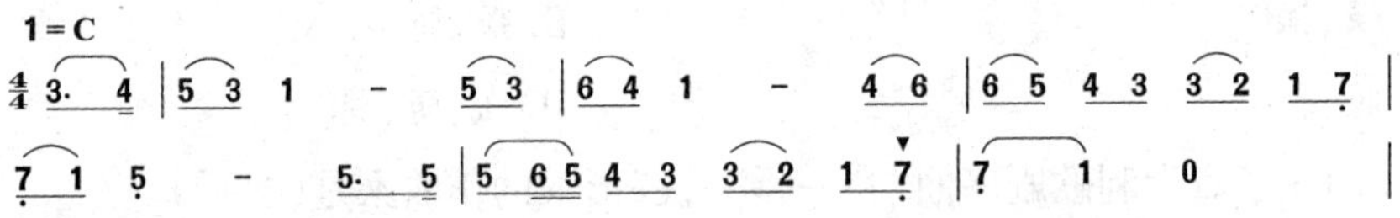

1=C

4/4 3· 4 | 5 3 1 - 5 3 | 6 4 1 - 4 6 | 6 5 4 3 3 2 1 7 |

7 1 5 - 5· 5 | 5 6 5 4 3 3 2 1 7 | 7 1 0 |

A. 海顿　　　　B. 莫扎特　　　　C. 贝多芬　　　　D. 巴赫

37. 下列属于贝多芬创作的声乐套曲是(　　)

A.《鳟鱼》　　　　B.《致远方的爱人》

C.《美丽的磨坊姑娘》　　　　D.《冬之旅》

38. 在音乐美的范畴中，进行曲和军歌是(　　)的典型表现。

A. 壮美　　　　B. 欢乐美　　　　C. 优美　　　　D. 崇高美

39. 奥尔夫教学法的关键在于激发儿童的(　　)去进行音乐的探索、体验。

A. 创造力　　B. 想象力

C. 联想力　　D. 动手能力

40. “重视学生在学习过程中的艺术感知及情感体验，激发学生参与艺术活动的兴趣和热情，使学生在欣赏、表现、创造、联系/融合的过程中，形成丰富、健康的审美情趣。”这体现了《义务教育艺术课程标准(2022 年版)》中(　　)的课程理念。

A. 坚持以美育人　　B. 重视艺术体验

C. 突出课程综合　　D. 适应学生发展

二、判断改错题(判断下列各题的正误，正确的打“√”，错误的打“×”，并改正。本大题共 10 小题，每小题 1.5 分，共 15 分)

41. 纯五度、减五度、增五度都是自然音程。(　　)

42. 以八分音符和十六分音符为一拍时，如有共同符尾，第一条应相连，第二条符尾应遵循单位拍彼此分开的原则。(　　)

43. 丝竹乐是一种民间的器乐合奏形式，因乐器以丝弦类和笛、箫等竹类乐器为主而得名。(　　)

44.《蝶恋花·答李淑一》属于京韵大鼓。(　　)

45. 木管五重奏是长笛、双簧管、单簧管、大管、圆号五种管乐器构成的音乐表现形式。(　　)

46. 宋元时期曲子的体裁形式主要有令、序、歌头、引、近、慢等。其中，“慢”指较短小的曲牌，“令”指较长且委婉抒情的曲牌。(　　)

47. 1927 年在上海建立的中国第一所规模较大、制度较健全的、独立的专业音乐教育机构为上海国立音乐专科学校。(　　)

48. “对身边的音乐和音乐现象感兴趣，能与他人分享、交流自己的发现和感受。”这一目标属于《义务教育艺术课程标准(2022 年版)》3 ~5 年级的学段目标。(　　)

49. 在中国唐代音乐机构中，教坊多由男性入选，梨园多由女性入选。（　　）

50.《剪羊毛》是澳大利亚民歌。（　　）

三、写作题（本大题共 3 小题，共 15 分）

51. 将下面音符按照$\frac{2}{4}$拍进行正确的音值组合。（3 分）

52. 以下列音为五音，按要求构成和弦。（6 分）

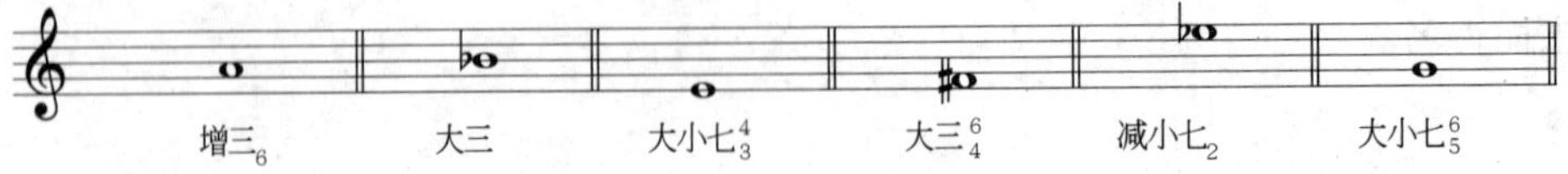

53. 根据下列要求进行写作。（6 分）

开放排列 C：Ⅰ—Ⅳ；Ⅰ—Ⅴ；Ⅳ—Ⅰ；Ⅴ—Ⅰ；Ⅳ—Ⅴ；Ⅰ—Ⅳ—Ⅴ—Ⅰ

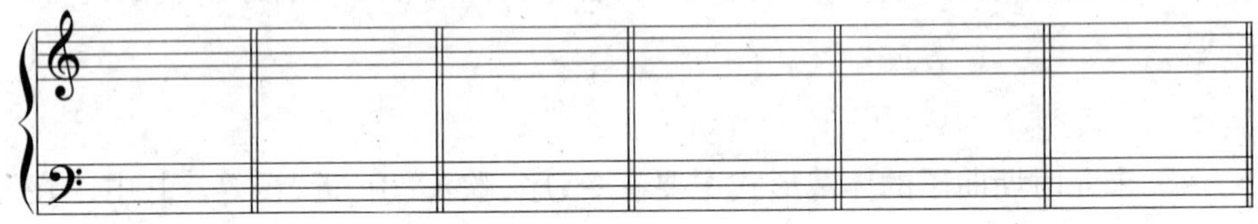

四、简答题（本大题共 2 小题，每小题 5 分，共 10 分）

54. 简述传统京剧与现代京剧在音乐、唱腔、行当、表演等方面的区别。

55. 简述范唱在音乐课堂教学中的作用。

五、教学设计题(本大题共 20 分)

56. 请根据所提供的素材,以六年级学生为教学对象设计一节唱歌课。

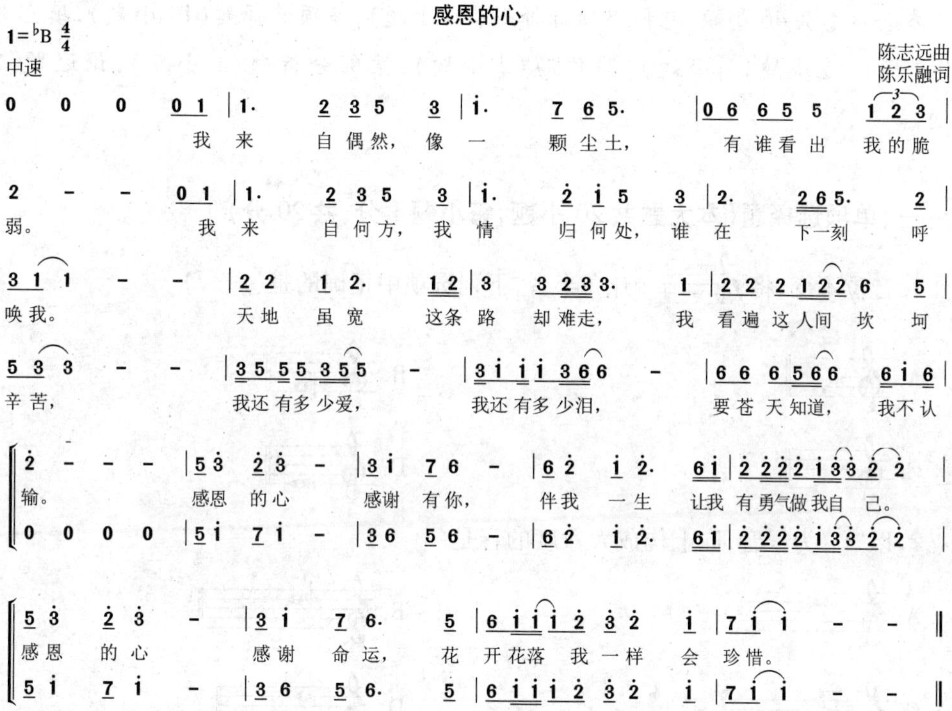

感恩的心

1=♭B $\frac{4}{4}$

中速

陈志远曲
陈乐融词

0 0 0 01 | 1· 235 3 | i· 765· | 06655 123 |
我来自偶然,像一颗尘土,有谁看出我的脆

2 - - 01 | 1· 235 3 | i· 2i5 3 | 2· 265· 2 |
弱。我来自何方,我情归何处,谁在下一刻呼

311 - - | 22 12· 12 | 3 32333· 1 | 22 21226 5 |
唤我。天地虽宽这条路却难走,我看遍这人间坎坷

533 - - | 35553555 - | 3iii3666 - | 66 6566 6i6 |
辛苦,我还有多少爱,我还有多少泪,要苍天知道,我不认

2 - - - | 53 23 - | 3i 76 - | 62 i2· 6i | 22221i33222 |
输。感恩的心感谢有你,伴我一生让我有勇气做我自己。
0 0 0 0 | 5i 7i - | 36 56 - | 62 i2· 6i | 22221i33222 |

53 23 - | 3i 76· 5 | 6iiii2 32 i | 7ii - - ‖
感恩的心感谢命运,花开花落我一样会珍惜。
5i 7i - | 36 56· 5 | 6iiii2 32 i | 7ii - - ‖

要求:

(1)写出教学目标。

(2)写出教学重难点。

(3)写出主要的教学过程。

教师招聘考试预测试卷(四)

小学音乐

(满分 100 分　时间 120 分钟)

本套试卷共 46 小题,包括单项选择题(20 小题),多项选择题(10 小题),填空题(10 小题),连线题(1 小题),写作题(2 小题),案例分析题(1 小题),论述题(2 小题)。

一、单项选择题(本大题共 20 小题,每小题 1 分,共 20 分)

1. 音位不变,将　　升高半音,下列选项中正确的是(　　)

A.　　B.

C.　　D.

2. 以"f^1"为根音,向上构成大六度的音是(　　)

A.　　B.

C.　　D.

3. 以大字组 C 为基音的第五泛音是(　　)

A. g^1　　B. $^{b}b^1$

C. e^1　　D. c^1

4. A 大调终止四六和弦的低音是(　　)

A. A　　B. $^{\#}C$　　C. E　　D. G

5. 奏鸣曲式(　　)的主要任务是陈述两个矛盾对比的主题。

A. 引子　　B. 呈示部

C. 展开部　　D. 再现部

6. 下面歌曲《Do Re Mi》的主题发展手法是(　　)

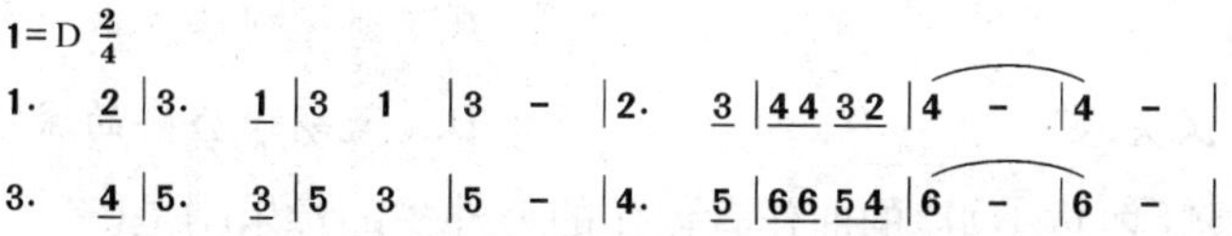

1=D $\frac{2}{4}$

1· 2 | 3· 1 | 3 1 | 3 - | 2· 3 | 4 4 3 2 | 4 - | 4 - |

3· 4 | 5· 3 | 5 3 | 5 - | 4· 5 | 6 6 5 4 | 6 - | 6 - |

A. 重复　　B. 模进　　C. 展开　　D. 对比

7. 一首歌曲原为 E 大调，后转入下列调式中的(　　)，可称为近关系转调。

A. C 大调　　B. F 大调

C. $^{\#}$c 小调　　D. a 小调

8. 提倡自然天成，反对人工雕琢的音乐审美思想的是(　　)

A. 老子　　B. 孔子　　C. 庄子　　D. 墨子

9. 下列不属于南北朝歌舞戏代表作品的是(　　)

A.《孔雀东南飞》　　B.《大面》

C.《钵头》　　D.《踏摇娘》

10. (　　)与曾孝谷等人在日本创办了我国最早的话剧团体“春柳社”。

A. 蔡元培　　B. 李叔同

C. 沈心工　　D. 曾志忞

11. 旋律华丽而复杂，节奏富有动力，充满生机，音乐和声织体以复调音乐为主，乐队以弦乐、木管和古钢琴较为常见——这是(　　)时期音乐的主要特征。

A. 近现代　　B. 文艺复兴

C. 巴洛克　　D. 古典主义

12. 贝多芬《第九(合唱)交响曲》的第四乐章《欢乐颂》主题采用(　　)写成。

A. do re mi fa sol　　B. do re mi sol la

C. do mi fa sol la　　D. do re mi la si

13. 最能体现肖邦民族意识和情愫的钢琴作品体裁是(　　)

A. 前奏曲　　B. 波洛奈兹舞曲

C. 夜曲　　D. 幻想曲

14.《祭献之舞》这首乐曲的风格及流派属于(　　)

A. 现代派乐曲　　B. 印象派乐曲

C. 浪漫派乐曲　　D. 古典乐派乐曲

15. 源于印度尼西亚，流行于东南亚地区的摇奏和击奏乐器是(　　)

A. 安格隆　　B. 三味线

C. 西塔尔　　D. 萨朗吉

16. 下列作品中,不属于匈牙利作曲家巴托克的作品是(　　)

A.《小宇宙》　　B.《匈牙利诗篇》

C.《神奇的满大人》　　D.《蓝胡子公爵的城堡》

17. 由音乐剧《西贡小姐》的曲作者创作的另外一部音乐剧是(　　)

A.《西区故事》　　B.《歌剧魅影》

C.《悲惨世界》　　D.《猫》

18. 巴洛克时期主要的管乐器不包括(　　)

A. 法国号　　B. 管风琴

C. 小号　　D. 双簧管

19. 下列对应不正确的是(　　)

A. 柯达伊教学法—匈牙利　　B. 铃木教学法—日本

C. 奥尔夫教学法—美国　　D. 达尔克罗兹教学法—瑞士

20. 下列哪项不属于《义务教育艺术课程标准(2022 年版)》的教材编写建议(　　)

A. 坚持育人导向　　B. 精选内容素材

C. 优化组织结构　　D. 坚持正确导向

二、多项选择题(多选、错选或少选均不得分。本大题共 10 小题,每小题 1.5 分,共 15 分)

21. 下列中古调式中,其调式色彩属于小调类的有(　　)

A. 利底亚调式　　B. 多利亚调式

C. 弗里几亚调式　　D. 混合利底亚调式

22. 下列有关中国音乐史说法正确的是(　　)

A.《箫韶》是一部反映原始社会最高水平的乐舞,出现于舜时期,孔子曾给予其“尽善尽美”的高度评价

B. 曾侯乙编钟是我国十二乐音体系中最早具有半音音阶关系的一套完整的特大型定调乐器

C. 平调、清调、瑟调是汉代相和歌常用之调式,被称为“相和三调”

D.《诗经》分为风、雅、颂三部分,是春秋末年我国最早的一部诗歌总集

23. 下列选项中哪些属于蒙古族民歌(　　)

A.《嘎达梅林》　　B.《草原放牧》

C.《黑缎子坎肩》　　D.《牡丹汗》

24. 南宋时期,随着地方民间曲艺的兴起,浙江一带出现了我国最初的戏剧体

裁——南戏,关于该时期南戏的特点,说法正确的有(　　)

A.唱腔以六声音阶为主

B.音调上具有南曲特殊的、极尽柔和的南方特色

C.节奏规整,节拍形式多样

D.音乐的结构灵活、自由

25.中国民族乐器按演奏方式可分为(　　)

A.吹管乐器　　B.弹拨乐器　　C.拉弦乐器　　D.打击乐器

26.下列属于音乐教育家萧友梅编写的著述有(　　)

A.《东西乐制之研究》　　B.《古今中西音阶概说》

C.《中西音乐的比较研究》　　D.《和声学纲要》

27.贝多芬创作的戏剧配乐有(　　)

A.《科里奥兰》　　B.《爱格蒙特》

C.《费德里奥》　　D.《雅典的废墟》

28.下列音乐家中,出生于奥地利的有(　　)

A.(小)约翰·施特劳斯　　B.卡拉扬

C.德彪西　　D.莫扎特

29.斯特拉文斯基早年为佳吉列夫的芭蕾写作的芭蕾音乐作品为(　　)

A.《火鸟》　　B.《彼得鲁什卡》　　C.《春之祭》　　D.《灰姑娘》

30.穆索尔斯基的作品主要有(　　)

A.《霍万斯基之乱》　　B.《图画展览会》

C.《荒山之夜》　　D.《李尔王》

三、填空题(本大题共10小题,每小题2分,共20分)

31.用F调单簧管演奏A调旋律乐谱,旋律实际音高为________调。

32.三全音是指增四度和________。

33.由发音体各部分振动而产生,一般不易被听出来的音,叫作________。

34.流行于印度的拨弦乐器,琴身呈梨形,叫________。

35.“强力集团”又称“俄罗斯五人团”,他们分别是穆索尔斯基、鲍罗丁、________、________、________。

36.第一个在歌曲中塑造了无产阶级光辉形象,且是我国革命音乐开路先锋的音乐家是________。

37.由若干首具有相对独立性的歌曲,在统一的艺术构思下组成的声乐套曲是________。

38.“四大声腔”是明代继北方杂剧衰落之后兴盛起来的，它们是________、________、________、________。

39. 下面旋律片段出自________（地域）民歌________（曲名）。

1=G $\frac{2}{4}$

中速　抒情地

6 65 6 2 | 1216 5 | 6 11 1656 | 1 - | 1 1 2 | 3.5 32 3 | 1. 32 1 | 6. 1 5 |

40. 下面旋律片段出自________（曲名），属于________（乐种）。

1=C $\frac{2}{4}$

稍快

3 3 5 | 5 3 2321 | 6 1 5 5 | 0 35 2 3 | 5 35 1 3 | 5 453 | 453 2356 | 1（后略）

四、连线题（本大题共 1 小题，每线 0.5 分，共 10 分）

41. 将下列作品与作曲家对应连接。

《大海练习曲》		《热情奏鸣曲》
《四小天鹅舞曲》	贝多芬	《爱格蒙特序曲》
《空山鸟语》	肖邦	《激流练习曲》
《命运交响曲》	柴可夫斯基	《十一月·在马车上》
《黎明奏鸣曲》	刘天华	《蝴蝶练习曲》
《仲夏夜之梦》	黄自	《良宵》
《思乡》	门德尔松	《钢琴创意曲集》
《平均律钢琴曲集》	巴赫	《花非花》
《无言歌》		《春思曲》
《勃兰登堡协奏曲》		《法国组曲》

五、写作题（本大题共 2 小题，共 10 分）

42. 请为以下歌曲编配钢琴伴奏。（4 分）

红蜻蜓

【日】三木露风词
【日】山田耕筰曲

43. 请将下面旋律移至$^{\flat}$E 调乐器演奏，写出移调后的旋律并译成简谱。(6 分)

六、案例分析题(本大题共 10 分)

44. 阅读案例并回答问题。

案例:二年级一节音乐课上，老师先用课件展示了异彩纷呈的彝族风情，然后组织学生演唱彝族民歌《阿西里西》，歌曲简单易学，学生很快就学会了。老师将学生分成 6 组，为每组准备了制作彝族姑娘和小伙配饰所需的珠子、铅丝、羽毛、塑料薄膜、胶水、剪刀等材料工具。学生们兴高采烈地动手制作起来，老师在各组间穿梭指导。大约 20 分钟后，学生们完成了作品，此时下课铃响了。

问题:根据《义务教育艺术课程标准(2022 年版)》的基本理念，分析该老师教学中的问题，并针对问题提出改进建议。

七、论述题(本大题共 2 小题,共 15 分)

45. 在音乐教学中,怎样培养学生的合作意识与团队精神?(7 分)

46. 从音乐与诗歌的关系以及旋律、和声、钢琴伴奏几个方面介绍舒伯特艺术歌曲的特点,并用实例加以说明。(8 分)

教师招聘考试预测试卷(五)

小学音乐

(满分 100 分　时间 120 分钟)

本套试卷共 46 小题,包括单项选择题(20 小题),多项选择题(10 小题),填空题(10 小题),匹配题(2 小题),写作题(2 小题),案例分析题(1 小题),作品赏析题(1 小题)。

一、单项选择题(本大题共 20 小题,每小题 1 分,共 20 分)

1. 在 B 大调中,下列哪个和弦不属于正三和弦(　　)

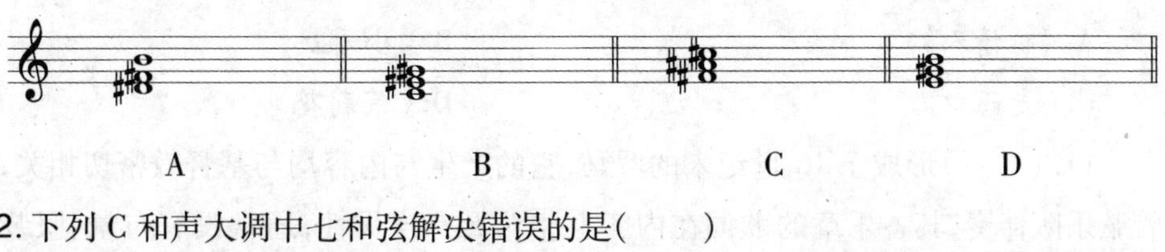

2. 下列 C 和声大调中七和弦解决错误的是(　　)

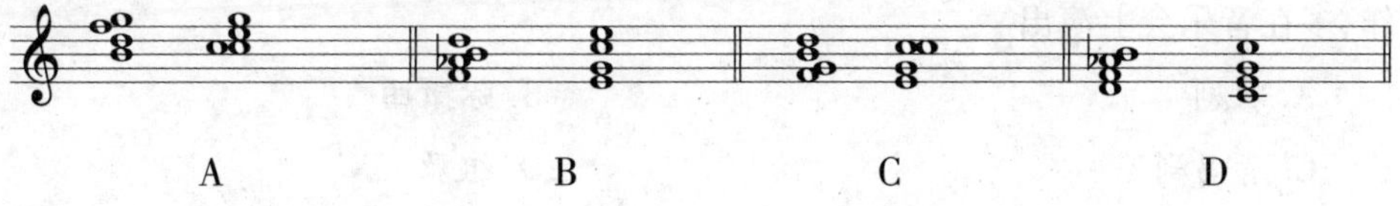

3. 歌曲《美丽的草原我的家》属于哪种人声演唱的作品(　　)

A. 男高音　　B. 女高音

C. 男中音　　D. 女中音

4. 当旋律作音阶式上行或下行时,处于弱拍或弱位上,时值较为短暂的和弦外音称为(　　)

A. 辅助音　　B. 经过音　　C. 先现音　　D. 延留音

5. (　　)是在分音列的第二分音和第三分音之间插入第五分音构成和弦形式,以此作为生律要素来确定音高的律制。

A. 十二平均律　　B. 五度相生律

C. 纯律　　D. 自由律

6.《森林水车》是德国作曲家艾伦贝格创作的一首非常适合小学生欣赏的标题性管弦乐曲。这首乐曲采用的是(　　)结构。

A. 变奏曲式　　B. 奏鸣曲式

C. 回旋曲式　　D. 单三部曲式

7. 和自然小调相比,多利亚调式的第(　　)级音是升高的。

A. Ⅳ　　B. Ⅴ

C. Ⅵ　　D. Ⅶ

8. 描写李世民击败叛将刘武周,使初唐转危为安的著名乐舞是(　　)

A.《梅花三弄》　　B.《秦王破阵乐》

C.《平沙落雁》　　D.《十面埋伏》

9. 20 世纪 90 年代初,鲍元恺以 24 首脍炙人口的中国民歌为素材创作的管弦乐组曲是(　　)

A.《御风万里》　　B.《纳西一奇》

C.《土楼回响》　　D.《炎黄风情》

10. 下列作品中,采用"孟姜女调"的是(　　)

A.《盼情人》　　B.《小看戏》

C.《走西口》　　D.《茉莉花》

11.(　　)形成于 16 世纪末的罗马,它的产生与内容均与基督教密切相关,常用管弦乐队伴奏,其各乐章的歌词在内容上相对具有连贯性,通常没有布景、服装和动作,多在音乐会上演出。

A. 歌剧　　B. 弥撒曲

C. 清唱剧　　D. 组歌

12. 下列关于格里高利圣咏的说法不正确的是(　　)

A. 歌词主要来自《圣经》和诗篇

B. 旋律音调平缓,以级进和三度进行为主

C. 音域宽广,建立在单纯的自然音阶基础上

D. 是无伴奏纯人声歌唱的单声部音乐形式

13. 下列选项中,关于巴洛克时期音乐风格特点的描述错误的是(　　)

A. 在对位法上,复调音乐达到全盛

B. 在和声上,数字低音的使用,导致了和声学的诞生

C. 在和声上,调性终止式代替了正格终止式

D. 在调性上,大小调取代了中古调式

14. 管弦乐《行星组曲》的曲作者是(　　)

A. 霍尔斯特　　B. 贝多芬　　C. 布里顿　　D. 比才

15. 下列艺术形式对应不正确的是(　　)

A. 印度—歌舞伎　　B. 印度尼西亚—甘美兰

C. 爱尔兰—踢踏舞　　D. 阿根廷—探戈

16. 下面旋律是________所作的________的主题。选(　　)

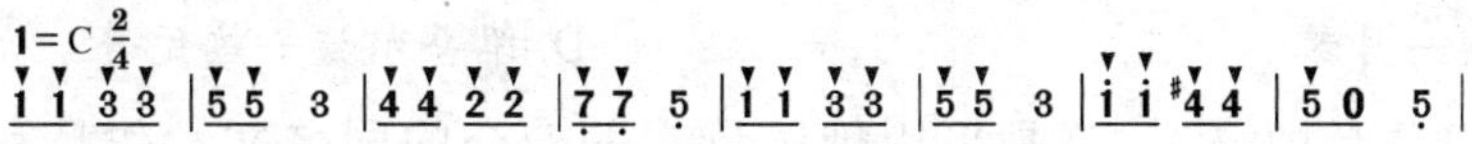

1=C $\frac{2}{4}$

1 1 3 3 | 5 5 3 | 4 4 2 2 | 7̣ 7̣ 5̣ | 1 1 3 3 | 5 5 3 | 1̇ 1̇ #4 4 | 5 0 5̣ |

A. 贝多芬;《英雄交响曲》

B. 海顿;《惊愕交响曲》

C. (老)约翰·施特劳斯;《拉德斯基进行曲》

D. 巴赫;《小步舞曲》

17. (　　)是京剧界的代表人物,享有“武生宗师”的盛誉。

A. 梅兰芳　　B. 杨小楼

C. 尚小云　　D. 周信芳

18. (　　)是铜管乐器中音域最高的乐器,是乐队中的“男高音”。

A. 小号　　B. 圆号　　C. 长号　　D. 大号

19. 舒曼根据英国诗人拜伦的长诗创作的戏剧配乐(　　),具有强烈的浪漫主义精神。

A.《唐璜》　　B.《哈罗尔德在意大利》

C.《浮士德》　　D.《曼弗雷德》

20. 拉赫玛尼诺夫的交响诗(　　)以象征主义画家勃克林一幅描绘坟场孤岛的绘画作为题材,运用了印象主义音乐的手法创作而成。

A.《悬崖》　　B.《钟声》　　C.《吝啬骑士》　　D.《死亡岛》

二、多项选择题(多选、错选或少选均不得分。本大题共 10 小题,每小题 1.5 分,共 15 分)

21. 下列哪些属于巴洛克时期威尼斯歌剧的代表人物(　　)

A. 蒙特威尔第　　B. 卡瓦利

C. 切斯第　　D. 班舒瓦

22. 下列各调式中,以#C 为主音的有(　　)

A. 以 G 为闰的燕乐角调式　　B. 以#A 为变徵的雅乐羽调式

C. 以 E 为清角的清乐商调式　　D. 以#G 为商的清乐徵调式

23. 二胡是我国广泛流行的弓弦乐器,因有两条弦而得名。下列由阿炳创作的二胡曲是(　　)

A.《寒春风曲》　　B.《梅花三弄》

C.《听松》　　D.《高山流水》

24. 中国各民族都有特色乐器,下列对应正确的是(　　)

A. 苗族—伽倻琴　　B. 蒙古族—马头琴

C. 彝族—月琴　　D. 维吾尔族—热瓦普

25. 下列作品中,(　　)是采用俄国诗人普希金的同名文学作品写作的歌剧作品。

A.《伊凡·苏萨宁》　　B.《鲁斯兰与柳德米拉》

C.《鲍里斯·戈杜诺夫》　　D.《叶甫盖尼·奥涅金》

26. 以下属于音乐表现要素的有(　　)

A. 情绪　　B. 速度　　C. 音色　　D. 调式

27. 关于《黄河大合唱》,下列说法不正确的是(　　)

A.《黄河大合唱》的作者是聂耳

B. 全部乐曲分为七个乐章

C. 第三乐章《黄河之水天上来》的表现形式是配乐诗朗诵

D. 第六乐章《黄河怨》的演唱形式是男高音独唱

28. 下列属于序列音乐代表人物的是(　　)

A. 梅西安　　B. 布列兹

C. 斯特拉文斯基　　D. 约翰·凯奇

29. 影视歌曲大多是由作曲家"量身定做"的创作作品,下列对应正确的选项是(　　)

A.《枉凝眉》—《红楼梦》　　B.《好汉歌》—《水浒传》

C.《滚滚长江东逝水》—《水浒传》　　D.《敢问路在何方》—《西游记》

30. 下列歌舞体裁中属于拉丁美洲的是(　　)

A. 桑巴　　B. 探戈　　C. 弗拉门戈　　D. 伦巴

三、填空题(本大题共10小题,每小题2分,共20分)

31. 作品________被誉为"现存宗教音乐的顶峰",作曲家是________。

32. 世界上第一部真正意义上的歌剧是________,由________创作。

33.《蓝色多瑙河》是奥地利作曲家约翰·施特劳斯于1866年创作的,为典型的________结构,由序曲、五个圆舞曲和尾声构成。

34. 二连音是将________音符的时值平均分成两部分以代替原来的________部分。

35. 将四个升号记谱的旋律移低增一度,新调的调号是________个降号。

36. 制作乐器或演奏乐器需要统一的音高,为此人们将 a^1 定为________。

37. ________是 1920 年创建的我国规模较大,历史较长,以研习我国民乐为主的业余音乐社团。

38. 交响组曲《西班牙狂想曲》是________主义音乐的代表人物________的作品。

39. 融舞蹈、歌唱为一体的西班牙综合性艺术是________。

40. 在管弦乐队中,"身材最高的乐器""发音最高的乐器""表现力最丰富的乐器"分别是________、________、________。

四、匹配题(本大题共 2 小题,每小题 5 分,共 10 分)

41. 把下列作品前的字母填入对应的空格中。

题号	作曲家	答案	作品
(1)	黄自		A.《春之歌》
(2)	谷建芬		B.《游子吟》
(3)	马思聪		C.《拉德斯基进行曲》
(4)	门德尔松		D.《思乡曲》
(5)	(老)约翰·施特劳斯		E.《旗正飘飘》

42. 将下列歌曲前的字母填到对应的空格中。

题号	影视剧	答案	歌曲
(6)	《五朵金花》		F.《谁不说俺家乡好》
(7)	《红日》		G.《渔家姑娘在海边》
(8)	《海霞》		H.《蝴蝶泉边》
(9)	《黑三角》		I.《花儿为什么这样红》
(10)	《冰山上的来客》		J.《边疆的泉水清又纯》

五、写作题(本大题共 2 小题,共 10 分)

43. 写出以 C 为下中音的和声大调的调名与上行音阶及其平行旋律小调的调名与上下行音阶。(6 分)

44. 请为一年级歌曲《早上好》编配钢琴伴奏，并标明和弦级数。(4 分)

六、案例分析题(本大题共 10 分)

45. 根据下面案例回答问题。

案例:在五年级音乐欣赏课《梅花三弄》的课堂上，夏老师上课后首先让学生聆听了一遍全曲，然后开始介绍作品的创作背景以及古琴乐器相关知识。这时有位同学说:“老师，我不想听这个古琴曲，能不能换别的歌曲欣赏?”夏老师说:“古琴怎么会不好听呢? 这是我们中国传统乐器，我们必须去了解和传承它。”学生们七嘴八舌地争论，夏老师没有理会，继续讲解该作品。

问题:结合《义务教育艺术课程标准(2022 年版)》的相关内容，谈谈你对这个案例的看法。

七、作品赏析题（本大题共 15 分）

46. 根据下面谱例，对歌曲《到敌人后方去》进行赏析。

到敌人后方去

冼星海曲

赵启海词

1=F $\frac{2}{4}$

0 5 |: 3 3 | 3. 4 3. 5 | 2 2 | 2. 3 2. 5 | 1 1 | 1. 7 6. 5 | 3 3 |

1.（男）到 敌 人 后 方去，把 鬼 子 赶 出 境！到 敌 人 后 方去，把 鬼 子

2. （到） 敌 人 后 方去，把 鬼 子 赶 出 境！到 敌 人 后 方去，把 鬼 子

3. 4 5 | 5 - | 5. 5 6. 5 | 3. 2 1 0 | 5. 5 6. 5 | 3. 2 1 0 | 5. 5 6 5 3 |

赶 出 境！ （齐）不 怕雨， 不 怕风， 抄 后路， 出 奇兵， 今 天攻下来

赶 出 境！ （齐）不 论西， 不 论东， 从 北平， 到 南京， 到 处有我们

1. 2 3 0 | 2. 2 3 2 1 | 7. 6 5. 5 | 5. 6 | 5 3 | 1. 2 3. 5 | 2. 2 | 6 5 |

一 个村， 明 天夺回来 一 座城，叫 鬼 子 顾 西 不 顾东，叫 鬼 子 军 力

游 击队， 到 处有我们 好 弟兄，看 日 本 军 阀 有什么用，看 日 本 军 阀

2. 3 1 | 1 0 5 | 3 3 | 3. 4 3. 5 | 2 2 | 2. 3 2. 5 | 1 1 | 1. 7 6. 5 |

不 集中。 到 敌 人 后 方去，把 鬼 子 赶 出 境！到 敌 人 后 方去，把

有什么用。 到 敌 人 后 方去，把 鬼 子 赶 出 境！到 敌 人 后 方去，把

3 3 | 3. 4 5 | 5 - | 1̇. 5 5 | 6 3 | 3. 2 1. 2 | 3 - | 1̇. 5 5 |

鬼 子 赶 出 境！ （齐）两 路 夹 攻 才 能打 得赢， 两 路

鬼 子 赶 出 境！ （齐）我 们的 旗 帜 插遍了东 三 省， 我 们的

6 3 | 3. 5 3. 2 | 1 - | 1 0 5 :|| 3 3 | 3. 4 3. 5 | 2 2 | 2. 3 2. 5 |

夹 攻 才 能打 得 胜！ 到 敌 人 后 方去，把 鬼 子 赶 出 境！到

旗 帜 插遍了黄 河 东。 到

1 1 | 1. 7 6 5 | 3 3 | 3. 4 5 | 5 0 5 | 1̇ 5 | 6. 7 1̇ | 1̇ - ||

敌 人 后 方去把 鬼 子 赶 出 境！ 把 鬼 子 赶 出 境！

教师招聘考试预测试卷(六)

小学音乐

(满分 100 分　时间 120 分钟)

本套试卷共 28 小题,包括不定项选择题(10 小题),判断题(10 小题),写作题(3 小题),分析题(1 小题),简答题(3 小题),教学设计题(1 小题)。

一、不定项选择题(本大题共 10 小题,每小题 2 分,共 20 分)

1. 下列与燕乐羽调式音阶结构相同的是(　　)

A. 弗里几亚调式　　B. 和声小调

C. 自然小调　　D. 利底亚调式

2. 下列哪些方法可将音程扩大(　　)

A. 重升冠音　　B. 根音重降,冠音降低半音

C. 升高冠音,降低根音　　D. 同时降低冠音和根音

3. 下列作品与民族对应正确的一组是(　　)

A.《阿细跳月》—瑶族　　B.《阿里郎》—赫哲族

C.《小红帽》—俄罗斯族　　D.《正月十五那一天》—藏族

4. 下列不属于弹拨乐器的有(　　)

A. 钟琴　　B. 琵琶　　C. 木琴　　D. 古琴

5. 下列民歌采用"鱼咬尾"的创作手法的是(　　)

A.《沂蒙山小调》　　B.《嘎达梅林》

C.《脚夫调》　　D.《三十里铺》

6. 歌曲《我的祖国》中,"一条大河波浪宽"一句在旋律进行上属于(　　)

A. 平行　　B. 上行

C. 下行　　D. 波浪式进行

7. 下列属于交响诗《我的祖国》中的乐章的是(　　)

A.《沃尔塔瓦河》　　B.《乡村欢乐的集会》

C.《捷克的原野和森林》　　D.《舞会》

8. 日本的传统乐器不包括(　　)

A. 能管　　B. 太鼓　　C. 三味线　　D. 伽倻琴

9. 无调性音乐出现在 20 世纪初期,下列哪首是用无调性技法写成的音乐作品(　　)

A.《一个华沙的幸存者》　　B.《蓝色狂想曲》

C.《五首管弦乐曲》　　D.《月迷彼埃罗》

10. 下列作品属于歌剧体裁的是(　　)

A.《洪湖赤卫队》　　B.《天鹅湖》

C.《伤逝》　　D.《丝路花雨》

二、判断题(判断下列各题的正误,正确的打"√",错误的打"×"。本大题共 10 小题,每小题 1 分,共 10 分)

11. 和声小调和自然大调的属七和弦性质相同。(　　)

12. 属七和弦解决到主和弦,基本解决方式为:属七和弦的七音、五音下行级进,三音上行级进,根音跳进到主和弦的根音(或保持)。(　　)

13.《天仙配》是越剧的代表剧目。(　　)

14. 肖邦创作了大量的钢琴曲,并极大地发展了钢琴的演奏技巧,同时还在曲式结构上首创了交响诗这一标题音乐体裁。(　　)

15.《告别》是《长征组歌》中的第二首曲目。(　　)

16. 意大利新艺术时期的代表人物是兰迪尼,他所使用的终止式在和声史上被称为"兰迪尼终止式"。(　　)

17.《水上音乐》是亨德尔在美国完成的作品。(　　)

18. "初步了解中国音乐文化和世界多元音乐文化"属于第一学段(1~2 年级)的学段目标。(　　)

19. 咏叹调也叫诗朗诵,是用来代替对白的歌唱,节奏自由,旋律性不强。(　　)

20. 印象主义音乐是 20 世纪音乐的先行者,其代表人物拉威尔创作有歌剧《西班牙时光》《孩子与魔术》等不朽的音乐作品。(　　)

三、写作题(本大题共 3 小题,共 20 分)

21. 请写出下面谱例的记谱标记。(4 分)

22. 写出以 b 为导音的自然小调与和声小调音阶。(写出调名)(4 分)

23. 补充下面歌曲旋律片段的二声部合唱部分。(12 分)

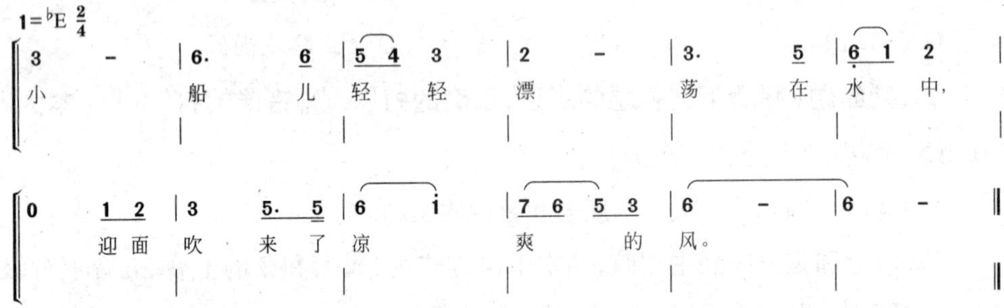

四、分析题(本大题共 15 分)

24. 分析下面谱例,按要求回答问题。

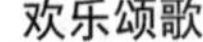

(选自《行星组曲》)

要求：

(1)划分乐曲的段落和乐句,并画出结构图示。(6分)

(2)写出乐曲的曲式结构名称。(6分)

(3)说明此乐曲的再现特点。(3分)

五、简答题(本大题共3小题,每小题5分,共15分)

25. 简述《白毛女》的艺术成就。

26. 刘天华是我国现代著名音乐家,其音乐成就与贡献主要体现在哪些方面?

27. 简述《义务教育艺术课程标准(2022年版)》中音乐学科第一学段学习任务2聆听音乐中的内容要求和学业要求。

六、教学设计题（本大题共 20 分）

28. 请根据所提供的材料，以五年级学生为教学对象，以《小鸟 小鸟》为课题，设计一节课的教学简案。

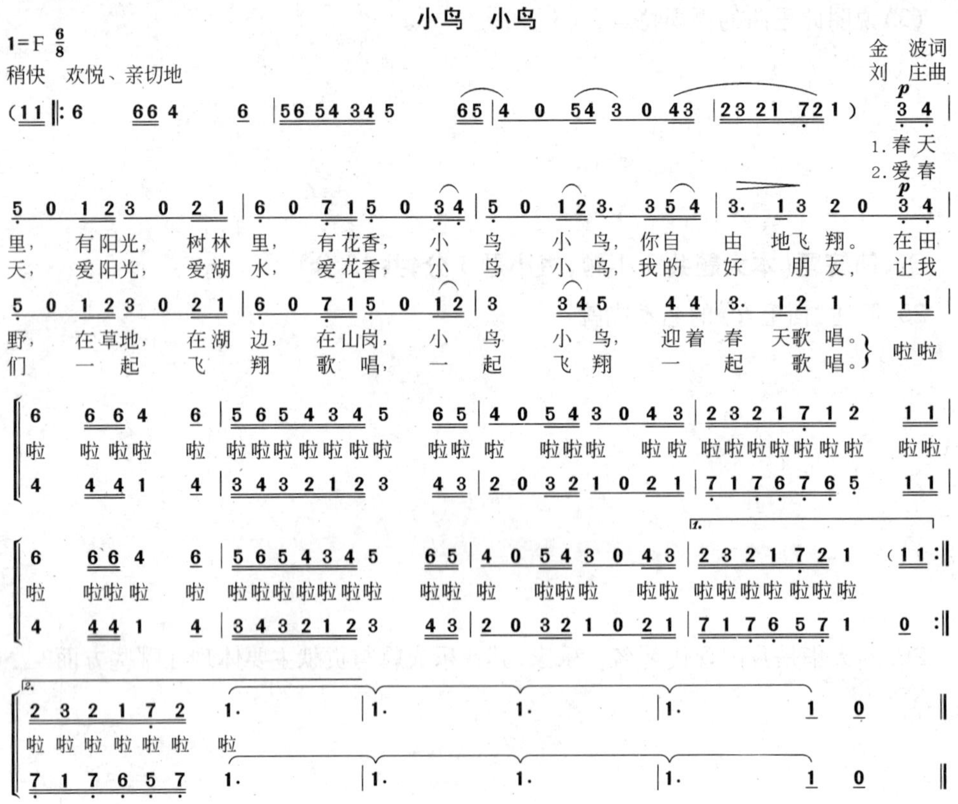

要求：

（1）写出教学目标。（3 分）

（2）写出教学重点、难点。（4 分）

（3）写出主要的教学过程。（13 分）

教师招聘考试预测试卷(七)

小学音乐

(满分 100 分　时间 120 分钟)

本套试卷共 50 小题,包括单项选择题(30 小题),填空题(10 小题),连线题(1 小题),名词解释(2 小题),分析写作题(5 小题),简答题(2 小题)。

一、单项选择题(本大题共 30 小题,每小题 1 分,共 30 分)

1. 下列各项各有两个音,其中音高最高的是(　　)

A. 　　　　B.

C.  8va　　　　D.

2. 以下属于复拍子的是(　　)

A. $\frac{2}{4}$　　B. $\frac{3}{4}$　　C. $\frac{6}{8}$　　D. $\frac{3}{8}$

3. 表示"柔和、甜美地"的音乐表情术语是(　　)

A. Dolce　　B. Animato

C. Accarezzevole　　D. Fresco

4. 将减六度音程的下方音重降以后,成为(　　)

A. 大六度　　B. 减六度　　C. 纯五度　　D. 小六度

5. 决定乐音高低的是(　　)

A. 发音体振动的频率　　B. 发音体振动的时间

C. 发音体振动的幅度　　D. 发音体的形状、大小

6. 和弦连接中需要避免(　　)

①平行八度　②隐伏五度　③使用七和弦　④四部同向

A. ②③④　　B. ①②③　　C. ①③④　　D. ①②④

7. 回旋曲式的插部不少于(　　)个。

A. 1　　B. 2　　C. 3　　D. 4

8. 我国最早的乐律计算方式是(　　)

A. 三分损益法　　B. 八音法

C. 五度相生律　　D. 十二律吕

9. 下面歌曲片段出自(　　)

1=G $\frac{2}{4}$

i̇ i̇ i̇ 6 ⁶¹6 | 5 i̇ 6 6 5 6 5 | 3 - | 5 5 3 6 ⁵³2 | 5 3 6. 3 | 2 6̣ |

A. 甘肃花儿《下四川》　　B. 青海花儿《花儿与少年》

C. 四川民歌《槐花几时开》　　D. 陕北信天游《蓝花花》

10. 柴可夫斯基的《1812 序曲》是一首音乐会序曲,采用历史战争故事为题材,在作品中出现的著名音乐片段是(　　)

A.《欢乐颂》　　B.《马赛曲》

C.《念故乡》　　D.《卡玛林斯卡亚》

11. 程云原曲、彭修文改编的乐曲《阿细跳月》是一首反映云南(　　)人民幸福生活的乐曲。

A. 苗族　　B. 彝族　　C. 土家族　　D. 侗族

12. 下面旋律片段的体裁是(　　)

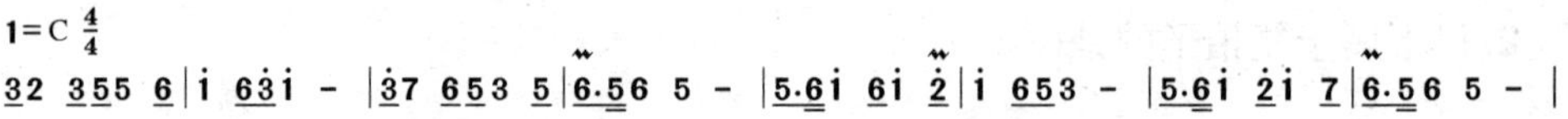

1=C $\frac{4}{4}$

32 355 6 | i̇ 63̇i̇ - | 3̇7 653 5 | 6·56 5 - | 5·6i̇ 6i̇ 2̇ | i̇ 653 - | 5·6i̇ 2̇i̇ 7 | 6·56 5 - |

A. 小夜曲　　B. 摇篮曲

C. 交响曲　　D. 圆舞曲

13. 出版于 1922 年的中国第一部音乐史著作《中国音乐史》的作者是(　　)

A. 王光祈　　B. 杨荫浏

C. 萧友梅　　D. 叶伯和

14. 下列属于周代宫廷音乐的是(　　)

①房中乐　②颂乐　③雅乐　④四夷之乐

A. ①③④　　B. ②③

C. ①②③④　　D. ①④

15. 下列作品中,不属于秧歌剧的是(　　)

A.《夫妻识字》　　B.《兄妹开荒》

C.《牛永贵挂彩》　　D.《坚决打他不留情》

16. 1673 年，葡萄牙传教士徐日升来到北京，向康熙皇帝进献了管风琴和古钢琴各一台，此时在这两件乐器的故乡欧洲，当地音乐的重要创作特征是(　　)

A. 以格里高利圣咏为创作中心　　B. 从半音化走向无调性

C. 通奏低音　　D. 主导动机的运用

17. 管弦乐《晚会》的作者是(　　)

A. 贺绿汀　　B. 李焕之

C. 施光南　　D. 冼星海

18. 下列属于萧友梅的代表作品是(　　)

A.《南飞之雁语》　　B.《革命必先革人心》

C.《旗正飘飘》　　D.《送别》

19. 以下关于民间歌舞的说法不正确的是(　　)

A. 木卡姆是维吾尔族传统音乐的一种，是由民歌、舞蹈和器乐组成的大型套曲

B. 囊玛是傣族的民间歌舞，伴奏乐器有扬琴、二胡、笛子等

C. 堆谐是藏族民间歌舞，其音乐分为"降谐"与"觉谐"两部分

D. 白沙细乐是纳西族的一种以器乐演奏为主的歌舞音乐

20. 我国第一部抒情心理歌剧《伤逝》采用鲁迅同名小说创作，1981 年首演于北京，该作品的曲作者是(　　)

A. 徐沛东　　B. 施光南　　C. 谷建芬　　D. 王酩

21. 他的音乐作品风格纯洁、明净，被评论家誉为"含着眼泪的微笑"。"他"是(　　)

A. 亨德尔　　B. 海顿　　C. 莫扎特　　D. 舒伯特

22. 下列乐曲中，属于舞曲体裁的是(　　)

A.《蝙蝠》　　B.《维也纳森林的故事》

C.《四季》　　D.《培尔·金特》

23. 罗西尼是意大利歌剧作曲家，一生创作有 38 部歌剧，其中(　　)是根据席勒的同名剧作创作的，歌颂了瑞士人民反抗异族压迫、争取民族独立的英勇斗争精神。

A.《威廉·退尔》　　B.《塞维利亚的理发师》

C.《卡门》　　D.《茶花女》

24. 在西方音乐发展史上，最早的复调音乐形式为(　　)

A. 格里高利圣咏　　B. 奥尔加农　　C. 迪斯康特　　D. 克劳苏拉

25. 奥尔夫音乐教学法"声势活动"中，代表男高音声部的动作是(　　)

A. 捻指　　B. 跺脚　　C. 拍手　　D. 拍腿

26. 下面旋律片段选自(　　)

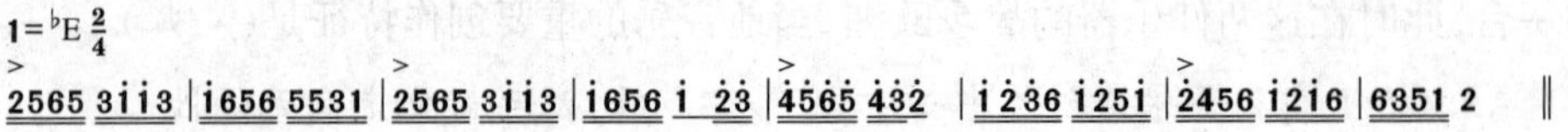

1=$^{\flat}$E $\frac{2}{4}$

2565 3i̇i̇3 | i̇656 5531 | 2565 3i̇i̇3 | i̇656 i̇ 2̇3̇ | 4̇565 4̇32̇ | i̇2̇36̇ i̇25i̇ | 2̇456 i̇2̇i̇6 | 6351 2 ‖

A.《化装舞会》　　B.《精灵之舞》

C.《大河之舞》　　D.《溜冰圆舞曲》

27. 下列属于豫剧代表剧目的是(　　)

A.《女驸马》　　B.《花木兰》　　C.《刘海砍樵》　　D.《天仙配》

28. 下列属于"欣赏"类课程内容的是(　　)

A. 音乐体裁形式　　B. 声音与音乐探索

C. 音乐与社会生活　　D. 乐谱识读

29. "在欣赏器乐作品时,老师指导学生用竖笛吹奏主题旋律,塑造艺术形象。"该教学活动采用了(　　)音乐教学方法。

A. 模仿性　　B. 实践性　　C. 语言性　　D. 探究性

30. 歌唱三个声区中,混声区是以(　　)为主要共鸣器官。

A. 胸腔　　B. 口腔　　C. 头腔　　D. 鼻腔

二、填空题(本大题共 10 小题,每小题 1 分,共 10 分)

31. E 雅乐宫调式中的偏音是________音和________音。

32. 正三和弦的进行方式有正格进行、________、________三种。

33.《诗经》中的歌多用琴瑟伴奏,被称作________;乐府中的歌多用丝竹乐队伴奏,被称作________。

34. 唐代的燕乐半字谱是我国________的一种早期形式。

35. 旋律的进行分为________、________和________,它们的交替进行就形成了波浪式的旋律。

36. 18 世纪典型的古典交响曲通常分为________个乐章,协奏曲分为________个乐章。

37. ________是朱践耳 1952 年为大型纪录片《伟大的土地改革》而写作的一首插曲,后改编为民族管弦乐曲。

38. 钢琴曲________是法国印象派作曲家德彪西创作的《贝加摩组曲》中的第三首。

39. 17 世纪法国歌剧代表人物有________和________,前者确立了法国序曲的三段形式,后者同时还是一位理论家,他的________理论对后世影响巨大。

40. 音乐是作用于人的________而引起各种情绪反应和情感体验的艺术,它必须通过________这个中间环节才能使观众感受到音乐的意境，所以音乐也被称为________的艺术。

三、连线题（本大题共 1 小题，每线 1 分，共 10 分）

41. 将下列作曲家与作品对应连接。

陈佳明	《火把节》
罗大佑	《爱的奉献》
赵季平	《森林狂想曲》
王西麟	《和平颂》
郑路、马洪业	《森吉德玛》
施光南	《明天会更好》
刘诗召	《北京喜讯到边寨》
贺绿汀	《打起手鼓唱起歌》
吴金黛	《牧羊姑娘》
金　砂	《阳光总在风雨后》

四、名词解释（本大题共 2 小题，每小题 3 分，共 6 分）

42.《碣石调·幽兰》

43. 百戏

五、分析写作题（本大题共 5 小题，共 34 分）

44. 请将下面五线谱译成简谱。（5 分）

45. 请使用双响筒和铃鼓为下面的歌曲编配打击乐伴奏，节奏符号用“X”记写。（10 分）

46. 将下面 F 调圆号演奏的乐谱移记成 A 调单簧管演奏的乐谱。（6 分）

47. 判断下面旋律的调式，并为旋律配置四部和声。（8 分）

48. 写出下列音程的性质，并写出协和程度。（5 分）

六、简答题(本大题共 2 小题,每小题 5 分,共 10 分)

49. 请结合教学实践,谈谈影响合唱音准的因素。

50. 列举在西方音乐史上对圆舞曲体裁的发展做出突出贡献的两位作曲家,简述他们的主要成就及代表作品。

教师招聘考试预测试卷(八)

小学音乐

(满分 100 分　时间 120 分钟)

本套试卷共 51 小题,包括单项选择题(30 小题),填空题(10 小题),连线题(2 小题),名词解释(2 小题),写作题(3 小题),分析题(2 小题),简答题(2 小题)。

一、单项选择题(本大题共 30 小题,每小题 1 分,共 30 分)

1. A 和声大调的下中音是(　　)

A. G　　B. $^{\#}$G　　C. F　　D. $^{\#}$F

2. B 大调的同主音小调的调号是(　　)

A. 两个降号　　B. 五个降号

C. 两个升号　　D. 四个升号

3. 下列术语中,表示“从记号处反复”的是(　　)

A. Dal Segno　　B. Lento

C. Da Capo　　D. Andante

4. 下列力度术语中,由强到弱的顺序排列正确的是(　　)

A. mp > mf > p > pp　　B. mf > f > mp > p > pp

C. ff > mf > p > ppp　　D. pp > p > mf > f > fff

5. “三全音”是指(　　)

A. 三和弦的三个音同时发音　　B. 三和弦的三个音先后发音

C. 大调式开头的三个音　　D. 增四度或减五度音程

6. 原始人类在劳作的过程中为获取某种猎物往往会远离居住地,一旦部落中有重大事件发生,就需要通过某种工具来告知远方族人,原始的某些乐器便成为当时最有效的“传媒”手段,这体现了音乐起源说中(　　)的观点。

A. 信息传递说　　B. 模拟自然说

C. 巫术说　　D. 生性本能说

7. 夏商时期体现统治意志的乐舞歌颂的对象是(　　)

A. 神　　B. 人　　C. 鬼　　D. 天

8. 下面的乐谱是在哪一个时期之后出现的(　　)

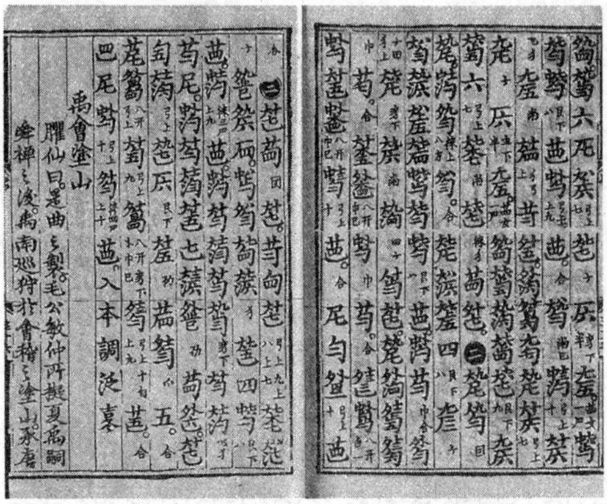

A. 西周　　B. 秦代

C. 南北朝　　D. 唐代

9. 下列属于旋律性打击乐器的是(　　)

A. 铛子　　B. 钹　　C. 云锣　　D. 木鱼

10. 首演新歌剧《白毛女》主角喜儿的是(　　)

A. 郎毓秀　　B. 郭兰英

C. 王昆　　D. 任桂珍

11.《百鸟朝凤》《喜相逢》《十面埋伏》《空山鸟语》的演奏乐器分别是(　　)

A. 唢呐、笛子、琵琶、二胡　　B. 唢呐、扬琴、琵琶、管子

C. 笛子、管子、琵琶、二胡　　D. 笛子、三弦、琵琶、二胡

12. 铜管五重奏的乐器组成是(　　)

A. 两支小号、一支圆号、一把长号、一把大号

B. 一支小号、两支圆号、一把长号、一把大号

C. 一支小号、一支圆号、两把长号、一把大号

D. 一支小号、一支圆号、一把长号、两把大号

13. 描写秦汉时期蔡文姬被掳、思乡、别子、归汉等坎坷遭遇的琴歌是(　　)

A.《大胡笳》　　B.《小胡笳》

C.《梅花三弄》　　D.《胡笳十八拍》

14. 其形制为"七弦十三徽",有"擭、援、拂"等不同演奏手法的乐器是(　　)

A. 扬琴　　B. 箜篌　　C. 古琴　　D. 筝

15. 与下列剧种相对应的发源地分别为(　　)

吕剧　越剧　豫剧　评剧

①河南　②河北　③山东　④浙江

A. ①②③④　　　　B. ②①③④

C. ③④①②　　　　D. ④①②③

16. 赵元任创作的大型合唱作品是(　　)

A.《海韵》　　　　B.《八路军大合唱》

C.《黄河大合唱》　　　　D.《教我如何不想她》

17. 管弦乐曲《红旗颂》的引子采用了哪一首歌曲的音调为素材(　　)

A.《国际歌》　　　　B.《东方红》

C.《太阳出来了》　　　　D.《义勇军进行曲》

18. 在戏剧舞台上,演员扬鞭表示骑马,划桨表示行船,这些体现了戏曲表演艺术的(　　)

A. 综合性　　　　B. 程式化

C. 虚拟化　　　　D. 现实性

19. 低音提琴在下图交响乐团中的位置是(　　)

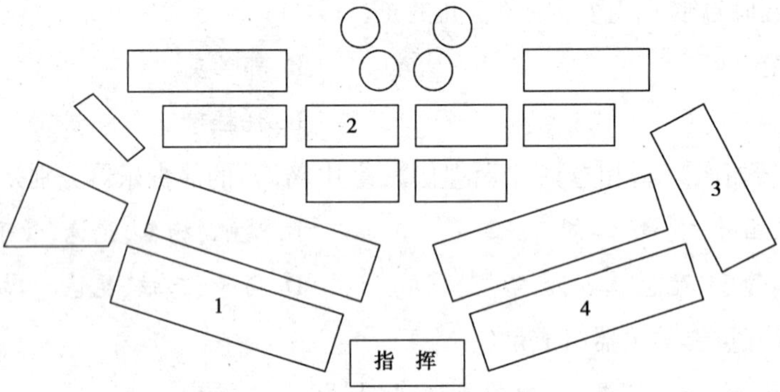

A. 1　　　　B. 2　　　　C. 3　　　　D. 4

20. "主题—主题1—主题2—主题3……"这一结构为(　　)

A. 回旋曲式　　　　B. 变奏曲式

C. 奏鸣曲式　　　　D. 回旋奏鸣曲式

21. 发源于欧洲中世纪的爱情歌曲,通常在黄昏或夜晚演唱,流行于西班牙、意大利等国的体裁是(　　)

A. 夜曲　　　　B. 小夜曲

C. 前奏曲　　　　D. 无词歌

22. ________时期的音乐构思巨大，效果辉煌，多用________手法，代表人物有亨德尔、维瓦尔第、________。选（　　）

A. 巴洛克、复调、巴赫　　B. 维也纳古典主义、主调、莫扎特

C. 浪漫主义、主调、门德尔松　　D. 维也纳古典主义、复调、贝多芬

23. 歌曲《渴望春天》是奥地利作曲家（　　）的作品。

A. 舒伯特　　B. 莫扎特　　C. 约翰·施特劳斯　　D. 舒曼

24. 德国浪漫主义歌剧的创始人是（　　）

A. 贝多芬　　B. 约翰·施特劳斯

C. 海顿　　D. 韦伯

25.（　　）被誉为"法国的舒曼"。

A. 弗朗克　　B. 圣-桑　　C. 格拉纳多斯　　D. 福雷

26. 印度音乐节奏节拍的总称是（　　）

A. 塔拉　　B. 拉格　　C. 塔兰泰拉　　D. 哈巴涅拉

27. 下列不属于《义务教育艺术课程标准（2022 年版）》中的教师培训建议的是（　　）

A. 面向全体艺术教师开展培训　　B. 精心设计培训内容

C. 聚焦关键问题开展主题教研　　D. 采用多样化的培训方式

28. 起源于阿根廷，多为二拍子或四拍子，20 世纪初广泛流行于南美洲各国，后传遍全世界的社交舞曲是（　　）

A. 圆舞曲　　B. 波尔卡

C. 玛祖卡　　D. 探戈

29.（　　）立足于听，实施于即兴，强调音乐是动的艺术，主张体态律动，并以游戏作为教学的主要方式。

A. 达尔克罗兹教学法　　B. 奥尔夫教学法

C. 柯达伊教学法　　D. 铃木音乐教学法

30. "突出课程综合"是《义务教育艺术课程标准（2022 年版）》的（　　）

A. 课程目标　　B. 课程性质　　C. 课程理念　　D. 课程原则

二、填空题（本大题共 10 小题，每小题 1 分，共 10 分）

31. 近关系调的主要特征之一是两调之间的________和弦较多。

32. 西洋管弦乐队分为四个乐器组，距离指挥最近的左手边的乐手被称为________，他协助指挥的日常工作；演奏前的校音通常由________（乐器）提供标准音。

33. 第一位成功创立法国歌剧的是__________，他成功地将芭蕾舞和戏剧因素糅合，形成他称为__________的形式。

34. 复三部曲式结构的中部可分为_______和_______两种类型。

35. 弦乐四重奏由_______、_______、_______、_______组成。

36. _______是流行于非洲的木琴总称，是非洲最具有代表性的乐器之一。

37. 儿歌《歌声与微笑》的曲作者是_______。

38. 汉代歌舞杂技表演的总称为_______。

39.《自己的队伍来到面前》是现代京剧_______中的选段。

40. 青主的音乐美学论著主要有_______和_______。

三、连线题（本大题共 2 小题，每线 1 分，共 8 分）

41. 将下列作品与对应的剧种连接起来。

《对花》	花鼓戏
《手拉风箱呼呼响》	豫剧
《梁山伯与祝英台》	黄梅戏
《花木兰》	越剧

42. 将下列作品与对应民族民歌连接起来。

《年轻的朋友》	哈萨克族民歌
《都达尔和玛利亚》	蒙古族民歌
《阿瓦尔古丽》	维吾尔族民歌
《银杯》	藏族民歌

四、名词解释（本大题共 2 小题，每小题 3 分，共 6 分）

43. 变声期

44. 装饰音

五、写作题(本大题共 3 小题,共 20 分)

45. 划分小节,并按旋律的进行加以正确的节奏组合。(5 分)

46. 写出下列记号的实际演奏效果。(6 分)

47. 用调号的方式写出下列各调式音阶。(9 分)

(1)♭b 旋律小调音阶

(2)以 D 为徵音的五声商调式音阶

(3)以 B 为闰的燕乐羽调式音阶

六、分析题(本大题共 2 小题,共 16 分)

48. 和声分析题。(6 分)

49. 分析谱例，回答问题。（10 分）

谱例一：

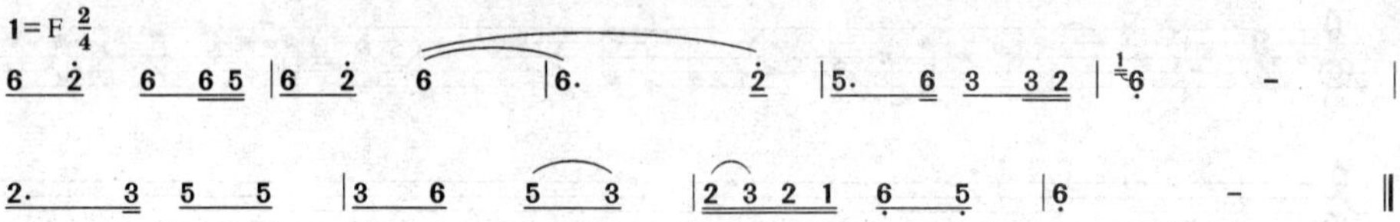

1=F $\frac{2}{4}$

6 2 6 65 | 6 2 6 | 6· 2 | 5· 6 3 32 | 6 - |

2· 3 5 5 | 3 6 5 3 | 2321 6 5 | 6 - ‖

谱例二：

1=D $\frac{2}{4}$

3235 6516 | 535 6 | 1 23 2161 | 5 - | 535 6 |

1 23 165 | 5 2 3532 | 161· | 321 2· 3 | 5 61 6 5 |

532 3532 | 126 1 | 2· 3 12 16 | 16 5· | 321 2· 3 | 5 61 6 5 |

532 3532 | 126 1 | 2· 3 1216 | 5613 2161 | 5 - ‖

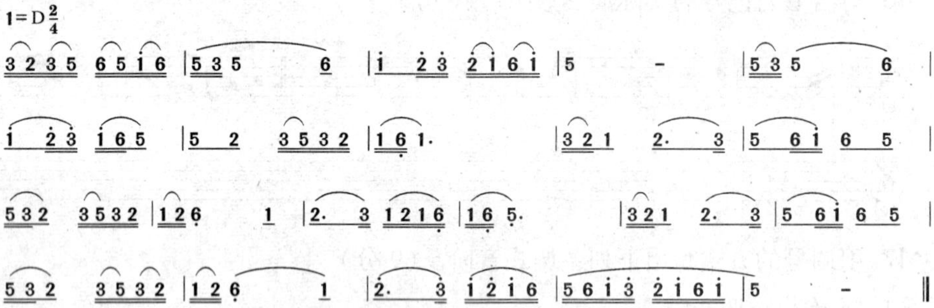

问题：

（1）两首歌曲的曲名分别是什么？分别属于什么调式？（3 分）

（2）两首歌曲分别流传在哪两个地区？（2 分）

（3）请简要概述这两个地区的民歌特点和形成原因。（5 分）

七、简答题(本大题共 2 小题,每小题 5 分,共 10 分)

50. 简述《义务教育艺术课程标准(2022 年版)》中,音乐学科 3 ~ 5 年级的学段目标。

51. 请简述"奏鸣曲式"的定义,分析其运用场合以及基本框架图示。

教师招聘考试预测试卷(九)

小学音乐

(满分100分　时间120分钟)

本套试卷共28小题,包括不定项选择题(10小题),判断题(10小题),写作题(2小题),分析题(2小题),简答题(3小题),教学设计题(1小题)。

一、不定项选择题(本大题共10小题,每小题2分,共20分)

1. 下列哪些音属于小字一组(　　)

A. 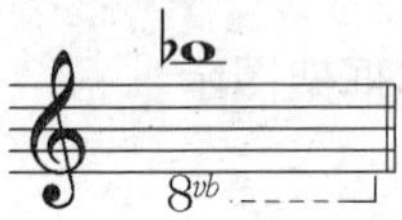 8vb

B. 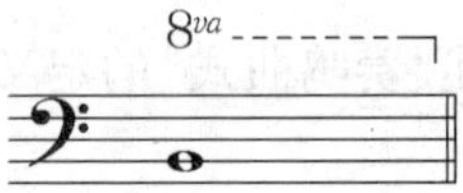 8va

C.

D.

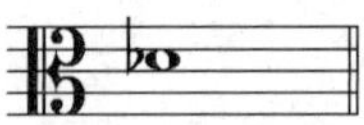

2. 下列和声功能连接属于全终止的是(　　)

A. S—D　　B. D—T

C. S—T　　D. K_4^6—D—T

3. 以^{b}B为根音的增三和弦可能存在于下列哪些调式中(　　)

A. g自然小调　　B. g和声小调

C. d自然小调　　D. D自然大调

4. 在西洋大小调体系中,具有复合功能的和弦是(　　)

A. Ⅲ级　　B. Ⅳ级

C. Ⅴ级　　D. Ⅰ级

5. 下列属于隋代开皇初制订的七部乐有(　　)

A.《安国伎》　　B.《高昌伎》

C.《龟兹伎》　　D.《清商伎》

6. 谭盾的弦乐四重奏《风·雅·颂》借鉴了(　　)的古典元素。

A.《楚辞》《流水》　　B.《流水》《幽兰》

C.《梅花三弄》《阳关三叠》　　D.《梅花三弄》《幽兰》

7. 描绘中国古代秦末楚汉相争的垓下之战的乐曲是(　　)

A.《十面埋伏》　　B.《将军令》

C.《霸王卸甲》　　D.《夕阳箫鼓》

8. 下面关于京剧的描述正确的是(　　)

A. 京剧为中国的国粹,被列入"人类口头和非物质文化遗产代表作名录"

B. 京剧当中的生角是除了花脸以及丑角以外男性的正面角色的统称

C. 京剧表演的四项基本功是说、学、逗、唱

D. 京剧唱腔以二黄、西皮为主

9. 下列属于挪威乐派的作曲家是(　　)

A. 巴托克　　B. 格林卡

C. 格里格　　D. 德沃夏克

10. 下列有关歌曲《拉库卡拉查》的分析,错误的是(　　)

A. 这是一首具有墨西哥民间舞曲风格的墨西哥民歌

B. 歌曲旋律优美抒情,速度和缓,具有优美、柔和的特质

C. 歌曲采用了三拍子,节奏多为连续的八分音符相结合

D. 旋律以分解和弦进行和级进相结合,旋律进行波浪起伏、错落有致

二、判断题(判断下列各题的正误,正确的打"√",错误的打"×"。本大题共10小题,每小题1分,共10分)

11. 音的高低是由发音体振动的频率决定的,两者呈负相关。(　　)

12. 从弱拍或强拍的弱部分开始,并把下一强拍或弱拍的强部分持续在内的音,叫作切分音。(　　)

13. 音乐术语 Dolce 指的是"刚健地"。(　　)

14. 抗日救亡运动时期,聂耳创办了"明月歌舞剧社"。(　　)

15. 我国少数民族的多声部民歌有侗族大歌、蒙古族潮尔、瑶族蝴蝶歌、纳西族窝热等。(　　)

16. "声情并茂"是我国民族传统唱法的审美原则之一,要求以情促声,以声传情。(　　)

17. "柯尔文手势"是英国人约翰 · 柯尔文原创,被柯达伊借鉴并发扬,指用七种不同的手势代表某一固定唱名。(　　)

18. 柏林乐派是18世纪下半叶在柏林形成的一个乐派,该乐派风格比较保守,音乐多采用对位手法,交响曲多为三个乐章。

19. 管弦乐《培尔·金特》第一组曲中的第三曲《海上风暴之夜》的曲作者是格林卡。 （ ）

20. 增三和弦无论如何转位，孤立起来听时，音响效果都是相同的。 （ ）

三、写作题（本大题共 2 小题，共 16 分）

21. 请使用双响筒和铃鼓为下面歌曲编配打击乐伴奏，节奏符号用“X”记写。（8 分）

编花篮

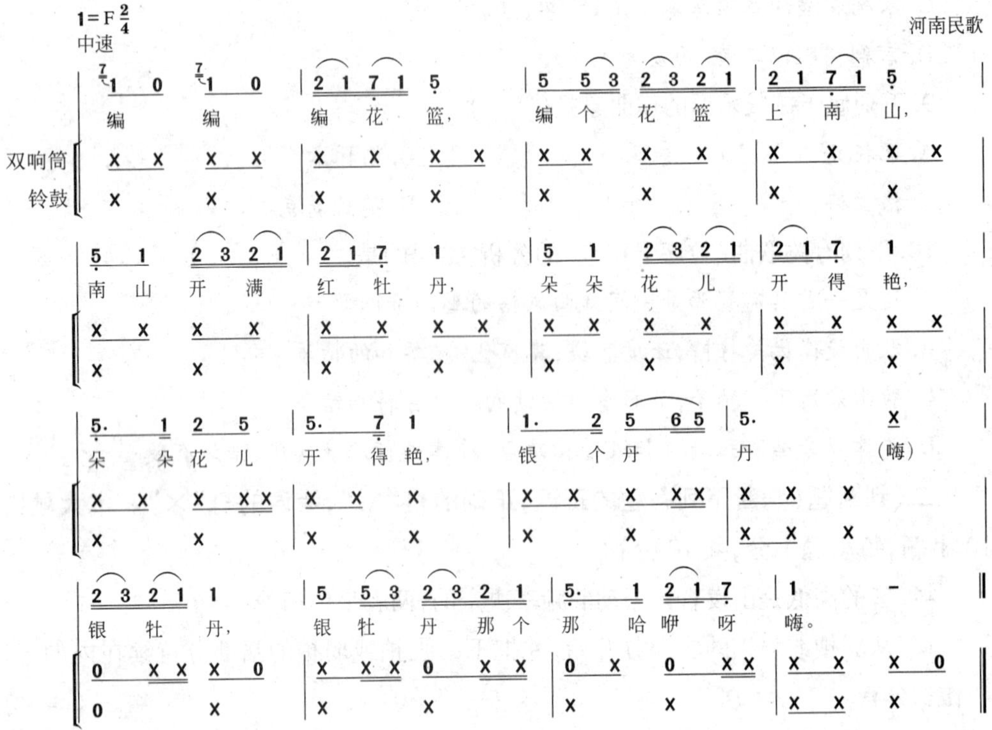

22. 将歌曲《红星歌》第二声部空拍处填写完整。（8 分）

1=D 2/4

红 星闪 闪 放 光 彩，红 星灿 灿 暖 胸 怀，

红 星是 咱 工 农 的 心，党 的光辉 照 万 代。

红 星是 咱 工 农 的 心，党 的光辉 照 万 代。

四、分析题（本大题共 2 小题，共 16 分）

23. 下面旋律的调式调性为________。(5 分)

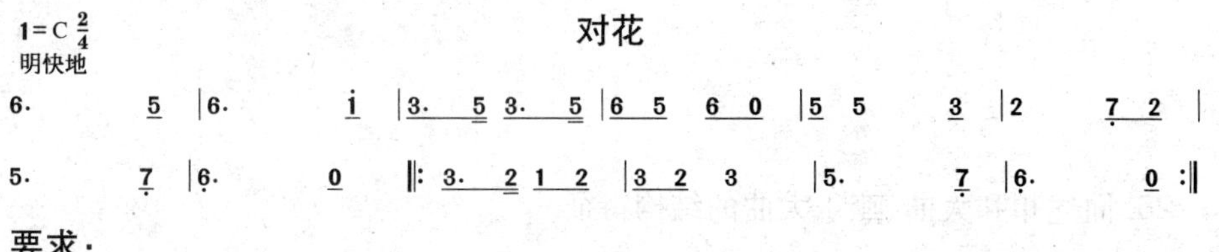

24. 分析下列谱例，并按要求作答。(11 分)

1=C $\frac{2}{4}$
明快地

对花

6· 5 | 6· i | 3· 5 3· 5 | 6 5 6 0 | 5 5 3 | 2 7 2 |

5· 7 | 6· 0 ‖: 3· 2 1 2 | 3 2 3 | 5· 7 | 6· 0 :‖

要求：

(1) 歌曲分为三个乐句，画出曲式结构图示，并标明小节数。(4 分)

(2) 分析每个乐句的调式调性。(2 分)

(3) 说明歌曲调式的特点。(3 分)

(4) 说明第二句和第三句运用的旋律发展手法。(2 分)

五、简答题(本大题共 3 小题,每小题 6 分,共 18 分)

25. 简述冼星海的群众歌曲创作特征及其历史意义。

26. 简述相和大曲、燕乐大曲的结构特征。

27. 简述《义务教育艺术课程标准(2022 年版)》中的课程总目标。

六、教学设计题(本大题共 20 分)

28. 请根据所提供的材料,以四年级学生为教学对象设计一节歌唱课。

小溪流水响叮咚

1=G $\frac{2}{4}$

中速 优美、抒情的

尚 疾曲

木 青词

5 1 | 25 31 | 5. 6 | 5. 6 | 77 22 | 1 76 | 5 - | 5 - | 5 1 |

1.小 溪 流 水 响 叮 咚, 一路撒满 歌 声, 早 晨

2.小 溪 流 水 响 叮 咚, 像面镜子 清 凌 凌, 照 尽

25 3 | 21 7 | 6 6 | 55 67 | 13 21 | 2 17 | 1 - | 1 66 |

问 候 光明 的 太 阳, 晚上 拜会 月 亮和 星 星。 迎着

山 野 美丽 的 风 光, 照尽 绿荫 丛 中的 楼 顶。 然后

6. 7 | 12 17 | 6 5 | 5 12 | 3. 5 | 32 16 | 3 2 | 2 - |

农 民 朴 实的 笑 脸, 倾 听 那 洗衣 姑娘 歌 声。

拉 上 江 河的 手 臂, 带着 祖 国的 骄傲 奔向 海 中。

54 30 | 10 32 | 10 60 | 51 25 | 3. 1 | 2 17 | 1 - | 1 0 ‖

啦啦 啦 啦 啦啦 啦 啦 啦啦 啦啦 啦 啦 啦 啦啦 啦。

要求:

(1)写出教学目标。(6 分)

(2)写出教学重点、难点。(4 分)

(3)写出主要的教学过程。(10 分)

教师招聘考试预测试卷(十)

小学音乐

(满分 100 分　时间 120 分钟)

本套试卷共 50 小题,包括单项选择题(30 小题),填空题(10 小题),匹配题(1 小题),名词解释(2 小题),写作题(2 小题),调式判断(3 小题),简答题(2 小题)。

一、单项选择题(本大题共 30 小题,每小题 1 分,共 30 分)

1. 下列哪一个调式的调号为 3 个升号(　　)

A. $^{\#}$F 自然大调　　B. 以$^{\#}$E 为导音的和声小调

C. 以 E 为Ⅱ级音的和声大调　　D. 以$^{\#}$D 为变宫的雅乐羽调式

2.  该谱表中的音符在大调中用首调唱名法唱作(　　)

A. la　　B. si　　C. fa　　D. re

3. 下列选项中最低的音区是(　　)

A. 大字一组　　B. 大字组

C. 小字组　　D. 小字一组

4. 下列属于 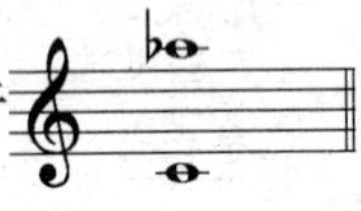　的转位音程的是(　　)

① 　② 　③ 　④

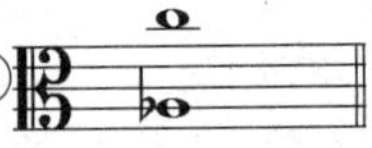

A. ①②③　　B. ②③④　　C. ①③④　　D. ①④

5. 下列说法正确的是(　　)

A. 调式音阶中的正音级是:Ⅰ、Ⅲ、Ⅴ

B. 调式音阶中的副音级是:Ⅱ、Ⅳ、Ⅵ、Ⅶ

C. 调式音阶中的稳定音级是:Ⅰ、Ⅳ、Ⅴ

D. 调式音阶中的不稳定音级是:Ⅱ、Ⅳ、Ⅵ、Ⅶ

6. 通奏低音促进了和声学的诞生。(　　)编写的《和声学教程》是音乐史上第一本和声学专著。

A. 拉莫　　B. 斯卡拉蒂

C. 巴赫　　D. 斯波索宾

7. 在音乐没有到达主调之前,先在别的调上再现前面陈述的主题片段,然后再回到主调完整再现前面陈述的主题,则在别的调上再现的部分叫作(　　)

A. 提前再现部　　B. 预再现部

C. 移调再现部　　D. 假再现部

8. 交响曲一般由四个乐章组成,其中第三乐章是(　　)

A. 急板　　B. 慢板

C. 快板　　D. 小步舞曲或谐谑曲

9. 图示乐器按乐器分类法分类属于(　　)类乐器。

A. 土　　B. 革　　C. 木　　D. 匏

10. 下列不属于丁善德儿童钢琴组曲《快乐的节日》中的作品是(　　)

A.《新疆舞曲第二号》　　B.《扑蝶》

C.《跳绳》　　D.《捉迷藏》

11. "大珠小珠落玉盘"描写的是哪种乐器(　　)

A. 古筝　　B. 扬琴

C. 琵琶　　D. 阮

12. 下列论著为乐律理论专著的是(　　)

A.《羯鼓录》　　B.《教坊记》

C.《乐书要录》　　D.《乐府杂录》

13. 1977 年由美国"航行者"号太空船携带到宇宙中的古琴名曲是(　　)

A.《高山流水》　　B.《广陵散》

C.《流水》　　D.《碣石调·幽兰》

14. "乐而不淫,哀而不伤"是(　　)的音乐审美评价标准。

A. 孔子　　B. 老子

C. 荀子　　D. 庄子

15. 1929年,黄自在美国耶鲁大学创作的毕业作品交响序曲(　　)是我国第一部大型交响音乐作品,也是在国外演奏的第一部中国的管弦乐作品。

A.《都市风光幻想曲》　　B.《怀旧》

C.《中国狂想曲》　　D.《台湾舞曲》

16. 周恩来题词"为抗战发出怒吼"的作品是(　　)

A.《义勇军进行曲》　　B.《中国人民解放军进行曲》

C.《长征组歌》　　D.《黄河大合唱》

17. 下列属于贺绿汀创作的歌曲是(　　)

A.《到敌人后方去》　　B.《牧童短笛》

C.《延安颂》　　D.《游击队歌》

18. 中国的说唱艺术素有"南弹北鼓"之说,其中的"南弹"以(　　)为代表。

A. 苏州弹词　　B. 桂林评弹

C. 湖南评弹　　D. 广东弹词

19. 中国民族打击乐器根据其发音体材质的不同可分为响铜类、响木类和皮革类三类。下列属于皮革类打击乐器的是(　　)

A. 碰铃　　B. 钹

C. 排鼓　　D. 梆子

20. 小提琴与钢琴曲《夜景》、钢琴曲《在那遥远的地方》这两首作品堪称中国最早完全运用自由无调性技法进行创作的代表作,它们的作者是(　　)

A. 谭小麟　　B. 丁善德

C. 桑桐　　D. 马思聪

21. 确立了四线谱,又创立了唱名体系的音乐理论家是(　　)

A. 莱奥南　　B. 佩罗坦

C. 马丁·路德　　D. 规多

22. 确立18世纪古典协奏曲结构原则的作曲家是(　　)

A. 海顿　　B. 莫扎特

C. 贝多芬　　D. 维瓦尔第

23.《美丽的海伦》是法国轻歌剧创始人(　　)的作品。

A. 奥芬巴赫　　B. 罗西尼

C. 柏辽兹　　D. 韦伯

24. 以艺术形态的存在方式为标准,将艺术分为空间艺术、时间艺术和(　　)

A. 绘画艺术　　B. 时空艺术　　C. 表演艺术　　D. 电影艺术

25.《五光十色的沙漠》是美国作曲家格罗菲的《大峡谷组曲》中的第(　　)乐章。

A. 一　　B. 二　　C. 五　　D. 七

26. 关于下面作品的创作特点说法错误的是(　　)

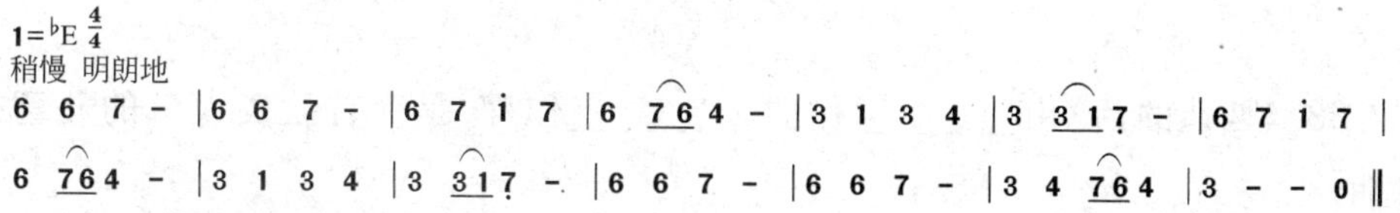

1=$^{\flat}$E $\frac{4}{4}$
稍慢　明朗地

6 6 7 - | 6 6 7 - | 6 7 1 7 | 6 76 4 - | 3 1 3 4 | 3 31 7 - | 6 7 1 7 |
6 76 4 - | 3 1 3 4 | 3 31 7 - | 6 6 7 - | 6 6 7 - | 3 4 76 4 | 3 - - 0 ‖

A. 采用了都节调式

B. 主要运用重复手法

C. 旋律以跳进为主

D. 节奏简洁、规整、平稳、匀称

27. 我国近代艺术歌曲《大江东去》的曲作者是(　　)

A. 萧友梅　　B. 刘天华

C. 青主　　D. 黄自

28. 伦巴舞主要流行于下列哪个国家(　　)

A. 巴西　　B. 阿根廷

C. 古巴　　D. 墨西哥

29. 下列哪项不属于《义务教育艺术课程标准(2022 年版)》课程实施中的教学建议(　　)

A. 坚持育人为本,强化素养立意

B. 重视知识内在关联,加强教学内容有机整合

C. 注重感知体验,营造开放的学习情境

D. 坚持素养导向,围绕核心素养内涵

30. "能运用生活中的物品自制简易乐器,为歌曲伴奏或表现音乐情境"是《义务教育艺术课程标准(2022 年版)》中音乐学科(　　)年级的学业要求。

A. 1 ~2　　B. 3 ~5

C. 3 ~6　　D. 5 ~7

二、填空题(本大题共 10 小题,每小题 2 分,共 20 分)

31. 和声大调的特性音程是________、________、________、________。

32. 从原调转向相差一个升号或降号的新调,叫作________。

33. 纯四度转换成复音程是________,小十四度转换成单音程是________。

34. 乐曲结束时的Ⅳ—Ⅰ称为________终止,Ⅴ—Ⅰ称为________终止。

35. 以歌颂武王伐纣功绩为表现内容的乐舞是________。

36. 荀子模拟民间音乐形式而填写的一首长诗是________，成相被认为是中国说唱音乐的远祖。

37. 达尔克罗兹教学法是由________、视唱练耳与即兴表演活动三个部分内容组成。

38.《西风的话》由________作曲、________作词，是一首脍炙人口的儿童抒情歌曲。

39. 舒曼带有自传体的艺术歌曲套曲有献给新婚妻子的________、叙述作曲家爱情经历的________、描绘了由恋爱到结婚生育直至丧夫的女人一生的________。

40. 艺术教学要以________为根本任务，以________为导向。

三、匹配题（本大题共1小题，每空1分，共10分）

41. 将下列作品前的字母填入相对应的地域后。

题号	地域	答案	作品
(1)	安徽		A.《康定情歌》
(2)	东北		B.《五哥放羊》
(3)	湖南		C.《蓝花花》
(4)	江苏		D.《澧水船夫号子》
(5)	江西		E.《十送红军》
(6)	山西		F.《放马山歌》
(7)	陕西		G.《紫竹调》
(8)	四川		H.《小拜年》
(9)	云南		I.《划龙船》
(10)	浙江		J.《采茶舞曲》

四、名词解释（本大题共2小题，每小题3分，共6分）

42. 歌舞伎

43. 鱼咬尾

五、写作题(本大题共 2 小题,共 9 分)

44. 将下面简谱译成五线谱。(5 分)

1=#F 4/4

3 6 #1 3 ♮1 21 6 | 3532 1612 3 - | 3 6 #1 3 232♮1 2 | 6123 165 6 - ‖

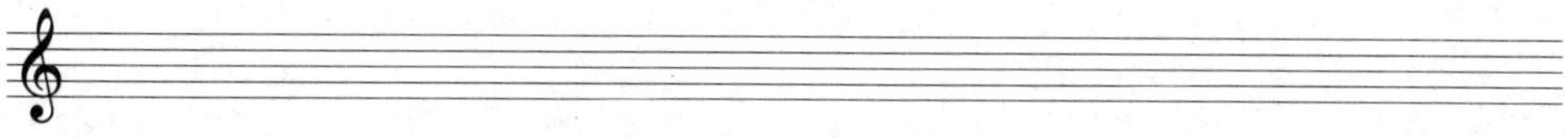

45. 请在低音谱表上写出下列各调的调号。(4 分)

#c 小调　B 大调　♭e 小调　f 小调　A 大调　♭D 大调　♭E 大调　g 小调

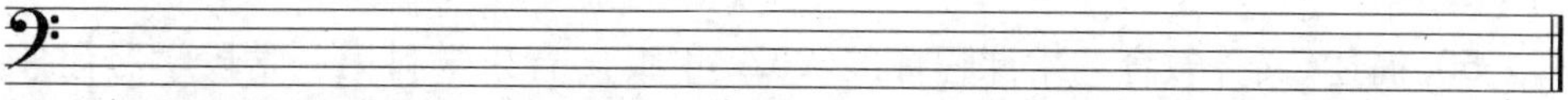

六、调式判断(本大题共 3 小题,每小题 5 分,共 15 分)

46. 下面旋律的调式名称:________________

47. 下面旋律的调式名称:________________

48. 下面旋律的调式名称:________________

七、简答题(本大题共 2 小题,每小题 5 分,共 10 分)

49. 试述肖邦的钢琴音乐创作特征。

50. 简述《义务教育艺术课程标准(2022 年版)》音乐学科第一学段学习任务 2 聆听音乐的教学提示。

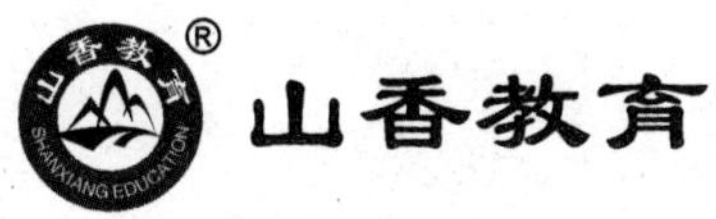

教师招聘考试历年真题详解及预测试卷

小学音乐

参考答案及解析-真题试卷

（参考答案及解析由山香教育考试命题研究中心编写）

目　录

2023年江苏省淮安市涟水县教师招聘考试小学音乐真题试卷(一)

答案速查

11~15	CBCCB	16~20	ACBAD

一、填空题

1. 音名;唱名
2. 中央C;标准音
3. 变换拍子
4. 即兴
5. 百戏之祖(中国戏曲之母);诗;乐;歌;舞;戏
6. 格什温;古典音乐;爵士乐
7. 格里格
8. 奥地利;三
9. 约德尔
10. 不朽的民族战歌

二、单项选择题

11. C 【解析】本题考查彝族的《阿细跳月》。民乐合奏曲《阿细跳月》是我国著名民乐指挥家、作曲家彭修文先生根据彝族传统舞蹈“阿细跳月”的音乐改编而成的。乐曲吸取了传统“跳月”的民族音调,描绘了朦胧月色下,青年们在一起欢舞的热烈场面。

12. B 【解析】本题考查《霓裳羽衣曲》的所属朝代。《霓裳羽衣曲》是唐代最为著名的大曲作品。一般认为是唐玄宗李隆基在西凉都督杨敬述进献的印度佛曲《婆罗门曲》的基础上创作改编而成的。全曲共36段:散序6段,中序18段,曲破12段。

13. C 【解析】本题考查切分音的定义。一个音由弱拍或拍中弱部位延续到下一强拍或拍中强部位,使之因时值的延长而成为重音,改变了原来节拍的强弱规律。这种改变了音的基本强弱规律的方法,称为切分法,切分法所构成的重音称为切分音。

14. C 【解析】本题考查柴可夫斯基的弦乐四重奏。A选项《月光》一般是指贝多芬的《$^{\#}$c小调第十四钢琴奏鸣曲》;B选项《魔笛》是指莫扎特的歌剧作品;C选项《如歌的行板》是柴可夫斯基的《D大调第一弦乐四重奏》的第二乐章;D选项《G大调弦乐四重奏》一般是指海顿或莫扎特的代表作。

15. B 【解析】本题考查钢琴曲《向阳花》的素材来源。《李玉莲调》是一首广为传唱的苏北地区民歌,采用单一乐段,整曲结构规整,只有四句旋律,旋律风格朴实无华,歌词朗朗上口。作曲家采用这首民歌元素创作了钢琴曲《向阳花》。

16. A 【解析】本题考查等音程的内容。等音程的音数永远相同。增六度的音数为5,小七度的音数为5,倍减七度的音数为4,减七度的音数为$4\frac{1}{2}$,大七度的音数为$5\frac{1}{2}$。因此,增六度的等音程为小七度。

17. C 【解析】本题考查音程的扩大。以纯四度音程 C～F 为例,F 音升高半音为$^{\#}$F,C～$^{\#}$F 为增四度音程。

18. B 【解析】本题考查关系大小调的定义。调号相同、主音相距一个小三度关系的大小调叫作关系大小调,也叫平行大小调。四个选项中,互为关系大小调的是 BC 选项,而调号为两个升号的是 D 大调和 b 小调。

19. A 【解析】本题考查贺绿汀的代表作品。A 选项《游击队歌》是贺绿汀的群众歌曲;B 选项《牧童之歌》是新疆哈萨克族民歌;C 选项《映山红》是电影《闪闪的红星》的插曲,由傅庚辰作曲;D 选项《儿童团放哨歌》由金帆作词、瞿希贤作曲。

20. D 【解析】本题考查巴赫的代表作品。A 选项《水上音乐》是亨德尔的管弦乐曲;B 选项《小夜曲》一般指舒伯特的艺术歌曲或海顿的弦乐四重奏;C 选项《晨景》是格里格所作管弦乐《培尔·金特》第一组曲中的第一首;D 选项《马太受难曲》代表着巴赫宗教音乐的最高成就,被人们称为“现存宗教音乐的顶峰”。

三、连线题

21. 将下列速度术语及其含义对应连接。

【答案】

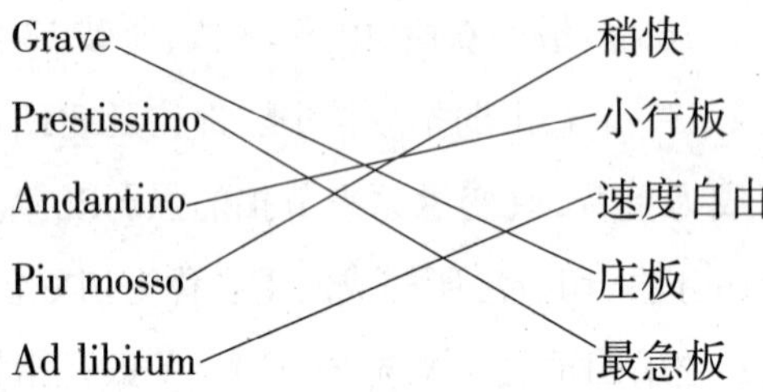

22. 将下列作者及其作品对应连接。

【答案】

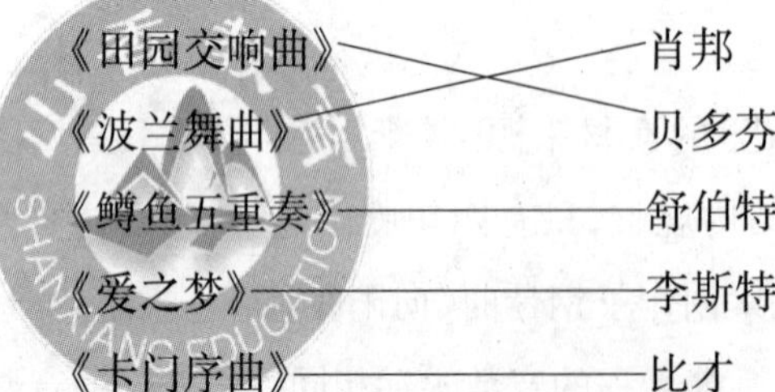

23. 将下列民歌及其国家对应连接。

【答案】

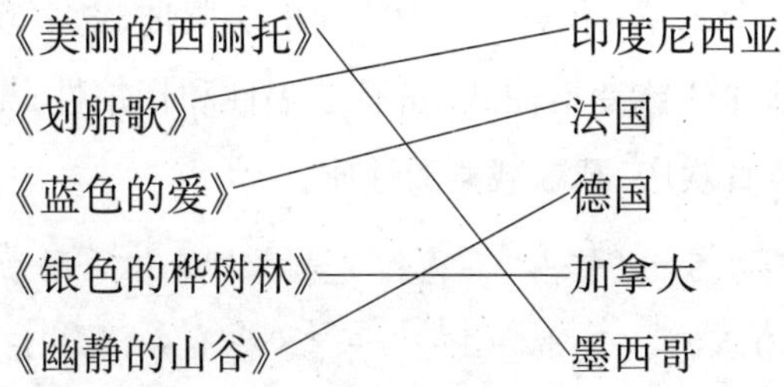

四、写作题

24.【参考答案】

25.【参考答案】

五、名词解释

26. 无词歌

【参考答案】无词歌是19世纪按照歌曲体裁风格写作的一种小型器乐曲，常由歌唱性旋律和音型化伴奏织体组成，由德国作曲家门德尔松创立。门德尔松共出版了8集《无词歌》，共48首，其中最著名的一首是《春之歌》，其他具有代表性的还有《威尼斯船歌》《纺织歌》等。

本题共5分。(1)答出"歌曲体裁风格写作"得1分；(2)答出"小型器乐曲"得1分；(3)答出"门德尔松创立"得2分；(4)答出代表作品得1分。

27. 江南丝竹

【参考答案】江南丝竹是流行于江苏、浙江、上海一带的丝竹乐形式。其经常演奏的曲目有《欢乐歌》《云庆》《行街》《四合如意》《三六》《慢三六》《中花六板》《慢六板》八首，号称"八大名曲"。江南丝竹的常用乐器有二胡、小三弦、琵琶、扬琴、笛、笙、箫以及小件打击乐器鼓、板、木鱼、铃等，其中二胡和笛子是主要乐器。

本题共5分。(1)答出"江苏、浙江、上海"得1分；(2)答出"江南丝竹八大名曲"得2分；(3)答出常用乐器得2分，其中答出"二胡""笛子"各得0.5分。

28. 协奏曲

【参考答案】协奏曲也叫竞奏曲，是一种独奏乐器与管弦乐队以平等地位协同演奏的大型器乐体裁。协奏曲通常包含三个乐章：第一乐章为快速的奏鸣曲式，表现内容常富有戏剧性；第二乐章为慢板，三部曲式或变奏曲式，富有歌唱性和抒情性；第三乐章为急板，回旋曲式或变奏曲式，有节日欢庆、载歌载舞的性质。

本题共5分。(1)答出"竞奏曲"得0.5分，答出"一种独奏乐器与管弦乐队协同演奏"得1分，答出"大型器乐体裁"得0.5分；(2)答出"三个乐章"得1分，答出三个乐章的形式得2分。

六、简答题

29. 请写出民族管弦乐队的乐器分组。

【参考答案】民族管弦乐队中的乐器分为吹管乐器组、拉弦乐器组、弹拨乐器组、打击乐器组四组。

(1)吹管乐器：笛子、唢呐、笙、管子等。

(2)拉弦乐器：二胡、高胡、中胡、板胡等。

(3)弹拨乐器：琵琶、中阮、三弦、古筝等。

(4)打击乐器：云锣、堂鼓、大锣、钹等。

本题共8分。(1)答出"吹管乐器组""拉弦乐器组""弹拨乐器组""打击乐器组"四组得4分，每组1分；(2)答出每个分组的代表性乐器得4分，每组1分。

30. 简要写出贝多芬的音乐风格特点以及重要作品。

【参考答案】贝多芬，德国作曲家，被誉为"乐圣"。他既是18世纪古典主义音乐的集大成者，也是浪漫主义音乐的开拓者。

(1)贝多芬的音乐风格特点

①旋律继承海顿式的动机展开手法，又吸收莫扎特旋律的深情，形成简洁、粗犷、质朴、热情的特征。

②节奏上频繁的变换，切分和休止所造成的动力性、不平衡感，和声、调性上不协和、不稳定范围的扩大，力度上大幅度的起伏等，构成了贝多芬音乐强烈的感染力和气魄。

③配器上受到法国大型器乐曲的影响，重视发挥铜管、木管的作用。

④乐队的编制和表现力明显超过海顿、莫扎特时期。

(2)贝多芬的代表作品

①交响曲《第三(英雄)交响曲》《第五(命运)交响曲》《第六(田园)交响曲》《第

九(合唱)交响曲》等,共9部。

②钢琴奏鸣曲《c小调奏鸣曲(悲怆)》《#c小调奏鸣曲(月光)》《d小调奏鸣曲(暴风雨)》《f小调奏鸣曲(热情)》等,共32首,被誉为“钢琴音乐的‘新约全书’”。

③其他重要作品有歌剧《费德里奥》(唯一一部歌剧);序曲《爱格蒙特》《科里奥兰》《普罗米修斯》;声乐套曲《致远方的爱人》;宗教音乐作品《D大调庄严弥撒》。

本题共10分。(1)答出贝多芬的音乐风格特点得5分,其中答出“旋律”“节奏”“和声”“配器”“乐队编制”5点且叙述合理,每点1分;(2)答出贝多芬的代表作品得5分,至少答出5首重要作品,每首得1分。

七、作品分析题

31.以江苏民歌《无锡景》和山东沂蒙地区的民歌《沂蒙山小调》为例,简述中国民歌中小调的特点。

【参考答案】(1)作品分析

①旋律方面:《无锡景》采用典型的五声音阶,旋律进行多级进、环绕进行,流畅优美,表现出江南水乡的柔美景致。《沂蒙山小调》采用以民族五声音阶为基础,加入偏音变宫,旋律多级进、环绕进行,旋律高亢宽阔,体现出山东民歌的豪迈气概。

②节奏节拍方面:《无锡景》节奏轻盈流畅,变化多端,体现江南小调的灵动性,给人轻快和活泼的感觉。《沂蒙山小调》节奏明快活泼,使用$\frac{4}{4}$拍和$\frac{3}{4}$拍的组合,节奏感强烈,传神地表现出山东小调的豪爽气质。

③曲式方面:《无锡景》为起承转合式,将景致的描写与内心感受的流露融为一体。《沂蒙山小调》也为起承转合式,通过对山水景色的描述和生活喜乐的表达,呈现山歌式的气魄。

④叙事抒情方面:《无锡景》歌词简洁优美,押韵工整,通过描绘西湖的美景,表达了作者对家乡的深情眷恋,具有抒情性。《沂蒙山小调》歌词朗朗上口,通过歌颂山水风光和乡村生活,体现出豪迈的山歌性格,兼具叙事和抒情。

这两首小调在旋律、节奏节拍、曲式、叙事抒情等方面都带有各自地区的特征,但又有小调共有的审美倾向,既有共性又有个性,展现了中国各地丰富多彩的民间文化。此外,它们都是研究相关地方文化的重要资料,具有很高的文化价值。

(2)小调的特点

综合(1)的分析,可以将小调的特点归纳为:

①常用叙事与抒情相交融的表现手法。将情感的抒发寄托于一定叙述性特点的

旋律和唱词之中，曲调流畅、细腻、含蓄、内在，常加乐器伴奏，使音乐更为丰富、生动。

②节拍、节奏较规整。小调的节奏类型多样、分布均衡，既有变化又有统一。

③具有曲折、多样的旋法特征，旋律的进行多呈曲折形态，级进多于跳进，环绕进行多于直线进行。

④小调中曲式结构多样且富于变化，多为长短句。最常见的曲式结构是对应式和起承转合式两类，以及这两种类型的变化发展形态。

本题共16分。(1)答出《无锡景》《沂蒙山小调》的作品分析，得6分，每首3分。(2)答出小调的音乐特点得10分，其中答出“叙事与抒情”“节奏、节拍”“旋法”“曲式结构”4点，且言之有理，每点得2分；所答内容与《无锡景》《沂蒙山小调》两首作品的特点不相符，扣2~4分；答出其他方面的特点，言之有理，可酌情给1~2分。

2023年浙江省杭州市萧山区教师招聘考试小学音乐真题试卷(二)

答案速查

1~5	DCBDD	6~10	BCACB	11~15	CCDCB	16~20	ABCAC
21~25	√√××√			26~30	×√×√√		

一、单项选择题

1. D 【解析】本题考查基本速度标记的含义。Moderato是“中板”，表示每分钟88拍。A选项“行板”标记为Andante；B选项“慢板”标记为Lento；C选项“快板”标记为Allegro。

2. C 【解析】本题考查音程的转位。音程的根音和冠音相互颠倒叫作“音程的转位”，一般规律是：原位音程与转位音程度数之和是9。因为减一度不存在，所以将增八度的两个音颠倒位置后，相隔八度构成减八度。

3. B 【解析】本题考查调式音级的名称。调式中的七个音级Ⅰ~Ⅶ依次称为主音、上主音、中音、下属音、属音、下中音、导音。其中主音下方三度的音为下中音。

4. D 【解析】本题考查同主音大小调的特点。同主音大小调是指主音相同，但调式结构不同的大调式与小调式。其主要特点是：主音相同、调号不同、音列各异。如$^{\#}$F大调和$^{\#}$f小调。

5. D 【解析】本题考查调式中的和弦。以a和声小调为例，在其Ⅰ级音上构成的七和弦为A－C－E－$^{\#}$G，为小大七和弦(A选项排除)；在其Ⅱ级音上构成的七和弦为B－D－F－A，为减小七和弦(B选项排除)；在其Ⅲ级音上构成的七和弦为C－E－$^{\#}$G－

B,为增大七和弦(C 选项排除);在其Ⅳ级音上构成的七和弦为 D - F - A - C,为小七和弦(D 选项正确)。

6. B 【解析】本题考查新疆的歌舞音乐种类。木卡姆意为"大曲",是流行于新疆维吾尔族民间的一种包括歌曲、舞蹈和器乐曲的大型套曲。

7. C 【解析】本题考查朝鲜族的传统乐器。伽倻琴是朝鲜族十二弦的弹弦乐器,在女性中广泛流行,用双手演奏。演奏者席地而坐,琴头置于膝上,琴尾置于地上,右手弹弦,左手压弦。

8. A 【解析】本题考查我国少数民族的艺术形式。呼麦,蒙古语原意是"喉",是蒙古族特有的一种民间唱法,也称"喉音唱法",是一种由一个人同时唱两个声部的歌唱艺术。

9. C 【解析】本题考查京韵大鼓的相关知识。京韵大鼓又名"京音大鼓",是北方鼓词类曲艺中最有代表性的曲种之一,因用北京语音演唱而得名,最初由河北河间一带农村流行的木板大鼓发展而来。

10. B 【解析】本题考查回旋曲式的定义。题干叙述的是回旋曲式的定义。由对比并置的两部分组成,其中至少有一部分必须具备单二部曲式或单三部曲式以上规模的结构称为复二部曲式。变奏曲式是由一个音乐形象的多方面变化而形成的,是由代表基本乐思主题的最初陈述及其若干次变化重复或者展开所构成的曲式结构。复三部曲式是按照三部性结构原则组合而成的曲式,它是单三部曲式的扩大形式,三个组成部分(或至少其中一个部分)的结构大于乐段。

11. C 【解析】本题考查柴可夫斯基的芭蕾舞剧作品。柴可夫斯基是俄国作曲家,代表作品有歌剧《叶甫盖尼·奥涅金》《黑桃皇后》等,芭蕾舞剧《天鹅湖》《睡美人》《胡桃夹子》,交响曲《第六(悲怆)交响曲》等。

12. C 【解析】本题考查舒伯特的创作领域。舒伯特,奥地利作曲家,最重要的创作领域是艺术歌曲,作有 600 多首艺术歌曲,被称为"歌曲之王"。

13. D 【解析】本题考查贝多芬对交响曲的贡献。在他的交响曲创作中,各部分结构、互相对比的性质及独立的形象意义都有所扩大。①他扩展了奏鸣曲式,尤其是展开部,规模远远超过海顿、莫扎特的奏鸣曲式展开部,充满了内在的矛盾、紧张的动力和戏剧性冲突,成为整个奏鸣曲式的核心;看似不太重要的连接部和结尾也被赋予可供发展的能量。②他还用谐谑曲乐章取代了海顿、莫扎特时代的小步舞曲乐章,使之更具动力。③终曲乐章往往是全曲高潮,辉煌而热烈。他的交响套曲各乐章之间,既有对比又有联系,音乐材料的连贯性使乐曲保持高度的严谨和统一。

14. C 【解析】本题考查表现主义音乐的代表人物。表现主义音乐是20世纪初盛行于德奥的与表现主义绘画同步发展的音乐风格,其代表人物是勋伯格和他的两个学生韦伯恩和贝尔格,他们被誉为“新维也纳乐派”。

15. B 【解析】本题考查西方代表性歌剧赏析。歌剧《图兰朵》是普契尼根据一个古老的东方传说而编写的,地点是中国北京,音乐吸收了中国民歌《茉莉花》的音调,著名的唱段有《今夜无人入睡》。

歌剧《蝴蝶夫人》是普契尼根据同名小说改编的,描写了一个名叫巧巧桑的日本姑娘和美国海军上尉平克尔顿恋爱、结婚,后遭遗弃而被迫自杀的故事。

歌剧《茶花女》是威尔第根据法国作家小仲马的小说改编而成,描写的是巴黎名妓玛格丽特和阿尔芒的爱情悲剧。

歌剧《卡门》是比才根据梅里美的同名小说改编的法国喜歌剧,讲述了吉普赛姑娘卡门和龙骑兵队长何塞的爱情悲剧。

16. A 【解析】本题考查圆舞曲的起源国家。圆舞曲又叫华尔兹,是一种三拍子的舞曲,起源于奥地利北部的“连德勒舞”,后风行于欧洲。

17. B 【解析】本题考查明清时期的音乐著作。《弦索备考》是中国器乐合奏曲谱集,由清代蒙古族文人荣斋所编。《神奇秘谱》是中国最早刊印的古琴曲集,由明代朱权编写。《乐府传声》由清代徐大椿编写,是一部戏曲声乐论著。明代徐上瀛所著的《溪山琴况》是一部全面而系统地讲述我国古琴表演艺术理论的专著,也是中国古琴音乐美学史上的重要著作。

18. C 【解析】本题考查旋律发展手法。“同头换尾”是指重复句首而变化句尾的发展手法。“螺蛳结顶”是指将原有的乐句逐步紧缩,直至最后形成简洁的顶端。“换头合尾”(亦称换头重复)是指重复句尾而变化句首的发展手法。“修宝塔”是我国民间鼓乐的曲牌,其节奏结构为 $\frac{1}{4}$ 仓 | $\frac{2}{4}$ 仓才 仓 | $\frac{3}{4}$ 仓才 乙才 仓 | $\frac{4}{4}$ 仓才 台才 乙台 仓 ‖。

观察谱例可知,第8小节完全重复第4小节,第5~7小节和第1~3小节材料不同,符合换头合尾的创作手法。

19. A 【解析】本题考查汉族民歌种类。我国汉族民歌大体分为号子、山歌、小调三类。花儿是流行于青海、甘肃、宁夏一带的山歌歌种。信天游是流行于陕北一带的主要山歌歌种。

20. C 【解析】本题考查《霓裳羽衣曲》的所属朝代。《霓裳羽衣曲》是唐代最为著名的大曲作品，一般认为是唐玄宗李隆基在西凉都督杨敬述进献的印度佛曲《婆罗门曲》的基础上改编创作而成的。

二、判断题

21. √ 【解析】本题考查交响诗的定义。交响诗是一种单乐章的具有描写性、叙事性、抒情性的管弦乐体裁。

22. √ 【解析】本题考查京剧四大名旦的相关知识。

23. × 【解析】本题考查八音分类法的内容。"八音"分类法是周代的乐器分类法，即按制作材料的性质将乐器分为金、石、土、革、丝、木、匏、竹八类，这是中国音乐历史上最早的乐器科学分类法。

24. × 【解析】本题考查康塔塔的定义。康塔塔是一种包含宣叙调、咏叹调、重唱、合唱等演唱形式的多乐章的声乐套曲，17 世纪初起源于意大利，后又传到德国、法国、英国和其他国家。

25. √ 【解析】本题考查圣-桑的代表作品。圣-桑，法国作曲家，《天鹅》出自他的管弦乐组曲《动物狂欢节》，大提琴的演奏生动地描绘了天鹅高贵优雅的姿态。

26. × 【解析】本题考查速度标记的含义。"dim."的意思是渐弱，渐慢是"rit."或"rall."。

27. √ 【解析】本题考查关系大小调的定义。调号相同、主音相距一个小三度关系的大小调叫作关系大小调，也叫平行大小调。

28. × 【解析】本题考查混合拍子和复拍子的区分。由完全相同的单拍子结合在一起构成的拍子叫作复拍子。由单位拍相同的两拍和三拍的单拍子，按照不同的次序结合在一起构成的拍子叫作混合拍子。$\frac{9}{8}$拍由 3 个$\frac{3}{8}$拍组成，为复拍子。

29. √ 【解析】本题考查自然音程和变化音程的分类。自然音程包括纯音程、大音程、小音程及被称为三全音的增四度和减五度音程。变化音程包括除三全音之外的所有增音程、减音程、倍增音程和倍减音程。

30. √ 【解析】本题考查五线谱的记谱规则。在五线谱中，当音符的符尾单独写时，无论符干向上、向下，符尾均写在符干末端右边，并弯向符头。

三、分析写作题

31. 【答案】

D 五声徵调式；螺蛳结顶；聂耳

32. 【答案】

(1) 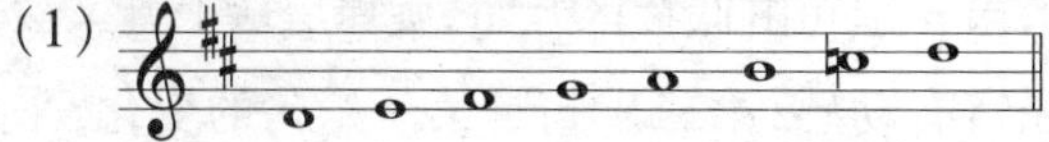

(2) 

四、简答题

33. 简述印象主义音乐的主要特点以及代表人物。

【参考答案】印象主义音乐是19世纪末20世纪初,以法国作曲家德彪西为代表的音乐流派。

(1)印象主义音乐风格的主要特征:作品多以自然景物或诗歌、绘画为题材,突出瞬间的主观印象或感受;在音乐语言上突破大小调体系,重视和声、织体和配器的色彩;擅长表现幽静朦胧、飘忽空幻的意境。

(2)代表人物:德彪西、拉威尔。

本题共5分。(1)答出印象主义音乐的定义得1分,其中"产生时期""音乐流派",各0.5分。(2)答出印象主义音乐的特点得3分,其中答出"以自然景物、诗歌、绘画为题材""瞬间的感受""突破大小调体系"3点,每点得1分,答出其他特点可酌情给分。(3)答出代表人物得1分,其中答出"德彪西""拉威尔"各得0.5分。

34. 简述进行曲的音乐风格特点,并列举几种不同风格的进行曲。

【参考答案】进行曲是一种用整齐均匀的节奏写成的乐曲,多用于军队整步伐、壮军威、鼓士气、扬斗志的队列音乐。

(1)风格特点:节奏简明有力,结构短小、规整,旋律雄劲、刚健,音调简洁,音域不宽,易唱易记,基本律动与人们行进的步伐相吻合,以二拍子为基本节拍。

(2)代表作品:《义勇军进行曲》《打靶归来》《葬礼进行曲》《婚礼进行曲》等。

本题共5分。(1)答出进行曲的定义得1分。(2)答出进行曲的风格特点得3分,其中答出"节奏简明有力""结构规整""旋律刚健""与人们行进步伐相吻合""以二拍子为基础"5点,每点得0.5分,答出其他特点可酌情给0.5分。(3)至少列举出3个不同风格的进行曲代表作,得1分。

五、教学设计题

35.【参考设计】

《友谊的回声》

一、教材分析

歌曲《友谊的回声》以回声作比喻,表达了对友谊的赞美、珍惜和追求。歌曲分为两个乐段,第一乐段由三个乐句组成,第一乐句由低音区开始,旋律层层上升又缓缓落下,仿佛是视线随着景物在移动,音乐富有动感;第二乐句是第一乐句的变化,采用了切分节奏，通过由低到高的旋律进行，发出了越来越热情的呼喊，随后采用了相同音型的反复运用，并运用了“*f*”和“*pp*”的力度对比，形象地表现出彼此呼应的回声效果，让人仿佛置身于山谷之中，聆听着奇妙的回声；第三乐句揭示了歌曲的主题，不仅表达了孩子们向大自然发出呼唤，还有对友谊的追求。第二乐段音乐转为平稳，表达了对友谊的赞美，前一乐段末句在这里再现，突出“友谊是美好的”这一主题。

二、教学目标

1. 审美感知、创意实践：认识力度记号“*f*”“*pp*”，知道它们的含义，并能在实践中正确运用。

2. 艺术表现：有感情地演唱歌曲《友谊的回声》。

3. 文化理解：认真聆听《友谊的回声》，知道音乐中表现回声的方法，感受音乐与大自然的关系，能够在音乐的感悟下去探索、发现大自然的奥秘。

三、教学重难点

教学重点：有感情地演唱歌曲。

教学难点：力度记号的运用，休止符和切分节奏的演唱。

四、教学过程

（一）导入

1. 师：在自然界中有很多神奇的现象，老师和一位同学来合作一下，请同学们猜一猜这是什么现象。（教师和同学表演回声的效果）

总结：回声是发生在山谷中的一种自然现象。

2. 师：音乐家同样也想到用音乐来表现回声。当然，这首作品中的回声并不是对着山谷唱歌，而是由两个合唱队模拟出来的。我们一起来听一听，看看这两个合唱队是怎样配合着表现回声的。

教师播放音乐。

3. 初次聆听歌曲，认识力度记号*f*、*pp*。

师：（出示强弱记号）歌曲中通过力度记号来表现回声。

4. 再次聆听歌曲（出示歌谱），感受乐曲中强弱的对比。

（二）学唱歌曲

1. 发声练习。

男女生分组唱，随老师的琴声用“lu”来练习音阶的演唱。

2. 播放歌曲。

师：为什么叫“友谊的回声”？

学生自由回答。

师总结：面对山谷，我们发出怎么样的喊声，山谷就会传给你怎么样的声音，这其实就像我们人与人之间的交往，你对别人付出了怎么样的真心，别人就会回馈你怎么样的友谊，这就是友谊的回声。

3. 播放歌曲，随音乐用“lu”轻轻哼唱歌曲。

（出示乐谱：我喊一声，喊一声，噢，噢，噢。）

教师讲解 *pp*、*f* 记号的含义。（*pp*——很弱；*f*——强）

师生合唱，注意休止符。

4. 教师弹琴，学生学唱第一乐段。

5. 教师弹琴，学生学唱第二乐段。

教师发现问题并引导学生解决问题。切分节奏多次模唱，提示注意弱起小节的准确演唱，可采用打拍子或钢琴音提示的方式进行多次练习。

6. 教师伴奏，学生加入歌词完整演唱歌曲。（注意第二段歌词与第一段歌词对应节奏不一样的情况，还要注意时值要唱满）

（三）拓展延伸

教师播放无伴奏版《友谊的回声》，学生感受回声在合唱中的魅力。

（四）课堂小结

师：同学们，今天我们感受了回声，并且学习了两个力度记号。在音乐中还有一些记号也是表示力度的，请同学们利用课余时间找找还有哪些标记。

本题共20分。(1)答出“教材分析”得2分，其中答出“旋律特点”“曲式结构”“描绘的景象”“表达的情感”4点，每点0.5分。(2)答出“教学目标”得4分，其中“体现课程标准核心素养要求”得2分，“紧扣唱歌课课型”得1分，“符合四年级学生的认知规律”得1分，若设置“大”而“空”，要酌情扣1～2分。(3)答出“教学重难点”得2分，其中“教学重点”“教学难点”各1分。教学重点需紧扣教学目标，可与教学目标相同，也可根据教学目标更加具体；教学难点要贴合作品实际，每个作品、课型、年级学段等所应解决的重难点都有所不同。(4)答出“教学过程”得12分，其中①“导入环节”新颖且自然得2分，若没有体现新颖可酌情扣1～1.5分；②“学唱环节”共9分，“教学环节完整且连贯”得6分，不完整或逻辑不清，没有体现拓展内容可酌情扣2～4分；紧扣“教学目标和教学重难点”得1.5分；“符合四年级学生的认知规律”得1分；行文流畅得0.5分。③课堂小结及作业设计部分完整得1分，没有该部分或没有体现完整性可酌情扣0.5分。

2023年山西省特岗教师招聘考试音乐真题试卷(三)

答案速查

1~5	DCACB	6~10	CBCBD	11~15	BCAAD	16~20	ADDAD
21~25	CAACB	35~39	√√√×√	40~44	√×√××		

一、单项选择题

1. D 【解析】本题考查《深化新时代教育评价改革总体方案》。中共中央、国务院印发的《深化新时代教育评价改革总体方案》要求突出教育教学实绩。把认真履行教育教学职责作为评价教师的基本要求,引导教师上好每一节课、关爱每一个学生。

2. C 【解析】本题考查教学原则。启发性原则是指在教学活动中,教师要调动学生的主动性和积极性,引导他们通过独立思考、积极探索,生动活泼地学习,自觉地掌握科学知识,提高分析问题和解决问题的能力。这一原则要求教师设置问题情境,启发学生独立思考,培养学生良好的思维方法和思维能力。题干引文的意思是:今天的教师,单靠朗诵课文,大量灌输,一味赶进度,而不顾学生的接受能力。这种注入式教育不利于启发学生独立思考,不符合启发性教学原则。

3. A 【解析】本题考查思维的特征。思维具有流畅性、灵活性(变通性)和独创性(独特性)等特点。流畅性是指在限定时间内产生观念数量的多少。在短时间内产生的观念越多,流畅性越大。灵活性(变通性)是指摒弃以往习惯的思维方法而开创不同方向的能力。独创性(独特性)是指产生不同寻常的反应和不落常规的能力,以及重新定义或按新的方式对所见所闻加以组织的能力。题干中,李老师要求学生在规定时间内写出所有学过的偏旁为"衣"的汉字,写出的汉字数量越多,表明学生思维的流畅性越好。故题干说明小明的思维具有流畅性。

4. C 【解析】本题考查思政课本质要求的体现。2022年4月25日,在五四青年节到来之际,习近平总书记到中国人民大学考察调研并发表重要讲话。习近平总书记强调,"思想政治理论课能否在立德树人中发挥应有作用,关键看重视不重视、适应不适应、做得好不好。思政课的本质是讲道理,要注重方式方法,把道理讲深、讲透、讲活,老师要用心教,学生要用心悟,达到沟通心灵、启智润心、激扬斗志。"C选项,从"诠释""深刻道理"等可以看出,C选项最能体现思政课的本质要求。AB选项体现了老师对相关内容的讲述,D选项体现了老师对相关内容的引用,均不符合题干要求。

5. B 【解析】本题考查主要的德育原则。教育影响的一致性与连贯性原则是指，在德育工作中，教育者应主动协调多方面教育力量，统一认识和步调，有计划、有系统、前后连贯地教育学生，发挥教育的整体功能，培养学生正确的思想品德。题干中，学校、家庭和社会三者的教育方向不一致，无法充分发挥教育合力，因而应强调贯彻教育影响的一致性与连贯性的德育原则。B 项正确。

A 选项，发扬积极因素与克服消极因素相结合原则是指，在德育工作中，教育者要善于依靠、发扬学生自身的积极因素，调动学生自我教育的积极性，克服消极因素，以达到长善救失的目的。

C 选项，正面教育与纪律约束相结合原则是指，德育工作既要正面引导，说服教育，启发自觉，调动学生接受教育的内在动力，又要辅之以必要的纪律约束，并使两者有机结合起来。

D 选项，集体教育与个别教育相结合原则是指，在德育过程中，教育者要善于组织和教育学生热爱集体，并依靠集体教育每个学生，同时通过对个别学生的教育，来促进集体的形成和发展，从而把集体教育和个别教育有机地结合起来。

6. C 【解析】本题考查斯特拉文斯基的代表作品。斯特拉文斯基，美籍俄罗斯作曲家、指挥家和钢琴家。其代表作品包括：舞剧《浦契涅拉》《火鸟》《彼得鲁什卡》《春之祭》，歌剧《夜莺》，歌剧式清唱剧《俄狄浦斯王》等。C 选项《春之歌》是门德尔松创作的"无词歌"中最著名的一首。

7. B 【解析】本题考查中世纪复调音乐的发展。

奥尔加农产生于公元 9 世纪，是西方最早的复调音乐，以格里高利圣咏为固定调，在它的上方或下方加上一个被称为奥尔加农的附加声部，从而构成的二声部音乐。

迪斯康特是 12 世纪末 13 世纪初兴起的复调音乐，其固定调声部和对位声部以反向进行为主，采用不同的节奏，两个声部是"点对点""音对音"的关系，乐曲整体结构显示出分句特征，与奥尔加农即兴式的松散结构有很大区别。

考普拉是一种介于奥尔加农和迪斯康特之间的复调音乐，其在上声部使用节奏模式，低音声部仍然如奥尔加农一样是无节拍特征的持续低音。

经文歌是 13 世纪将上声部无歌词的克劳苏拉添加歌词形成的复调形式，它的产生逐渐把中世纪复调音乐推向顶峰，它的出现进一步促进了理性的作曲家意识的发展，13、14 世纪它被称为复调音乐新技术的实验地，人们在经文歌上进行新的写作探索，许多新的作曲技术在经文歌写作中得到广泛运用。

8. C 【解析】本题考查刘天华的音乐贡献。刘天华的音乐贡献：

(1)通过创作、演奏、改良乐器的实践，奠定了我国近代二胡学派的基础；

(2)改变了二胡、琵琶口传心授的旧教学方法，使之纳入近代专业音乐教育轨道；

(3)改良传统工尺谱，科学记录整理传统音乐，将二胡带入高等学府，使其从伴奏乐器提升为独奏乐器，创建了我国第一个二胡学派；

(4)1927 年创办了“国乐改进社”和音乐刊物《音乐杂志》；

(5)代表作品有二胡曲《病中吟》《月夜》《空山鸟语》《闲居吟》《光明行》《良宵》《烛影摇红》《苦闷之讴》《悲歌》《独弦操》10 首，琵琶曲《歌舞引》《改进操》《虚籁》3 首，民乐合奏曲《变体新水令》《混江龙》2 首。

C 选项《荫中鸟》是由刘管乐创作的笛子曲；《幽兰逢春》是由赵松庭、曹星创作的笛子曲。

9. B 【解析】本题考查歌剧《白毛女》的音乐构成。喜儿是歌剧《白毛女》中的第一主人公，整个剧情都是围绕着她的悲惨命运展开的。刻画喜儿性格的音乐主题，主要是建立在河北民歌《小白菜》及《青阳传》的基础上写成的。该音乐主题贯穿全剧，伴随着喜儿个性的形成、性格的发展而变化。杨白劳是一个身受地主压榨、欺凌的贫苦农民。作曲家为了刻画其深沉、敦厚、质朴的性格特征，以山西民歌《捡麦根》为基础，展宽节奏、放慢速度，减少旋律的跳进，改写成杨白劳的音乐主题。

10. D 【解析】本题考查我国戏曲的声部划分。在我国戏曲中，演员是按行当来划分的，即分为生、旦、净、丑 4 个行当，而每个行当又各有若干分支。这种划分与唱歌的声音分类，在性质上是不同的，二者不能混为一谈。行当是演员的性格分类，又是带有性格色彩的表演程式的分类系统。声音在其中虽有联系，但不是决定因素。

11. B 【解析】本题考查古琴的形制。汉代古琴就确立了 7 弦 13 徽的形制。

12. C 【解析】本题考查江南丝竹的代表作品。江南丝竹经常演奏的曲目有《欢乐歌》《云庆》《行街》《四合如意》《三六》《慢三六》《中花六板》《慢六板》8 首，号称“八大名曲”。《平湖秋月》是广东音乐的代表作。

13. A 【解析】本题考查探戈的发展。探戈是一种阿根廷双人舞，起源于非洲，传入阿根廷及其他拉丁美洲国家后，用于社交舞会，其音乐近似古巴“哈巴涅拉”舞曲，但稍快，多切分音，二拍子或四拍子，旋律与伴奏常形成交错节奏。

14. A 【解析】本题考查爵士乐的兴起时间。爵士乐是 19 世纪末 20 世纪初兴起于美国南部新奥尔良的黑人舞蹈音乐，源自美国的黑人歌曲和“拉格泰姆”，后成为美国的流行音乐，进而成为世界性的现代流行音乐之一。

“爵士”的术语从20世纪初开始运用，在20世纪的前20年，形成了新奥尔良风格爵士。在20世纪30年代初，随着大乐队活动的开展，出现了摇摆（swing）风格。20世纪40年代初，由于聚集在纽约一家俱乐部周围的黑人音乐家不满意爵击乐单纯娱乐的作用，积极进行创作探索，结果创造了比波普风格。从20世纪50年代起，出现了大量各式各样的爵士派别和风格。

15. D 【解析】本题考查广东音乐的乐队编制。广东音乐的乐队编制：早期为二弦、提琴（大板胡）、三弦、月琴、笛子，这五种乐器的组合被称为“五架（件）头”，又叫“硬弓组合”；后来受江南丝竹、潮州音乐的影响，改为“三架（件）头”——粤胡（即高胡）、秦琴、扬琴；后又增加了洞箫、椰胡，又成为“五架（件）头”，称为“软弓组合”。高胡是广东音乐中的主要乐器。

16. A 【解析】本题考查中世纪时期的世俗音乐。游吟诗人是11～13世纪十字军东征时期的法国到处游吟奏乐的贵族骑士。这种风气首先产生在南部的普罗旺斯，它是游吟诗人的发祥地。12世纪中叶，这种风气传到法国北部和德国。游吟诗人的艺术传播到了德国，并很快兴盛起来，参与者与法国一样多为城市中的贵族阶层。由于他们创作的歌曲大都以描写爱情为主要内容，因此德国的游吟诗人也被称为“恋歌诗人”。

17. D 【解析】本题考查《长征组歌》的乐章。《长征组歌——红军不怕远征难》为大型声乐套曲，由肖华作词，晨耕、生茂、唐诃、遇秋作曲，整个组歌共分为《告别》《突破封锁线》《遵义会议放光辉》《四渡赤水出奇兵》《飞越大渡河》《过雪山草地》《到吴起镇》《祝捷》《报喜》《大会师》10个部分。作品以深刻凝练的语言、优美动人的曲调、浓郁的民族风格和为群众喜闻乐见的艺术表演形式，讴歌了中国工农红军在党中央毛主席的领导下，不屈不挠、无私无畏的革命精神，歌颂了红军艰苦卓绝、英勇奋战的英雄气概，颂扬了中国革命史中具有传奇色彩的两万五千里长征。

18. D 【解析】本题考查小提琴曲《苗岭的早晨》的赏析。《苗岭的早晨》原是作曲家白诚仁创作的口笛曲目，以苗族飞歌《歌唱美丽的家乡》为创作蓝本。陈钢于1975年将其改编为小提琴独奏曲。

19. A 【解析】本题考查民族乐器的分类。箜篌是一种古老的弹拨乐器，文献中记载有“卧箜篌”“竖箜篌”“凤首箜篌”3种形制。卧箜篌与琴、瑟相似，盛行于汉至隋唐，宋代以后失传。竖箜篌，汉代自西域传入，故被称为“胡箜篌”。凤首箜篌，东晋初由印度经中亚，再传入我国，隋、唐代及宋代多有使用，其形制与竖箜篌相近，因以凤首为装饰而得名。在唐代，箜篌是主要乐器之一。

20. D 【解析】本题考查彝族舞蹈。彝族舞蹈形式多样，富有浓郁的生活情趣和民族风格。"踏歌"是最具群众性的一种舞蹈。在各地彝族中，"踏歌"又称为"达踢""跳歌""左脚""跳锅庄"等，是彝族历史传承悠久的一种舞蹈形式，D 选项表述正确。A 选项跳歌是彝族一种集体性质的舞蹈，一年四季遇事相聚均可起舞。我国民族舞蹈类被联合国教科文组织列入"人类口头和非物质文化遗产代表作"的只有中国朝鲜族农乐舞，B 选项表述错误。C 选项"三道弯"是傣族舞蹈的基本体态。

21. C 【解析】本题考查日本音乐的分类。日本的传统音乐统称为"邦乐"，与"洋乐"对应。净琉璃和都节都属于"邦乐"，尺八属于日本吹管乐器。

22. A 【解析】本题考查我国传统的声乐模式。根据题干中的民歌和曲艺可知，与其属于同一类型的是戏曲。B 选项琴书和 C 选项京韵大鼓属于曲艺下的细分类型。D 选项新歌剧的产生一方面借鉴了西洋歌剧的经验，另一方面采用了各种民间音乐作为歌剧音乐的基础，不符合题意。

23. A 【解析】本题考查加纳民歌《非洲赞歌》。《非洲赞歌》是一首由加纳罗比部落著名音乐家卡拉巴罗比演唱的歌曲。演唱伴以非洲古老的马林巴琴。歌词大意为赞颂美好、广袤的阿非利加大地。

24. C 【解析】本题考查中外民歌及其发源地的匹配。A 选项《铜钱歌》是一首湖南益阳的民间小调，旋律跌宕起伏，具有叙事的特点，歌曲讽喻金钱造就贪官污吏、土豪劣绅，具有很强的揭露性和批判性，表现了广大劳动人民勤劳勇敢、嫉恶如仇的高尚情操和幽默的品格。B 选项《对鲜花》是北京民歌，也流传于河北一带，旋律优美而流畅，节奏平稳中有变化，一问一答的演唱形式生动俏皮，表现了儿童天真活泼的个性和他们对生活、对大自然的喜爱。C 选项《牧童》是一首捷克民歌。D 选项《对花》是河北民歌，这首民歌采用对唱的形式，互相问答，对猜全年十二个月的花名。歌词中的衬词较多，更加渲染了这首民歌欢乐、热烈的气氛。

25. B 【解析】本题考查歌剧《江姐》的代表唱段。B 选项《数九寒天下大雪》是歌剧《刘胡兰》中女主人公刘胡兰的一个唱段。该曲描述的是刚从前线回来的刘胡兰向乡亲们述说胜利消息的情景，表达了无比激动的心情与革命必胜的坚定信念。其他三个选项都出自《江姐》。

二、填空题

26. 冬不拉；热瓦普（艾捷克、萨它尔、弹布尔、卡龙、手鼓等也可）；马头琴；葫芦笙

（口弦、巴乌、月琴等也可）；伽倻琴（长鼓、奚琴、玄琴等也可）

27. 傣；农乐舞和长鼓舞；芦笙舞和鼓舞；《雀之灵》

28.《命运交响曲》；《未完成交响曲》（《b 小调交响曲》）；《第九（自新大陆）交响曲》；《第六（悲怆）交响曲》；柏辽兹

29. 宣言书；宣传队；播种机

30. 宫廷

31.《长生殿》；《桃花扇》

三、书写题

32.【参考答案】D 雅乐角调式

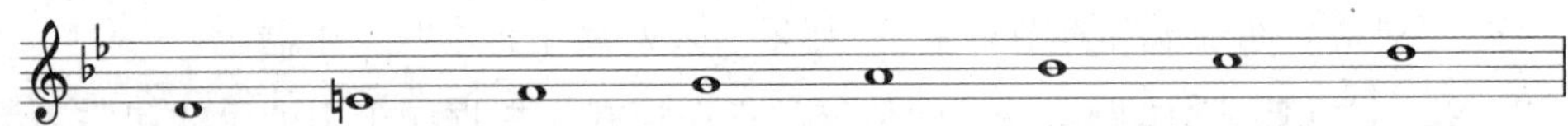

33.【参考答案】

34.【参考答案】（1）c 自然小调转 g 和声小调转 c 自然小调

【解析】前 4 小节与后 7 小节没有变化音，但 5 ~ 7 小节出现了$^{\natural}$A 与$^{\#}$F，$^{\natural}$A 改变了调号，即从$^{\flat}$E 调转为$^{\flat}$B 调，且$^{\#}$F 符合 g 和声小调升高第Ⅶ级音的调式特征，因此判断第 5 ~ 7 小节转到了 g 和声小调，前 4 小节与后 7 小节的调号为$^{\flat}$E 调，结束音为 C，符合 c 自然小调的调式特征。根据结束音来划分，可判断 1 ~ 4 小节为 c 自然小调，5 ~ 8 小节为 g 和声小调，9 ~ 14 小节为 c 自然小调。

（2）F 五声徵调式

【解析】观察调号，属于 B 调，首调视唱旋律，有明显的五声调式色彩，只出现 B、$^{\#}$C、$^{\#}$D、$^{\#}$F、$^{\#}$G 五个音，B ~ $^{\#}$D 构成唯一的大三度，即 B 为宫，结束音为 F，唱名为 sol，即 F 五声徵调式。

四、判断改错题

35. √ 【解析】本题考查民族调式的知识。羽调式是以羽音为主音的民族调式，羽调式具有明显的小调式特征，羽 ~ 宫之间的小三度，羽 ~ 徵之间的小七度音程充分显示了它的小调性质，属于小调色彩的调式。

36. √ 【解析】本题考查我国被列入世界级非物质文化遗产的传统音乐。京剧于 2010 年被联合国教科文组织列入“人类口头和非物质文化遗产代表作名录”。

37. √ 【解析】本题考查相和歌的发展。“相和歌”是汉代北方各地民间歌曲的总称，本是民间的无伴奏“徒歌”，后来发展为一人唱、几人和的演唱形式，称为“但歌”。在这个基础上加丝类、竹类乐器伴奏，也就是“丝竹更相和”，就称为“相和歌”。

38. × 将“引子”改为“再现部”或将“东方红”改为“义勇军进行曲”。

【解析】本题考查管弦乐曲《红旗颂》的赏析。《红旗颂》由吕其明创作于1965年春。作品采用了单主题贯穿发展的三部曲式结构。作品的引子部分引用了《义勇军进行曲》的曲调，再现部在《东方红》的曲调中达到高潮，尾声处引用了《国际歌》的曲调。

39. √ 【解析】本题考查南戏的起源。南戏是宋元时期流行于南方且以唱南曲为主的戏曲形式，因产生于浙江温州一带，故又称“温州杂剧”或“永嘉杂剧”。

40. √ 【解析】本题考查钢琴协奏曲《黄河》的乐章。钢琴协奏曲《黄河》是根据冼星海的《黄河大合唱》改编的，共有四个乐章，分别是《黄河船夫曲》《黄河颂》《黄河愤》《保卫黄河》。它与《黄河大合唱》的不同之处在于协奏曲中用钢琴代替人声，充分调动交响乐队的潜力来体现音乐构思。

41. × 将“协奏曲”改为“清唱剧”。

【解析】本题考查亨德尔的创作领域。亨德尔的创作领域很广，主要是歌剧和清唱剧，包括40多部歌剧、20多部清唱剧以及大量的康塔塔、协奏曲、奏鸣曲、古钢琴曲、管弦乐曲等。亨德尔最重要的创作领域是清唱剧，他首创了用英语演唱的清唱剧，代表作品有《以色列人在埃及》《弥赛亚》《参孙》《犹大·马加比》《扫罗》等。他一生大部分时间都在创作歌剧，代表作有《奥兰多》《罗德林达》《恺撒》等。

42. √ 【解析】本题考查文艺复兴时期的音乐体裁。文艺复兴思潮对欧洲的音乐文化的发展起到了巨大的推动作用。16世纪，世俗音乐在法国、德国、英国、意大利等国都很兴盛，影响较大的是法国歌谣曲、意大利牧歌等。

16世纪法国最有影响的世俗性歌曲体裁是4或5个声部的无伴奏世俗合唱——法国歌谣曲。法国歌谣曲所表现的内容广泛，有一部分是抒情性的歌谣，还有一部分是描绘性的歌谣，用歌曲描绘大自然景色、战争、集市等。法国歌谣曲的旋律多在高声部，带有主调音乐风格倾向，音乐轻捷，节奏鲜明。

43. × 将“瓦格纳”改为“门德尔松”。

【解析】本题考查门德尔松与《马太受难曲》的关系。1829年，门德尔松在巴赫的《马太受难曲》创作百年之际，重新排演、指挥了这部作品，有力推动了巴赫音乐的复兴。

44. × 将“德国的库朗特”改为“法国的库朗特”，将“法国的阿勒曼德”改为“德国的阿勒曼德”

【解析】本题考查古组曲的结构。古组曲是18世纪中叶流行的组曲，通常由德国的阿勒曼德、法国的库朗特、西班牙的萨拉班德、英国的基格四种舞曲组成。它们在速度上形成慢—快—更慢—更快的对比，用同一调性构成，后两首舞曲之间还可加入一首或几首其他舞曲。

五、论述题

45. 论述梅兰芳的主要成就，并写出三首代表作品。

【参考答案】梅兰芳的主要成就：

(1)演技精湛，塑造了中国古代妇女的优美形象。梅兰芳的表演风格精深入微，通过京剧旦角艺术展现出中国古代妇女的形象，达到很高的艺术水准。

(2)大胆革新，改革京剧表演。梅兰芳不但在传统基础上改革京剧的唱腔和技巧，还创造了“新京剧”，从现实生活中寻找题材，打破“唱古”的传统，实现了青衣和花旦角色的融合。在伴奏上也首先引入二胡和月琴，采用新的配乐方式。

(3)首次将京剧介绍到国外。梅兰芳曾到日本、美国和苏联等地演出，使国外观众首次接触到京剧艺术，获得高度赞誉，为中国戏剧艺术赢得国际声誉。

(4)创造“梅派”艺术风格。梅兰芳融合青衣、花旦和刀马旦三种角色的艺术技巧，形成甜润、平和、优美的唱腔，被称为“梅派”，成为京剧表演的典范。

综上所述，梅兰芳的主要艺术成就在于其精湛的演技，对京剧艺术的革新与发展，将京剧推向国际舞台，并形成具有广泛影响力的“梅派”艺术风格。他为京剧艺术的繁荣和提高作出了巨大贡献。

梅兰芳的代表作品有《贵妃醉酒》《霸王别姬》《木兰从军》等。

本题共8分。(1)答出梅兰芳的主要成就得6.5分，其中答出“演技精湛”“革新京剧表演”“创造‘梅派’风格”“将京剧介绍到国外”4点，每点0.5分；拓展叙述准确、合理，每点1分；答出其他的相关成就可酌情给0.5分。(2)答出3首代表作可得1.5分，每首0.5分。

46. “嫦娥一号”是中国探月计划中的第一颗绕月人造卫星，搭载“嫦娥一号”的歌曲有32首，请你写出其中15首。

【参考答案】嫦娥一号卫星于2007年10月24日18时05分(UTC+8时)左右在西昌卫星发射中心升空。搭载了30首歌曲：

(1)《谁不说俺家乡好》

(2)《爱我中华》

(3)《歌唱祖国》

(4)《梁山伯与祝英台》

(5)《我的祖国》

(6)《走进新时代》

(7)《二泉映月》

(8)《黄河颂》

(9)《青藏高原》

(10)《长江之歌》

(11)《在希望的田野上》

(12)《春天的故事》

(13)《七子之歌》

(14)《我的中国心》

(15)《高山流水》

(16)《草原上升起不落的太阳》

(17)《阿里山的姑娘》

(18)《贵妃醉酒》选段

(19)《难忘今宵》

(20)《歌声与微笑》

(21)《春节序曲》

(22)《半个月亮爬上来》

(23)《游园惊梦》选段

(24)《富饶辽阔的阿拉善》

(25)《良宵》

(26)《十二木卡姆选曲》

(27)《东方之珠》

(28)《在那遥远的地方》

(29)《我是中国人》

(30)《但愿人长久》

除此之外,特别选用曲目 2 首:

(1)《中华人民共和国国歌》(《义勇军进行曲》)

(2)《东方红》

(以上曲目任选 15 首即可)

本题共 15 分,每答出一首作品得 1 分。

2023 年安徽省教师招聘考试小学音乐真题试卷(精编)(四)

答案速查

1~5	CACCD	6~10	DACAB	11~15	CCBAA	16~20	DBDAB
21~25	BDCDD			26~29	ACAD		
30~34	√√×××			35~39	√××√√		

一、单项选择题

1. C 【解析】本题考查五线谱记谱法。低音谱表第四线为小字组的 f,谱例中,低音谱表中的音位于第四间上,故为小字组的 g;高音谱表第二线为小字一组的 g(即 g^1),谱例中,高音谱表中的音位于下加一间上,故为小字一组的 d(即 d^1),C 选项正确。

2. A 【解析】本题考查调号的对应。^{b}E 大调的调号为三个降号，^{b}B 大调为两个降号，F 大调为一个降号，D 大调为两个升号。

3. C 【解析】本题考查等音的判断。音高相同而意义和记法不同的音为等音。选项中只有^{b}B 和^{bb}C 互为等音。另外，G 的等音有$^{\times}$F 和^{bb}A，$^{\#}$B 的等音有 C 和^{bb}D，^{b}D 的等音有$^{\times}$B 和$^{\#}$C。

4. C 【解析】本题考查和弦转位的识别。图中的和弦为$^{\#}$D－G－B，结构为减四度＋大三度，可判定为以五音为低音的增三和弦的第二转位，即增四六和弦。

5. D 【解析】本题考查音程的识别。第一个音程为F～^{b}B，为纯四度；第二个音程为$^{\#}$F～D，为小六度；第三个音程为 G～^{b}B，为小三度；第四个音程为$^{\#}$G～C，为减四度，故 D 选项正确。

6. D 【解析】本题考查基本速度术语的含义。Andante 意为行板，表示每分钟 66 拍；Largo 意为广板，表示每分钟 46 拍；Moderato 意为中板，表示每分钟 88 拍；Allegro 意为快板，表示每分钟 132 拍。

7. A 【解析】本题考查关系大小调。在自然调式中，调号相同、主音相距一个小三度关系的大调与小调，叫作关系大小调，又称平行大小调。^{b}A 自然大调下方小三度的关系小调为 f 自然小调。另外，$^{\#}$f 自然小调的关系大调为 A 自然大调，^{b}a 自然小调的关系大调为^{b}C 自然大调，c 自然小调的关系大调为^{b}E 自然大调。

8. C 【解析】本题考查变化速度术语的含义。rall. 为“Rallentando”的缩写，意为渐慢。另外，渐强为“cresc.”，渐弱为“dim.”，突强为“sf”。

9. A 【解析】本题考查马可的《南泥湾》。歌曲《南泥湾》由贺敬之作词、马可作曲。它以优美的旋律，热情歌颂了三五九旅的英雄们艰苦奋斗的革命精神，并描绘出“陕北江南”的壮丽景色，表达了人们内心的喜悦和对劳动模范的崇敬心情。

10. B 【解析】本题考查黄自的清唱剧代表作《长恨歌》。清唱剧《长恨歌》，是黄自创作的唯一一部大型声乐套曲，也是我国第一部清唱剧。这部大型声乐作品的歌词是韦瀚章根据元曲《长生殿》和唐代诗人白居易的长篇叙事诗《长恨歌》写出来的。该曲表现了唐明皇和杨贵妃的爱情悲剧及唐朝由盛而衰的历史转折。

11. C 【解析】本题考查我国民族乐器的辨析。云锣是我国民族打击乐器，木琴和小军鼓均为西洋打击乐器，扬琴是我国民族弹拨乐器。

12. C 【解析】本题考查贺绿汀的《牧童短笛》。钢琴小品《牧童短笛》的曲作者为贺绿汀，他凭借此作品荣获俄国作曲家齐尔品举办的“征求有中国风味的钢琴曲”

比赛一等奖。

13. B 【解析】本题考查《加伏特舞曲》的旋律辨析。通过视唱谱例可知，该旋律为《加伏特舞曲》，是荷兰作曲家、指挥家戈塞克所作歌剧《鲁吉纳》中的一首小提琴曲，后被改编为管弦乐、钢琴曲等其他器乐演奏形式。

14. A 【解析】本题考查舒伯特《摇篮曲》的旋律辨析。通过视唱谱例可知，该旋律为舒伯特的艺术歌曲《摇篮曲》。注意与勃拉姆斯的《摇篮曲》进行区分，谱例如下：

摇篮曲

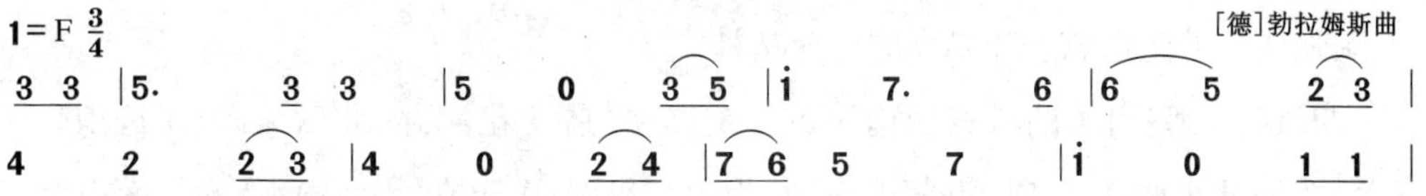

1＝F $\frac{3}{4}$

［德］勃拉姆斯曲

3 3 |5· 3 3 |5 0 3 5 |$\dot{1}$ 7· 6 |6 5 2 3 |

4 2 2 3 |4 0 2 4 |7 6 5 7 |$\dot{1}$ 0 1 1 |

15. A 【解析】本题考查莫扎特的代表作。《鳟鱼》是舒伯特的艺术歌曲。《费加罗的婚礼》和《唐璜》是莫扎特的意大利喜歌剧代表作，《魔笛》是莫扎特的德奥歌唱剧代表作。

16. D 【解析】本题考查贝多芬的历史贡献。贝多芬，德国作曲家，被誉为“乐圣”。他既是 18 世纪古典主义音乐的集大成者，也是浪漫主义音乐的开拓者。《第九(合唱)交响曲》是贝多芬创作的顶峰，第四乐章将人声引入管弦乐队中，以德国诗人席勒的诗作《欢乐颂》为歌词，用独唱、合唱和管弦乐队表现了其毕生竭力追求的“自由、平等、博爱”的理想。

17. B 【解析】本题考查西洋铜管乐器。铜管乐器是用金属制成的管形的吹奏乐器。铜管乐器根据发音体构造可以分为两类：无键的，如长号；有键的，如圆号、小号、大号。长笛、单簧管、双簧管为木管乐器。

18. D 【解析】本题考查圣-桑的《动物狂欢节》。管弦乐组曲《动物狂欢节》由法国作曲家圣-桑创作，乐曲常采用两架钢琴和小型管弦乐队的形式演奏。全曲由 13 首带有标题的小曲及终曲组成。它的 13 首小曲分别是：《狮王进行曲》《公鸡与母鸡》《骡子》《乌龟》《大象》《袋鼠》《水族馆》《长耳朵的角色》《森林深处的杜鹃》《鸟舍》《钢琴家》《化石》《天鹅》。D 选项《野蜂飞舞》是里姆斯基-科萨科夫创作的歌剧《萨旦王的故事》中的间奏曲。

19. A 【解析】本题考查民族乐器的辨析。A 选项为柳琴；B 选项为琵琶；C 选项为三弦；D 选项为月琴。柳琴，状似柳叶，与琵琶的区别是柳琴音位只由品组成，而琵琶由品位和相把位组成；柳琴的体积比琵琶小，且面板有音孔。

20. B 【解析】本题考查唐代《秦王破阵乐》的相关知识。《秦王破阵乐》是唐代宫廷燕乐中的著名乐舞，创作于初唐时期，讲述了李世民击败叛将刘武周，使初唐转危为安的历史，颂扬了李世民安邦定国的功绩。《霓裳羽衣曲》是唐朝最为著名的大曲作品，一般认为是唐玄宗李隆基在西凉都督杨敬述进献的印度佛曲《婆罗门曲》的基础上创作改编而成的。《凉州》《十面埋伏》均为我国传统琵琶曲。

21. B 【解析】本题考查现代京剧《沙家浜》的选段。《要学那泰山顶上一青松》是现代京剧《沙家浜》中的选段，表现了指导员郭建光和众伤病员在艰苦恶劣的环境中，顽强斗争的坚定意志和崇高的革命精神。

22. D 【解析】本题考查云南民歌。A 选项《蓝花花》为陕北信天游；B 选项《小白菜》为河北小调；C 选项《沂蒙山小调》为山东小调；D 选项《小河淌水》为云南山歌。

23. C 【解析】本题考查调式分析。观察该旋律为一个升号，可初步判断为 G 调，视唱谱例，上下两行都是从 e 小调的主和弦分解和弦开始，有明显的西洋调式风格；旋律中的 D 音均升高半音，符合 e 和声小调升高Ⅶ级音的调式特征，故选 C。

24. D 【解析】本题考查民歌赏析。通过视唱谱例可知，该旋律为陕西民歌《秋收》，描绘了秋天丰收的景象。

25. D 【解析】本题考查外国歌曲与所属国家的对应。A 选项《拉库卡拉查》是墨西哥民歌；B 选项《铃儿响叮当》是美国民歌；C 选项《红河谷》是加拿大民歌；D 选项《剪羊毛》是澳大利亚民歌。

26. A 【解析】本题考查《太阳出来喜洋洋》的民歌体裁。《太阳出来喜洋洋》是一首四川山歌，形式简单，情绪乐观爽朗，表达了山民们热爱劳动、热爱山区生活的情感。歌曲旋律自由，音调高亢，音域只有六度。歌曲中大量运用衬词“啰喂”“郎郎扯光扯”等来模仿唤牛的吆喝声和锣鼓声，使这首歌更加生动形象，具有强烈的艺术效果。

27. C 【解析】本题考查莫扎特《风笛舞曲》的旋律辨析。通过视唱谱例可知，该旋律为奥地利作曲家莫扎特的《风笛舞曲》，具有鲜明的民间音乐色彩，是一首欢快的乡村舞曲。

28. A 【解析】本题考查《义务教育艺术课程标准(2022 年版)》中音乐学科的课程内容。《义务教育艺术课程标准(2022 年版)》指出，音乐学科课程内容包括“欣赏”“表现”“创造”和“联系”4 类艺术实践，涵盖 14 项具体学习内容，分学段设置不同的学习任务，并将学习内容嵌入学习任务中。

29. D 【解析】本题考查《义务教育艺术课程标准(2022 年版)》中的课程理念。《义务教育艺术课程标准(2022 年版)》的课程理念包括:①坚持以美育人;②重视艺术体验;③突出课程综合。

二、判断题

30. √ 【解析】本题考查门德尔松的代表作。《仲夏夜之梦》是德国作曲家门德尔松的管弦乐序曲。《仲夏夜之梦》曲调明快、欢乐,展现了童话的幻想、自然的神秘色彩和诗情画意。全曲充满了一个 17 岁少年流露出的青春活力和清新气息,又体现了同龄人很难企及的精湛的技巧和独特的旋律风格,标志着标题性或描写性音乐会序曲创作史翻开了新的一页。

31. √ 【解析】本题考查关汉卿的代表作。《窦娥冤》是元杂剧的奠基人关汉卿的作品,也是我国古代悲剧的代表作。

32. × 【解析】本题考查曲式结构的概念。“变奏”源于拉丁语,原意是变化,意即主题的演变。变奏曲是指主题及其一系列变化反复,并按照统一的艺术构思而组成的乐曲。题干叙述的是回旋曲的概念。

33. × 【解析】本题考查花儿的流行地域。花儿又叫“少年”,是流行于青海、甘肃、宁夏一带的山歌种类。

34. × 【解析】本题考查广东音乐的代表作。《步步高》是广东音乐代表人物吕文成的代表作,《旱天雷》是广东音乐代表人物严老烈的代表作,《渔舟唱晚》是近代古筝家娄树华根据古曲《归去来兮辞》的素材加工改编而成的一首传统筝曲。

35. √ 【解析】本题考查民族器乐合奏曲《金蛇狂舞》。《金蛇狂舞》是聂耳根据民间乐曲《倒八板》整理改编的一首民族器乐合奏曲。乐曲表现了江南人民在节日的夜晚赛龙舟的热烈场景和欢腾的情绪。全曲由三段构成循环结构。第三段采用“螺蛳结顶”旋法,上下对答呼应,句幅逐层缩减,情绪逐层高涨,达到全曲的高潮。乐曲配以激越的锣鼓等打击乐器,更渲染了热烈欢腾的气氛,也使乐曲的民族特色更加鲜明。

36. × 【解析】本题考查勃拉姆斯的历史贡献。勃拉姆斯,德国作曲家,被称为“德国古典作曲家中的最后一人”。勃拉姆斯自幼受到德奥古典音乐和浪漫派先驱音乐创作的启迪与影响,他的作品兼有古典主义手法和浪漫主义精神,这些优秀艺术遗产成为他终生探求的重要领域。

37. × 【解析】本题考查康塔塔的相关知识。康塔塔是一种包含宣叙调、咏叹调、重唱、合唱等演唱形式的多乐章的声乐套曲,17 世纪初起源于意大利,后又传到德国、法国、英国和其他国家。

38. √ 【解析】本题考查电影《红日》的插曲《谁不说俺家乡好》。《谁不说俺家乡好》是吕其明为电影《红日》所作的插曲。这首歌将电影的主题充分地表达出来,唱出了山东人民对家乡和人民子弟兵的无限热爱,更体现了取得胜利的喜悦心情。

39. √ 【解析】本题考查长休止记号的记写。长休止记号是在音乐进行时,该声部或该乐器长时间处于休止状态,为了减少乐谱记写的浪费,而用此记号来标记出所需休止的小节数,记在五线谱第三线上,上面的数字表示休止的小节数。

三、匹配题

40 ~45. CAFEDB

46 ~49. IHJG

四、创编题

50.【参考答案】

1=♭B 2/4

1 2 3 5 | 6 6 5 | 1̇ 1̇ 1̇ 6 | 5 3 5 | 1 2 3 5 | 6 6 5 | 4 3 2 3 | 1 - ‖

评分标准:①调式调性明确;②符合音值组合法;③记谱规范;④符合题干要求;⑤曲式结构明确。(乐句与乐段创编都可参考这一评分标准)

51.【参考答案】

1=C 2/4

6 6 3 5 6 | 1̇ 1̇ 6 | 2. 5 5 5 | 3 2 3 |

6 6 3 5 6 | 3 2 3 | 1 2 3 5 6 6 | 6 0 |

评分标准:①调式调性明确;②记谱规范;③符合题干节奏要求;④曲式结构明确。(根据节奏创编的题目都可参考这一评分标准)

52.【参考答案】

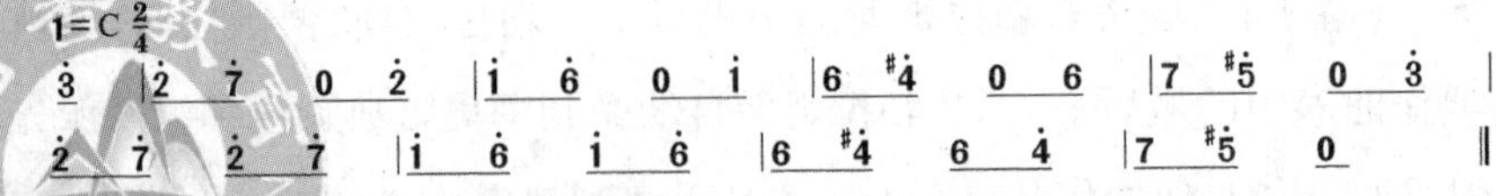

评分标准:调号、拍号、音符、节奏记写正确即可。(译谱题都可参考这一评分标准)

53.【参考答案】

评分标准:①符合调式特征;②伴奏音型选用合理;③记谱规范;④织体选用合理。(伴奏编配题都可参考这一评分标准)

五、教学设计题

54.【参考答案】《祖国祖国我们爱你》是一首欢快的儿童歌曲。歌词以生动形象的语言和“画个图画比一比”的情境创设,展现了小朋友们丰富的想象力和用画笔表达爱祖国的纯真心灵。

该歌曲是 C 大调,$\frac{2}{4}$拍,单二部曲式。第一乐段节奏紧密,主要采用平稳级进的手法,加上间奏的运用,使得旋律在平稳中略带活泼,体现了小朋友们天真可爱的音乐形象。第二乐段节奏舒展,音区有所提高,第一乐句采用了“$\dot{1}$—1”的连续下行,使歌曲的抒情性得到充分体现,展现了小朋友们丰富的想象力。歌曲最后的“祖国祖国我们爱你”乐句,开头采用“5—$\dot{1}$”的音程跳进手法,并且在乐句中运用了两个八分休止符,使情绪欢快、活跃,抒发了小朋友们淳朴而真挚的爱国情感。

本题共 10 分。(1)结合歌词得 1 分;(2)答出“单二部曲式”得 2 分;(3)答出“C 大调”得 1 分;(4)答出“第一乐段节奏紧密、平稳级进”“第二乐段节奏舒展、音区提高”可得 4 分;(5)答出“欢快、活跃的情绪”和“爱国情感”得 2 分。

55.【参考答案】(1)审美感知、文化理解:培养学生对歌曲旋律、节奏的欣赏与感知,引导学生体会歌曲温馨祥和的氛围,培养学生热爱祖国的情感。

(2)艺术表现:学生能轻松、富于情感地演唱歌曲,掌握柔和清亮的唱腔和准确的发音,表现出歌曲的艺术效果。

(3)创意实践:学生能对歌曲的演唱形式进行创编。

本题共5分。(1)符合《义务教育艺术课程标准(2022年版)》课程目标中的核心素养内涵得2分;(2)贴合作品得2分;(3)符合三年级学生学习规律得1分;(4)若设置得"大"且"空",或不贴合新课标可酌情扣1~2分。

56.**【参考答案】**教学难点:能轻松、富于情感地演唱歌曲。

教学过程:

一、导入

1.课件展现世界地图。问:孩子们,这是什么?谁能在这张地图上找到我们的祖国?

2.课件展现中国地图。问:你是怎么找到的?师:是啊!我们巨大的祖国就像一只昂首啼鸣的公鸡,在这上面绿色的是山岭、草原,蓝色的是海洋、河流。让我们一起来观赏祖国的风光吧!

3.课件展现祖国的风光图片(如:长城、故宫、黄河等)。问:我们的祖国漂亮吗?你们爱祖国吗?

4.引出课题:今天就让我们一起走进一首关于祖国的歌曲《祖国祖国我们爱你》。

二、新课教授

1.播放课件及歌曲,初步感受歌曲的速度、情绪。

2.教师带领学生进行发声练习。

3.再次聆听歌曲,教师进行范唱。同时引导学生做摇摆律动,初步体验$\frac{2}{4}$拍的强弱感。

4.聆听教师范唱,了解歌词中描写的内容。(通过红黄蓝绿的小蜡笔描绘了祖国的美好,描绘了小鸟、小草、太阳和国旗)

5.教师组织学生朗读歌词,熟悉谱例以及旋律。

6.教师弹琴范唱,学生小声模唱。

用耳朵听琴,感受歌曲旋律,用lu哼唱全曲(注意轻声模唱、口型,提示坐姿)。

7.纠错,用la来哼唱全曲。

8.带词演唱(注意慢速、轻声、高位置,注意演唱的准确性)。

9. 放开声音再唱一遍。

10. 聆听乐曲，用手感受乐曲的断与连，注意谱面上的要求。

11. 再次聆听歌曲，感受这首歌曲有几个段落。第一段与第二段的演唱特点是什么？(第一段“轻快、跳跃地”，第二段“抒情、连贯地”)

12. 放慢速度，注意跳跃休止符的地方，注意长音的地方(一口气唱完，注意气息的支持，最后一句又出现休止符，注意力度和情绪用富于情感的声音去演唱)。

13. 引导学生思考用饱含深情的声音去演唱歌曲，表达对祖国妈妈的深切热爱。(突出重点，初步感受音乐风格。通过师生讨论和探索，体现“教师引领、学生主动参与”的作用，以加深学生对歌曲的理解。通过聆听，分析与比较以解决教学难点，为进一步的演唱表现做好铺垫)

三、拓展实践

1. 根据$\frac{2}{4}$拍的节拍特点，引导学生即兴创编动作，加深对$\frac{2}{4}$拍的体验。

2. 教师引导学生把歌曲进行拆分，用不同的演唱形式(如轮唱、合唱等)，练习全曲。

3. 学生分组依次用不同演唱形式有感情地演唱《祖国祖国我们爱你》。

四、小结

同学们，今天我们在《祖国祖国我们爱你》中用蜡笔描绘了祖国的小花、小草等，那么还有什么歌曲描绘了祖国的一草一木、大好河山？在课下寻找一下，我们下节课进行分享。

本题共15分。(1)答出教学难点得3分，教学难点要贴合作品实际，每个作品、课型、年级学段等所应解决的重难点都有所不同。(2)答出“解决所设置教学难点的教学过程”得12分，其中①“导入环节”新颖且自然得2分，若没有体现新颖可酌情扣1~1.5分。②“新授环节”共8分，“教学环节完整且连贯”得5分，不完整或逻辑不清晰，没有体现拓展内容可酌情扣2.5~3分；紧扣“教学目标和教学难点”得1分；“符合三年级学生的认知规律”得0.5~1分；行文流畅得1分。③课堂小结及作业设计部分完整得2分，没有该部分或没有体现完整性可酌情扣1~1.5分。

2022 年湖南省长沙市岳麓区教师招聘考试中小学音乐真题试卷(五)

答案速查

1～5	BBABB	6～10	BABAB	11～15	ABBAB	16～21	DCDADC

一、判断题

1. B 【解析】本题考查学堂乐歌的音乐特点。清末民初,向西方学习,要求废科举、办学堂、变法维新已成为中国大众的一致呼声。一些从日本或欧洲学习音乐归来的中国学子,在国内新学堂开设乐歌课,教唱一些新歌,当时称之为“乐歌”,后来音乐界将这时期的学校歌曲统称为“学堂乐歌”。学堂乐歌绝大多数都是采用旧曲填新词的方式进行创作,即依乐填词。曲调大多采自欧美、日本的歌曲曲调,也有少数采自我国民歌、小调的曲调。

2. B 【解析】本题考查沈心工的称号。沈心工,上海人,1902 年赴日本学习,在东京期间组织“音乐讲习会”,研究乐歌的创作。他所编写的乐歌大部分是儿童歌曲,他是最早使用白话文写作歌词的作者之一,被称为“学堂乐歌之父”。

3. A 【解析】本题考查具体调式的调号。升号调为:一是 G,二是 D,三是 A,四是 E,五是 B,六是升 F,七是升 C;降号调为:一是 F,二是降 B,三是降 E,四是降 A,五是降 D,六是降 G,七是降 C。

4. B 【解析】本题考查力度术语的含义。Fortissimo 表示“很强”,“很弱”用“Pianissimo”表示。

5. B 【解析】本题考查莫扎特的歌剧创作类型。莫扎特一生创作有 20 多部歌剧,涉及歌剧的各种类型:意大利正歌剧(《伊多梅纽斯》《蒂托的仁慈》等)、意大利喜歌剧(《费加罗的婚礼》《唐璜》等)、德奥歌唱剧(《后宫诱逃》《魔笛》等),以及节日剧、音乐剧、幕间剧等。

6. B 【解析】本题考查现代京剧代表剧目中的经典唱段。《智斗》属于现代京剧《沙家浜》中的唱段;《甘洒热血写春秋》属于现代京剧《智取威虎山》中的唱段。

7. A 【解析】本题考查王光祈的音乐贡献。王光祈,我国民族音乐学的奠基人,他想以学习、研究音乐达到他“救中国”的目的。1919 年 7 月,李大钊、王光祈、曾琦等在北京成立“少年中国学会”,以“本科学精神,为社会服务,以创造‘少年中国’”为宗旨。

8. B 【解析】本题考查马思聪《思乡曲》的赏析。《思乡曲》选自马思聪的小提琴曲《内蒙组曲》的第二乐章，采用了内蒙古民歌《城墙上跑马》的音调进行创作，旋律优美感人，表达了游子心中的凄楚感受。

9. A 【解析】本题考查音值组合法中休止符的用法。音值组合法规定，整小节的休止，除了$\frac{4}{2}$拍、$\frac{8}{4}$拍等用二全休止符以外，其他不论何种拍子，一律用全休止符标记。因此题干叙述正确。

10. B 【解析】本题考查《一抹夕阳》的赏析。《一抹夕阳》选自施光南的歌剧《伤逝》，是女主人公子君演唱的一首咏叹调。它被作曲家置于歌剧《伤逝》"四季"中"夏"的部分，借用夏天的美好，表达了主人公对美好、自由爱情的向往和憧憬，以及准备反抗封建势力的决心。

二、单项选择题

11. A 【解析】本题考查《义务教育音乐课程标准(2011 年版)》中评价建议的内容。《义务教育音乐课程标准(2011 年版)》中的评价建议指出，音乐课程评价应充分体现全面推进素质教育的精神，贯彻本标准所阐述的课程理念，着眼于评价的诊断、激励与改善的功能。通过科学的课程评价，有利于学生了解自己的进步，增强学习的信心和动力，促进课程教学质量的不断提高。

12. B 【解析】本题考查调式中的稳定音级。在调式音级中，Ⅰ、Ⅲ、Ⅴ级音是稳定音级，Ⅱ、Ⅳ、Ⅵ、Ⅶ级音是不稳定音级；Ⅰ、Ⅳ、Ⅴ级音是正音级，Ⅱ、Ⅲ、Ⅵ、Ⅶ级音是副音级。a 小调的调式音阶为 a、b、c、d、e、f、g、a，其Ⅰ、Ⅲ、Ⅴ级音分别是 a、c、e。

13. B 【解析】本题考查贝多芬《第五(命运)交响曲》的旋律辨认。题干谱例选取的是贝多芬《第五交响曲》第一乐章的第一主题，是该作品最经典的"命运扣门"的旋律。

14. A 【解析】本题考查调式主音的判断。A 选项以 E 为商的羽调式，羽音为主音，商与羽构成纯五度，则羽音为 B，即主音为 B。B 选项以 F 为属音的和声小调，小调属音与主音构成纯四度，则 F 上方纯四度的音为^{b}B，即该调式主音为^{b}B。C 选项以 D 为角的徵调式，徵音为主音，角与徵构成小三度，则徵音为 F，即该调式主音为 F。D 选项以 F 为Ⅴ级音的和声大调，Ⅴ级音与主音构成纯四度，则主音为^{b}B。综上，以 B 为主音的调式只有 A 选项。

15. B 【解析】本题考查明清时期的音乐理论著作。A 选项《弦索备考》是清代荣斋编撰的一部以弦乐器为主的合奏曲谱集，共收乐曲 13 部，是目前所见中国最早的器乐合奏谱集。B 选项《神奇秘谱》是明代朱权编撰的现存最早刊印的一部古琴谱集，其中收录的大多是古代名曲，如《广陵散》《流水操》《大胡笳》《小胡笳》《潇湘水云》等，也有少数是新作，如《秋鸿》就是朱权自己的作品。C 选项《乐府传声》是清代徐大椿编撰的戏曲声乐论著，主要从“字”“腔”“板”“情”四个方面入手论述。D 选项《溪山琴况》由明代徐上瀛编撰，是古琴音乐美学思想的集大成者。

16. D 【解析】本题考查转位减三和弦的音程结构。三和弦的第二转位是以五音为低音构成的。以原位减三和弦 B－D－F 为例，其第二转位为 F－B－D，F～B 构成增四度，B～D 构成小三度，即减三和弦的第二转位构成的音程关系为增四度＋小三度。

17. C 【解析】本题考查明代四大声腔的起源。明代四大声腔为海盐腔、余姚腔、弋阳腔和昆山腔。海盐腔起源于元代的浙江海盐，余姚腔起源于元末明初时浙江绍兴府的余姚，弋阳腔起源于江西弋阳，昆山腔起源于江苏昆山。

18. D 【解析】本题考查江南丝竹的代表作。《雨打芭蕉》属于广东音乐的传统曲目。其余三个选项都属于江南丝竹的代表作。

19. A 【解析】本题考查莫扎特的歌剧代表作。A 选项《费加罗的婚礼》是莫扎特的喜歌剧代表作；B 选项《大进行曲》是威尔第的歌剧《阿依达》中的选曲；C 选项《茶花女》是威尔第的歌剧代表作；D 选项《塞维利亚的理发师》是罗西尼的歌剧代表作。

20. D 【解析】本题考查勋伯格的代表作品。《升华之夜》（又称《净化之夜》）与《一个华沙的幸存者》《乐队变奏曲》都是表现主义音乐的代表作曲家勋伯格的代表作品，而《特里斯坦与伊索尔德》是瓦格纳创作的乐剧代表作。

21. C 【解析】本题考查《诗经》的历史地位。《诗经》是中国最早的一部诗歌总集，儒家经典之一，保存了从西周初期到春秋末期共五百多年间各类音乐作品的歌词 305 首，分“风”“雅”“颂”三部分。

三、填空题

22. 创造性发展

23. 回旋曲式

24. 自然音程与变化音程

25. 音值

26. 标题

27.《声无哀乐论》

28.《毛毛雨》

29. 奥尔加农

30. ^{b}b

31. 440

四、简答题

32. 简述什么是清唱剧。

【参考答案】清唱剧又叫圣剧、神剧，17 世纪诞生于意大利，是一种宗教性的大型声乐体裁，包含宣叙调、咏叹调、重唱、合唱、管弦乐伴奏，有人物，有情节，以合唱为主，常用合唱叙述剧情或进行评论、说教，类似于歌剧，但没有舞台表演、服装道具及布景，只唱不演，不需要上台下台，一般在教堂或音乐厅演出，是一种真正清唱的音乐戏剧。

本题共 4 分。(1)答出“起源于意大利”“宗教”“只唱不演”“声乐体裁”4 个要点且语句通顺得 4 分，每点 1 分；(2)答出其他要点可酌情给分。

33. 简述中国民间音乐由哪几个部分组成。

【参考答案】中国民间音乐由民间歌曲、民间舞蹈音乐、说唱音乐、戏曲音乐和民间器乐五部分组成。

本题共 5 分。答出“民间歌曲”“民间舞蹈音乐”“说唱音乐”“戏曲音乐”“民间器乐”5 点得 5 分，每点 1 分。

34. 简述《乐记》中的音乐思想。

【参考答案】《乐记》是我国最早一部具有比较完整体系的音乐理论著作。其核心内容是系统地论述了儒家的礼乐思想。《乐记》的音乐思想：(1)音乐的表现手段是声音，音乐的表现对象是感情，音乐的表现效果显著，音乐的性质方面协和；(2)音乐的起源是“物动心感”；(3)音乐的功能是教育、娱乐；(4)音乐重视内容、轻视形式；(5)音乐与政治的关系是“乐与政通”；(6)对音乐本质的论述属于他律论；(7)从音乐美学角度看属于情感美学。

本题共 6 分。(1)答出“《乐记》的地位”得 1 分；(2)答出“《乐记》的美学思想”得 5 分，其中答出“音乐表现”“音乐的起源”“音乐的功能”“音乐的形式与内容”“音乐与政治的关系”每点得 1 分。(3)答出其他方面的思想内容且阐述合理，可酌情给分。

35. 简述六代乐舞。

【参考答案】六代乐舞被后世儒家奉为雅乐的最高典范，是西周统治者用于祭祀大典和重大宴享活动的六部乐舞，包括黄帝时期的《云门大卷》、尧时期的《咸池》、舜时期的《韶》、夏代的《大夏》、商代的《大濩》、周代的《大武》。

本题共5分。(1)答出“用途”得1分;(2)答出“六部作品及对应时期”得4分，少写或错写一部作品扣0.5分。

五、综合题

36.**【参考答案】**(1)艺术歌曲是由作曲家为某种艺术表现的目的，根据文学家诗作而创作的歌曲;多为独唱曲，一般都有精心编配的钢琴伴奏，对演唱技术有较高要求。

(2)题干谱例为《菩提树》，由舒伯特创作。

(3)舒伯特为浪漫主义时期的作曲家，浪漫主义时期音乐的风格特点:

①在旋律上，注重个人主观感受的抒发，抒情性大大加强，乐句结构的伸缩性很大。

②在和声上，它在功能和声的基础上加强了色彩变化，不协和音的大胆使用，七和弦、九和弦经常出现，半音转调作为取得特殊效果的重要手段。

③在调性上，浪漫主义音乐仍然以调性音乐为主，但由于半音和声和远关系转调的频繁运用，已有了调性含糊的感觉，到19世纪末，它慢慢向多调性和无调性方面发展。

④在配器上，作曲家着力于诗意形象的刻画，讲究音乐与内容的情感气氛交融，他们探索各种乐器组合的可能性，取得绘声绘色的音响效果。

⑤在力度上，浪漫主义音乐作品的特色就是大幅度的力度转换和对比。

⑥在形式结构上，此时期的音乐出现了许多单乐章的交响诗、序曲等体裁以及各类小型体裁，如狂想曲、随想曲、夜曲等。由于更易于自由抒发情感，乐曲内容的段落结构也灵活多变，对传统曲式的增减取舍、混合运用亦屡见不鲜。

本题共10分。(1)答出“艺术歌曲的定义”得2分，其中答出“诗歌”“钢琴伴奏”“独唱曲”“演唱技术要求高”4个要点，每点0.5分;(2)答出“《菩提树》”“舒伯特”得2分，每个1分;(3)答出“浪漫主义时期的音乐特点”得6分，其中分别从“旋律”“和声”“调性”“配器”“力度”“形式结构”6个方面阐述，且阐述合理，每个方面得1分。

37.【参考答案】(1)“强力五人团”是19世纪60年代在俄罗斯音乐界形成的一个有共同目标和见解的音乐小团体。其中心人物是巴拉基列夫,其他作曲家有鲍罗丁、居伊、穆索尔斯基、里姆斯基－科萨科夫,又称“强力集团”。

①巴拉基列夫的代表作品有交响诗《塔玛拉》、管弦乐序曲《李尔王》、钢琴幻想曲《伊斯拉美》。

②居伊的代表作品有歌剧《高加索的囚犯》《上尉的女儿》、儿童歌剧《小红帽》。

③鲍罗丁的代表作品有歌剧《伊戈尔王子》、交响音画《在中亚细亚草原上》、声乐浪漫曲《睡公主》《为了遥远祖国的海岸》等。

④穆索尔斯基的代表作品有歌剧《鲍里斯·戈杜诺夫》《霍万斯基之乱》、交响音画《荒山之夜》、钢琴套曲《图画展览会》、歌曲《跳蚤之歌》《死之歌舞》等。

⑤里姆斯基-科萨科夫的代表作品有交响组曲《舍赫拉查德》、《西班牙随想曲》、管弦乐曲《野蜂飞舞》(选自歌剧《萨旦王的故事》)。

(2)穆索尔斯基的创作涉及歌剧、声乐和器乐等多个方面。他的歌剧取材于现实生活,以富于民族特色的群众场面,显示了现实主义的艺术力量。

歌曲是穆索尔斯基创作的重要领域,他的声乐继承和发扬了达尔戈梅斯基注重音乐与语言结合的传统。在这些作品中,不仅真实而客观地反映了当时的社会生活,鲜明而生动地刻画了众多的人物性格,而且倾注了个人的感情体验,对人民的悲惨遭遇寄予无限同情。他总共写了67首歌曲,包括多种题材内容,有描绘贫苦人民形象的《老乞丐之歌》和《卡利斯特拉特》,有反映农民辛酸生活的《睡吧,农家的孩子》《戈帕克》《叶辽穆什卡摇篮曲》和《孤儿》,有针对社会陋习进行嘲讽的讽刺歌曲《跳蚤之歌》,有细致描绘幼儿天真性格和心理的《儿歌》组曲,有表现平民阶层饱经心灵创伤,深感孤独绝望的声乐套曲《没有阳光》和《死之歌舞》等。他善于吸取俄国民间音乐素材,采用生活中常见的音乐体裁和形式(如摇篮曲、进行曲、各种民间舞曲等),从而极大地增强了歌曲形象的真实性和生动性。

穆索尔斯基在器乐创作方面留下的作品不多,但却富有独创性,其中最有代表性的作品是《荒山之夜》和钢琴曲《图画展览会》,前者取材于民间神话传说,它以构思新颖、形象逼真和色彩浓郁而引人入胜,成为俄罗斯标题交响音乐的杰作。

本题共10分。(1)答出“强力五人团5位作曲家的名字和代表作品”得5分,每位作曲家1分,作品与作曲家不对应不得分。(2)答出“强力五人团任一作曲家的创作影响”得5分,其中联系作品得1分,阐述合理得3分,语句通顺得1分。

38.【参考答案】(1)“班级音乐会”是音乐课程特有的一种生动活泼的评价方式，能充分体现音乐课程的特点和课程评价的民主性，营造和谐、团结的评价氛围。通过“班级音乐会”或其他活动，展示学生的演唱、演奏、音乐作品、音乐小评论、演出照片、录音录像等，达到相互交流和相互激励的目的。作为该班的老师，我会从以下几个方面去引导班级音乐会：

①体现学生的主体地位以及教师的主导地位；②注重学生的个性发展，并面向全体同学；③激发同学们的积极性和团队意识，适当给予奖励；④培养同学们的创造性思维，提高学生的音乐素养。

(2)我认为，优秀的“流行音乐”应该进入课堂。

①流行音乐也称通俗音乐，一般指结构短小、轻松活泼、通俗易懂的声乐或器乐作品。它与精心创作、经过长期历史检验而成为传世经典的古典音乐、民间音乐不同，许多都随着社会文化思潮的变迁而流行或消逝，其中更有不少商业化的、格调低下的庸俗作品。

②流行音乐内容多取材于日常生活，以爱情主题居多，也有表现理想、反映社会矛盾、揭露社会黑暗面的；强调娱乐性、风格多样化，大多为轻松的或狂热的，并且有一定的舞蹈性；结构短小，表演即兴性强，旋律易于记忆、学唱；节奏鲜明、强烈，多采用固定节拍和固定节奏；和声手法简明、朴实；乐队编配精悍，配器力求发挥不同乐器的特点，电子技术的使用，使音色更为丰富；歌唱方法多样，但以强调人的自然音色为主，吐字清晰，情感真切，风格多样；表演时，多与形体动作结合。

③关于“流行音乐”进课堂，我们应该辩证地看待问题。在新课改的指导下，我们应该以学生为主体，将优秀的“流行音乐”有机地渗透到音乐课堂中。“流行音乐”的教学内容应遵循学生的心理特征和认知发展水平，要有正确的引导性。“流行音乐”要具有艺术性和教学意义，使学生能够在获得艺术享受的同时受到人生启迪。选择“流行音乐”，要强调音乐的情感体验，要注意引导学生对音乐表现形式和情感内涵的整体把握，领会节奏、曲调、音色、配器等要素在音乐表现中的作用，让学生真正受到美的熏陶。

本题共10分。(1)①答出“班级音乐会的作用”得1分；②答出4条及4条以上“引导班级音乐会的方法”得4分，每条1分。(2)①给出总结性判断，得1分；②答出“流行音乐的定义”得1分；③答出分析依据且阐述合理得3分。

2022 年湖北省教师招聘考试小学音乐真题试卷(六)

答案速查

1～5	DACBC	6～10	AADDC	11～15	BBACB

一、单项选择题

1. D 【解析】本题考查西洋管弦乐器的分类。A 选项板胡属于中国民族拉弦乐器;BC 选项云锣、京钹都属于中国民族打击乐器;D 选项小提琴属于西洋管弦乐器。

2. A 【解析】本题考查马思聪的称号。马思聪,中国近现代小提琴家、作曲家。少年留学法国学习小提琴和作曲,被誉为“中国的音乐神童”,是中国第一代小提琴家。其代表作品有小提琴曲《内蒙组曲》《第一回旋曲》《牧歌》等。

3. C 【解析】本题考查黄自的代表作品。黄自,中国早期音乐教育奠基人,作曲家,代表作品有《长恨歌》、《西风的话》(廖辅叔词)、《踏雪寻梅》(刘雪庵词)、《花非花》、《思乡》、《玫瑰三愿》等。

4. B 【解析】本题考查地方性剧种的辨别。黄梅戏是安徽省的地方戏曲剧种,是中国五大戏曲剧种之一。昆曲和京剧都属于全国性剧种,其中昆曲起源于元朝末年的昆山地区,是现存戏曲中最古老、影响最大的剧种之一;京剧是以皮黄腔为主的戏曲剧种,因形成于北京而得名。

5. C 【解析】本题考查古希腊记谱法。古希腊有两种不同类型的记谱方式,以字母和符号分别用于记写歌唱和器乐的演奏,即声乐记谱法和器乐记谱法。这两种记谱法除了有表示音高的记号外,还有表示音的长短和停顿休止的记号。

6. A 【解析】本题考查柴可夫斯基的代表作赏析。《第六(悲怆)交响曲》是柴可夫斯基带有总结性的代表作,是他创作和发展的顶峰,也是他最后一部交响乐作品,是世界文化宝库中的一件“珍品”。这部作品描述了他艰难坎坷的人生旅程,深刻地表现了他对人生、对世界的感触。《葬礼进行曲》一般是指肖邦的钢琴作品;《胡桃夹子》是柴可夫斯基的三大芭蕾舞剧代表作;《致远方的爱人》是贝多芬的声乐套曲。

7. A 【解析】本题考查曲式结构的特点。由一个乐段构成的曲式称一部曲式或称一段体、一段式。由两个不同乐段构成的曲式称单二部曲式或二段体、二段式。由三个乐段构成的曲式称单三部曲式或三段体、三段式。

8. D 【解析】本题考查纯八度音程的构成。以 C、D、E、F、G、A、B 七个字母命名的音，叫作基本音级。在基本音级上所构成的八度是纯八度。此外，音程中，一度、四度、五度、八度，没有大、小；二度、三度、六度、七度，没有纯。

9. D 【解析】本题考查音程的结构。在乐音体系中，两个音之间的高低关系称为音程。音程的下方音（即低的音）称为根音，上方音（即高的音）称为冠音。

10. C 【解析】本题考查三连音的定义。

11. B 【解析】本题考查《教我如何不想她》的曲作者。赵元任，中国著名语言学家，萧友梅称其为“中国的舒伯特”。其代表作品有大型合唱曲《海韵》，歌曲《教我如何不想她》《卖布谣》《劳动歌》《茶花女中的饮酒歌》等。

12. B 【解析】本题考查戏曲乐队的分类。戏曲乐队的组织在传统习惯上分为“文场（即管弦乐部分）”和“武场（即打击乐部分）”两类，配合不同的场景。“文场”主要是为演唱进行伴奏，并且演奏配合表演的场景音乐。“武场”主要是配合演员的身段、念白、演唱，使其起止明确、节奏鲜明，兼具衔接唱念做打、烘托舞台情绪气氛的作用。

13. A 【解析】本题考查器乐表演形式。A 选项齐奏属于器乐表演形式，主要由同一类乐器担任一个声部或几个声部的演奏形式；B 选项童声合唱属于声乐表演形式；C 选项戏曲是我国民间音乐形式；D 选项二人转属于我国民间歌舞音乐种类。

14. C 【解析】本题考查正确的歌唱姿势。歌唱姿势包括坐姿和站姿。取站姿时，身体自然站直，下颌向内收，双肩略微向下向后，腰椎挺起，小腹微收，两脚分开或呈丁字步，站稳重心；取坐姿时，上身姿势要求与站姿相同，膝盖打开与脚垂直，两膝与臀部呈稳定的三角形。无论站姿或坐姿，都要腰部挺起和下颌内收，并保持饱满的精神状态。

15. B 【解析】本题考查《义务教育艺术课程标准（2022 年版）》中的核心素养内涵。核心素养是课程育人价值的集中体现，是学生通过课程学习逐步形成的适应个人终身发展和社会发展需要的正确价值观、必备品格和关键能力。艺术课程要培养的核心素养主要包括审美感知、艺术表现、创意实践、文化理解等。

二、填空题

16. 山西（也有陕北、内蒙古等说法）

17. 轮唱

18. 三和弦

19.《白毛女》

20. 文曲

21. 奥尔夫

三、简答题

22. 简要介绍琵琶曲《十面埋伏》。

【参考答案】琵琶曲《十面埋伏》,又名《淮阴平楚》,主要描绘了公元前202年秦末楚汉相争的垓下之战的场景。《十面埋伏》采用我国传统器乐套曲的结构形式,全曲由十三个有明确小标题的音乐段落组成:列营、吹打、点将、排阵、走队、埋伏、鸡鸣山小战、九里山大战、项王败阵、乌江自刎、众军奏凯、诸将争功、得胜回营。

全曲可分三大部分。第一部分描述汉军大战前的准备,着重表现威武雄壮的汉军阵容,共包括前五个小段。第二部分包括六、七、八三个小段落,是全曲的中心部分,形象地描绘了楚汉两军殊死决战的激烈情景。这一部分通过一张一弛的节奏音型和模进发展的旋律,造成了一种紧张、恐怖的气氛。第三部分包括后五个小段落,前两段写项羽失败后在乌江边自杀,低沉的音乐气氛与前面的高潮形成鲜明对照;后三小段描述汉军以胜利者姿态出现的情景。整部作品在演奏中运用了琵琶的轮、扫、拂、绞弦等技法以充分表现激烈的战争场面。

本题共10分。(1)答出"《淮阴平楚》""器乐套曲""垓下之战"得3分,每点1分。(2)答出音乐演奏及段落分析得6分,其中分别从"情感""结构""技法"3个方面阐述,且阐述合理,每个方面得2分。(3)答出其他方面的要点且阐述合理,可酌情给0.5~1分。

23. 简述学堂乐歌对我国近现代学校教育发展的影响。

【参考答案】学堂乐歌是指19世纪末直至"五四"时期新式学堂里"乐歌课"所教唱的歌曲,其产生与当时社会、文化大有关系。学堂乐歌的兴起对我国近代音乐教育的发展做出了巨大贡献,具有重要的启蒙意义。

(1)学堂乐歌改变了我国旧式私塾无乐无歌的教育形式,有了正规的音乐课课时安排。从学堂乐歌开始,我国近现代学校音乐教育初具雏形。

(2)学堂乐歌明确了学校音乐教育的目的、内容和程度,使得近现代学校音乐教育初具规模,教学目的、教学内容也逐渐趋于规范。

(3)学堂乐歌促进了我国音乐教材的建设和音乐师资力量的培养。

(4)学堂乐歌促进了中国近现代声乐教育的萌芽。一些音乐家对声乐演唱有了初步的要求,虽然他们没有提出什么系统的声乐演唱方法,但在许多著述中,都对诸如声乐演唱姿势、发声方法提出了自己的见解。

本题共10分。(1)答出学堂乐歌的定义得1分。(2)答出学堂乐歌对我国近现代学校教育发展的影响得8分,其中答出“音乐教育出现”“音乐教育目的、内容和程度的明确”“音乐教材和师资力量的形成”“声乐教育的萌芽”4点,且阐述合理,每点2分。(3)答出其他方面的要点且阐述合理,可酌情给0.5~1分。

四、综合题

24.【答案】强:f(Forte);中强:mf(Mezzo forte)

25.【答案】b.木箱鼓;c.串铃;a.音筒;d.木琴

26.【参考设计】

一、新课导入

1.听《拍皮球》伴奏音乐,愉快地拍手进教室。

师:这么可爱的花皮球,小朋友想不想拍拍玩玩?(拿出花皮球)

2.请个别同学按给出的不同的节奏来拍球,其余同学用手拍出相应的节奏。

①X X | X X:‖ ②XX XX | XX XX:‖ ③X - | X -:‖

师:我们刚才进行了拍皮球的小游戏,同学们都好厉害呀!那么今天我们要一起挑战学习一首歌曲,歌曲的名字叫作《拍皮球》。

二、学习新课

1.学习节拍

(1)轮流拍手:第一拍右手拍左手手心,第二拍右手轻轻点在右边同学的左手心。感受$\frac{2}{4}$拍强弱变化。(播放音乐:《拍皮球》)

(2)创编活动:小组合作创编动作,并按“X X | X X:‖”的节奏表演跳动的小皮球。

2.学习歌曲

(1)教师播放歌曲,引导学生说说自己的感受。(播放音乐:《拍皮球》)

师总结:欢快地,活泼地。

(2)教师朗读歌词。

(3)教师进行钢琴弹奏,学生用“la”演唱旋律。

教师根据学生演唱过程中出现的问题,进行针对性的指导。(音色、咬字等)

(4)教师引导学生用轻快活泼、富有弹性的声音演唱歌曲,唱出轻快的感觉。

(5)请学生围坐成大圆圈,边演唱歌曲边用双响筒和三角铁为这首歌曲伴奏,感受歌曲二拍子的节拍韵律。

三、拓展探究

教师指导学生随音乐有节奏地进行体育活动的模拟表演,如跳绳、踢毽子等。(播放《拍皮球》伴奏音乐)

四、课堂小结

师:今天我们学习了《拍皮球》这首歌曲,了解了二拍子的节奏特点,还一起进行了有趣的体育运动。希望同学们在课余时间也可以多做运动,好好锻炼身体。

本题共16分。(1)答出"导入环节"新颖且自然得3分,若没有体现新颖可酌情扣1~1.5分;(2)答出"学唱环节"共11分,其中"教学环节完整且连贯"得7分,不完整或逻辑不清,没有体现拓展内容可酌情扣2~4分;紧扣"教学目标"得2分;符合"1~2年级唱游·音乐的内容要求"得0.5分;"符合一年级学生的认知规律"得1分;行文流畅得0.5分。(3)课堂小结及作业设计部分完整得2分,没有体现完整性可酌情扣0.5~1.5分。

2022年江西省教师招聘考试小学音乐真题试卷(精编)(七)

答案速查

1~5	DCADD	6~10	CBDBC	11~15	DDADC	16~20	DADBC
21~25	CCCDA	26~30	CACBA	31~35	BDBCC	36~40	CACDB
41~45	CABBA			46~49	CCDB		

一、单项选择题

1. D 【解析】本题考查北京2022年冬奥会开幕式主题歌《雪花》的相关内容。北京2022年冬奥会开幕式的主题歌《雪花》由张帅作词作曲,由来自北京爱乐合唱团的一百余位孩子演唱。童声合唱的《雪花》悠扬清澈、天真动人、浪漫空灵。该歌曲的节拍为$\frac{3}{4}$拍。

2. C 【解析】本题考查竖笛演奏的基本知识。在竖笛演奏中,用"●"表示"闭孔",用"○"表示"开孔",用"T"表示"吐音",用"⊘"表示"掐孔"。

3. A 【解析】本题考查彭修文的改编作品。民族管弦乐《瑶族舞曲》是彭修文根据刘铁山、茅沅创编的同名管弦乐曲改编而成的。原作感情丰富、形象鲜明,生动地描写了瑶族青年男女在节日的夜晚,身着盛装聚集在月光下边歌边舞的欢乐场面。经改编后的《瑶族舞曲》,突出了多种民族乐器的音色、性能,使之更富有民族风格和地方色彩。B 选项《渔舟唱晚》一般是指由古筝演奏家娄树华根据古曲《归去来兮辞》改编而成的古筝曲。C 选项《鸭子拌嘴》是由安志顺根据西安鼓乐作品改编的民间打击乐合奏曲。D 选项《锦鸡出山》是由土家族“打溜子”改编的民间打击乐合奏曲。

4. D 【解析】本题考查作品与朝代的匹配。《霓裳羽衣曲》是唐代最为著名的大曲作品,一般认为是唐玄宗李隆基在西凉都督杨敬述进献的印度佛曲《婆罗门曲》的基础上创作改编而成的。全曲共 36 段:散序 6 段,中序 18 段,曲破 12 段。

5. D 【解析】本题考查《义务教育音乐课程标准(2011 年版)》中课程性质的内容。《义务教育音乐课程标准(2011 年版)》的课程性质有人文性、审美性、实践性。题干中“子在齐闻《韶》,三月不知肉味,曰:‘不图为乐之至于斯也’”意思是:孔子在齐国听了《韶》后一连三个月都感觉不到肉的香味,说“想不到作为一种音乐,会美妙到这种程度!”孔子通过听《韶》陶冶了情操,体现了《义务教育音乐课程标准(2011 年版)》课程性质中的审美性,即选 D。

(注:新课标《义务教育艺术课程标准(2022 年版)》的课程性质总结为五种性质,分别为审美性、情感性、实践性、创造性、人文性。该题干的内容同样符合《义务教育艺术课程标准(2022 年版)》课程性质中的审美性。)

6. C 【解析】本题考查音乐课程价值的内容。音乐课程价值包括:(1)审美体验价值;(2)创造性发展价值;(3)社会交往价值;(4)文化传承价值。音乐具有“不确定性”特点,即同一首作品,有多少听众就会有多少种不同的感受,这一特征对于培养学生的创造能力具有优势,可以使他们的想象力和创造性思维得到充分的发挥,体现了音乐课程的创造性发展价值。

7. B 【解析】本题考查蒙古族民歌的分类。蒙古族民歌从音乐特点来看,大致可分为“长调”和“短调”两大类。长调民歌具有辽阔、奔放的草原气息,曲调悠长、连绵起伏、节奏舒展、气势宽广,如《辽阔的草原》《牧歌》《草原上》等。蒙古族短调民歌的曲调短小、节奏规整,结构匀称,如《森吉德玛》《嘎达梅林》《我是草原小牧民》等。

8. D 【解析】本题考查赣剧的相关知识。赣剧是江西省地方戏曲剧种之一,也是中国古老的戏曲剧种之一,流行于江西省赣东北地区。其起源和前身为弋阳腔,是著名的古代四大声腔之一。弋阳腔饶河班、信河班两大流派于 1950 年融合,随后进入江西省会南昌,1953 年正式成立江西省赣剧团,弋阳腔于是更名为赣剧。

9. B 【解析】本题考查反复记号的运用。题干中的 2 小节带有‖: :‖记号,表示在记号范围之内重复演唱(奏),因此 2 小节每次出现均需要演唱(奏)两遍,可排除 C、D 选项。D. C. 表示演唱(奏)到此处后从头反复,因此在演奏到 4 小节时,从头反复,排除 A 选项。另外,4 小节的两边有 ⊕(跨越小节号)记号,表示在反复时跨越标记有跨越符号的小节,因此在反复时,应跨越 4 小节,直接演唱(奏)5 小节。综上,B 选项演唱(奏)顺序正确。

10. C 【解析】本题考查旋律的发展手法。移调是指将某个旋律从原来的调移高或移低到另一个新调。加花是指根据旋律的调式风格,加入和弦外音、分解和弦音及装饰音形成的旋律变奏。模进是指模仿进行,它是将主题模式或某一乐汇、乐节、乐句的形态,在不同高度上模仿进行。对比是指为了使音乐主题或前面的旋律得到延伸、扩展,并获得新的动力,在节奏、旋律等方面运用新的材料,使前后的音乐呈现对比效果的一种旋律发展手法。题干中谱例的第 3、4 小节是第 1、2 小节的自由模进,即选 C。

11. D 【解析】本题考查爱尔兰《大河之舞》的相关知识。《大河之舞》由爱尔兰的比尔 · 惠南作曲,结合了踢踏舞、音乐与戏剧的艺术形式,以传统爱尔兰民族特色的踢踏舞为主,融合热情奔放的西班牙弗拉门戈舞,并汲取古典芭蕾与现代舞蹈的精华,共同营造出气势如虹、异彩纷呈的舞台场景。

12. D 【解析】本题考查《渔舟唱晚》的旋律。题干谱例是近代古筝家娄树华在 20 世纪 30 年代中期,根据古曲《归去来兮辞》的素材加工改编而成的一首传统筝曲,表现了夕阳西下、湖面歌声四起,满怀丰收喜悦的渔民驾着片片白帆纷纷而归的动人画面。乐曲标题取自唐代王勃的诗《滕王阁序》中"渔舟唱晚,响穷彭蠡之滨"一句。

13. A 【解析】本题考查《共产儿童团歌》的出处。《共产儿童团歌》是影片《红孩子》的主题歌,是一首著名的革命历史歌曲。它的曲调源于苏联少年先锋队队歌《燃烧吧,营火》,旋律抑扬顿挫、铿锵有力。

14. D 【解析】本题考查琵琶协奏曲《草原放牧》的赏析。琵琶协奏曲《草原放牧》选自吴祖强、王燕樵和琵琶演奏家刘德海创作的《草原小姐妹》的第一乐章。乐曲的第一主题是由琵琶演奏的节奏轻松活跃、欢快明朗的"草原姐妹"主题;乐曲的第二主题经过琵琶与乐队的协奏,把欢快的情绪推向高潮。琵琶用轮指的方法奏出了空旷、抒情的"草原"主题,双簧管优美的音色与琵琶的演奏交相辉映,表现了草原的辽阔与美丽。

15. C 【解析】本题考查《火把节之夜》的旋律。《火把节之夜》是吴俊生先生创作的一首流淌着浓郁彝族风情的乐曲。乐曲描绘了在一年一度的火把节上，人们穿着节日的盛装，纷纷点起火把，尽情歌舞的场面。山寨似乎成了火把的海洋、欢乐的海洋，青年男女借机互诉衷肠，描绘了动人的民族风情。

16. D 【解析】本题考查青海花儿《花儿与少年》的旋律及流行地域。题干中的旋律出自青海花儿《花儿与少年》。该歌曲朴实、简练、淳朴、直率，反映了一对青年男女相恋却不能相见的相思之情。

17. A 【解析】本题考查河北唢呐曲《打枣》的赏析。《打枣》是一首活泼、风趣的唢呐独奏曲，旋律具有河北民间音乐的风格。独奏者运用"咔腔"的演奏方法，手持两支唢呐，用大唢呐（音色低沉）代表爷爷，用小唢呐（音色明亮）代表孙女，大、小唢呐轮番演奏，加上乐队的衬托，生动地表现了爷爷和孙女在农家小院里打枣的欢乐情景。

18. D 【解析】本题考查戏曲唱段的所属剧种。《海岛冰轮初转腾》是京剧《贵妃醉酒》的唱段，《夫妻双双把家还》是黄梅戏《天仙配》的唱段，《谁说女子不如男》是豫剧《花木兰》的唱段，《天上掉下个林妹妹》是越剧《红楼梦》的唱段。

19. B 【解析】本题考查《卢沟谣》的歌词。题干中的歌词出自由李明圣作词、鄂矛作曲的《卢沟谣》。该歌曲以中国历史文化为创作背景，用孩子的视角将卢沟桥见证的民族兴衰与永定河畔的自然美景巧妙地融合起来，以极富画面感的语言将人们带入了过往的历史中。

20. C 【解析】本题考查《义务教育音乐课程标准（2011 年版）》中的课程内容。"每学年应能背唱歌曲 4 ~6 首（其中中国民歌 1 ~2 首），学唱京剧或地方戏曲唱腔片段"是《义务教育音乐课程标准（2011 年版）》表现领域演唱部分 3 ~6 年级的课程内容。

（注：在新课标《义务教育艺术课程标准（2022 年版）》的课程内容中，"每学年背唱歌曲 4 ~6 首，包括中国民歌或戏曲（戏歌）片段"是独唱与合作演唱部分 3 ~5 年级、6 ~7 年级的学业要求。）

21. C 【解析】本题考查《义务教育音乐课程标准（2011 年版）》课程内容中感受与欣赏的内容。《义务教育音乐课程标准（2011 年版）》中指出，感受与欣赏是音乐学习的重要领域，是整个音乐学习活动的基础，是培养学生音乐审美能力的有效途径。良好的音乐感受能力与欣赏能力的形成，对于学生丰富情感、提高文化素养、增进身心健康具有重要意义。教学中应激发学生听赏音乐的兴趣,鼓励学生对所听音乐表达独立的感受和见解,养成聆听音乐的习惯,逐步积累欣赏音乐的经验。

(注:新课标《义务教育艺术课程标准(2022年版)》的音乐学科课程内容更换为"欣赏""表现""创造"和"联系"4类艺术实践。)

22. C 【解析】本题考查云南民歌《放马山歌》的旋律。题干中的谱例选自云南民歌《放马山歌》。《放马山歌》为羽调式,全曲只有四个音,歌词简朴、生动,表现了牧童欢快的劳动生活。

23. C 【解析】本题考查《外婆的澎湖湾》的旋律。通过视唱旋律可知,题干旋律选自歌曲《外婆的澎湖湾》。该歌曲中的小切分是其一个明显的特征。

24. D 【解析】本题考查《晚风》的旋律及其赏析。该歌曲是选自人音版教材五年级上册的《晚风》。歌曲以"晚风"为题材,生动地描绘了大自然的美丽景象,抒发了孩子们对大自然的热爱。该乐句在弱起小节进入后以平稳的节奏展开,在第1小节和第3小节开头作了上移一度的小变化,使得曲调在平稳中稍有起伏,音乐一下子就把人们带到了黄昏时刻,当晚风吹来时,四周田野一片静谧,颇有诗情画意。因此该旋律表现的情绪是安谧的。

25. A 【解析】本题考查歌曲《阿拉木汗》的所属民族。《阿拉木汗》是王洛宾创作的一首维吾尔族民歌,歌曲赞美了如鲜花般美丽的维吾尔族姑娘。

26. C 【解析】本题考查《义务教育音乐课程标准(2011年版)》中课程目标的内容。《义务教育音乐课程标准(2011年版)》的总目标包括情感态度与价值观、过程与方法、知识与技能三个维度。过程与方法目标包括体验、模仿、探究、合作、综合五个方面。C选项"能够以视唱为主、听唱为辅,逐步提高识读乐谱的能力"体现了过程与方法目标要求中的体验、模仿等方面。ABD选项主要体现的是知识与技能维度的目标。

(注:新课标《义务教育艺术课程标准(2022年版)》的课程目标更换为审美感知、艺术表现、创意实践、文化理解四个维度。)

27. A 【解析】本题考查《赶牲灵》的山歌种类。信天游又叫"顺天游",是流传于陕北一带的主要山歌歌种。"花儿"又名"少年",是流行在甘肃、青海、宁夏一带的山歌歌种。爬山调也叫"爬山歌""山曲儿",是流行于内蒙古中西部农业区和半农半牧区的一种短调民歌。山曲是流传在山西西北部以及陕西北部的山歌歌种。《赶牲灵》是陕北信天游的代表作品,全曲语言生动,极富生活气息,把少女盼望赶牲灵的情人归来的心理活动描述得惟妙惟肖。

28. C 【解析】本题考查传统京剧中经典角色的所属行当。京剧行当分为生、旦、净、丑四行。生行是除了花脸以及丑角以外的男性角色的统称。旦行是所有女性角色的统称。净行大多是扮演性格、品质或相貌上有些特异的男性人物，化妆用脸谱，音色洪亮，风格粗犷，俗称“花脸”（分“大花脸”和“二花脸”）。丑行与大花脸、二花脸相并列，又称“小花脸”“三花脸”，是用白粉在鼻梁眼窝间勾画脸谱的喜剧角色。在传统京剧中，“曹操”属于净行，脸谱一般不用油彩，通常用水彩加勾一些黑色纹路，勾成水白脸，俗称“白净”“粉脸”“奸臣脸”。

29. B 【解析】本题考查音乐常识。2022 年中央广播电视总台元宵晚会中，宇航员王亚平在我国空间站上使用我国传统乐器古筝演奏出了悠扬的《茉莉花》旋律。

30. A 【解析】本题考查基本速度术语速度快慢的辨析。Largo 为广板，每分钟拍数为 46；Andante 为行板，每分钟拍数为 66；Allegretto 为小快板，每分钟拍数为 108；Presto 为急板，每分钟拍数为 184。以上速度术语由慢到快排序为广板—行板—小快板—急板，即 Largo—Andante—Allegretto—Presto，选 A。

31. B 【解析】本题考查《伦敦德里小调》的旋律。通过视唱旋律可知，该旋律片段出自小提琴独奏曲《伦敦德里小调》。这首乐曲由爱尔兰民歌改编而来，旋律优美、纯朴，抒发了对故乡深深的眷恋之情。

32. D 【解析】本题考查影视音乐的出处。《我的祖国》由乔羽作词、刘炽作曲，是电影《上甘岭》中的插曲。《我和我的祖国》为秦咏诚作曲的歌曲，《祖国颂》为刘炽作曲的歌曲，《歌唱祖国》为王莘作词作曲的歌曲。

33. B 【解析】本题考查普罗科菲耶夫的《彼得与狼》的旋律及赏析。题干中的谱例选自普罗科菲耶夫的交响童话《彼得与狼》中老爷爷的主题。该主题由音色浑厚的大管呈示，旋律缓慢而低沉，带有宣叙调的特点。

34. C 【解析】本题考查江西民歌《斑鸠调》的旋律。通过视唱旋律可知，题干中的谱例是江西民歌《斑鸠调》。此曲曲调原是流行于江西赣南地区的一首茶歌小调，以活泼的对答和齐唱的形式，赞美了斑鸠鸣叫、秧田翠绿的大好春光。

35. C 【解析】本题考查各民族的民歌代表作。《苹果丰收》是朝鲜族民歌，表现了朝鲜族人民在苹果丰收时的喜悦心情，C 选项对应错误，其余三个选项对应正确。

36. C 【解析】本题考查四拍子的指挥图示。四拍子的指挥图示为 C 选项。A 选项为二拍子指挥图示；B 选项为三拍子指挥图示；D 选项为六拍子指挥图示。

37. A 【解析】本题考查《匈牙利舞曲》的作者及旋律辨析。通过视唱可知，题干中的谱例选自勃拉姆斯的《匈牙利舞曲》第五号。《匈牙利舞曲》第五号糅合了匈牙利民间舞曲的旋律,优美如歌、朝气蓬勃,节奏先自如舒展,后快速收缩,充满力量。

38. C 【解析】本题考查民族乐器的辨认。题干中的四件民族乐器从左至右分别为柳琴、阮、琵琶、月琴。阮和月琴均为圆形音箱,区别在于阮的琴脖长,且音箱上开有出音孔;月琴的琴脖短,且音箱上无出音孔。因此可推断出,第二个乐器是阮,第四个乐器是月琴,排除 BD 选项。柳琴和琵琶均为梨形音箱,区别在于琵琶的琴脖长,板面由相把位和品位组成,并且形制比柳琴大,柳琴的琴脖较短,无相把位只有品位,因此第一个图为柳琴,第三个图为琵琶。即选 C。

39. D 【解析】本题考查声势教学法。声势是指用身体作为乐器,通过身体动作发出声响的一种手段。它既有声音,又有动作,所以称为“声势”。在奥尔夫音乐教学体系中,结合体态律动的声势特征而发展出了一种利用身体各个部位不同的音响效果结合节奏型,加以灵巧的身体姿势变化形成极具听觉和视觉冲击的形式,称之为身体打击乐(Body percussion)。同时另一种通过嗓音的变化而发出不同音响、节奏的方式称为嗓音打击乐(Vocal percussion)。

40. B 【解析】本题考查二胡曲《赛马》的旋律及其作者。通过视唱可知,题干中的谱例为黄海怀创作的二胡名曲《赛马》。二胡独奏曲《赛马》描写了我国蒙古族人民在欢度节日、举行赛马盛会时热闹而欢快的场面,表现了他们对草原、对生活的无比热爱之情。

41. C 【解析】本题考查歌曲《唱支山歌给党听》的曲式结构。《唱支山歌给党听》是朱践耳作曲的一首带再现的单三部歌曲,曲式结构为 $A+B+A^1$。歌曲第一乐段充满深情和激情,表达了对党的热爱。第二乐段体现了新旧社会的强烈对比,曲调时而悲痛凄楚,如泣如诉,充满了对旧社会的仇恨;时而壮怀激烈,字字铿锵,具有部队歌曲的音调特点。第三乐段再现第一乐段的主题,加深了旋律的印象,并把音乐推向高潮,再次强调了歌曲的中心思想。

42. A 【解析】本题考查燕乐七声调式中偏音与宫音的音程关系。燕乐调式的偏音为清角和闰,清角是角音上方小二度的音,闰是宫音下方大二度的音。即闰与宫构成大二度音程。

43. B 【解析】本题考查《北京喜讯到边寨》的旋律及赏析。通过视唱旋律可知,题干谱例选自由郑路、马洪业作曲的民族管弦乐曲《北京喜讯到边寨》。该乐曲采用苗族、彝族的音乐素材表现了“喜讯”从北京传到西南边寨,各族人民载歌载舞、万众欢腾的情景。因此排除 CD 选项。题干选取的谱例中出现了$^{b}3$ 音,且主要使用 1、3、5

三个音,突出了苗族飞歌的音乐风格。综上,B 选项苗族最符合题意。

44. B 【解析】本题考查《义务教育音乐课程标准(2011 年版)》中三维目标的内容。“能够用手风琴演奏主要声部旋律”属于三维目标中知识与技能目标的内容。

(注:新课标《义务教育艺术课程标准(2022 年版)》的课程目标更换为审美感知、艺术表现、创意实践、文化理解四个维度。“能够用手风琴演奏主要声部旋律”属于艺术表现维度的教学目标。)

45. A 【解析】本题考查锣鼓经的知识。锣鼓经的记谱方法一般用象声词按节奏记谱:如“仓、台、七”等。“仓”表示大锣;“台”表示小锣;“七”“才”“切”表示钹(镲);“大”表示板鼓;“乙”表示休止;等等。

46. C 【解析】本题考查自然音程与变化音程的辨析。自然音程包括纯音程、大音程、小音程及被称为“三全音”的增四度和减五度音程;变化音程包括除增四度、减五度音程以外的所有增、减、倍增、倍减音程。

47. C 【解析】本题考查古琴的演奏技法。古琴有很多种不同的弹奏方法,可以弹出三种不同的音色,即散音、泛音和按音。简单来说,散音是只用右手拨动琴弦发出来声音的奏法;泛音是左右两手合作发出声音的奏法;按音是借助琴面上的“徽”,左右手合作发出声音的奏法。从音色上来说,泛音飘逸、空灵,被称为“天声”;散音深远、浑厚,被称为“地声”;按音细腻、柔润,极似人的吟唱,又称为“人声”。

48. D 【解析】本题考查歌曲旋律的进行方向。由乐音连续向上行进构成上升型;由乐音连续向下行进构成下降型;同音进行,不作上下波动构成横向型;乐音依次不甚规则地上下起伏进行构成波浪型。题干旋律选自江苏民歌《无锡景》,通过视唱旋律可知其采用的是波浪型旋律线。

49. B 【解析】本题考查里姆斯基-科萨科夫《野蜂飞舞》的赏析。《野蜂飞舞》由俄罗斯作曲家里姆斯基-科萨科夫创作而成,原为歌剧《萨旦王的故事》中的一首管弦乐幕间曲。音乐具有无穷动的特征,采用连续十六分音符半音级进的滑行音调,形象地模仿了野蜂飞舞时的嗡嗡声。

二、简答题

50. 结合实际,简述学校合唱团指挥应具备哪些专业技能。

【参考答案】(1)应掌握合唱的基础知识。指挥必须清楚地了解合唱团中每个声部的音域、歌唱特点、音色等基本内容。

(2)应掌握合唱指挥的基本技能,包括起拍、击拍法、各种拍子的图示与力度、速度、情感表达能力，等等。指挥时动作要准确、美观、干净、大方，能准确、清晰地表达所要传递的信息。

（3）应具有良好的歌唱技巧或声乐演唱知识，了解不同的演唱方法和音乐风格，有效地指导团队。

（4）应熟知钢琴知识并具有一定的钢琴伴奏能力，这样才能帮助合唱团进行日常的排练及音准纠正。

（5）应具备基本的音乐理论基础，对所要演唱的曲目具有基本的认知，如创作风格、作曲家思想、音乐个性等，能准确地表达音乐所具有的内涵。

（6）应对作曲技术理论和音乐史论具有一定的知识储备，能阅读总谱，从整体到局部对乐曲进行把握。

本题共9分。答出“合唱知识”“指挥技能”“声乐演唱知识”“钢琴伴奏能力”4个要点，每个要点阐述合理得2分，共8分；答出其他方面，如“音乐理论基础”“作曲技术理论”等，可酌情给1分。

51.【参考答案】

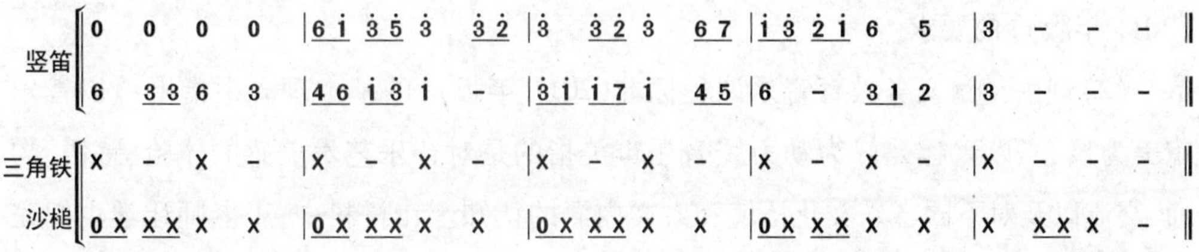

竖笛
0 0 0 0 | 61 35 3 32 | 3 32 3 67 | 13 21 6 5 | 3 - - - ‖
6 33 6 3 | 46 13 1 - | 31 17 1 45 | 6 - 31 2 | 3 - - - ‖

三角铁
X - X - | X - X - | X - X - | X - X - | X - - - ‖

沙槌
0X XX X X | 0X XX X X | 0X XX X X | 0X XX X X | X XX X - ‖

三、论述题

52.请为某小学“红杜鹃”合唱团的日常训练设计二声部练声曲，并写出设计意图和练习要点。

【参考答案】

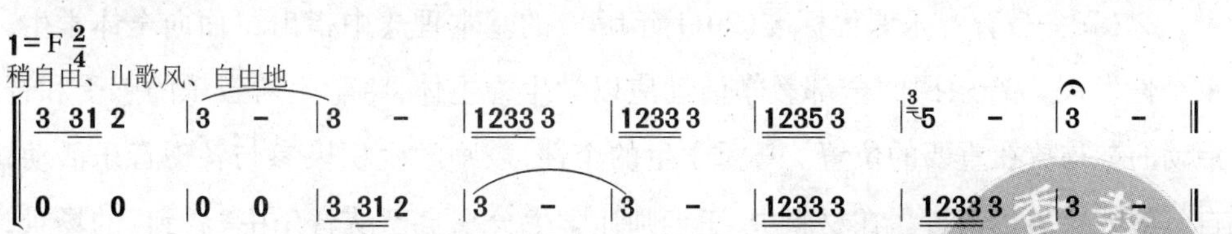

1=F $\frac{2}{4}$

稍自由、山歌风、自由地

3 31 2 | 3 - | 3 - | 1233 3 | 1233 3 | 1235 3 | 5 - | 3 - ‖
0 0 | 0 0 | 3 31 2 | 3 - | 3 - | 1233 3 | 1233 3 | 3 - ‖

（1）设计意图:该二声部练习曲运用了同度卡农式模仿。通过卡农式模仿的二声部练习，加强对主旋律的学习与印象，以及每个声部都能得到均衡的训练，比如长音、十六分音符的练习。两个声部的长音与十六分音符上下对应，突出不同声部旋律的交替与应答。

(2)练习要点:①呼吸。在复调音乐作品中,声部性呼吸非常重要,每个声部要统一各自的气口,在保持音时要快吸慢呼。

②共鸣。该二声部练习适合中音共鸣,以口腔、咽腔为主要共鸣器官。

③咬字、吐字。字音的清晰准确是咬字吐字的基本要求,该二声部练习虽然没有歌词,也要保证清晰地唱出每个音符,尤其是十六分音符。

④速度。两个声部要保持速度的统一,不能一个声部速度快,一个声部速度慢,要保证一起收音结束。

⑤各声部的独立性。每个声部都要保持自己的独立性,不能被另一个声部带跑,合唱队员要注意聆听另一个声部,注意两个声部间的音响关系。

本题共15分。(1)编配出二声部旋律得3分;(2)答出设计意图且阐述合理、语句通顺得3分;(3)答出“呼吸”“咬字”等其他练习要点3点及以上且阐述合理得9分,每条3分。

四、案例分析题

53.**【参考答案】**(1)判断:该老师的做法是合理的,符合《义务教育音乐课程标准(2011年版)》的要求。

(2)理由:①《义务教育音乐课程标准(2011年版)》的基本理念中指出:“以音乐审美为核心,以兴趣爱好为动力。”音乐审美指的是对音乐艺术美感的体验、感悟、沟通、交流以及对不同音乐文化语境和人文内涵的认知。在材料中,王老师让学生们完整而充分地聆听乐曲,并且请学生分享自己听过乐曲后的想法。王老师这种做法有利于培养学生的审美感知,丰富审美情感,发展审美想象,深化审美理解,有效地提高学生的音乐审美能力,有利于激发学生对音乐的兴趣,不断提高音乐素养,丰富精神生活。以上教学行为符合该理念。

②《义务教育音乐课程标准(2011年版)》的基本理念中指出:“面向全体学生,注重个性发展。”音乐课的全部教学活动应以学生为主体,将学生对音乐的感受和音乐活动的参与放在重要的位置。尊重学生的个性,鼓励学生积极参与各项音乐活动,以自己的方式表达情智。在材料中,王老师让学生分享自己从音乐中“看到”的场景,有的说听到了山里的回音,有的说感受到了鸟语花香,有的说想到了抓鸡的情景,老师没有用学生想象得好与坏来进行评价,而是等学生表达完想法,再分享作曲家的创作意图。王老师将学生对音乐的感受放在了重要的位置。以上教学行为符合该理念。

③《义务教育音乐课程标准(2011年版)》中课程内容指出:“感受与欣赏是音乐

学习的重要领域,是整个音乐学习活动的基础,是培养学生音乐审美能力的有效途径。”教学中应激发学生听赏音乐的兴趣,鼓励学生对所听音乐表达独立的感受和见解,养成聆听音乐的习惯。在材料中,王老师让同学们完整并且充分地聆听音乐,鼓励学生表达自己的想法,符合该课程内容的要求。

根据《义务教育艺术课程标准(2022 年版)》来判断分析:

(1)判断:该老师的做法是合理的,符合《义务教育艺术课程标准(2022 年版)》的要求。

(2)理由:①《义务教育艺术课程标准(2022 年版)》的基本理念“坚持以美育人”中指出:要求教师要引导学生感受美、欣赏美、表现美、创造美,丰富审美体验,充分发挥艺术课程在培育学生审美和人文素养中的重要作用。在材料中,王老师让学生完整而充分地聆听乐曲,并且让学生自由分享自己听过乐曲后的想法。王老师这种做法有利于培养学生的审美感知,丰富审美情感,发展审美想象,深化审美理解,有利于激发学生对音乐的兴趣,不断提高音乐素养,丰富精神生活。以上教学行为符合该理念。

②《义务教育艺术课程标准(2022 年版)》的基本理念“突出课程综合”中指出:要求要以各艺术学科为主体,加强与其他艺术的融合;重视艺术与其他学科的联系,充分发挥协同育人功能;注重艺术与自然、生活、社会、科技的关联,汲取丰富的审美教育元素,传递人与自然和谐共生理念,促进学生身心健康全面发展。在材料中,王老师请学生分享在音乐中“看到”的景象,在强调音响的同时还丰富了音乐的形象性,让学生在自然与生活当中发现美、感受美,注重艺术与生活中相关事物的联系。以上教学行为符合该观念。

③《义务教育艺术课程标准(2022 年版)》的设计思路“体现艺术学习特点,优化评价机制”中指出:要求要围绕学生艺术学习实践性、体验性、创造性等特点,将学生的课程学习与实践活动情况纳入学业评价。在材料中,王老师尊重学生的主体地位,鼓励学生从各个角度进行创造性回答。且在面对学生对问题的众多回答时,老师没有用学生想象得好与坏来进行评价,而是等学生表达完想法,再分享作曲家的创作意图,体现了王老师的多元化评价方式,符合该设计思路的要求。

本题共 22.5 分。(1)判定王老师的做法正确/合理,得 2.5 分;(2)答出 3 条《义务教育音乐课程标准(2011 年版)》中的依据,且能够结合材料进行说明,可得 18 分,每条 6 分;(3)答出其他相关内容且语句通顺、阐述合理,可酌情给 2 分。

五、教学设计题

54.【参考设计】

《甘洒热血写春秋》

一、作品分析

《甘洒热血写春秋》是现代京剧《智取威虎山》中的选段。1958 年，上海京剧院根据曲波小说《林海雪原》中“智取威虎山”的一段故事并参考同名话剧改编，最初由上海京剧院一团创演于 1958 年夏。《甘洒热血写春秋》这一段是匪徒们在为杨子荣庆功的时候，杨子荣所唱的一段，表现了杨子荣机智勇敢，深入虎穴当卧底，并要取得最后胜利的决心和信心。

全曲采用京剧西皮快二六板式，铿锵有力，结束句“甘洒热血写春秋”在高音区采用了京剧中的拖腔手法，力度由弱渐强，淋漓尽致地表现了杨子荣英勇豪迈的气概。

二、教学目标

1. 通过学唱现代京剧选段《甘洒热血写春秋》，在欣赏和学唱中感受京剧唱腔的特点和韵味。

2. 能够有感情地演唱《甘洒热血写春秋》，并能够运用多种京剧元素，如板式、唱腔、伴奏等增加对京剧的认识。

3. 通过曲目的学习，能够感受主人公坚定威武、机智勇敢的英雄形象，能够理解现代京剧与传统京剧的不同之处。

三、教学重难点

1. 教学重点：学唱现代京剧选段《甘洒热血写春秋》，在欣赏和学唱中感受京剧唱腔的特点和韵味。

2. 教学难点：尝试运用多种京剧元素，如板式（西皮快板）、唱腔（戏曲拖腔）、伴奏（锣鼓经）等增加对京剧的认识。

四、教学过程

（一）导入

在《都有一颗红亮的心》的音乐中进入音乐教室，并用京剧韵白进行师生问好。

（二）学唱现代京剧选段《甘洒热血写春秋》

1. 录音范唱。

2. 学生讨论、交流欣赏后的初步感受。

3. 学生自由朗读歌词，理解两句歌词的意义。

4. 教师简单介绍一下现代京剧《智取威虎山》的故事以及《甘洒热血写春秋》唱段所表现的内容。(此唱段表现了杨子荣坚定威武、机智勇敢的英雄形象)

5. 学生在理解歌词内容的基础上,再次有感情地朗读唱词“今日痛饮庆功酒,壮志未酬誓不休。来日方长显身手,甘洒热血写春秋”,并设计四个相关肢体动作帮助记忆歌词。

6. 随视频原唱,教师示范打板,学生仔细观察教师的打板动作。

7. 在教师的带领下,学生模仿练习第一句的打板并轻声跟唱。

8. 重点感受“今、庆、壮、誓”,让学生观察这四个字在拍打节奏时有什么特点。(这四个字均为后半拍起的节奏)

9. 教师简单介绍京剧板式中的“板”和“眼”的有关知识。

10. 边听第一句录音,边试着随音乐打板、跟唱。

11. 教师随视频示范第二句打板并跟唱,在带领学生进行第二句打板练习中,重点感受最后一个“秋”字,让学生在“秋”字上打拍子,数一数这个字一共唱了几拍,力度上有什么变化,表现了杨子荣怎样的精神。

12. 教师简介京剧中的“拖腔”,学生边打板边跟唱这一句。

13. 在教师的带领下,学生一边打板,一边完整地跟唱这四句唱腔,感受唱腔铿锵有力、气势豪迈的特点。

(三)巩固拓展

1. 观察视频中的表演,讨论京剧名家的动作表演特点,学做几个简单的动作;学生根据自己的理解设计几个杨子荣的身段动作,边跟唱边表演。

2. 教师简单总结京剧表演手法中的“做”。

3. 模仿一下最后的笑声,体会这笑声的深刻意义。

4. 尝试为尾奏旋律伴奏。

(1)认识京剧伴奏中的常用打击乐器小锣、钹。

(2)用小锣、钹、休止,按指定节奏,为尾奏旋律伴奏。

5. 带入情感,配合身段,加入最后尾奏的锣鼓经,分角色边唱边表演,教师进行评价,请学生上台表演。

(四)课堂小结

教师简单介绍京剧的发展。中国的京剧已经有两百多年的历史,但是它也在随着时代的进步不断地发展。除了古装的传统京剧以外,艺术家们还编创了许多现代京剧,像著名的《红灯记》《沙家浜》《智取威虎山》等。传统京剧与现代京剧在表演的服饰上有很大不同,但它们的唱腔并没有变化。现代艺术家们还运用京剧的元素以歌曲的形式创作了许多受大家欢迎的戏歌,像《唱脸谱》《我是中国人》《故乡是北京》等,在祖国的大江南北传唱。同学们若是有兴趣,可以在课外多听、多学这样的艺术作品。

本题共22.5分。(1)答出作品分析得2分,其中答出“作品创作背景”“旋律特点”“表达的情感”“与《智取威虎山》的联系”4点,每点0.5分。(2)答出教学目标得4分,其中“体现课程标准要求”得1分,“紧扣唱歌课课型”得1分,“符合四年级学生的认知规律”得1分,“设置明确且合理确定程度”得1分,若设置“大”而“空”,要酌情扣0.5~1分。(3)答出教学重难点得2分,其中“教学重点”“教学难点”各1分。教学重点需紧扣教学目标,可与教学目标相同,也可根据教学目标更加具体;教学难点要贴合作品实际,每个作品、课型、年级学段等所应解决的重难点都有所不同。(4)答出教学过程得14.5分,其中①“导入环节”新颖且自然得3分,若没有体现新颖可酌情扣1~1.5分;②“新授环节”共9.5分,“教学环节完整且连贯”得6.5分,不完整或逻辑不清晰,没有体现拓展内容可酌情扣2.5~3分;紧扣“教学目标和教学重难点”得1分;“符合四年级学生的认知规律”得0.5~1分;行文流畅得1分。③课堂小结及作业设计部分完整得2分,没有该部分或没有体现完整性可酌情扣1~1.5分。

2021年广东省广州市花都区教师招聘考试中小学音乐真题试卷(精编)(八)

答案速查

1~5	ABCDC	6~10	ADBDB	11~15	CCBDA	16~20	DDCAC
21~25	BBACC	26~30	ADCBC	31~35	AABCB		
36~40	ABCD ABC BCD ABD ACD			42~45	BACD	46~50	CACBD
51~55	ABCBA	56~60	BCACB	61~65	DBBDA	66~70	CCBCC
71~75	√×√××			76~80	√√√××		

第一部分　公共知识

一、单项选择题

1. A 【解析】本题考查时政内容。十九大报告指出,实现伟大梦想,必须建设伟大工程。这个伟大工程就是我们党正在深入推进的党的建设新的伟大工程。本题选择 A 项。

2. B 【解析】本题考查时政内容。十九大报告指出，必须坚持国家利益至上，以人民安全为宗旨，以政治安全为根本。本题选择 B 项。

3. C 【解析】本题考查时政内容。《习近平新时代中国特色社会主义思想三十讲》第二十九讲中指出：坚持实事求是，关键在于“求是”。即深入探求和掌握事物发展的规律，勇于实践、善于实践，在实践中积累经验、进行理论升华，再用以指导实践、推动实践，在实践中使认识得到检验、修正、丰富和发展。本题选择 C 项。

4. D 【解析】本题考查时政内容。在党的十八届五中全会提出的五大发展理念中，“共享发展”揭示了发展的价值取向，揭示了当代中国发展的根本出发点和落脚点。《中共中央关于制定国民经济和社会发展第十三个五年规划的建议》指出，共享是中国特色社会主义的本质要求。故本题选择 D 项。

5. C 【解析】本题考查时政内容。在《经济体制改革的核心问题》中，习近平总书记指出：坚持社会主义市场经济改革方向，核心问题是处理好政府和市场的关系，使市场在资源配置中起决定性作用和更好发挥政府作用。本题选择 C 项。

6. A 【解析】本题考查时政内容。2021 年政府工作报告指出，要推动义务教育优质均衡发展和城乡一体化，加快补齐农村办学条件短板，健全教师工资保障长效机制，改善乡村教师待遇。本题选择 A 项。

7. D 【解析】本题考查《中华人民共和国教师法》。根据《中华人民共和国教师法》第三十七条规定，教师体罚学生，经教育不改的，由所在学校、其他教育机构或者教育行政部门给予行政处分或者解聘。排除 A 项。行政处分的种类有：警告、记过、记大过、降级、撤职、开除等，排除 B、C 项。本题选择 D 项。

8. B 【解析】本题考查《中华人民共和国预防未成年人犯罪法》。《中华人民共和国预防未成年人犯罪法》第十二条规定，预防未成年人犯罪，应当结合未成年人不同年龄的生理、心理特点，加强青春期教育、心理关爱、心理矫治和预防犯罪对策的研究。本题选择 B 项。

9. D 【解析】本题考查《中华人民共和国预防未成年人犯罪法》。《中华人民共和国预防未成年人犯罪法》第三十一条规定，学校对有不良行为的未成年学生，应当加强管理教育，不得歧视；对拒不改正或者情节严重的，学校可以根据情况予以处分或者采取以下管理教育措施：(1)予以训导；(2)要求遵守特定的行为规范；(3)要求参加特定的专题教育；(4)要求参加校内服务活动；(5)要求接受社会工作者或者其他专业人员的心理辅导和行为干预；(6)其他适当的管理教育措施。排除 A、B、C 项，本题选择 D 项。

10. B 【解析】本题考查《新时代中小学教师职业行为十项准则》的内容。传播优秀文化要求教师带头践行社会主义核心价值观，弘扬真善美，传递正能量；不得通过课堂、论坛、讲座、信息网络及其他渠道发表、转发错误观点，或编造散布虚假信息、不良信息。根据题意，本题选择 B 项。

11. C 【解析】本题考查《新时代中小学教师职业行为十项准则》的内容。坚守廉洁自律要求教师严于律己，清廉从教；不得索要、收受学生及家长财物或参加由学生及家长付费的宴请、旅游、娱乐休闲等活动，不得向学生推销图书报刊、教辅材料、社会保险或利用家长资源谋取私利。题干中邵老师变相向家长推销大米，是利用家长资源谋取私利的行为，违反了坚守廉洁自律的要求，故本题选择 C 项。

12. C 【解析】本题考查布卢姆情感领域教学目标。情感领域的教学目标分为五个等级，分别为接受、反应、形成价值观念、组织价值观念系统和价值体系个性化。形成价值观念指学习者对特定的对象、现象或行为的价值或重要性的认识。例如：当讨论有关小煤窑瓦斯爆炸事件时，学生应能积极表达自己关注生命等观点。根据题意，本题选择 C 项。

13. B 【解析】本题考查教学板书。板书内容构成直接影响板书质量和教学效果。通常，系统性板书内容的构成形式有以下四种：(1)内容式板书——以全面概括课文内容为主的板书。它便于学生全面理解课文内容，是板书内容构成的基本形式。(2)强调式板书——以发挥某种强调作用为主的板书。这种形式的板书可根据需要，灵活机动地突出课文的某一部分或某种思想，增强针对性，以使学生把握学习重点。(3)设问式板书——用问号启发学生思考问题的板书。这种板书可根据教学目标、要求，在课题的难点或重点下边引而不发地画上一个或几个问号，并配上必要的文字提示，以指导学生注意阅读和思考。(4)序列式板书——按内容发展的序列构设板书内容的板书。这种板书能比较清晰地显示内容轮廓，使学生对内容有完整印象，并领会其脉络。根据题意，本题选 B 项。

14. D 【解析】本题考查加涅学习过程的八个阶段。加涅将学习的过程分为八个阶段，概括阶段指学生对所学东西的提取和应用并不限于同一种学习情境，人们常常要在变化的情境或现实生活中利用所学的东西，这需要实现学习的概括化。学习者要想把获得的知识迁移到新的情境，首先依赖于知识的概括，同时也依赖于提取知识的线索。为了促进学习迁移,教师必须让学生在不同情境中学习,并给学生提供在不同情境中提取信息的机会。本题选择 D 项。

15. A 【解析】本题考查课堂提问的类型。开放式提问是要求学生朝不同方向、不同角度、不同层面去思考,有大量不同的答案,或者根本就没有固定标准答案的问题。教师在讲完课后要求学生回答学习感想,学生可从自身体会出发,给出不同的思考方向和答案,这属于开放式提问。

16. D 【解析】本题考查教育目的论。杜威提倡教育无目的论,将教育目的与教育活动本身联系起来,反映了教育活动主体的自觉。"教育无目的论"并非主张真正教育无目的,而是认为无教育过程之外的"外在"目的。社会本位论认为确立教育目的的根据是社会的要求,个人的发展必须服从社会需要。个人本位论认为确立教育目的的根据是人的本性,倡导个性解放,尊重人的价值。宗教本位论认为教育应当建立在精神本质占优势的基础之上,教育的最高目标是培养青年对于上帝的虔诚信仰。本题选 D 项。

17. D 【解析】本题考查赫尔巴特的教学四阶段论。赫尔巴特提出了教学四阶段论,即明了、联合(联想)、系统、方法。明了,主要是把新教材分解为各个构成部分,并和意识中相关的观念,即把已经掌握的知识进行比较;联合(联想),建立新旧观念的联系,使学生在新旧观念的联系中继续深入学习新教材;系统,学生在教师的指导下,在新旧观念联系的基础上进行深入思考,寻求结论和规律;方法,引导学生把所学知识用于实际。题干中,学生在课堂上学会了测量,课后自己拿工具进行路段测量,是将所学知识用于实际,属于四个阶段中的"方法"阶段。

18. C 【解析】本题考查教育的功能。"君子如欲化民成俗,其必由学乎"意为"君子如果要教化人民,形成良好的风俗习惯,一定要从教育入手"。"是故,古之王者,建国君民,教学为先"意为"因此古代的君王建立国家,治理民众,都把教育当作首要的事情"。这两句话都强调通过教育为社会培养合格的成员和公民,使受教育者社会化,这体现的是教育的政治功能。

19. A 【解析】本题考查课程内容组织的原则。关于如何组织与呈现课程内容的问题,泰勒提出了三个基本准则,至今仍常被引述,它们是连续性、顺序性和整合性。连续性是指直线式地呈现主要的学习经验,是系统有效地纵向组织学习经验。顺序性与连续性有关,但又超越连续性。顺序性强调把每一后继经验建立在前面经验的基础上,同时又对有关内容作更深入、广泛的探讨。顺序性强调的不是重复,而是在更高层上处理每一后继的学习经验。整合性是指课程经验的横向联系,以便于学生获得一种统一的观点,并把自己的行为与所学的课程内容统一起来。根据题干所述“后面出现的内容应该是在更高层次上进行探讨,而不仅仅停留在同一水平的重复”可知,其强调的课程内容组织原则是顺序性原则。

20. C 【解析】本题考查态度与品德学习的一般过程。态度与品德的形成是一个从外到内的转化过程,是社会规范的接受和内化,大致经历依从、认同和内化三个过程。认同指在思想、情感、态度和行为上主动接受规范,从而试图与之保持一致。认同实质上就是对榜样的模仿,其出发点就是试图与榜样一致。根据题干表述,王老师的做法符合认同,故本题选择 C 项。

21. B 【解析】本题考查德育的模式。体谅模式把道德情感的培养置于中心地位。该模式假定与人友好相处是人类的基本需要,满足这种需要是教育的职责。认知模式假定人的道德判断力按照一定的阶段和顺序从低到高不断发展,道德教育的目的就在于促进儿童道德判断力的发展及其行为的发生。价值澄清模式着眼于价值观教育,试图帮助人们减少价值混乱并通过评价过程促进统一的价值观的形成。社会模仿模式认为人与环境是一个互动体,人既能对刺激做出反应,也能主动地解释并作用于情境。答案选 B 项。

22. B 【解析】本题考查操作性条件反射作用的基本规律。操作性条件作用的基本规律有:强化、逃避条件作用与回避条件作用、消退、惩罚。强化有正强化和负强化之分。负强化也称消极强化,是通过消除或中止厌恶、不愉快刺激来增强反应频率。题干中小明月考成绩有进步,就免去他每天多做三道试题的任务,是消除了不愉快刺激(多做三道试题),之后小明月考进步的频率增加,是负强化的应用,故本题选择 B 项。

23. A 【解析】本题考查学习迁移的种类。根据迁移的性质和结果,可分为正迁移、负迁移和零迁移。正迁移也叫“助长性迁移”,是指一种学习对另一种学习的促进作用。负迁移也叫“抑制性迁移”,是指一种学习对另一种学习产生阻碍作用。题干中分数乘法对分数加减法起到的是阻碍作用,是负迁移,排除 B、C 项。根据迁移发生的方向,可分为顺向迁移和逆向迁移。顺向迁移是指先前学习对后继学习产生的影响。逆向迁移是指后继学习对先前学习产生的影响。题干中分数乘法是后学习的,对之前学习过的分数加减法有影响,是逆向迁移,排除 D 项,选择 A 项。

24. C 【解析】本题考查学习策略的种类。精加工策略是指把新信息与头脑中的旧信息联系起来,从而增加新信息意义的深层加工策略。它常被描述成一种理解记忆的策略,其要旨在于建立信息间的联系。题干所述运用了记忆术来记忆历史知识,这种学习策略属于精加工学习策略,故本题选择 C 项。

25. C 【解析】本题考查发散思维的基本特征。流畅性是指在限定时间内产生观念数量的多少。在短时间内产生的观念越多,流畅性越大。高某能在较短时间内考虑可供选择的多个方案、假设,这表明了高某的思维具有流畅性,选择 C 项。

26. A 【解析】本题考查遗忘理论。压抑(动机)说认为,遗忘是由于情绪或动机的压抑作用引起的,如果压抑被解除,记忆就能恢复。学生被叫起回答问题时会紧张等,这些情绪压抑了记忆内容,待坐下后,便能回想起来,符合压抑(动机)说的含义,本题选择 A 项。

27. D 【解析】本题考查想象的种类。再造想象是依据词语或符号的描述、示意在头脑中形成与之相应的新形象的过程。阅读他人作品在头脑中想象其描绘的场景体现的是再造想象,故本题选择 D 项。

28. C 【解析】本题考查注意的分类。有意注意也称随意注意,是有预先目的,必要时需要意志努力,主动地对一定事物所发生的注意。题干中的学生即使不喜欢英语也能认真听讲,这体现的是有意注意,故本题选择 C 项。

29. B 【解析】本题考查记忆的分类。语义记忆又称语词逻辑记忆或词的抽象记忆,是以语词所概括的事物的关系以及事物本身的意义和性质为内容的记忆。根据题意,本题选择 B 项。

30. C 【解析】本题考查班级群体的类型。班级群体的存在不是静止不动的,而是一个非常活跃的动态集合体,随时都在不断变化与发展着。根据班级群体的多变因素及其凝聚程度,班级群体可分为四种类型:松散型、集团型、浮动型、集体型。其中浮动型班级的特点是时好时坏,左右摇摆,处于中游状态,顺意时群情振奋,稍有挫折就出现波动,不能保持稳定发展;班干部虽基本团结,但不坚强,有一定的组织能力,但号召力不强;或者干部本身思想情绪容易波动,班级活动不能完全令人满意;虽有班级规范,未得到普遍的遵守,正确的舆论时强时弱;非正式群体随班级起伏状况,时而在积极方面起一定作用,时而又表露消极方面;班主任不善于组织班集体,陷入事务之中。符合题干描述,本题选择 C 项。

31. A 【解析】本题考查班级管理的目的。班级管理是一种有目的、有计划、有步骤的社会活动,这一活动的根本目的是实现教育目标,使学生得到充分的、全面的发展。

32. A 【解析】本题考查班级组织的功能。班级组织的个体化功能包括:促进发展的功能、满足需求的功能、诊断功能以及矫正功能。其中,矫正功能是指学生存在的人格及能力缺陷,可以通过班级组织进行矫正。例如,自我中心的学生会因受到伙伴的批评而改变行为;自我控制能力欠缺的学生能够在集体的监督约束下逐步形成自律意识。

33. B 【解析】本题考查学校心理咨询的内容。学校心理咨询的内容非常广泛。如果按照学校心理咨询的任务加以归纳,大体可分为以下四方面的内容。(1)以教育发展为中心的咨询内容。(2)以校园辅导为中心的咨询内容。(3)以心理卫生为中心的咨询内容。(4)以心理治疗为中心的咨询内容。其中以校园辅导为中心的咨询内容主要包括:掌握教材感到困难的心理机制和对策;感知、记忆、理解、应用书本知识的科学方法和规律;良好学习习惯的培养和不良学习习惯的纠正;增强学习动机的途径和方式;课外学习与课内学习的关系和衔接;学习方法的自我检查和调整,应试技能的训练和提高;人际交往的原则和技巧;重大转折时期的环境适应和自我心理调节;个人与集体的关系及其矛盾处理;个人专长的确定和兴趣的培养;升学时的专业选择,就业前的职业定向和准备;等等。符合题干描述,故本题选择 B 项。

34. C 【解析】本题考查学校心理素质教育的基本任务。从学校心理素质教育的根本目标出发,学校心理素质教育的基本任务主要体现在以下五个方面:(1)促进和维护学生心理健康。(2)开发智力,促进能力发展。(3)提高德性修养,培养良好品德。(4)培养主体意识,形成完善人格。(5)养成良好行为习惯,提高社会适应能力。其中心理素质教育的首要功能是促进和维护学生心理健康,本题选择 C 项。

35. B 【解析】本题考查建立良好辅导关系的促进条件。同感、尊重和真诚是建立良好辅导关系的促进条件。同感,也译作共感、共情、同理心、神入等,指进入受辅导学生的内心世界,通过他的眼睛看事物,体察他的思想与感受,了解他观察自己与周围世界的方式。符合题干描述,故本题选择 B 项。

二、多项选择题

36. ABCD 【解析】本题考查孔子的教育思想。孔子提倡“有教无类”,提出由平民中培养德才兼备的从政君子,即“学而优则仕”。在教学方法上,主张“因材施教”和“温故而知新”,并以此作为教育原则。因此,A、B、C、D 四项均为孔子的教育思想。

37. ABC 【解析】本题考查时政内容。十九大报告指出:坚持党的领导、人民当家作主、依法治国有机统一是社会主义政治发展的必然要求。本题选择 A、B、C 三项。

38. BCD 【解析】本题考查《中小学教育惩戒规则(试行)》的内容。《中小学教育惩戒规则(试行)》第七条规定,学生有下列情形之一,学校及其教师应当予以制止并进行批评教育,确有必要的,可以实施教育惩戒:(1)故意不完成教学任务要求或者不服从教育、管理的。(2)扰乱课堂秩序、学校教育教学秩序的。(3)吸烟、饮酒,或者言行失范违反学生守则的。(4)实施有害自己或者他人身心健康的危险行为的。(5)打骂同学、老师,欺凌同学或者侵害他人合法权益的。(6)其他违反校规校纪的行为。A 项拒绝参加班级公益服务不属于上述的可以实施教育惩戒的情况,故排除 A 项。本题选择 B、C、D 三项。

39. ABD 【解析】本题考查学习动机的分类。按学习动机产生的诱因来源,可分为内部学习动机和外部学习动机。内部学习动机是指诱因来自学习者本身的内在因素,即学生因对活动本身发生兴趣而产生的动机。外部学习动机是指诱因来自学习者外部的某种因素,即在学习活动以外由外部的诱因激发出来的学习动机。C 项属于内部动机,排除。故本题选择 A、B、D 三项。

40. ACD 【解析】本题考查班级授课制。班级授课制的优点包括:(1)它能够大规模地面向全体学生进行教学。一位教师能同时教许多学生,而且使全体学生共同前进,有助于提高教学效率。A 项表述正确。(2)它能够保证学习活动循序渐进,并使学生获得系统的科学知识,扎扎实实,有条不紊。C 项表述正确。(3)它能够保证教师发挥主导作用,教师可以有目的、有组织、有计划地指导学生的学习过程。(4)固定的班级人数和统一的时间单位,有利于学校合理安排各科教学的内容和进度并加强教学管理,从而赢得教学的高速度。(5)在班集体中学习,学生可与教师、同学之间进行多向交流,互相影响、互相启发和互相促进,从而增加信息来源或教育影响源。(6)它在实现教学任务上比较全面,有利于学生多方面的发展。D 项表述正确。班级授课制不利于学生主体性的发挥,也不利于培养学生的探索精神、创造能力和实际操作能力。B 项表述错误。

三、案例分析题

41.【参考答案】(1)案例 1 中老师的做法值得学习与提倡,案例 2 中老师的做法不妥,应当避免。

(2)新课程教学评价倡导的基本理念之一为关注学生发展。课堂教学要真正体现以学生为主体、以学生发展为本。要改变评价过分强调甄别与选拔的功能,发挥评价促进学生发展、教师提高和改进教学实践的功能。案例 1 中,学生 B 因为只写对了两个生字而感到羞愧，语文老师何某及时关注到学生的情绪表现，表扬他"第一个举手""字写得很漂亮"，鼓励他"下次也能全写对"，这是以学生发展为本的表现，学生B的情绪受到抚慰，有利于其积极投入到接下来的学习中，也为其之后的进步垫下基石。案例2中，伍某认真答题，考试取得进步，却因为在班级排名靠后，受到了刘老师的批评，这表明，刘老师在教学中，仍过度关注学生的学习成绩，过度关注相对性评价，而忽视了发展性评价，这样下去会严重打击学生的积极性和进取心，不仅不利于学生的学习进步，也会损害学生的心理健康。

(3)在实际教学中，教师应树立正确的教育评价理念，关注学生的健康、可持续发展，以学生的发展为本，这样才能取得好的教学效果。

本题共12分。(1)判断出案例1中教师的做法合理和案例2中教师的做法不合理，得2分。(2)根据案例1答出"关注学生发展""学生为主体"等教育理论依据并紧扣案例进行阐述，得4分；(3)根据案例2答出"忽略发展性评价"等教育理论依据并紧扣案例进行阐述，得4分；(4)语句通顺、阐述合理、逻辑准确可适当给1～2分；(5)从其他教育评价方面进行阐述且阐述合理可酌情给分。

第二部分　学科专业知识

四、单项选择题

42. B 【**解析**】本题考查音乐起源学说的内容。劳动起源说——音乐直接起源于劳动生产过程中。模仿起源说——音乐起源于模仿大自然音响(如鸟类的鸣叫等)。巫术起源说——音乐起源于人们对巫术的崇拜。表现起源说——认为音乐艺术起源于人的潜意识的发露，即起源于人的心灵。

43. A 【**解析**】本题考查音乐美的六个基本范畴的特点。优美在音乐美诸范畴中最具有普遍性。人们从社会生活和大自然中感受到种种美好的事物，获得种种愉悦的心理体验，生出种种诗情画意的遐想，这些在音乐中就表现为优美。优美具有更加温柔、平和、纯净与细腻的特点。

44. C 【**解析**】本题考查音域的概念。从低音到高音，音列的总范围叫作音域。音域包括乐音体系总的音域和个别人声或乐器以及某首音乐作品的音域。如钢琴的最低音是A_2，最高音是c^5，A_2～c^5就是钢琴的音域。

45. D 【**解析**】本题考查简谱的记谱法。全音符表示四拍，在简谱中用基本音符后面加三条增时线来表示四拍。

46. C 【**解析**】本题考查平行大小调的知识。调号相同、主音相距一个小三度关系的大小调叫作关系大小调,也叫平行大小调。题干中 F 自然大调的主音是 F,向下构成小三度的音为 D,即 d 自然小调。

47. A 【**解析**】本题考查$\frac{4}{4}$拍的强弱规律。$\frac{4}{4}$拍的强弱规律为强、弱、次强、弱。

48. C 【**解析**】本题考查和弦的性质。A 选项从低到高是大三度 + 小三度,为大三和弦;B 选项从低到高是小三度 + 大三度,为小三和弦;C 选项从低到高是大三度 + 大三度,为增三和弦;D 选项从低到高是小三度 + 小三度,为减三和弦。

49. B 【**解析**】本题考查四部和声中和弦音的排列。和弦音的排列分两种,第一种是密集排列法,指的是上三声部相邻声部之间的音程距离在四度以内;第二种是开放排列法,指的是上三声部相邻声部之间的音程距离在五度以上、八度以内。

50. D 【**解析**】本题考查曲式的基本结构。曲式的基本结构包括乐段、乐句、乐节、乐汇。其中,音乐中具有一定完整性、能够独立存在的最小曲式结构单位是乐段。乐段常作为较大音乐作品中的组成部分,也可作为独立音乐作品展示,是四个选项中最大的曲式单位。乐句为乐段的基本组成部分,其长度一般约为 4 ~ 8 小节,具有一定的节奏音型和旋律的起伏。乐节指长度约为 2 ~ 4 小节的、规模较小的音乐片段,多数乐节相当于半个乐句的长度。乐汇是乐曲结构中最小的组成部分,是由两个以上乐音结合成的音组,它往往环绕一个主要重音运动,其节奏、音型的组合形成一定的特点。

51. A 【**解析**】本题考查奏鸣曲式的结构特点。奏鸣曲式是以对比(表现为冲突或者配合)、发展和统一的原则为基础所形成的一种大型器乐曲式,它适宜表现矛盾的冲突和深刻的哲理思想,是音乐创作,特别是器乐曲创作中一种极为重要的结构形式,一般由呈示部、展开部、再现部三大部分构成。变奏曲式是由一个音乐形象的多方面变化而形成的,是由代表基本乐思主题的最初陈述及其若干次变化重复或者展开所构成的曲式结构。同一个主题反复出现,其间插入若干新材料(或原材料的引申演变)的对比部分所形成的结构,称为回旋曲式。以对比并置的两个乐部为基础,按照一定的逻辑关系构成的曲式,叫作二部曲式。

52. B 【**解析**】本题考查劳动歌曲的艺术特征。劳动歌曲又称劳动号子,是产生并应用于劳动中,具有协调与指挥劳动的实际功用的民间歌曲。在劳动号子中,最常见的歌唱方式是一领众和,领唱者就是劳动的指挥者。节奏上重音突出,音乐强弱对比鲜明，歌曲往往显现出质朴、粗犷、豪迈的风格，体现了劳动人民的智慧和力量，并表现出他们的乐观精神和大无畏的英雄气概。B 选项不符合题意。

53. C 【解析】本题考查歌词的基本创作规律。歌词的创作要遵循的基本规律之一是词曲相互依存又相互独立，C 选项词曲完全分离，这种说法是不正确的。其他三项都是歌词创作要注意的。

54. B 【解析】本题考查旋律发展手法。歌曲主题的发展手法多样，最常用的有四种：重复、模进、展开和对比。重复中的变化重复是最常用的旋律发展手法，就是只重复前面旋律的一部分，而将另一部分(可以是句首、句腹、句尾)进行变化。它使旋律既保持了统一，又获得了变化发展，还起到巩固音乐主题、发展音乐思想、加深音乐形象等作用。

55. A 【解析】本题考查歌曲的附属部分。歌曲的前奏也称“引子”，出现在歌曲呈示段之前，预示主题的出现，也预示歌曲的调式、速度、风格、情绪等特点，作为全曲音乐形象的缩影。间奏也称“过门”，是间插在曲式主体结构中间的段落，起着乐思的发展、延续以及乐段间情绪、速度的转换过渡等较为重要的作用。歌曲的尾声也称“后奏”，有补充作用和使歌曲作品有一个完美的终止。伴奏是音乐表现手法，歌曲或器乐曲的有机组成部分，由一件或多件乐器奏出，用以衬托主要的歌唱或器乐演奏的部分，如用钢琴或乐队伴奏独唱、重唱或合唱等。

56. B 【解析】本题考查声乐表演手势的含义。双臂张开，两掌相对，我们将之称为“开”，双臂收拢，即“合”，手势的开合是根据情感表现的内容而定的，有“开”就有“合”，“开”时气势磅礴，“合”时气势减弱。“定”，即定格，手势定住不动，这是在演唱情绪缓慢、深沉的歌曲时或者是在歌曲的结尾时经常做出的一种手势，它会给观众一种舒展、宽广的感觉，结尾处的定格手势更表示一种圆满的结束。“引”，即一手向前高抬，一手低位前伸，手心张开，食指前伸，掌心向上或者朝下，随着眼神的方向向前做指引状，这种手势有指引方向或者指示景物的作用。双掌朝上，向胸前托举，即为“托”，这种手势多用来表示尊敬的情绪。“错”，即错落有致，歌唱者在舞台上表演，手势并不是越“对称”越好，有时不对称的动作反而彰显美感。题干四个选项中符合“合”的手势的情绪只有 B 选项。

57. C 【解析】本题考查声乐作品的演唱风格。在演唱方法上，美声唱法要求保持口咽管道的开放和喉型的稳定，以保证气流的流畅贯通和声音的纯净圆润、铿锵有力，追求具有强烈光亮度的“声音集中点”；重视口鼻、胸式、腹式、胸腹式呼吸的协调、深沉，强调气息的支持，要求自然放松；强调共鸣的作用。美声歌唱者必须恪守这一发音模式，在服从共鸣的前提下，保证吐字的运用自如，无论大音量时的声音饱满、坚实，还是音量控制下的轻柔优美，均要求保持统一的口型和歌唱位置，保证各音区之间的转换自如、音色统一。通俗唱法中的发声共鸣及其对于呼吸的控制是为了形成一系列非传统的、个性的演唱效果。通俗歌曲的演唱一般有气声唱法、假声唱法、喊声唱法等。其中，气声唱法指的是以气催声的过程，这种唱法主要用于低声、缠绵、如歌如泣，像是耳旁的窃窃私语，又像是发自内心的声音，表达极为真切，更富有感染力。题干最符合气声唱法的特征。

58. A 【解析】本题考查二拍子指挥图示。A 选项是二拍子的基本指挥图示，其他三个选项都为二拍子的变化指挥图示。A 选项基本图示适合表达雄壮有力的音乐情绪，适合采用保持音击拍方法。B 选项二拍子变化图示适用于刚中带柔的歌曲，第一拍采用保持音打法，第二拍采用连音打法。C 选项二拍子变化图示适用于较快速度的跳跃性歌曲。D 选项二拍子变化图示适用于较慢速度的抒情或稍带忧伤的歌曲，采用连音击拍方法。（参考朱咏北主编的《合唱与合唱指挥普修教程 上》）

59. C 【解析】本题考查萨拉萨蒂的《卡门主题幻想曲》。西班牙小提琴家萨拉萨蒂为 19 世纪最杰出的小提琴演奏家之一，这首由比才歌剧《卡门》所改编的《卡门主题幻想曲》中有很多高超的小提琴技巧，合理的运用令这首幻想曲绚丽多姿，极富表现力，成了小提琴家们的最爱，也是小提琴曲中的经典之作。

60. B 【解析】本题考查《黄河大合唱》的内容。题干选自《黄河大合唱》的第二乐章《黄河颂》的朗诵词。

61. D 【解析】本题考查聂耳的音乐贡献。聂耳的音乐作品大多是为当时的进步电影和戏剧写的主题歌与插曲。他第一个在歌曲中塑造了中国无产阶级的光辉形象，是中国革命音乐的开路先锋。

62. B 【解析】本题考查京剧的行当。京剧行当分为生、旦、净、丑四行。生行是除了花脸以及丑角以外的男性角色的统称。旦行是所有女性角色的统称，可细分为青衣、花旦、老旦、刀马旦等角色，老旦多扮演老年妇人，花旦多扮演性格活泼的女子，青衣多扮演贤妻良母角色，刀马旦多扮演以武功见长的女性。净行大多是扮演性格、品质或相貌上有些特异的男性人物，化妆用脸谱，音色洪亮，风格粗犷，俗称“花脸”。丑行可分为文丑、武丑两大支系，俗称“小花脸”。

63. B 【解析】本题考查古琴的类属。弹拨乐器是通过弹拨琴弦使得共鸣器与弦产生振动而发出声响的乐器。这类乐器善于弹奏活泼跳跃的旋律。弹拨乐器按演奏方式又可以分为两种:一种是横弹的乐器,如古琴、筝、朝鲜族的伽倻琴等;一种是竖弹乐器,如琵琶、阮、柳琴、月琴、三弦等。另外,击弦乐器扬琴也属于弹拨乐器。

64. D 【解析】本题考查印象派音乐的特点。印象主义音乐常常使用的艺术表现手法,可归纳为以下几点:(1)曲调发展上避免使用浪漫主义音乐中常见的重复、扩充、展开等表现手段,而以短小的曲调组合成一种新颖的动机语汇。声乐曲调与言语音调密切结合,近似朗诵;器乐曲调也很少有气息宽广的线条。(2)演奏上喜欢使用复节拍与复节奏,节拍不规则地细分减弱了推动力,呈现松散流动的状态。(3)重视调式的表现力,根据形象要求采用相应的调式,如各种五声音阶、中古调式及全音音阶。扩大调性概念,常避免出现明确的收束式。全音音阶的运用使调式中的每一个音居于同等地位,减弱了调中心感,出现多调性因素。(4)由于喜好对不同的色彩与音响作平面的、绘画式的并列,和声成为最重要的表现手段。通过增加和弦结构的可能性与减弱和声进行的功能性,得到极其丰富的和声色彩。(5)音色丰富、独特而新颖。在声乐作品中,男高音与女高音常使用缺乏光彩和戏剧力量的低音区;广泛运用各种乐器演奏法上的色彩手段,如木管的低音区、铜管大量使用弱音器与阻塞音,铜管在乐队中的作用往往不在于加强力度,而为了取得多变的色彩效果等。(6)配器与织体安排新颖。如弦乐组常常细分,小提琴的高音伸展到过去很少用的音区,大提琴担任小提琴的角色,中提琴演奏低音,造成模糊不清之感;突出竖琴、钢片琴、三角铁和钟琴清澈的音响,使管弦乐色彩缤纷,展现出力度与音色结合。(7)结构往往松散模糊,但许多作品仍可看到三部曲式的轮廓。总之,印象主义音乐的特征表现为:新颖、雅致、清新、灵巧,但缺乏音乐发展所固有的内在动力。综上,D 选项说法错误。

65. A 【解析】本题考查巴赫的历史地位及代表作品。巴赫,德国作曲家、管风琴演奏家,被称为“西方近代音乐之父”。《平均律钢琴曲集》是他的古钢琴作品;《马太受难曲》是他的声乐作品,代表着巴赫的宗教音乐的最高成就,被人们称为“现存宗教音乐的顶峰”。

66. C 【解析】本题考查世界三大神剧。《四季》《创世纪》是海顿的清唱剧作品,《第 88 号交响曲》也是海顿的代表作品。B 选项《蓝色多瑙河》是奥地利作曲家(小)约翰·施特劳斯的代表作。海顿的《创世纪》、亨德尔的《弥赛亚》以及门德尔松的《伊利亚》并称为世界三大神剧。

67. C 【解析】本题考查韦伯的代表作品。韦伯的代表作品《自由射手》(也译为

《魔弹射手》)标志着德国民族歌剧、浪漫主义歌剧的诞生。A 选项《图兰朵》是普契尼的代表作;B 选项《奥伯龙》是韦伯创作的最后一部歌剧作品;D 选项《森林少女》是韦伯创作的早期歌剧,已经有了浪漫主义歌剧的倾向。

68. B 【解析】本题考查贝多芬的代表作。A 选项《茶花女》是威尔第的代表作品;B 选项《田园交响曲》是贝多芬的交响曲代表作;C 选项《仲夏夜之梦序曲》是门德尔松的代表作品;D 选项《跳蚤之歌》是穆索尔斯基的代表作品。

69. C 【解析】本题考查莫扎特的喜歌剧《唐璜》。《费加罗的婚礼》《唐璜》《女人心》是莫扎特最重要的三部喜歌剧。

70. C 【解析】本题考查芭蕾舞剧《红色娘子军》。作为中国芭蕾舞台上的佼佼者,《红色娘子军》可以说是中国芭蕾史上的一座里程碑,是艺术领域中西文化成功融合的典范。这部作品将古典芭蕾的精华与中国的民族风格融为一体,展现出了中国芭蕾独有的特色和民族风情。

五、判断题

71. √ 【解析】本题考查舞蹈和音乐的共同点。首先,舞蹈与音乐之间存在的共同点是节奏,这是它们结合的自然基础,舞蹈更需要音乐来强化节奏感。其次,舞蹈与音乐的共同点是抒情性,舞蹈和音乐都直接表达感情,而表达具有抽象性,它不会对舞蹈的具体表达产生重叠、矛盾或干扰,而可以与舞蹈结合。再次,舞蹈和音乐都是在时间过程中展示的,这样它们才能够同步进行,结合在一起。

72. × 【解析】本题考查记谱法。五线谱记谱法是目前被公认的最准确、最科学的记谱方法。减字谱是唐代曹柔在"文字谱"的基础上革新、创造的一种古琴记谱法。

73. √ 【解析】本题考查反复记号。歌曲演唱(奏)到"D. C."后,要从头反复至"Fine"处结束。

74. × 【解析】本题考查四部和声的基础知识。在多声部音乐中,声部数量的多少常根据音乐表现的需要而定,但是,最常用的方式还是以四部和声为基础。如大合唱常分为女高音、女低音、男高音、男低音四个声部;管弦乐也常把弦乐、木管、铜管等乐器分为高音、中音、次中音、低音四个声部。四部和声具有音响丰满、声部均衡的优点。

75. × 【解析】本题考查起承转合结构的基础知识。起承转合:"起"的最初呈示,"承"的巩固、强调与延续,"转"的变化对比,"合"的再现与总结概括联系在一起,体现出音乐合乎逻辑、展衍发展的结构形式。与最开始乐意相呼应,总结全曲的是"合"。

76. √ 【解析】本题考查螺蛳结顶的创作手法。螺蛳结顶是音乐创作的一种技法,是指将原有的乐句逐步紧缩,直至最后形成简洁的顶端。如民族管弦乐曲《金蛇狂舞》。

77. √ 【解析】本题考查预备拍在合唱指挥中的作用。预备拍作为指挥开始音乐进行前的预示动作,虽然在时间上非常短暂,但对于提示合唱团的呼吸,歌曲的速度、力度、情感等方面有着至关重要的作用。

78. √ 【解析】本题考查刘天华的代表作品。刘天华,江苏江阴人。他于1927年创办"国乐改进社"和音乐刊物《音乐杂志》。他的代表作品有二胡曲《病中吟》《月夜》《空山鸟语》等,琵琶曲《歌舞引》《改进操》《虚籁》,民乐合奏《变体新水令》《混江龙》。

79. × 【解析】本题考查柏辽兹所属乐派。柏辽兹是浪漫主义时期代表音乐家,被称为"标题音乐大师",代表作有《幻想交响曲》《罗密欧与朱丽叶》等。

80. × 【解析】本题考查歌剧的诞生。歌剧在16世纪末诞生于意大利佛罗伦萨。

六、简答题

81. 简述掌握好钢琴即兴伴奏的编配需做好哪些方面的工作。

【参考答案】掌握好钢琴即兴伴奏的编配需要做好以下几方面的工作:第一,扎实的钢琴演奏技术。第二,和声是钢琴即兴伴奏中的骨架。第三,作品分析能力是设计钢琴即兴伴奏的前提。第四,恰当地运用复调手法。

本题共5分。(1)答出"钢琴演奏""和声基础""作品分析""复调基础"4点内容,可得4分,每点1分;(2)阐述合理且语句通顺得1分;(3)从其他方面切入,根据阐述的合理程度,酌情给分。

七、论述题

82. 正确的发声是歌唱的基础,试述歌唱发声训练过程中的注意事项。

【参考答案】歌唱技能包括良好的姿势、正确的呼吸、自然圆润的发声和清晰的咬字吐字等。它们彼此之间是紧密联系的。正确的姿势是学生歌唱和表现歌曲的基础。呼吸是歌唱发声的动力,发声的自然、正确,音色、音质的优美和歌唱时感情的表达都与呼吸有很大关系。良好的呼吸是正确揭示歌曲音乐形象的必要条件。发声方法的训练是培养学生自然、良好嗓音的重要途径,结合其他歌唱知识,为唱好歌曲准备充足的条件。

歌唱发声训练过程中的注意事项有以下几点:①歌唱的发声与说话的发声在音质与音量上有着根本的区别。歌唱的发声在音量和音高方面有着特殊的要求,需要音色优美、音质纯净,以符合人们歌唱审美的标准。②歌唱发声的关键与基础,在于良好的呼吸,首先呼吸方法要正确(胸腹联合呼吸法),要求吸气深而自然,气息的运用(呼气)要通过胸腹肌肉联合控制,控制力量要适当而稳定,使声音充分获得气息的支持。③歌唱发声时要做好准备,使声门闭合,然后用气息压力冲开声门,发出声音,但气息的冲击力量不可过猛以免损伤声带。④歌唱发声时要打开喉咙(声音通道),注意喉头稳定(避免上下移动)。面部、下颌及舌要自然松弛,不可僵硬。⑤发声时音量要适度,强度适中。通过有节制地均匀用气,使声音自然、松弛,匀净而稳定。歌唱发声的训练步骤,首先应从中声区(自然声区)开始,以取得丰满、圆润而自如的发声基础,然后再渐次向上、向下扩展音域。扩展音域不可急于求成,要注意声区的融合统一。向上(高音)扩展时声音要收拢、集中,使共鸣部位移向头腔,向下扩展时应开放喉咙,并调节共鸣部位,使声区过渡自然、协调统一。⑥用不同元音练习发声时,下颌及舌的升降及前后位置应适当调整;在发长音时,口型应保持不变。⑦在歌唱练习时要注意保护好自己的嗓子,适当地练唱。发声练习的时间,初学时 20 分钟一次为宜,以后逐渐地加至半小时或一小时。经常唱一组你最满意的音,坚持每天练习最重要,绝对避免用全音量来练习。⑧大声地乱唱,容易使歌唱器官受损。在没有能力唱高音之前,切勿作高音练习。选择曲目更要谨慎,不要唱不适合自己的曲目。⑨每次练习应有新鲜感,精神集中,感兴趣地练习。⑩练习时要多用慢的、短的乐句作为最初的练习。

本题共 10 分。从"呼吸""音量""练习方法""嗓子保护""练习时长"等方面去阐述歌唱发声训练过程中的注意事项,语句流畅且阐述合理,每答出 1 条可得 2 分,答出 5 条即可得 10 分。

2021 年福建省教师招聘考试小学音乐真题试卷(九)

答案速查

1~5	BCBDA	6~10	CABAB	11~15	DCACC	16~20	DCBCA

一、单项选择题

1. B 【解析】本题考查音乐速度用语的含义。Andante 意为"行板",每分钟拍数为 66。A 选项急板用"Presto"表示,每分钟拍数为 184;C 选项慢板用"Lento"表示,每分钟拍数为52;D选项快板用"Allegro"表示,每分钟拍数为132。

2. C 【解析】本题考查音程的音数。音程中的音数指的是两音之间所包含的全音和半音的数目,其中全音用"1"来表示,半音用"$\frac{1}{2}$"来表示。小六度音程中包含三个全音和两个半音,即音数为4。

3. B 【解析】本题考查调号的判断。^{b}B大调的调号为两个降号;$^{\#}$g和声小调与B大调的调号相同,为五个升号;F五声徵调式的宫音为^{b}B,调号为两个降号;D五声商调式的宫音为C,调号为无升无降。

4. D 【解析】本题考查民族乐器的分类。箫是我国的民间吹奏乐器,一般由竹子制成。

5. A 【解析】本题考查调式中音级与名称的对应。$^{\#}$f旋律小调的音阶为$^{\#}$f－$^{\#}$g－a－b－$^{\#}$c－$^{\#}$d－$^{\#}$e－$^{\#}$f,其中音名A在调式中是第Ⅲ级,为中音。

6. C 【解析】本题考查散拍子的含义。散拍子也叫散板、自由拍子。它是指单位拍的时值以及拍子的强弱规律都不明显,演奏(唱)者在演奏(唱)时可以根据自己对音乐的理解进行自由处理。

7. A 【解析】本题考查艺术的社会作用。作为一种特殊的精神生产,艺术具有形象性、主体性、审美性等基本特征,其功能主要有审美认知作用、审美教育作用、审美娱乐作用三种。

8. B 【解析】本题考查《义务教育音乐课程标准(2011年版)》中的课程性质。《义务教育音乐课程标准(2011年版)》在课程性质部分提到,音乐课程是九年义务教育阶段面向全体学生的一门必修课,音乐课程性质主要体现在人文性、审美性、实践性三个方面。

(注:在《义务教育艺术课程标准(2022年版)》中,艺术课程具有审美性、情感性、实践性、创造性、人文性等特点。)

9. A 【解析】本题考查音符的时值计算。题干是有五个三十二分音符构成的五连音。把原来按偶数均分为四部分的音符时值平均分成五部分,称为五连音。即题干五连音的时值等于四个三十二分音符构成的总时值,为一个八分音符。

10. B 【解析】本题考查三和弦的性质。根据谱例,$^{\#}$F～A为小三度,A～C为小三度,因此该和弦为减三和弦。

11. D 【解析】本题考查我国民族乐器的所属类别。我国民族乐器按照演奏方法可分为弹拨类、打击类、拉弦类和吹管类四种。题目中琵琶、古琴和阮属于弹拨乐器,京胡属于拉弦乐器。

12. C 【解析】本题考查民间合奏曲《欢欣的日子》的作者。《欢欣的日子》原名《翻身的日子》,由朱践耳创作于 1952 年,原是大型纪录片《伟大的土地改革》中的插曲,由中西混合乐队演奏,后改编为民族管弦乐曲。乐曲以流畅的旋律、跳跃的节奏和热烈的情绪,表现了解放初期农民分得土地后欢天喜地的情景。

13. A 【解析】本题考查斯美塔那的称号。斯美塔那是捷克民族乐派的创始人,捷克著名的作曲家、指挥家和钢琴家。他毕生从事着辛勤的创作,在歌剧音乐的民族化方面做出了突出贡献,代表作有歌剧《被出卖的新嫁娘》、交响诗套曲《我的祖国》以及弦乐四重奏《我的生活》等,将捷克音乐推向了全世界,因此被后人誉为"捷克音乐之父"。

14. C 【解析】本题考查广东音乐的代表作。《雨打芭蕉》《旱天雷》《步步高》是广东音乐的代表作。《天仙配》是黄梅戏的代表作,故 C 选项正确。

15. C 【解析】本题考查西洋乐器的分类。西洋乐器分为木管乐器、铜管乐器、弦乐器、键盘乐器和打击乐器。萨克斯和英国管属于木管乐器,故 C 选项正确。钢琴属于键盘乐器,法国号属于铜管乐器。

16. D 【解析】本题考查藏族民间音乐的种类。"果谐"是藏族的一种自娱性质的群体舞蹈,意译是"大家一起围成一个圆圈跳舞"。"堆谐"是一种娱乐性很强的藏族民间歌舞,原是当地人民丰收时敬神的歌舞,后逐渐演变为脚下敲击节奏的踢踏舞形式,并出现了职业艺人。堆谐的音乐结构由前奏、慢歌段(降谐)、间奏、快歌段(觉谐)、后奏五个部分组成。"短调""长调"均为蒙古族的民歌体裁。

17. C 【解析】本题考查舒伯特的代表作。《魔王》是舒伯特创作的著名歌曲,是一首戏剧性、艺术性很强的叙事歌曲。全曲以德国诗人歌德的同名叙事诗为词,通过不同的旋律音调,配上不同的唱腔,以及钢琴模仿持续不断的疾驰马蹄声和呼啸的风声的三连音,表现了叙事诗里儿子、父亲、魔王以及叙事者四个性格各异的人物和特定的环境。A 选项《牧童短笛》是贺绿汀的钢琴作品;B 选项《狂欢节》是舒曼的钢琴作品;D 选项《蝴蝶夫人》是普契尼的歌剧作品。

18. B 【解析】本题考查《救国军歌》的曲作者。《救国军歌》是冼星海创作的歌曲,是抗日救亡运动中广为传唱的群众歌曲之一,原为齐唱,后改为四部合唱。歌曲为进行曲体裁,反映人民大众要求驱逐敌寇、保卫国家的强烈愿望。全歌节奏坚定有力,音调明快,对宣传、动员群众起到一定作用。

19. C 【解析】本题考查我国民族调式的结构。C 徵调式就是以 C 音作徵音的调式，商音在徵音下方纯四度，也就是 C 音下方纯四度 G 音。因此 C 选项正确。

20. A 【解析】本题考查《玉簪记》的所属剧种。《玉簪记》是明代高濂创作的一部传奇，是昆剧生旦戏的经典之作，也是昆剧极盛时代产生的一部脍炙人口的名剧。《玉簪记》讲述了南宋时期书生潘必正与道姑陈妙常冲破封建礼教束缚，追求自由，并最终获得幸福爱情的故事，具有很高的美学价值。

二、填空题

21. 原位和弦；转位和弦

22. 地方色彩浓厚；叙事与代言相结合

23. 内在；外在表现

24. 文场；武场

25. 苗族；彝族

26. 钢琴音乐；钢琴诗人

27. 声乐记谱法（字母）；器乐记谱法（符号）

28.《八路军进行曲》；《人民解放军进行曲》

29. 散序；破

30. 吕其明；《义勇军进行曲》

三、综合题

31.【参考答案】

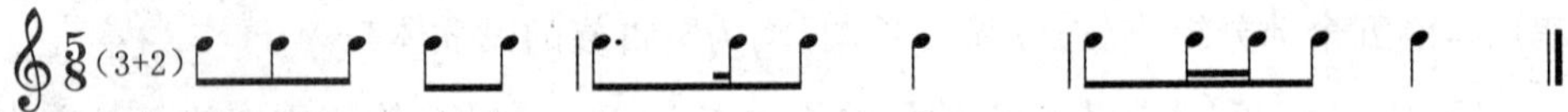

32.【参考答案】（1）e 旋律小调

【解析】观察谱例可知，该旋律的调号为一个升号，初步判断为 G 大调；又因为结束音为 E，因此可以判断是 G 大调的平行小调 e 小调。另外谱例中升高了 C、D 两音，且只在旋律上行时出现，符合 e 旋律小调升高Ⅵ、Ⅶ级的调式特征，该旋律为 e 旋律小调。

（2）

【解析】G 调向上移高小三度为♭B 调，因此调号为两个降号；旋律也要相应地移高三度记谱，原谱中的临时变化音♯C 和♯D 分别变为♮E（调号中有♭E，要升高需还原）和♯F。

33.【参考答案】《智取威虎山》;《甘洒热血写春秋》;《林海雪原》;杨子荣

34.【参考答案】(1)根据第8小节的收拢性终止可判断,该旋律较为符合起承转合式的再现单二部曲式的曲式类型。

(2)结构图示如下:

A		B	
a	a^1	b	a^2
(1~4)	(5~8)	(9~12)	(13~16)

【解析】该曲由典型的起、承、转、合四个乐句构成,每句都包含四个小节,以每句第4小节的长音加四分休止作结尾。

(3)该旋律的第一、二、四句采取同头换尾的创作手法(开头相同,结尾不同)和自由模进的创作手法(基本节奏保持不变,旋律的音程关系有所变化)。

2021年山东省临沂市教师招聘考试音乐真题试卷(精编)(十)

教育理论知识

答案速查

1~5	ABCAB	6~10	CDDCB	11~15	BABAB	16~20	CDADD
21~25	BCDBA	26~30	ADDCC	31~35	BACCB	36~40	AAADD
41~45	ABD CD BCD ABCD BCD			46~50	CD AB ABC BC ACD		
51~55	BCD BD ABD ABCD ABCD						

一、单项选择题

1. A 【解析】本题考查古代中国的教育。A项,宋代以后,学校的教育内容主要为"四书五经"("四书"是《大学》《中庸》《论语》《孟子》的合称,"五经"是《诗》《书》《礼》《易》《春秋》的合称)。宋朝文豪苏东坡,自幼熟读"四书五经",长期浸润在诗书的氛围中,处处散发出儒雅气质,并赋予他宽广胸怀,从而写出了许多流传千古的诗词名句。B项,"六艺"是西周各级各类学校教育的基本学科,具体指礼、乐、射、御、书、数。C项,程朱理学是由程颢、程颐兄弟创建,而在朱熹手中集大成的宋代理学的主要派系。苏轼逝于1101年,而朱熹生于1130年。因此,苏轼在少年时代不可能学习到程朱理学。D项,"七艺"是中世纪西欧的教会教育的内容,包括"三科(三艺)"(文法、修辞、辩证法）和“四学”（算术、几何、天文、音乐）。综上所述，苏轼的少年时代，最有可能的学习材料是“四书五经”。

2. B 【解析】本题考查操作性条件作用的基本规律。正强化也称积极强化，是通过呈现想要的愉快刺激来增强反应频率。负强化也称消极强化，是通过消除或中止厌恶、不愉快刺激来增强反应频率。消退是指条件刺激形成以后，如果得不到强化，条件反应会逐渐减弱，直至消失的现象。惩罚是指当有机体做出某种反应以后，呈现一个厌恶刺激，以消除或抑制此反应的过程。题干中的老师是通过撤销批评（厌恶刺激）来增加学生遵守纪律的行为，所以运用的是负强化。

3. C 【解析】本题考查心理过程的内容。意志过程是个体自觉地确定目的，并根据目的调节支配自身的行动，克服困难去实现预定目标的心理过程。题干中小明为了完成作业，克服了自己想要跟同学一起出去玩的欲望，这体现的心理过程是意志过程。

4. A 【解析】本题考查教育的社会属性。教育的历史性是指在不同的社会或同一社会的不同历史阶段，教育的性质、目的、内容等各不相同。不同时期的教育有其不同的历史形态、特征。现代教育和古代教育在师生关系上的不同特点反映了教育的历史性。

5. B 【解析】本题考查赫尔巴特的教育思想。赫尔巴特不仅论述了教育学的独特性，而且还非常明确地提出了教育学的学科基础，即哲学和心理学。他说，“教育学作为一种科学，是以实践哲学和心理学为基础的。前者说明教育的目的；后者说明教育的途径、手段与障碍。”故本题选 B 项。

6. C 【解析】本题考查学习迁移的种类。根据迁移内容的不同，可将迁移分为一般迁移和具体迁移。其中，一般迁移也称非特殊迁移、普遍迁移，是指一种学习中所习得的一般原理、原则和态度对另一种具体内容学习的影响，即原理、原则和态度的具体应用。数学学习中形成的认真审题的态度及审题的方法将会对学习化学、物理等学科有积极影响，这是对原理和态度的具体应用。故属于一般迁移。

7. D 【解析】本题考查教育的功能。负向功能是指教育阻碍社会进步和个体发展的消极影响和作用；隐性功能是指伴随显性教育功能所出现的非预期性的功能。题干中，“小组间隐匿学习资料的现象”体现的是教育的负向隐性功能。

8. D 【解析】本题考查自我价值理论的内容。具有高驱高避型动机形式的人同时受到成功的诱惑和失败的恐惧，他们对一项任务怀有既追求又排斥的冲突情绪，他们兼具了成功定向者和避免失败者的特点。这类人被称作“过度努力者”。为了成功的同时又要掩饰自己的努力,他们中就出现了一种“隐讳努力”的现象。他们在同学中尽量表现得贪玩、不在乎考试,但私下里却偷偷努力,拼命学习。这样,成功时,他们的成绩更有价值,更能说明他们的能力过人;即使失败,也可以为自己的失利找到很好的理由,不会被认为无能。题干中的李强在同学中表现出贪玩、不在乎考试的样子,但在私下里却偷偷努力,拼命学习,这说明其自我价值动机倾向极可能是高驱高避型。

9. C 【解析】本题考查问题解决的策略。启发法是基于一定的经验,根据现有问题状态与目标状态之间的内在联系,采用较少搜索而找到解决问题途径的一种策略。启发法不需要像算法策略那样费时费力,往往是一种比较快捷的方法,但却并不能保证一定可以成功地解决问题。故答案选 C 项。

10. B 【解析】本题考查教育与社会发展的关系。社会政治经济制度决定着教育内容的取舍。不同政治经济制度的社会具有不同的政治方向、思想意识和主流文化,并且不同的政治经济制度要求培养具有不同政治立场和思想意识的人,这自然要求传递不同的教育内容,特别是思想道德方面的内容。秦始皇焚书坑儒、汉武帝独尊儒术体现了政治经济制度决定教育内容的取舍。

11. B 【解析】本题考查个体心理发展的一般规律。在正常条件下,心理的发展总是具有一定的方向性和先后顺序。尽管发展的速度有个别差异,会加速或延缓,但发展是不可逆的,也不可逾越。例如,心理的发展总是由机械记忆到意义记忆,由具体形象思维到抽象逻辑思维。

12. A 【解析】本题考查学校文化的构成。学校文化由观念文化、规范文化和物质文化构成。观念文化又叫精神文化,包括办学指导思想、教育观、道德观、思维方式、校风、行为习惯等。观念文化是学校文化的内核和灵魂,是学校组织发展的精神动力。故答案选 A 项。

13. B 【解析】本题考查癸卯学制。“癸卯学制”主要承袭了日本的学制,是中国近代教育史上第一部由国家颁布的并在全国实行的学制系统,成为中国近代教育走向制度化、法制化阶段的标志。该学制明文规定教育目的是“忠君、尊孔、尚公、尚武、尚实”,其指导思想是“中学为体,西学为用”。

14. A 【解析】本题考查认知风格的知识。在教学方面,场独立性强的教师喜欢数学和自然科学各科,喜欢演讲,在讲课时注意教材的结构和逻辑,偏向于使用正规的教学方式;场依存性强的教师使用结构不那么讲究的方法,喜欢与儿童相互作用,喜欢采用讨论的方法。故题干中赵老师的认知风格可能是场依存型。

15. B 【解析】本题考查教师职业的发展历史。教师职业的发展经历了非职业化阶段、职业化阶段、专门化阶段、专业化阶段。职业化阶段,独立的教师行业伴随着私学的出现而出现。例如,我国春秋时期的诸子百家,其中影响和规模最大的是儒、墨两家。这种私学教师在一定程度上改变了官学教师身上过重的官吏色彩,使教师开始回归到专业教育工作者的角色上来。从这个意义上来看,春秋战国时期这些出卖脑力劳动的“士”堪称中国第一代教师群。古希腊的“智者”也以专门教授人们知识为生。这时,私学教师逐渐形成一种行业。不过,这时虽有专门的教师,但教师职业基本上还不具备专门化水平,私学教师没有形成从教的专业技能。“自行束脩以上,吾未尝无悔焉”意思是只要是主动给我十条干肉作为见面礼物的,我从没有不给予教诲的。这表明此时的教师以专门教授人们知识为生,故属于教师职业发展的职业化阶段。

16. C 【解析】本题考查马斯洛的需求层次理论。在马斯洛的需求层次理论中,从低到高的需求依次为生理需要、安全需要、归属与爱的需要、尊重的需要、求知需要、审美需要、自我实现的需要。自我实现的需要是最高层次的需要,是在前面需要得到满足后产生的。所谓“自我实现”,即追求自我理想的实现,是充分发挥个人潜能、才能的心理需要,也是一种创造和自我价值得到体现的需要。李老师在教学过程中充分发挥自身潜能,对教学中的每一项任务力求做到极致,这表明其达到的最高层次的需要是自我实现的需要。

17. D 【解析】本题考查教师劳动的创造性特点。教师劳动的创造性主要是由劳动对象的特点决定的。教师劳动的创造性主要表现在以下三个方面:(1)因材施教;(2)教学方法上的不断更新;(3)教师需要“教育机智”。故题干所述体现了教师职业劳动的创造性。

18. A 【解析】本题考查教师知识素养的内容。教师的知识素养包括政治理论修养、精深的学科专业知识(本体性知识)、广博的科学文化知识、必备的教育科学知识(条件性知识)、丰富的实践知识。其中,教师的教育科学知识(条件性知识)主要包括三个方面:(1)学生身心发展知识;(2)教与学的知识;(3)学生成绩评价的知识。故题干所述的知识属于教师的条件性知识。

19. D 【解析】本题考查课堂提问的要求。“不愤不启,不悱不发”的意思是:学生如果不经过思考并有所体会，想说却说不出来时，就不去开导他；如果不是经过冥思苦想而又想不通时，就不去启发他。也就是说，只有在学生“愤、悱”的状态下，才是启发（提问）的最佳时机。即学生“心求通而未得之意”“口欲言而未能之貌”的时候，这个时候，学生注意力集中、思维活跃，对教师的提问往往能够积极地投入思考，从而让课堂教学收到良好的效果。因此，“不愤不启，不悱不发”要求教师在提问时把握好提问时机。故本题选D项。

20. D 【解析】本题考查人本主义学习理论的内容。马斯洛极端反对行为主义心理学者所提出的条件作用学习理论。他认为对学生来说，外铄学习是缺少个人意义的，只是对个别刺激所做的零碎反应。只是由外在影响加给学生的一些片段的习惯与行动而已。学生所学到的，顶多也不过像是在他口袋里装了几把钥匙或者几枚铜钱而已。学生所学的一切，对他个人的心智成长，毫无意义。按马斯洛的主张，学习不能由外铄，只能靠内发。教师不能强制学生学习；学习的活动应由学生自己选择和决定。故答案选D项。

21. B 【解析】本题考查教师成长的阶段。福勒和布朗根据教师的需要和不同时期所关注的焦点问题，把教师的成长划分为关注生存、关注情境和关注学生三个阶段。其中，处于关注情境阶段的教师关心的是如何教好每一堂课，以及班级大小、时间压力和备课材料是否充分等与教学情境有关的问题，如“内容是否充分得当”“如何呈现教学信息”“如何掌握教学时间”等。因此，题干所述表明王老师处于关注情境阶段。

22. C 【解析】本题考查课堂提问的类型。教育家特内曾根据布卢姆《教学目标分类学》的基本思想，创设“布卢姆—特内教学提问模式”。在这种教学提问模式中，教学提问被分成由低到高六个水平，即知识（回忆）水平、理解水平、应用水平、分析水平、综合水平和评价水平。其中，应用水平的提问可用来鼓励和帮助学生应用已学知识去解决问题。它要求学生能把所学的某些规则或理论应用于某些问题，对问题进行分类、选择，以确定正确的答案。在应用水平的提问中，教师常用的关键词是：应用、运用、分类、选择、举例等。题干中，王老师要求学生运用所学的完全平方公式去解决问题，体现了应用水平的提问。

23. D 【解析】本题考查注意的品质。注意的分配是指人在进行两种或多种活动时能把注意指向不同对象的现象。事实证明，注意的分配是可行的，人们在生活中可以做到“一心二用”，甚至“一心多用”。“学生在上课时对学习内容用眼看、用耳听、用心记、用嘴说”体现的是注意的分配。这样做可以提高学生注意的分配能力。

24. B 【解析】本题考查三维课程目标的知识。新课程背景下的课堂教学，要求根据各学科教学的任务和学生的需求，从知识与技能、过程与方法、情感态度与价值观三个维度出发设计课程目标。“知识与技能”目标强调基础知识和基本技能的获得，相当于传统的“双基教学”，这一维度的目标立足于让学生学会。“过程与方法”目标突出的是让学生“学会学习”，使学生获得知识的过程同时成为获得学习方法和能力发展的过程，这一维度的目标立足于让学生会学。“情感态度与价值观”目标强调教学过程中激发学生的情感共鸣，引起积极的态度体验，形成正确的价值观，这一维度的目标立足于让学生乐学。

25. A 【解析】本题考查课程内容的编排方式。直线式是指学科课程内容的组织呈直线前进，前面安排过的内容在后面不再呈现。螺旋式是指同一课程内容前后重复出现，前面的内容是后面内容的基础，后面内容是对前面内容的不断扩展和加深，且层层递进。直线式和螺旋式是教科书编写的两种基本的组织方式，它们各有利弊，分别适用于不同性质的学科、不同年级的学生。对理论性较强、学生不易理解和掌握的内容，尤其对低年级的儿童来说，采用螺旋式来组编较适合；对一些理论性、难度或操作性相对较低的学科知识，采用直线式组编则较适合。

26. A 【解析】本题考查课程实施的取向。课程实施的三种取向为：(1)忠实取向；(2)相互调适取向；(3)创生取向。其中，相互调适取向认为设计好的课程计划是可以变动的，课程实施过程是课程计划与班级或学校实际情境在课程目标、内容、方法、组织模式诸方面相互调整、改变与适应的过程。预设与生成是辩证的对立统一体，课堂教学既需要预设，也需要生成，预设与生成是课堂教学的两翼，缺一不可。要认真处理预设与生成的关系，使两者相辅相成、相互促进，就要做到：(1)以预设为基础，提高生成的质量和水平；(2)以生成为导向，提高预设的针对性、开放性、可变性。王老师注重课堂教学中预设与生成的关系，这符合课程实施的相互调适取向。

27. D 【解析】本题考查量力性教学原则。量力性教学原则又称为可接受性原则，是指教学的内容、方法、分量和进度要适合学生的身心发展特点，使他们能够接受，但又要有一定的难度，需要他们经过努力才能掌握，以促进学生的身心发展。“最近发展区”是儿童在有指导的情况下，借助成人的帮助所能达到的解决问题的水平与独自解决问题所达到的水平之间的差异，实际上是两个邻近发展阶段间的过渡状态。

“语之而不知,虽舍之可也”的意思是:如果老师开导了(学生)还是不懂,那么暂时放弃开导,也是可以的。这都在一定程度上表明教学的内容、方法、分量和进度要适合学生的身心发展,使他们能够接受。故题干所述体现了量力性的教学原则。

28. D 【解析】本题考查分组教学的类型。分组教学有外部分组和内部分组、能力分组和作业分组等。外部分组,即取消按年龄编班,按学生的能力或某些测验成绩编班。内部分组,即在按年龄编班的班级内,再根据学生的成绩将他们分成若干个不同的小组。能力分组,是根据学生的能力发展水平进行分组教学的,各组课程相同,学习年限则不同。作业分组,是根据学生的特点和意愿来进行分组教学的,各组学习年限相同,课程则不同。故 D 项正确。

29. C 【解析】本题考查情境—陶冶教学模式。情境—陶冶教学模式是使学生处在创设的教学情境中,运用学生的无意识心理活动和情感,加强有意识的理性学习活动的教学模式。该教学模式的教学目标是使学生在思想高度集中、精神完全放松的状态下,高效率、高质量地掌握所学内容,并且在情感和思想上受到触动和感化。因此,若教学的核心目标是让学生形成某种态度或价值观,那就要采用情境—陶冶教学模式。故本题选 C 项。

30. C 【解析】本题考查心智技能的形成阶段。加里培林提出了较有影响力的心智技能形成理论。他认为心智技能的形成分为五个阶段:(1)活动的定向阶段;(2)物质活动和物质化活动阶段;(3)出声的外部言语阶段;(4)无声的外部言语阶段;(5)内部言语阶段。其中,无声的外部言语阶段,是以词的声音表象、动觉表象为支柱而进行智力活动的阶段。故答案选 C 项。

31. B 【解析】本题考查教学评价的基本类型。根据评价采用的标准,教学评价可以分为绝对性评价(标准参照性评价)、相对性评价(常模参照性评价)和个体内差异评价。其中,常模参照性评价是运用常模参照性测验对学生的学习成绩进行的评价,它主要依据学生个人的学习成绩在该班学生成绩序列或常模中所处的位置来评价和决定他的成绩的优劣,而不考虑是否达到教学目标的要求。它具有甄选性强的特点,因而可以作为选拔人才、分类排队的依据。事业编教师招聘考试是从高分到低分进行选拔的。故本题选 B 项。

32. A 【解析】本题考查常见的心理学效应。霍桑效应又称被试效应,“被试效应”的形成是由于被试者的“心理作用”造成的,是因为被试者觉察到了实验者的意图，或者因为实验场景的原因改变了他们本来的态度和行为，所有这些都对实验结果产生影响，而这种影响并非来自实验刺激的因素即自变量的影响。所谓“主试效应”，是指由于实验者对研究结果的期望而产生的实验偏差。主试效应常常被称为“皮格马利翁效应”或“罗森塔尔效应”。巴纳姆效应指的是一般人都会轻易地对一个笼统的、一般性的人格描述深信不疑，即使这种描述空洞而模糊，他也会毫不怀疑地认为这种描述确实说出了自己的人格面貌。故题干所述符合霍桑效应的内涵。

33. C 【解析】本题考查2008年修订的《中小学教师职业道德规范》。2008年修订的《中小学教师职业道德规范》中关于“为人师表”方面所规定的具体职业行为要求有：坚守高尚情操，知荣明耻，严于律己，以身作则。衣着得体，语言规范，举止文明。关心集体，团结协作，尊重同事，尊重家长。作风正派，廉洁奉公。自觉抵制有偿家教，不利用职务之便谋取私利。故本题选C项。

34. C 【解析】本题考查学习策略的种类。组织策略是指将经过精加工提炼出来的知识点加以构造，形成更高水平的知识结构的信息加工策略。常用的组织策略有：(1)列提纲。(2)利用图形(作示意图)。如系统结构图、流程图、模式图或模型图和网络关系图等。(3)利用表格。如一览表和双向表。根据题干中的“列提纲和画关系图”可知，这种学习策略属于组织策略。

35. B 【解析】本题考查德育模式相关知识。当代影响较大的德育模式有认知模式、体谅模式、社会模仿模式和价值澄清模式等。其中，体谅模式把道德情感的培养置于中心地位。体谅模式的特色有：(1)有助于教师较全面地认识学生在解决特定的人际—社会问题时的各种可能反应；(2)有助于教师较全面地认识学生在解决特定的人际—社会问题时可能遭到的种种困难，以便更好地帮助学生学会关心；(3)它提供了一系列可能的反应，教师能够根据它们指导学生围绕大家提出的行动方针举办讲座或角色扮演的主题活动。

36. A 【解析】本题考查班级管理的模式。班级平行管理是指班主任既通过对集体的管理去间接影响个人，又通过对个人的直接管理去影响集体，从而把对集体和个人的管理结合起来的管理方式。题干中，王老师既强调集体的教育力量，又通过对个别学生的教育来影响集体，这体现了班级平行管理。

37. A 【解析】本题考查常见的社会知觉偏差。社会刻板效应指对一群人的特征或动机加以概括，把概括得出的群体的特征归属于团体中的每一个人，认为他们每个人都具有这种特征,而无视团体成员中的个体差异。因此,题干中认为学习成绩差的学生品行也不好就是一种社会刻板效应。

38. A 【解析】本题考查奥苏贝尔的学习分类。奥苏贝尔认为,学生在学校中的有意义学习应该是有意义的接受学习和有意义的发现学习,但他更强调有意义的接受学习,因为有意义的接受学习可以在短时期内使学生获得大量的系统知识。有意义学习的本质就是以符号为代表的新观念与学习者认知结构中原有的适当观念建立起非人为的和实质性的联系的过程,是原有观念对新观念加以同化的过程。题干中的庄老师提到的弄清概念之间的关系,这是将新观念与原有的适当观念建立起实质性联系的过程,故最合适的学习方式是有意义的接受学习。A 项正确。

39. D 【解析】本题考查教学方法的选用依据。选择与运用教学方法的基本依据包括教学目的和任务的要求,课程性质和特点,学生年龄特征,教师业务水平、实际经验及个性特点等。国老师认为,教学方法的选用要考虑这堂课你要达成什么成果,这说明国老师的关注点在于课程目标。

40. D 【解析】本题考查学习动机的类型。根据学习动机的作用与学习活动的关系进行划分,学习动机可分为近景的直接性动机和远景的间接性动机。近景的直接性动机是与学习活动直接相连的,来源于对学习内容或学习结果的兴趣,此类动机作用效果比较明显,但稳定性比较差。远景的间接动机是与学习的社会意义和个人的前途相连的,此类动机的作用较为稳定和持久,能激励学生努力学习并取得好成绩。故 D 项正确。

二、多项选择题

41. ABD 【解析】本题考查个体身心发展的动因。外铄论认为人的发展主要依靠外在的力量,诸如环境的刺激和要求、他人的影响和学校的教育等。外铄论又称外塑论或经验论等。A、B、D 三项均体现了外在的力量决定或影响人的发展,都倾向于"外铄论"的观点。C 项,"万物皆备于我"是孟子提出的,属于"内发论"的观点。

42. CD 【解析】本题考查德育的方法。两难问题辨析法有助于促进儿童的道德判断的发展和道德行为的成熟,但是随着德育实践的深入,人们发现这种教学方法程序十分复杂,目的难以达到,尤其低年级儿童采用这种方法具有消极作用,具有不容易实施等不足,还有相当大的局限性。故 A 项错误。选择德育方法的依据包括:(1)德育目标。(2)德育内容。(3)德育对象的年龄特点和个性差异。例如,中学高年级学生，自我意识已充分发展，自我评价能力增强，适宜选用自我修养法、分组讨论法等。小学低年级学生，自我意识尚未形成，缺乏自我认识和评价的能力，适宜选用榜样示范法和实际锻炼法。故B项错误，D项正确。情感陶冶法是指教育者自觉创设良好的教育情境，潜移默化地使受教育者在道德和思想情操等方面受到感染、熏陶的方法。情感陶冶法的形式包括人格感化、环境陶冶和艺术陶冶。对小学生来说，学校、班级是他们学习与活动的主要场所，因此，创设优美的校园环境，形成团结向上的班级集体，就会使学生的心灵受到春风化雨般的滋润。故C项正确。

43. BCD 【解析】本题考查经典性条件反射的内容。在操作性条件作用中，行为发生在刺激之前，行为后果影响随后的行为；在经典性条件作用中，行为发生在刺激之后，中性刺激与无条件刺激相匹配。题干中，小明出现帮助同学的行为后，受到了表扬，此后行为频率增加，这体现了操作性条件反射的原理。故A项不符合题意。B项属于泛化，是经典性条件作用理论的规律之一。C项和D项都是行为发生在刺激之后，故属于经典性条件反射。故B、C、D三项符合题意。

44. ABCD 【解析】本题考查著名教育家及其教育思想。A项，荀子提出了"性恶论"，认为教育的作用是"化性起伪"，就是通过教育和学习来改变自己的本性，使人具有适应社会生活的道德智能。B项，洛克反对天赋观念，提出了"白板说"。他认为人的心灵原来就像一块白板，没有一切特性，没有任何观念，天赋的智力人人平等。他还提出了"绅士教育论"，并在其著作《教育漫话》一书中，详细论述了绅士教育的内容（即体育、德育和智育）及方法。C项，杜威认为，教育即生活，教育即生长，教育即经验的改组或改造。此外，杜威还提出"学校即社会"，这是对"教育即生活"的进一步引申。D项，陶行知提出了生活教育理论，认为"生活即教育"，"生活即教育"是陶行知生活教育理论的核心。综上所述，A、B、C、D四项中的教育家与其思想观点均对应正确。

45. BCD 【解析】本题考查建构主义的教学主张。基于建构主义的课堂教学模式有：(1)支架式教学；(2)抛锚式教学；(3)随机通达教学；(4)认知学徒制；(5)自上而下的教学。故B、D两项正确。建构主义在学习观上强调学习的主动建构性、社会互动性和情境性三方面，认为"情境""协作""会话""意义建构"是学习环境中的四大要素或四大属性。其中，学习的情境性主要指学习、知识和智慧的情境性，认为知识是不可能脱离活动情境而孤立存在的。只有通过实际应用活动，知识才能真正被理解。

因此，人的学习应该与情境化的社会实践活动相联系，通过对某种社会实践的参与而逐渐掌握有关的社会规则并形成相应的知识。故 C 项说法正确。人本主义者倡导有意义的自由学习观，有意义学习关注学习内容与个人之间的关系。故 A 项属于人本主义的教学主张。答案选 B、C、D 三项。

46. CD 【解析】本题考查教师的能力素养。教师的能力素养包括语言表达能力、组织管理能力、组织教育和教学的能力、自我调控和自我反思能力（较高的教育机智）。“要使学生获得一点知识的亮光，教师应吸进整个光的海洋”是指教师需要具备广博的文化知识，属于教师的知识素养，故 A 项错误。B 项，教师应“既知教之所由兴，又知教之所由废”是指教师既要懂得教育成功的因素，又要知道教育失败的原因，故 B 项体现了教师的知识素养。C 项，教师语言表达要做到“生动、形象、具有启发性”属于教师能力素养中的语言表达能力。D 项，教师应注意课堂教学中的自我监控与课后的自我反思属于教师能力素养中的自我调控和自我反思能力。

47. AB 【解析】本题考查西方主要的心理学流派及代表人物。行为主义心理学派被称为西方心理学的“第一势力”，代表人物为华生。精神分析学派被称为西方心理学的“第二势力”，代表人物为弗洛伊德。人本主义心理学派被称为西方心理学的“第三势力”，代表人物为马斯洛和罗杰斯。格式塔心理学派代表人物为韦特海默、苛勒和考夫卡。

48. ABC 【解析】本题考查不同课程类型的特点。学科课程是指以文化知识（科学、道德、艺术）为基础，按照一定的价值标准，从不同的知识领域或学术领域选择一定的内容，根据知识的逻辑体系，将所选出的知识组织为学科的课程类型。布鲁纳的结构主义课程是其典型代表。A 项正确。活动课程亦称经验课程，是指围绕着学生的需要和兴趣、以活动为组织方式的课程形态，即以学生的主体性活动经验为中心组织的课程。其主导价值在于使学生获得关于现实世界的直接经验和真切体验。活动课程的主要代表人物是杜威。B 项正确。显性课程亦称公开课程，是指在学校情境中以直接的、明显的方式呈现的课程。C 项正确。隐性课程亦称潜在课程、自发课程，是学校情境中以间接的、内隐的方式呈现的课程。不论是显性课程还是隐性课程，都是学校课程建设中不可或缺的。D 项说法错误。

49. BC 【解析】本题考查对循序渐进教学原则的理解。“闻斯行诸”的故事是指子路和冉有同样问“闻斯行诸”，孔子却作了不同的回答。由于子路做事有时不免轻率,所以孔子要他在听到一件该做的事时最好向父兄请教后才去做。而冉有则由于个性谦退,遇事往往畏缩,因此孔子要他在听到一件该做的事后立刻去做。这体现了因材施教的教学原则,故 A 项不符合题意。“盈科而进”意思是要想进步、提高,必须打好坚实的基础。这体现了循序渐进的教学原则,故 B 项当选。“杂施而不孙,则坏乱而不修”指教学如果不按一定的顺序,杂乱无章地进行,学生就会陷入紊乱而没有收获。它符合循序渐进的教学原则。故 C 项当选。苏格拉底的“产婆术”是指在与学生谈话的过程中,并不直截了当地把学生所应知道的知识告诉他,而是通过讨论、问答甚至辩论方式来揭露对方认识中的矛盾,逐步引导学生自己最后得出正确答案的方法。这体现了启发性教学原则,故 D 项不符合题意。

50. ACD 【解析】本题考查需要的相关知识。需要总是和满足需要的对象联系在一起,因此,需要具有对象性,A 项正确。社会需要是人特有的,是通过学习得来的,又称为获得性需要,它随着人类的活动不断地产生和发展,C 项正确。人类的需要是随着历史的发展而发展的,是随着社会生产力的发展,随着满足某种需要对象范围的改变和满足方式的改变而发展的,D 项正确。人和动物都有自然的需要,但需要的具体内容不同,满足需要的手段也就不一样。人生活在社会中,人的自然需要不仅可以通过自然界的物体得到满足,而且可以通过使用社会的产品得到满足。故 B 项错误。

51. BCD 【解析】本题考查教学方法相关知识。依据指导思想的不同,各种教学方法可归并为两大类:注入式和启发式,这是两种根本对立的教学方法指导思想。注入式是一种“填鸭式”的教学方法,是指教师从主观出发,把学生看成单纯接受知识的容器,向学生灌注知识,无视学生在学习上的主观能动性。在我国传统教学中,教师多使用灌输的方式进行教学,在此过程中运用最多的又是讲授法,因此,有人将讲授法等同于注入式教学,这是错误的。衡量一种教学方法是否具有启发性,关键是看教师能否促进学生积极主动地去学习,而不是单从形式上去加以判断。故 A 项表述错误。以语言传递为主的教学方法主要包括讲授法、谈话法、讨论法、读书指导法四种。故 B 项表述正确。演示法是指教师通过展示实物、教具和示范性的实验来说明、印证某一事物和现象,使学生掌握新知识的一种教学方法。它是一种辅助性教学方法,要与讲授法、谈话法等教学方法结合使用。故 C 项表述正确。发现法是以引导探究为主的方法,就是让学生通过独立工作,自己主动发现问题、解决问题及掌握原理的一种教学方法。它是由美国心理学家布鲁纳所倡导的。故 D 项表述正确。

52. BD 【解析】本题考查中等生的特点。中等生,也叫“一般生”或“中间生”,是指那些在班级中各方面都表现平平的学生。中等生的特点包括:(1)信心不足;(2)表现欲不强。A 项属于先进生的心理特征;C 项属于后进生的心理特征。故本题选 B、D 两项。

53. ABD 【解析】本题考查自我效能感理论。自我效能感的作用主要体现在以下几个方面:(1)决定人们对活动的选择,以及对活动的坚持性。自我效能感水平高者倾向于选择富有挑战性的任务,在困难面前能坚持自己的行为;而自我效能感水平低者就相反。故 A 项说法正确。(2)影响人们在困难面前的态度。自我效能感水平高者敢于面对困难,富有自信心,相信通过坚持不懈的努力可以克服困难;而自我效能感水平低者在困难面前则缺乏自信,畏首畏尾,不敢尝试。(3)自我效能感不仅影响新行为的习得,而且影响已习得行为的表现。故 B、D 两项说法正确。(4)自我效能感还会影响活动时的情绪。自我效能感高者活动时信心十足,情绪饱满,而自我效能感低者则充满恐惧和焦虑。故 C 项说法错误。因此,答案选 A、B、D 三项。

54. ABCD 【解析】本题考查时事政治。中共中央、国务院印发的《关于全面深化新时代教师队伍建设改革的意见》提出,健全师德建设长效机制,推动师德建设常态化长效化,创新师德教育,完善师德规范,引导广大教师以德立身、以德立学、以德施教、以德育德,坚持教书与育人相统一、言传与身教相统一、潜心问道与关注社会相统一、学术自由与学术规范相统一,争做“四有”好教师,全心全意做学生锤炼品格、学习知识、创新思维、奉献祖国的引路人。其中,“四有”好教师,即有理想信念、有道德情操、有扎实学识、有仁爱之心的老师。

55. ABCD 【解析】本题考查有关教育的法律法规。根据《中华人民共和国义务教育法》第二条规定,国家实行九年义务教育制度。义务教育是国家统一实施的所有适龄儿童、少年必须接受的教育,是国家必须予以保障的公益性事业。实施义务教育,不收学费、杂费。故 A 项正确。隐私权是指公民生活中不愿为他人公开或知悉的个人秘密的不可侵犯的人身权利。学校和教师侵犯学生隐私的表现形式有:故意隐匿、毁弃或者非法开拆学生信件,披露、宣扬学生自身及家庭成员的资料,提供学生成绩的方式不适当等。按学生的考试成绩进行排队,侵犯了学生的隐私权。故 B 项正确。根据《中华人民共和国义务教育法》第十一条规定,凡年满六周岁的儿童,其父母或者其他法定监护人应当送其入学接受并完成义务教育;条件不具备的地区的儿童,可以推迟到七周岁。故C项正确。根据《中华人民共和国预防未成年人犯罪法》第三十四条规定,未成年学生旷课、逃学的,学校应当及时联系其父母或者其他监护人,了解有关情况;无正当理由的,学校和未成年学生的父母或者其他监护人应当督促其返校学习。故D项正确。

学科专业知识

答案速查

1~5	CCACC	6~10	BADDA	11~15	CABCC	16~20	CCBCC
21~25	ABCDA	26~30	CCDCD	31~35	BCBCB	36~39	DBDC
40~44	BD AC BC ABCD ABCD			45~49	ABD ABCD ABCD ABC BCD		

一、单项选择题

1. C 【解析】本题考查非洲音乐中鼓的地位。

2. C 【解析】本题考查琵琶独奏曲《春江花月夜》的相关内容。《春江花月夜》原为琵琶独奏曲《夕阳箫鼓》(又名《浔阳夜月》),1925年,大同乐会将其改编为民族管弦乐。该乐曲共分10段:①江楼钟鼓;②月上东山;③风回曲水;④花影层叠;⑤水深云际;⑥渔歌唱晚;⑦洄澜拍岸;⑧桡鸣远濑;⑨欸乃归舟;⑩尾声。

3. A 【解析】本题考查古琴曲《碣石调·幽兰》。《碣石调·幽兰》是南朝梁时人丘明的传谱,谱本是唐人的手抄本,是中国现存最早的琴谱,是目前仅见的一首文字谱。

4. C 【解析】本题考查京剧的形成时期。京剧是以皮黄腔为主的戏曲剧种,因形成于北京而得名。其源于徽调和汉调。1790年,安徽四大徽班(三庆、四喜、春台、和春)先后进京,带去二黄腔;汉调艺人于1796~1850年间进京,又带去西皮腔;徽调与汉调艺人常同台演出,两种唱腔吸收了昆腔、梆子腔及当地民间曲调,又吸收其他剧种剧目,大约在1840年(清朝)正式形成京剧。

5. C 【解析】本题考查各地区的山歌称谓。A选项爬山调是内蒙古山歌的称谓,B选项山曲是山西山歌的称谓,C选项花儿是甘肃、青海、宁夏一带的山歌称谓,D选项飞歌是苗族的山歌歌种。

6. B 【解析】本题考查昆曲的历史地位。昆曲起源于元朝末年的昆山地区,是现存戏曲中最古老、影响最大的剧种之一。昆曲是历史最长的剧种,我国的许多剧种都受到过她的哺育，如川剧、京剧、秦腔、越剧等。因此，昆曲被称为“百戏之祖”、中国戏曲的“活化石”。

7. A 【解析】本题考查豫剧的代表剧目。题干中的作品都为豫剧代表剧目。

8. D 【解析】本题考查长鼓舞的流行地域。长鼓舞主要是瑶族和朝鲜族的代表性舞蹈，多为女子独舞或双人舞，舞者边击鼓边起舞，以丰富的舞蹈语汇与高低不同、花样繁多的鼓点相配合，构成长鼓舞独特的风韵。

9. D 【解析】本题考查《黄河大合唱》的词曲作者。《黄河大合唱》创作于 1939 年，由光未然作词、冼星海作曲，是近代大型合唱音乐取得较高艺术成就、享誉中外的里程碑式的杰作。该曲由八个乐章组成，以朗诵词和乐队音乐加以贯穿。各乐章依次为《黄河船夫曲》《黄河颂》《黄河之水天上来》《黄水谣》《河边对口曲》《黄河怨》《保卫黄河》和《怒吼吧，黄河》。全曲音乐主要建立在力量、崇高、苦难三个主题上。其音乐既有中国民间音乐风格，也有群众歌曲特点，同时又是史诗性和交响性兼具的作品。

10. A 【解析】本题考查肖邦的称号。肖邦，波兰钢琴家、作曲家，被誉为“钢琴诗人”。他的作品几乎都是为钢琴而写的，他是较早将东欧民间音乐融入西方音乐艺术的大师。

11. C 【解析】本题考查夜曲的内容。夜曲原指流行于 18 世纪的一种器乐套曲，因在夜间露天演奏而得名，现指具有特性曲风的钢琴小曲，由爱尔兰作曲家菲尔德首创，后经波兰作曲家肖邦做了进一步发展。其旋律优雅动人，富有歌唱性，创造出宁静而沉思的梦幻之境。

12. A 【解析】本题考查新歌剧《白毛女》的历史地位。1945 年 4 月，歌剧《白毛女》（贺敬之、丁毅作词编剧，马可、张鲁、瞿维、李焕之、向隅、陈紫、刘炽等人作曲）在延安演出取得成功，成为中国新歌剧成型的标志，是中国歌剧探索的里程碑。

13. B 【解析】本题考查曲艺的种类。A 选项河南坠子是道情类曲艺中流传较广的曲种之一，主要流行于河南以及安徽、山东等地，因用坠胡为主要伴奏乐器而得名。B 选项堆谐是藏族的歌舞音乐形式，不属于曲艺音乐。C 选项京韵大鼓又名“京音大鼓”，是北方鼓词类曲艺中最有代表性的曲种之一，因用北京语音演唱而得名。D 选项山东琴书是山东省重要的地方曲艺品种，又称“唱扬琴”或“山东扬琴”。

14. C 【解析】本题考查噪音的定义和噪音乐器的识别。发音体作无规则的振动所产生的没有明确音高的音称为噪音。四个选项中只有镲是噪音乐器，其他三种乐器是有固定音高的打击乐器。

15. C 【解析】本题考查京剧的“四大名旦”。京剧“四大名旦”分别是梅兰芳、程砚秋、尚小云、荀慧生。周信芳，艺名“麒麟童”，是著名的京剧老生演员，创立了具有海派风格、铿锵有力、富于激情的“麒派”艺术。

16. C 【解析】本题考查八音分类法的知识。根据八音分类法可知，A 选项磬属于石类乐器，B 选项竽属于匏类乐器，C 选项箫属于竹类乐器，D 选项埙属于土类乐器。

17. C 【解析】本题考查柴可夫斯基的代表作品。C 选项《悲怆奏鸣曲》是贝多芬的代表作品，柴可夫斯基创作的被命名为“悲怆”的作品是交响曲。《天鹅湖》是柴可夫斯基的芭蕾舞剧，《1812 序曲》是柴可夫斯基于 1880 年创作的一部管弦乐作品，《六月——船歌》选自柴可夫斯基创作的钢琴组曲《四季》中的第六首。

18. B 【解析】本题考查西洋乐器的分类。单簧管又名“黑管”，属于木管乐器组，常被称为管弦乐队中的“戏剧女高音”。

19. C 【解析】本题考查歌剧《洪湖赤卫队》的内容。《洪湖赤卫队》由朱本和等五人编剧，张敬安、欧阳谦叔等作曲，1959 年首演。该剧描写湖北洪湖地区赤卫队在乡党支部书记韩英与队长刘闯的率领下，几经坎坷挫折，消灭恶霸彭霸天的反动武装的故事。

20. C 【解析】本题考查安徽省的地方剧种。越剧是形成于浙江嵊州一带的地方剧种，因其唱腔优美，表演细腻而闻名于全国。吕剧是山东省地方剧种，流行于山东中部及江苏、河南一带，20 世纪初由民间说唱艺术“山东琴书”发展而成，1950 年定名为“吕剧”。黄梅戏是安徽省的主要戏曲剧种，因其唱腔优美、表演真切而受到各地群众的欢迎。评剧原名“平腔梆子戏”，俗称“唐山落子”，它的前身来自河北东部滦州的“对口莲花落”和东北二人转，主要流行于华北与东北地区。

21. A 【解析】本题考查江南丝竹的代表作品。《中花六板》属于江南丝竹的“八大名曲”之一。

22. B 【解析】本题考查蒙古族长调歌曲《辽阔的草原》。《辽阔的草原》是一首内蒙古呼伦贝尔的“长调”歌曲。全曲节奏自由，旋律悠扬宽广、深沉隽永，具有浓郁的草原气息。20 世纪 50 年代初，蒙古族女歌手宝音德力格尔带着《辽阔的草原》参加了世界青年联欢节，赢得了金奖，于是这首歌很快传遍全国。

23. C 【解析】本题考查巴洛克音乐流行的具体时间。大约从 1600 年(歌剧的诞生)到 1750 年(巴赫去世)这一个半世纪,西方音乐史上称之为“巴洛克时期”。

24. D 【解析】本题考查古典主义音乐的代表人物。海顿、莫扎特、贝多芬是维也纳古典主义音乐的代表人物,舒伯特属于浪漫主义时期的代表人物。

25. A 【解析】本题考查比才的代表歌剧。A 选项《卡门》是比才创作的歌剧,B 选项《费加罗的婚礼》是莫扎特创作的歌剧,C 选项《茶花女》是威尔第创作的歌剧,D 选项《费德里奥》是贝多芬唯一的一部歌剧。

26. C 【解析】本题考查现代京剧的代表剧目。《海瑞罢官》《红灯记》《沙家浜》都为现代京剧代表剧目,《花为媒》是评剧的经典剧目,在传统京剧中也有此剧。

27. C 【解析】本题考查施光南的代表作品。歌曲《英雄赞歌》是电影《英雄儿女》中的插曲,由诗人公木作词、刘炽作曲,创作于 1964 年。A 选项《在希望的田野上》和 B 选项《祝酒歌》是施光南创作的歌曲,D 选项《伤逝》是施光南创作的歌剧作品。

28. D 【解析】本题考查琵琶曲的代表作品。《十面埋伏》《大浪淘沙》《湘妃调》都为琵琶曲,D 选项《光明行》为刘天华创作的二胡曲。

29. C 【解析】本题考查高音谱号与音的分组。根据高音谱号可知,该五线谱的第二线上的音为 g^1,可推算出题干中的音为 b^1。

30. D 【解析】本题考查全半音关系的辨析。由同一音级的不同形式或隔开一个音级所构成的半音叫作变化半音,因此可以直接排除两个音相邻的选项,即排除 BC 选项。A 选项是隔开一个音级所构成的全音,即变化全音,D 选项是隔开一个音级所构成的半音,即变化半音,因此本题选 D。

31. B 【解析】本题考查等音的知识。$^{\times}$B 的等音有$^{\flat}$D和$^{\#}$C 两个音。因此只有 B 选项是$^{\times}$B 的等音。

32. C 【解析】本题考查等音程的辨析。等音程的音数永远相同。增八度的音数为 $6\frac{1}{2}$,增九度的音数为 $7\frac{1}{2}$,大九度的音数为 7,小九度的音数为 $6\frac{1}{2}$,减九度的音数为 6,因此增八度的等音程是小九度。

33. B 【解析】本题考查拍子的类型。由完全相同的单拍子结合在一起构成的拍子叫作复拍子。$\frac{9}{16}$拍是以十六分音符为一拍,每小节有 9 拍的节拍,是由三个完全相同的单拍子结合在一起构成的复拍子。

34. C 【解析】本题考查音程的构成。以 E 为根音构成四度，则冠音应为 A，E～A 的音数为 $2\frac{1}{2}$，属于纯四度音程，增四度需要在纯四度基础上扩大半音才能构成，根音不动，冠音 A 升高半音，即 $^{\#}A$。

35. B 【解析】本题考查音程的转位。将原位音程的根音和冠音颠倒位置构成转位音程，因此直接排除 C 选项。题干原位音程是由 $^{b}f^{1}$ ～ f^{2} 构成的增八度音程。根据音程转位的规律，增八度应该转位到减一度音程，但减一度音程实际不存在，因此将原位音程的根音和冠音颠倒位置构成减八度音程，即 B 选项。AD 选项是增一度音程，不是题干和弦的转位音程。

36. D 【解析】本题考查自然音程与变化音程的辨析。除了增四度、减五度之外的一切增、减、倍增、倍减音程都为变化音程，因此答案选 D。

37. B 【解析】本题考查音乐标记。A 选项 D. S. 表示从记号处反复，B 选项 D. C. 表示从头反复，C 选项𝄐是延长记号，D 选项∾是回音记号。

38. D 【解析】本题考查音值组合法的内容。根据音值组合法可知，若单位拍时值少于四分音符，要用共同的符尾把小节中所有的单位拍连起来。因此，A 选项第 2 个音错误，B 选项第 1 个音错误，C 选项第 3 个音错误。因为切分节奏必须按照切分音的形式记写，所以 D 选项是符合音值组合法的。

39. C 【解析】本题考查音符均分的特殊形式。把原来按偶数均分为两部分的音符时值平均分成三部分称为三连音，因此 A 选项三连音的时值等于两个八分音符，D 选项三连音的时值等于两个四分音符，都符合 $\frac{2}{4}$ 拍的节拍特点。把原来按偶数均分为四部分的音符时值平均分成五部分或七部分，分别称为五连音或七连音，因此 B 选项五连音的时值等于四个十六分音符，符合 $\frac{2}{4}$ 拍的节拍特点，C 选项七连音的时值等于四个三十二分音符，不符合 $\frac{2}{4}$ 拍的节拍特点。

二、多项选择题

40. BD 【解析】本题考查七声清乐调式的偏音。在五种五声调式的基础上，分别加进清角与变宫、变徵与变宫、清角与闰三组不同的偏音，便构成了七声调式，分别是清乐调式、雅乐调式、燕乐调式。

41. AC 【解析】本题考查音程的音数计算。大六度的音数是 $4\frac{1}{2}$，倍增五度的音数是 $4\frac{1}{2}$，倍减八度的音数是 5，减七度的音数是 $4\frac{1}{2}$，增五度的音数是 4。因此本题选 AC。

42. BC 【解析】本题考查调式中的音级。在自然大调中，导音与主音相距小二度，D 音为导音，则该调式的主音为 D 音上方小二度的 ^{b}E，即 D 在 ^{b}E 自然大调中为导音。D 音是 A 大调的Ⅳ级音。

43. ABCD 【解析】本题考查印象主义音乐的特点。印象主义音乐的特点为：

(1)曲调发展上避免使用浪漫主义音乐中常见的重复、扩充、展开等表现手段，而以短小的曲调组合成一种新颖的动机语汇。声乐曲调与言语音调密切结合，近似朗诵；器乐曲调也很少有气息宽广的线条。

(2)演奏上喜欢使用复节拍与复节奏，节拍不规则地细分减弱了音乐的推动力，呈现松散流动的状态。

(3)重视调式的表现力，根据形象要求采用相应的调式，如各种五声音阶、中古调式及全音音阶。扩大调性概念，常避免出现明确的收束式。全音音阶的运用使调式中的每一个音居于同等地位，减弱了调中心感，出现多调性因素。

(4)由于喜好对不同的色彩与音响作平面的、绘画式的并列，和声成为最重要的表现手段。通过增加和弦结构的可能性与减弱和声进行的功能性，得到极其丰富的和声色彩。

(5)音色丰富、独特而新颖。在声乐作品中，男高音与女高音常使用缺乏光彩和戏剧力量的低音区；广泛运用各种乐器演奏法上的色彩手段，如木管的低音区、铜管大量使用弱音器与阻塞音，铜管在乐队中的作用往往不在于加强力度，而为了取得多变的色彩效果等。

(6)配器与织体安排新颖。如弦乐组常常细分，小提琴的高音伸展到过去很少用的音区，大提琴担任小提琴的角色，中提琴演奏低音，造成模糊不清之感；突出竖琴、钢片琴、三角铁和钟琴清澈的音响，使管弦乐色彩缤纷，展现出力度与音色的结合。

(7)结构往往松散模糊，但许多作品仍可看到三部曲式的轮廓。总之，印象主义音乐的特征表现为：新颖、雅致、清新、灵巧，但缺乏音乐发展所固有的内在动力。

44. ABCD 【解析】本题考查交响音乐体裁的种类。交响音乐一般泛指大型管弦乐队演奏的富于交响性的作品及其演奏形式。这个统称包括了交响曲、交响组曲、交响序曲、交响诗、音乐会舞曲、协奏曲、狂想曲、随想曲、幻想曲、交响合唱等在内的各种类型体裁。

45. ABD 【解析】本题考查古琴曲的代表作。《渔舟唱晚》是一首颇具古典风格的古筝独奏曲,其余三个选项都属于古琴曲代表作品。

46. ABCD 【解析】本题考查京剧的唱腔和伴奏。京剧唱腔属于板式变化体,以"西皮、二黄"为主要声腔,合称"皮黄腔"。京剧的伴奏称为"场面",按乐器的性能分为"文场"和"武场"。

47. ABCD 【解析】本题考查音乐课程目标的功能。音乐课程目标具有下列功能:(1)明确音乐教育发展方向;(2)提示音乐教育计划要点;(3)提供音乐学习经验方法;(4)确定音乐教育评价基础。四者的关系是:通过明确音乐教育发展方向和提示音乐教育计划要点,为学生提供达到目标的最优的音乐学习内容、方法与经验,并以此确定为评价音乐教育活动结果的标准。

48. ABC 【解析】本题考查《义务教育音乐课程标准(2011 年版)》中的课程基本理念。《义务教育音乐课程标准(2011 年版)》中的课程基本理念包括:以音乐审美为核心,以兴趣爱好为动力;强调音乐实践,鼓励音乐创造;突出音乐特点,关注学科综合;弘扬民族音乐,理解音乐文化多样性;面向全体学生,注重个性发展。

(注:新课标《义务教育艺术课程标准(2022 年版)》的课程理念更换为"坚持以美育人""重视艺术体验""突出课程综合"三个方面。)

49. BCD 【解析】本题考查《义务教育音乐课程标准(2011 年版)》的课程性质。

(注:新课标《义务教育艺术课程标准(2022 年版)》的课程性质总结为五种性质,分别为审美性、情感性、实践性、创造性、人文性。)

三、写作题

50.【参考答案】

评分标准:(1)符合 $\frac{4}{4}$ 拍的节拍特点;(2)符合音值组合法;(3)符合记谱规范。

51.【参考答案】

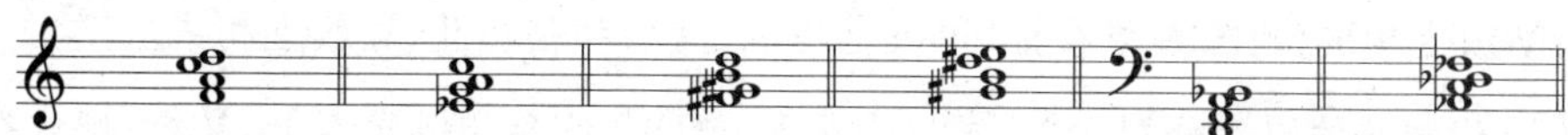

以指定音为三音小五六和弦	以指定音为三音减小三四和弦	以指定音为五音半减七二和弦	以指定音为五音大七五六和弦	以指定音为七音大七五六和弦	以指定音为七音小大七三四和弦

评分标准:(1)符合题干要求;(2)符合和弦记写规范;(3)错音、多音、少音均不得分。

52.【参考答案】

【解析】(1)E 大调的调号为四个升号;将自然大调的第Ⅵ级音、第Ⅶ级音同时降低半音,即构成了旋律大调。旋律大调的降低音级一般用于音阶的下行,而上行时与自然大调完全一致。E 旋律大调音阶以 E 为主音,上行音阶由低到高依次排列,按照 E 自然大调的音阶来记写,下行音阶由高到低依次排列,将 E 自然大调的第Ⅵ级音、第Ⅶ级音同时降低半音,即将调号已升高半音的 C 音和 D 音还原,记写为♮C、♮D。

(2)D 雅乐角调式是以 D 为角音(主音)的七声调式。雅乐调式是在五声调式音阶的基础上加上变徵(徵音下方小二度的音)和变宫(宫音下方小二度的音)两个偏音构成的,即徵音 F 下方小二度的 E 和宫音♭B 下方小二度的 A。因此该调式的下行音阶应记为 D、C、♭B、A、G、F、E、D。

评分标准:(1)符合"E 旋律大调的调式特征""用调号记写""先上行再下行"的要求;(2)符合"D 雅乐角调式的调式特征""下行音阶""用临时变音记号记写"的要求;(3)错音、多音、少音,每条均不得分。

四、分析题

53.【参考答案】①E 和声大调、A 和声大调。

②♭D 和声大调、C 和声大调。

③B 和声大调、D 和声大调。

方法技巧:(1)判断和弦的性质:①为大三和弦,②为小三和弦,③为减三和弦。

(2)明确和声大调分别在哪些音级上构成以上和弦性质。和声大调中大三和弦在Ⅰ、Ⅴ级上构成，小三和弦在Ⅲ、Ⅳ级上构成，减三和弦在Ⅱ、Ⅶ级上构成。

(3)将和弦的根音分别代入，求出Ⅰ级音。①的E音分别代入Ⅰ、Ⅴ级，则求得的和声大调调式分别为E和声大调和A和声大调；②的F音分别代入Ⅲ、Ⅳ级，则求得的和声大调调式分别为^{b}D和声大调和C和声大调；③的$^{\#}$C音分别代入Ⅱ、Ⅶ级，求得的和声大调调式分别为B和声大调和D和声大调。

54.**【参考答案】**(1)F和声大调

【解析】观察谱例可知，谱例中所有的B音都降低了半音，因此初步判断其为F调调号。F大调首调视唱该旋律，开头以F大调的Ⅴ—Ⅰ进行奠定了西洋大调的风格基调。旋律中还出现了一个^{b}D音，符合F和声大调降Ⅵ级音的特征，因此判断该旋律为F和声大调。

(2)G六声宫调式(加清角)

【解析】首调视唱该旋律，能够感觉出明显的民族调式色彩。旋律中出现的音依次为G、A、D、B、E、C六个音，其中C音只出现一次，且在弱拍，因此不作为主要音判断。G~B构成大三度，符合G宫系统调的调式特征。最后观察结束音，结束音落在G上，因此该调式为G宫调式。C音为清角，因此该旋律的调式为G六声宫调式(加清角)。

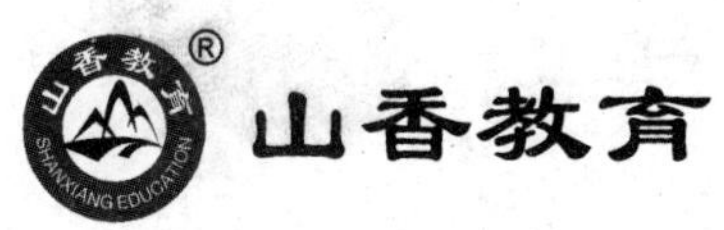

教师招聘考试历年真题详解及预测试卷

小学音乐

参考答案及解析-预测试卷

（参考答案及解析由山香教育考试命题研究中心编写）

目 录

教师招聘考试小学音乐预测试卷(一)

答案速查

1～5	DBCAD	6～10	AADDA	11～15	BDBAB	16～20	BAADA
21～25	CBBDA	26～30	CCBAC	31～35	DBDAD	36～40	ADDCA
41～45	×××√×			46～50	×√√×√		

一、单项选择题

1. D 【解析】本题考查全、半音的定义及其辨析。由同一音级的不同形式或隔开一个音级所构成的半(全)音叫作变化半(全)音,因此可以直接排除两个音相邻的选项,即排除 BC 选项。A 选项是隔开一个音级所构成的全音,即变化全音;D 选项是隔开一个音级所构成的半音,即变化半音,因此本题选 D。

2. B 【解析】本题考查音程的识别与类型判断。除了增四度、减五度以外,一切增、减、倍增、倍减音程都叫作变化音程。A 选项增四度、C 选项减五度、D 选项小六度都是自然音程,B 选项增三度是变化音程。

3. C 【解析】本题考查七和弦的识别。七和弦的名称是按照它所包含的下方三和弦的类别与根音和七音之间的音程关系而定名的。

A 选项为小三和弦加大七度,即小大七和弦;B 选项为减三和弦加小七度,即减小七和弦;C 选项为大三和弦加小七度,即大小七和弦;D 选项为小三和弦加小七度,即小七和弦。

4. A 【解析】本题考查调式中的音级。^{b}b 自然小调的调号为^{b}D 调的五个降号,即^{b}B、^{b}E、^{b}A、^{b}D、^{b}G 五个音,其音阶为^{b}B－C－^{b}D－^{b}E－F－^{b}G－^{b}A－^{b}B。旋律小调上行音阶是在自然小调的基础上升高第Ⅵ、Ⅶ级音,则第Ⅵ级音^{b}G 音需要记上还原号,表示升高。

5. D 【解析】本题考查速度术语的含义及快慢顺序。Largo 为“广板”,每分钟 46 拍;Andante 为“行板”,每分钟 66 拍;Moderato 为“中板”,每分钟 88 拍;Allegretto 为“小快板”,每分钟 108 拍;Allegro 为“快板”,每分钟 132 拍。因此,它们由慢到快的顺序为 Largo—Andante—Moderato—Allegretto—Allegro。

6. A 【解析】本题考查波音的定义和运用。

由主要音开始,很快进入上方邻音,又立即回到主要音,叫作单顺波音(或单上波音),用记号“𝆖”标记。

由主要音开始，很快两次进入上方邻音，又立即回到主要音，叫作复顺波音（或复上波音），用记号“∿∿”标记。

由主要音开始，很快进入下方邻音，又立即回到主要音，叫作单逆波音（或单下波音），用记号“∿”标记。

由主要音开始，很快两次进入下方邻音，又立即回到主要音，叫作复逆波音（或复下波音），用记号“∿∿”标记。

在波音记号上方或下方加变音记号时，表示上方音或下方音相应的升高、降低或还原。

B 选项为加降号的单顺波音的演奏效果，C 选项是单逆波音的演奏效果，D 选项是加降号的单逆波音的演奏效果。

7. A 【解析】本题考查移调乐器的实际运用。♭B 调乐器的实际演奏音高比 C 调乐器低大二度，因此题干 C 音用♭B 调乐器演奏后的实际音高为 C 音下方大二度♭B音。

8. D 【解析】本题考查半音阶的写法。大调半音音阶的写法：调式中的自然音级不用等音代替，第Ⅳ级与第Ⅴ级间用♯Ⅳ级填补，第Ⅵ级与第Ⅶ级间用♭Ⅶ级填补，其他大二度间，上行时用升高下方音填补，下行时用降低上方音填补。D 大调半音阶为：D－♯D－E－♯E－♯F－G－♯G－A－♯A－B－C－♯C－D－♯C－♮C－B－♭B－A－♯G－♮G－♯F－♮F－E－♭E－D。则 D 大调半音阶的上行第 11 个音级和下行第 7 个音级分别为 C 和♯G。

9. D 【解析】本题考查连音的定义和运用。A 选项的三连音用来代替原来按偶数均分为两部分的时值，其时值等于两个八分音符的时值，等于一个四分音符。B 选项的五连音用来代替原来按偶数均分为四部分的时值，其时值等于四个十六分音符的总时值，也等于一个四分音符。C 选项的九连音用来代替原来按偶数均分为八部分的时值，其时值等于八个三十二分音符的总时值，也等于一个四分音符。D 选项的七连音用来代替原来按偶数均分为四部分的时值，其时值等于四个三十二分音符的总时值，等于一个八分音符。由此可知，ABC 选项的时值相等，而 D 选项的时值与其他三项不相等。

10. A 【解析】本题考查调的关系。G 大调的下属调是该调下方纯五度的调，即 C 大调，C 大调的平行小调是其主音下方小三度的调，即 a 小调。

11. B 【解析】本题考查中古调式的音阶结构。多利亚调式音阶结构是：D－E－F－G－A－B－C－D，由两组相同的“大二度＋小二度＋大二度”组成，中间由大二度分开；与第Ⅱ级开始的自然大调调式音阶完全相同。弗里几亚调式音阶结构是：E－F－G－A－B－C－D－E，由两组相同的“小二度＋大二度＋大二度”组成，中间由大二度分开;与第Ⅲ级开始的自然大调调式音阶完全相同。伊奥尼亚调式音阶结构是:C－D－E－F－G－A－B－C,由两组相同的"大二度＋大二度＋小二度"组成,中间由大二度分开;与第Ⅰ级开始的自然大调调式音阶完全相同。利底亚调式音阶结构是:F－G－A－B－C－D－E－F,与第Ⅳ级开始的自然大调调式音阶完全相同。综上,题干表述的是B选项弗里几亚调式的特征。

12. D 【解析】本题考查等音调中的调号关系。互为等音调的两调调号之和为十二。因此只有D选项中的七个升号调与五个降号调互为等音调。

13. B 【解析】本题考查三分损益法中大全音的音分值。在周代正式确立的中国古代生律的方法,按其振动体长度来进行音阶或十二律吕的相生,史称"三分损益法",最早记述这一理论的是管仲的《管子》一书。三分损益法所得到的十二律是不平均律,它所形成的古代大全音(204音分)比十二平均律的全音大,小半音(90音分)比十二平均律的半音小。

14. A 【解析】本题考查儒家的音乐思想。题干中所述"音乐表现了人的喜怒哀乐""政通人和"的观点与《乐记》中的主要观点雷同,属于儒家的音乐思想。

15. B 【解析】本题考查学堂乐歌的历史意义。清末民初,西方音乐在中国社会开始有了一种"强势文化"的影响,这种影响的逐步扩展,导致一些西方音乐形式开始在我国初步传播,而中国人主动选择的一种新的音乐形式,则是在19世纪末兴起的学堂乐歌。这种有别于传统音乐的新的音乐形式,标志着中国近代音乐的历史开端,也是中国近代音乐教育的开端。C选项教会学校中的音乐教育与A选项军乐队都是西方音乐进入中国社会的早期形式,为学堂乐歌的兴起提供了前提条件。D选项国立音专是学堂乐歌之后创建的我国第一所独立的高等音乐院校,标志着我国已经进入专业音乐创作的历史时期。

16. B 【解析】本题考查广东音乐《旱天雷》的主题旋律。通过视唱旋律可知,题干谱例为广东音乐《旱天雷》的旋律片段。

17. A 【解析】本题考查李延年的音乐贡献。乐府是秦汉朝廷设置的音乐机构,主要任务是采集民间音乐,除了采集民歌、加工配乐外,还创作并填写歌辞、创作和改编曲调、研究音乐理论、进行演唱演奏。协律都尉李延年是汉武帝时期乐府的最高领导人,善于唱歌和创作,"每为新声变曲,闻者莫不感动",他还根据西域音乐创作了"新声二十八解"。此外,王安石属于北宋时期,钱乐之属于魏晋南北朝时期,阮籍属于三国时期。

18. A 【解析】本题考查民族乐器二胡的特点。二胡是我国最具有代表性的一种拉弦乐器,被称为"东方小提琴"。

19. D 【解析】本题考查中国古代乐律学家钱乐之的成就。南朝宋时人钱乐之创制的三百六十律，是在京房六十律的基础上引出的，他将三分损益律的古代最大音差缩小到了最低程度，从而在中国律学史上达到把一个八度细分到最高程度。

20. A 【解析】本题考查歌剧《江姐》中《绣红旗》的旋律。通过视唱谱例和观察歌词可知，该旋律片段出自歌剧《江姐》中的《绣红旗》。《绣红旗》是歌剧《江姐》第七场中的一个唱段。该唱段表现了革命者在面对死亡的情况下，也依然对祖国的美好未来抱有无限的憧憬和祝福，更表现了江姐视死如归的革命英雄主义精神。

21. C 【解析】本题考查笙曲《凤凰展翅》。《凤凰展翅》是一首由胡天泉、董洪德作曲的笙独奏曲。乐曲采用山西梆子音调，运用了一些独特的吹奏技法，生动地描绘了凤凰各种优美的姿态。

22. B 【解析】本题考查湖南民歌《一根竹竿容易弯》的旋律。通过视唱旋律可知，题干谱例出自湖南民歌《一根竹竿容易弯》。

23. B 【解析】本题考查八音分类法的内容。缶是用陶土制作的打击乐器。

24. D 【解析】本题考查与《义勇军进行曲》相同时代背景和时代风格的歌曲。

《义勇军进行曲》原是1935年聂耳为电影《风云儿女》创作的主题曲，属于抗日救亡歌曲，现为中华人民共和国国歌。

《长江之歌》是20世纪80年代的电视纪录片《话说长江》的主题歌，由王世光作曲、胡宏伟作词。这首歌赞颂了长江的宏伟、壮丽，表达了对长江的热爱、依恋之情。

《北京喜讯到边寨》原为郑路写的管乐合奏曲，后与马洪业合作，于1976年12月将其改为管弦乐曲。作者以西南地区彝族和苗族的民间歌舞音调为素材，生动表现了打倒“四人帮”的喜讯传到祖国边疆时，山寨群众欣喜若狂、载歌载舞、热烈欢庆的情景。

《城墙上跑马》是内蒙古民歌，马思聪创作的小提琴曲《内蒙组曲》的第二乐章《思乡曲》中采用了该民歌的音调，深刻地表达了游子的思乡之情。

《保卫黄河》出自1939年由冼星海创作的《黄河大合唱》中的第七乐章，与聂耳创作的《义勇军进行曲》属于同一个时代且都是抗日救亡歌曲。

25. A 【解析】本题考查格林卡的歌剧作品。格林卡根据普希金的同名叙事诗创作的歌剧《鲁斯兰与柳德米拉》在彼得堡大剧院举行首演后，产生了巨大的反响。

26. C 【解析】本题考查瓦格纳在和声上的贡献。瓦格纳的乐剧《特里斯坦与伊索尔德》在将旋律与和声的极端半音化推到前所未有的极限上的同时，也为情感表达释放出了重要的新潜力，并且提出了同样全新的方法来构建曲式等。《特里斯坦与伊索尔德》促使勋伯格将我们熟悉的大小调音阶特点模糊掉，直至调性本身完全崩溃。

27. C 【解析】本题考查普罗科菲耶夫的音乐作品。交响童话《彼得与狼》是普罗科菲耶夫于 1936 年从朗诵词到音乐都由他自己构思、专为儿童创作的作品，它通过不同乐器的演奏和朗诵讲述了一个非常生动的儿童故事。《荒山之夜》是穆索尔斯基创作的交响音画，《图画展览会》是穆索尔斯基创作的钢琴套曲，《骷髅之舞》是圣-桑创作的交响诗。

28. B 【解析】本题考查印度尼西亚的民族音乐形态。甘美兰是印度尼西亚的一种以各类敲击乐器为主的器乐合奏形式。

29. A 【解析】本题考查奥芬巴赫的代表作品。三幕歌剧《霍夫曼的故事》是法国作曲家奥芬巴赫唯一未完成的歌剧。后来由他的知己吉罗把未完部分补笔后演出，而且大获成功，现在依旧在各地歌剧院上演不衰。

30. C 【解析】本题考查世界"三大安魂曲"。福雷的《安魂曲》、威尔第的《安魂曲》与莫扎特的《d 小调安魂曲》被称为世界"三大安魂曲"。

31. D 【解析】本题考查贝多芬《第九交响曲》的创作意义。《第九交响曲》是贝多芬音乐创作的顶峰，是贝多芬个人人生的体验和总结。这部交响曲构思广阔、思想深刻、形象丰富多样，第四乐章的合唱部分是以德国著名诗人席勒的诗作《欢乐颂》为歌词，并将人声引入，扩大了交响曲的规模和范围，超出了当时交响曲的体裁和规范，变成由交响乐队、合唱队、独唱和重唱所表演的一部宏伟而充满哲理性和英雄性的壮丽颂歌。贝多芬通过这部作品表达了人类寻求自由的斗争意志，并坚信人类一定会取得胜利，人类必将获得欢乐和团结友爱。

32. B 【解析】本题考查约德尔唱法的特点。约德尔的特点是演唱开始时在中、低音区用真声唱，然后突然用假声进入高音区，这两种方法迅速地交替演唱，形成奇特的效果。在约德尔的旋律进行中，大量运用大跳音程。

33. D 【解析】本题考查克隆钟歌曲的特点。克隆钟是印度尼西亚的一种歌曲形式，其曲调缓慢悠长，常带有哀愁和忧伤的色彩，每句的节奏前紧后松，唱法柔和松弛，歌词四句为一段，句首句尾都押韵，多用比兴手法。

34. A 【解析】本题考查巴托克的音乐贡献。巴托克，20 世纪匈牙利民俗音乐学家、作曲家、钢琴家、音乐教育家。其代表作品包括：交响诗《柯树特》，管弦乐曲《两幅肖像》《舞蹈组曲》，歌剧《蓝胡子公爵的城堡》，舞剧《木雕王子》《神奇的满大人》，钢琴教材《小宇宙》等。

35. D 【解析】本题考查表情艺术的划分。从艺术分类的美学原则来看，表情艺术主要包括音乐与舞蹈这两门表现性和表演性艺术。

36. A 【解析】本题考查西洋管弦乐队中的校音乐器。在西洋管弦乐队中，双簧管发音稳定,不易受气温和空气湿度变化的影响,它的 a^1 音常作为调音时的标准音。

37. D 【解析】本题考查音值组合法和指挥图示的辨认。根据音值组合法可知,题干只有一个小节,以四分音符为一拍,共六拍,符合 $\frac{6}{4}$ 拍的节拍特点。因此该旋律应该运用六拍子指挥图示。A 选项为二拍子指挥图示,B 选项为三拍子指挥图示,C 选项为四拍子指挥图示,D 选项为六拍子指挥图示。

38. D 【解析】本题考查民族吹管乐器的分类。吹管乐器根据其构造不同,大致可分为无簧哨的吹管乐器、带哨的吹管乐器、簧管乐器。笛子属于无簧哨的吹管乐器,是通过气流振动笛膜而发声的。巴乌和芦笙属于簧管乐器,巴乌是通过气流振动簧片而发声的,芦笙是由簧片和笙管空气柱产生共鸣而发声的。唢呐属于带哨的吹管乐器,是将气息通过哨片吹入引起气柱振动而发音的。

39. C 【解析】本题考查《义务教育艺术课程标准(2022 年版)》的课程内容。《义务教育艺术课程标准(2022 年版)》课程内容中指出:音乐学科课程内容包括"欣赏""表现""创造"和"联系"4 类艺术实践,涵盖 14 项具体学习内容,分学段设置不同的学习任务,并将学习内容嵌入学习任务中。

40. A 【解析】本题考查《义务教育艺术课程标准(2022 年版)》的课程内容。《义务教育艺术课程标准(2022 年版)》课程内容中指出,义务教育艺术课程包括音乐、美术、舞蹈、戏剧(含戏曲)、影视(含数字媒体艺术)5 个学科,以艺术实践为基础,以学习任务为抓手,有机整合学习内容,构建一体化的内容体系。

二、判断题

41. × 【解析】本题考查长休止记号的含义。长休止记号是在音乐进行时,该声部或该乐器长时间处于休止状态,为了减少乐谱记写的浪费,而用此记号来标记出所需休止的小节数,记在五线谱第三线上,上面的数字表示休止的小节数。

42. × 【解析】本题考查混合拍子的含义。在乐曲中,各种拍子交替出现,叫作变换拍子。因此本题叙述错误。混合拍子是指由单位拍相同的两拍和三拍的单拍子,按照不同的次序结合在一起构成的拍子。

43. × 【解析】本题考查说唱音乐唱赚。唱赚是在北宋缠令、缠达的基础上发展起来的。相传其首创者为南宋绍兴年间的艺人张五牛。缠令和缠达都是套曲形式的曲艺,但结构略有不同。前者是有引子和尾声的小型套曲;后者没有尾声,且在引子之后只用两个曲牌交替演唱。

44. √ 【解析】本题考查采茶戏的相关内容。题干叙述即为江西采茶戏的特征。

45. × 【解析】本题考查《义务教育艺术课程标准(2022 年版)》音乐课程内容。

唱游是低年级学生学习音乐的主要形式。丰富有趣的唱游活动可以培养学生的节奏感、韵律感和初步的艺术表现能力,对激发学生的音乐学习兴趣、促进学生身心健康成长具有积极作用。

46. × 【解析】本题考查探戈所属地域。阿根廷是拉丁美洲国家,阿根廷的探戈是拉丁美洲民间音乐中具有代表性的歌舞体裁。

47. √ 【解析】本题考查聂耳的音乐贡献。聂耳是国歌的曲作者,《翠湖春晓》是其整理改编的器乐合奏曲,《塞外村女》是其创作的抒情歌曲。

48. √ 【解析】本题考查歌剧《白毛女》的唱段。歌剧《白毛女》中的主要人物有杨白劳、喜儿、黄世仁,其中有歌曲《北风吹》《扎红头绳》《我要活》《恨似高山仇似海》《昨天黑夜爹爹回到家》等。

49. × 【解析】本题考查二胡协奏曲《长城随想曲》的作者及其赏析。《长城随想曲》是中国著名作曲家刘文金先生于20世纪80年代初完成的一部二胡协奏曲。

50. √ 【解析】本题考查席勒的《美育书简》。德国古典主义美学家席勒在《美育书简》中,首次提出了"美育"这一概念,系统阐述了他的美育思想。

三、写作题

51.【参考答案】

(1) 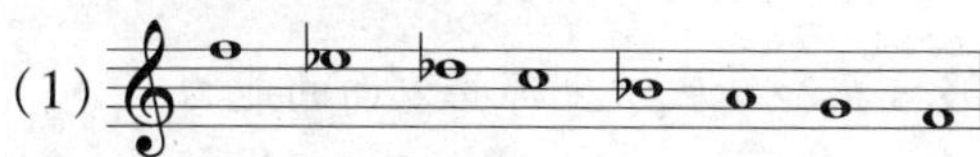

F 旋律大调(下行)

【解析】将自然大调的第Ⅵ级音、第Ⅶ级音同时降低半音,即构成了旋律大调。旋律大调的降低音级一般用于音阶的下行,而上行时与自然大调完全一致。

(2) 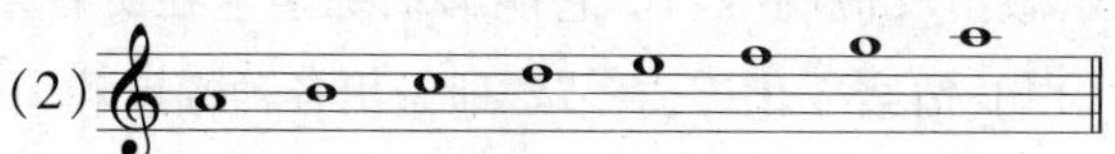

A 燕乐商调式(上行)

【解析】以D为徵,则宫为G。燕乐调式中又包含了清角(角音上方小二度)和闰(宫音下方大二度)两个偏音,即C和F。商调式是以商音作主音,所以该调式音阶为A-B-C-D-E-F-G-A。

52.【参考答案】

53.【参考答案】

1=C $\frac{4}{4}$

6 3 2· 312 | 3 - - - | 3 5 6· 561 | 5 - - - |

5 6 3· 235 | 2 - - - | 2· 3 1· 265 | 1 - - - ‖

54.【参考答案】

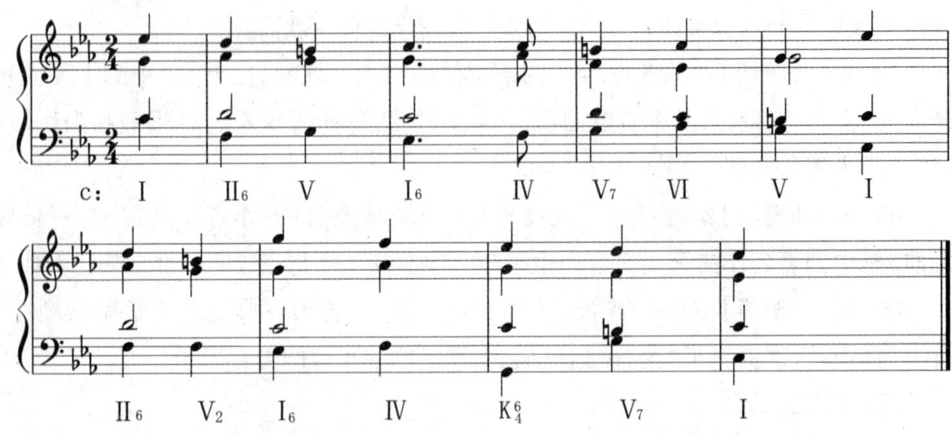

四、简答题

55. 简述达尔克罗兹音乐教学法能够培养和发展学生哪些方面的能力。

【参考答案】达尔克罗兹是出生于维也纳的瑞士籍著名音乐教育家。他于 1902 年创立了“体态律动”学说,并在这一学说的基础上建立了音乐教育体系。达尔克罗兹音乐教育体系的教学实践由体态律动、视唱练耳和即兴训练三部分内容组成。

(1)体态律动:训练身体对音乐做出反应的练习。它能够训练学生在听音乐、感受音乐时,根据音乐的速度、力度、分句、情绪变化等,有节奏地做出各种幅度和力度的动作,表达出音乐的情感。

(2)视唱练耳:听辨、听唱音的高低;全音和半音的练习、音阶的指导、音程的指导、和声的指导等。通过结合体态律动的方式可以帮助学生发展听觉和记忆能力,培养绝对音高感,发展内心听觉。

(3)即兴训练:以动作、语言、故事、歌曲、打击乐及各种管弦乐器、键盘乐器为工具,运用节奏、音响材料进行即兴创作等,可以帮助学生开发音乐潜能、培养创作能力。

56. 简述中国戏曲唱腔的结构形式。

【参考答案】中国戏曲音乐的唱腔结构分为曲牌体和板腔体两种。曲牌体又称作“曲牌连缀体”或“曲牌联套体”,属于套曲结构,一出戏由若干组套曲构成。板腔体又叫“板式变化体”,以一对上下句为基础,在变奏中突出节奏、节拍对比的作用,以不同板式的联结和变化作为音乐结构的基本手段,并配合腔调上的各种变化。二者基本上都以“散—慢—中—快—散”为排列顺序,符合戏剧矛盾发展的一般规律。

五、教学设计题

57.【参考设计】

《可爱的家》

一、教学目标

1. 通过学唱歌曲《可爱的家》,能够丰富情感体验,使学生的情感世界受到潜移默化的感染和熏陶,感受家庭的温馨,进而养成对生活积极乐观的态度和对美好未来的向往与追求。

2. 能与他人合作用深情、和谐的声音演唱歌曲《可爱的家》,能用富有力度变化的歌声来表现歌曲温馨、甜蜜、祥和的气氛。

3. 能在歌曲演唱体验中认识弱起小节,并感受歌曲弱起的手法带来的富有推动力的、深情的作用。

二、教学重难点

1. 教学重点:能用深情、和谐的声音演唱歌曲《可爱的家》。

2. 教学难点:能与他人合作合唱歌曲。

三、教学过程

(一)创设情境,导入新课

1. 学生边聆听《可爱的家》边进教室,并把自带的全家福照片粘贴在教师指定的板块中。

2. 教师激情演绎一首有关家的歌曲《让爱住我家》或《我爱我家》等。

3. 交流感受,导入新课。

师导语:家是我们每个人心中最温暖的港湾,那里有疼爱我们的父母、可爱的兄弟姐妹,看到一张张全家福,我们就仿佛置身于爱的海洋中。今天,让我们在音乐中再次来感受家的温暖吧。

(板书课题)

(二)学唱歌曲

1. 聆听教师范唱。

要求学生关注老师声音的力度变化与演唱情绪。教师弹唱歌曲,注意眼神要与学生有交流,并用 mf、mp 等力度来演唱以表达歌曲温馨、甜美、祥和的氛围。听后师设问:哪些地方有力度变化?怎样变化的?老师的演唱表情、声音上又有哪些细微的变化?

2. 分析歌谱,了解乐曲的基本结构特点。

歌曲为三段体结构,第三乐段是两声部的合唱。全曲基本上每两个连续乐句以变化、重复的形式出现,歌曲的前四句都是弱起。

3. 认识弱起小节。以对比的方法,能从音响、情绪上直接感受弱起手法带来的音乐的倾诉感和推动感。

4. 随琴哼唱、视唱齐唱部分的旋律。

要求学生从一开口学唱就带入到歌曲的情境中,并能划拍随琴哼唱,起唱时节拍整齐,附点、休止符等时值能唱准确。

5. 学习合唱部分的旋律。

师播放录音,听辨合唱的低声部。设问:请同学们先在合唱中找找歌曲低声部,这种声音像家中谁的声音?(仿佛是爷爷、爸爸浑厚低沉的声音)

师播放录音,听辨合唱的高声部。设问:请同学们先在合唱中找找歌曲高声部,这种声音像家中谁的声音?(仿佛是妈妈明亮的声音)

师小结:同学们的耳朵真灵,在歌声中我们听到了两种不同的旋律和声音,但是融合在一起是那么和谐温馨,就像我们大家庭中的每个成员,互相友好,和睦相处。合唱就是这样,高低声部都要互相兼顾、互相照应,不能只顾自己逞英雄,使这个大家庭失去和谐。

教师引导学生先分声部模唱(或视唱)旋律,再两声部合唱。可以先以低声部稍强、高声部稍弱的声音来合唱,然后过渡到两声部均衡。

6. 有感情地朗读歌词,学唱歌词。提示:可以带上弱起、力度变化等。

7. 合唱歌曲,教师及时指导评价,表扬鼓励。

(三)师生探讨,表现歌曲

1. 师导言:同学们,刚才大家都唱得非常有激情,那么大家好好品味一下歌曲哪些地方还可以用音乐的表现手段,比如力度上、演唱的语气、结束句怎么处理这些方面能使歌曲表现得更加祥和甜美呢?

2. 学生自我演唱并品味,也可以和周边的同学轻声讨论交流。

3. 师生一起交流讨论,设计演唱表现方案。

4. 教师指挥,学生合唱全歌,师及时给予评价鼓励。

(四)课堂小结

师小结全课,并请学生带走自己的全家福照片,课后在照片后写上一句对家的祝福语。

教师招聘考试小学音乐预测试卷(二)

答案速查

1~5	CACCA	6~10	BACDA	11~15	AACDD	16~20	BBBDA
21~25	ABC BC ABCD CD AD			26~30	AC BC AD BCD AB		

一、单项选择题

1. C 【解析】本题考查同主音大小调的定义和结构。同主音大小调的主音音高相同,调号不同。以A和声大调和a和声小调为例,A和声大调的音阶为A、B、#C、D、E、F、#G、A,a和声小调的音阶为a、b、c、d、e、f、#g、a,对比之下,可以看出,音高不同的音级只有第Ⅲ级。

2. A 【解析】本题考查调式中的音级。A选项C为宫的羽调式主音是羽音,即A羽调式;B选项B为宫的羽调式主音为羽音,即#G羽调式;C选项C为宫的商调式主音为商音,即D商调式;D选项B为宫的商调式主音为商音,即#C商调式。以A为主音的只有A选项。

3. C 【解析】本题考查钢琴键盘上的音组。标准的钢琴键盘上包含九个音组,包含七个完整的音组,即大字一组、大字组、小字组、小字一组、小字二组、小字三组、小字四组;还包含两个不完整的音组,即大字二组、小字五组。

4. C 【解析】本题考查音符时值的计算。根据音符均分可知,八个十六分音符等于一个二分音符,七个十六分音符等于一个四分音符+一个八分音符+一个十六分音符,即一个复附点四分音符。

5. A 【解析】本题考查声乐唱法的特点。美声唱法有严格的声乐训练体系,重视发声的科学性,讲究声音的力度、气息、共鸣位置等,这种唱法有明显的声部概念和分类。其余三种唱法都比较灵活,较为凸显个人、地域等特色。

6. B 【解析】本题考查器乐的演奏形式。有两件乐器或更多乐器,各由一人演奏同一乐曲的不同声部的演奏形式称为重奏。齐奏是指两件或两件以上的乐器同时演奏同一曲调的演奏形式。独奏是指一个人用一种乐器演奏的形式。伴奏是歌曲或器乐曲的有机组成部分,由一件或多件乐器奏出,用以衬托主要的歌唱或器乐演奏的部分。

7. A 【解析】本题考查小提琴曲《苗岭的早晨》的旋律和作者。《苗岭的早晨》原是作曲家白诚仁创作的口笛作品,取飞歌《歌唱美丽的家乡》为创作蓝本,在这首民歌的基础上进行了重新的编创，曲调保存了飞歌原有的风格特点，运用转调、节奏变化以及模拟鸟鸣等手法，使乐曲有了较大的发展。后由作曲家陈钢根据口笛独奏曲改编成了一首小提琴独奏曲。

8. C 【解析】本题考查交响乐队中的乐器特点。小号是铜管乐器中音域最高的乐器，是管弦乐队中的“男高音”；双簧管被称为管弦乐队中的“抒情女高音”；单簧管的音域可以达三个半八度，常被称为管弦乐队中的“戏剧女高音”；长笛音域有三个八度，是木管乐器中最灵活的乐器，被称为管弦乐队中的“花腔女高音”。

9. D 【解析】本题考查中国古代音乐机构。春官是周朝为了实施礼乐制度而设置的礼乐机构。乐府是秦汉时期朝廷设置的音乐机构；教坊和梨园是唐代宫廷管辖的音乐机构。

10. A 【解析】本题考查中国早期合唱作品。李叔同创作的歌曲《春游》是一首三部合唱曲，也是现在见到的中国最早的一首合唱曲。因此本题应选 A。D 选项《送别》是李叔同填词的学堂乐歌，B 选项《游春》是曾志忞填词的学堂乐歌，C 选项《黄河》是沈心工编写的学堂乐歌。

11. A 【解析】本题考查张曙的代表作《丈夫去当兵》的相关知识。《丈夫去当兵》由老舍作词、张曙作曲。歌词原是发表在通俗刊物《抗到底》上的说唱文学作品。作品通过一位深明大义的妇女送丈夫投军去抗击日本侵略者时对丈夫的殷切叮咛，刻画出一个抗日爱国妇女的形象。作曲家在这里吸取民间音乐曲调，借鉴民间说唱音乐在语言等方面的手法，突破一般歌曲创作形式，创造了新的说唱性的叙事歌曲。BCD 三个选项也都为张曙作曲的抗战歌曲。

12. A 【解析】本题考查动画电影《天空之城》主题音乐《伴随着你》的旋律。题中旋律片段出自动画电影《天空之城》的主题音乐《伴随着你》，由日本作曲家久石让作曲。

13. C 【解析】本题考查舒伯特《摇篮曲》的旋律。A 选项中的旋律片段出自张友珊作词，汪玲、杨存德作曲的歌曲《摇篮曲》；B 选项中的旋律片段出自德国作曲家勃拉姆斯的管弦乐作品《摇篮曲》；C 选项中的旋律片段出自奥地利作曲家舒伯特创作的歌曲《摇篮曲》；D 选项中的旋律片段出自我国作曲家贺绿汀创作的钢琴曲《摇篮曲》。

14. D 【解析】本题考查十二音技法的首创者。表现主义作曲家勋伯格在 20 世纪 20 年代提出了十二音体系的作曲方法，由此产生了十二音音乐。

15. D 【解析】本题考查福斯特的歌曲作品。美国作曲家福斯特的代表作品有《故乡的亲人》《美丽的梦中人》《老黑奴》《噢，苏珊娜》等。由此可知，ABC 选项皆为福斯特创作的歌曲。D 选项《念故乡》是根据捷克作曲家德沃夏克的代表作《第九(自新大陆)交响曲》第二乐章的主要旋律填词创作的一首歌曲。

16. B **【解析】**本题考查文艺复兴时期的新艺术音乐。A 选项,马肖是 14 世纪法国新艺术音乐的代表人物,他创作了大量的经文歌、弥撒曲、叙事曲。B 选项,兰迪尼是 14 世纪意大利新艺术音乐的代表人物,他流传至今的作品全部是世俗音乐,使用的终止式被称为"兰迪尼终止式"。C 选项,杜费是 15 世纪勃艮第地区最重要的作曲家,他最重要的成就体现在弥撒曲创作方面。D 选项,班舒瓦是与杜费同一个时代的另一位著名作曲家,他的作品以尚松最有特色。

17. B **【解析】**本题考查 A. 斯卡拉蒂的音乐贡献。A. 斯卡拉蒂,那不勒斯歌剧的创始人,歌剧发展史上的重要人物。他是正歌剧的缔造者,首创了返始咏叹调、干念式宣叙调和带伴奏的宣叙调,并确立了那不勒斯歌剧序曲快—慢—快的三段形式,使之成为交响曲的先声。

18. B **【解析】**本题考查理查德·施特劳斯的代表作品。理查德·施特劳斯的歌剧《莎乐美》因在故事情节上的骇人听闻、视觉上的血腥冲击而引起争议,但仍取得巨大的成功,被称为"恐怖歌剧"。A 选项《犹太女》是法国作曲家哈列维创作的大歌剧作品,它以文艺复兴时期的民族、阶级和宗教的矛盾为题,穿插着分属对立双方的男女主角的爱情,歌剧富于戏剧性的张力和优美感人的旋律,直至 20 世纪依然拥有众多的听众。C 选项《沉默的女人》和 D 选项《查拉图斯特拉如是说》分别是理查德·施特劳斯创作的歌剧和交响诗代表作。

19. D **【解析】**本题考查音乐名作《土耳其进行曲》的相关知识。莫扎特与贝多芬都创作过《土耳其进行曲》。

莫扎特创作的《土耳其进行曲》采用法国风格回旋曲式,因此也被称为《土耳其回旋曲》。该曲之所以被称为"进行曲",是由于贯穿全曲的这个主题模仿了土耳其军乐明朗、雄壮的特点,并在大调上以进行曲节奏出现了三次,决定了乐曲进行曲的性质。

贝多芬创作的《土耳其进行曲》出自贝多芬为戏剧《雅典的废墟》所作的配乐。这是一首以"土耳其进行曲"为主题而驰名世界的变奏曲。

20. A **【解析】**本题考查《义务教育艺术课程标准(2022 年版)》的评价建议。《义务教育艺术课程标准(2022 年版)》评价建议中指出,课堂评价是教学的有机组成部分。教师应面向全体学生进行评价,评价内容包括学生在学习过程中的行为表现、学习态度、课堂学习阶段目标的达成情况等方面。通过观察、提问、交流、记录等方式,了解学生在欣赏、表现和创意实践等过程中的学习进程、行为表现,分析、把握学生的学习态度、学习体验、学习困难,给予必要的指导。评价反馈应注重即时性、生成性、针对性，以鼓励为主，激发学生的积极性，同时指出存在的问题，帮助学生改进学习。

二、多项选择题

21. ABC 【解析】本题考查施光南的音乐贡献。ABC 三个选项为施光南的代表作品，D 选项《清晰的记忆》为我国作曲家朱践耳创作的歌曲。

22. BC 【解析】本题考查威尔第的音乐贡献。BC 选项《茶花女》《阿依达》为威尔第的歌剧代表作，AD 选项《图兰朵》《蝴蝶夫人》为普契尼的歌剧代表作。

23. ABCD 【解析】本题考查我国说唱音乐的相关内容。四个选项都正确。

24. CD 【解析】本题考查周代的八音分类法。“八音”分类法是周代的乐器分类法，即按制作材料的性质将乐器分为金、石、土、革、丝、木、匏、竹八类。其中革类有鼓、建鼓、鼗等。A 选项磬属于石类；B 选项箫属于竹类；C 选项鼗、D 选项鼓均属于革类。

25. AD 【解析】本题考查居伊及其代表作品。《叶甫盖尼·奥涅金》是柴可夫斯基的歌剧，《伊戈尔王子》是鲍罗丁创作的歌剧。《高加索的囚犯》和《上尉的女儿》是居伊的歌剧代表作。

26. AC 【解析】本题考查“螺蛳结顶”创作手法在作品中的应用。“螺蛳结顶”是将原有的乐句逐步紧缩，直至最后形成简洁的顶端。民族管弦乐曲《金蛇狂舞》中第三段，上下对答呼应、句幅逐层减缩，情绪逐层高涨，达到全曲高潮。《锦鸡出山》是根据湖南土家族的“打溜子”改编的器乐曲，其中的“山间春色”一段采用上下句对偶及螺蛳结顶的手法陈述音乐内容，使音乐形成一种欢快愉悦的情绪。《春江花月夜》《彩云追月》没有用到螺蛳结顶的创作手法。

27. BC 【解析】本题考查歌剧《江姐》的选段。《红梅赞》《五洲人民齐欢笑》是歌剧《江姐》的选段；《数九寒天下大雪》是歌剧《刘胡兰》的选段；《看天下劳苦人民都解放》是歌剧《洪湖赤卫队》的选段。

28. AD 【解析】本题考查中世纪时期的复调音乐代表人物。“巴黎圣母院乐派”是指公元 12、13 世纪以巴黎圣母院为中心，聚集着一大批以创作奥尔加农、迪斯康特、克劳苏拉等早期复调音乐为主的音乐家，以此形成的西方音乐史上最早的乐派。其中代表性音乐家是佩罗坦和莱奥南，他们是当时仅有的两位留下名字的作曲家。

29. BCD 【解析】本题考查莫扎特的歌剧代表作。莫扎特最重要的歌剧是三部喜歌剧《费加罗的婚礼》《唐璜》《女人心》和一部德奥歌唱剧《魔笛》，前三者使喜歌剧达到前所未有的高度，后者为德国民族歌剧树立了不朽的丰碑。因此本题应选 BCD。另外，《游吟诗人》是意大利作曲家威尔第创作的歌剧。

30. AB 【解析】本题考查音乐术语的含义。“サ”表示散拍子。拍子的强弱位置和单位拍的时值都不是十分明显，也不固定，而是由表演者根据乐曲的内容和要求自由处理，叫作“散拍子”，也叫“自由拍子”。A 选项“Senza misura”表示“自由拍子”，B 选项“Ad libitum”表示“速度、节奏自由”，C 选项“Tempo”表示“速度”，D 选项“Rigoroso”表示“严格地、准确地”。因此，与中国传统音乐中的散拍子意思相近的西方音乐术语是 AB 选项。

三、填空题

31. 颤音；渐慢；回原速

32.《c 小调练习曲》；《革命练习曲》

33. 具体音乐

34. 朱践耳

35. 同声合唱；混声合唱

36. 十二平均律；纯律；五度相生律；十二平均律

37. 强；弱

38. E；$^{\times}$F

39. 俄罗斯

40. 审美体验；审美升华

四、连线题

41. 将下列作品、国籍及作曲家对应连接。

【答案】

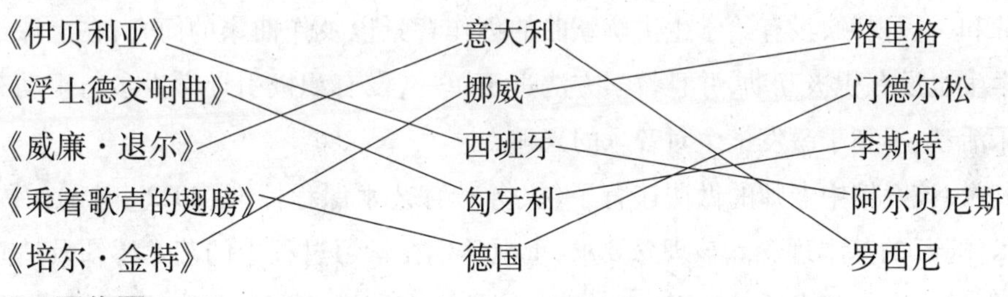

五、写作题

42.【参考答案】

愉快的梦

43.【参考答案】

1=♭E $\frac{4}{4}$

0 3 6 7 | 1̇. 2̇ 7. 1̇ | 6 - 6 ♯5 6 7 | 1̇ 7 1̇ 2̇ 3̇ 3̇ |

3̇ - - 2̇ 3̇ | 4̇ - 7 1̇ 2̇ | 3̇ - 6 6 7 | 1̇ 1̇ 2̇ 7 7 1̇ | 6 - ‖

六、案例分析题

44.【参考答案】(1)判断:案例中老师的教学行为不合理。

(2)分析:首先,该案例中老师的做法违背了《义务教育艺术课程标准(2022 年版)》中“坚持以美育人”的基本理念。该理念要求:以落实核心素养为主线,引导学生积极参与各类艺术活动,感受美、欣赏美、表现美、创造美,丰富审美体验,学习和领会中华民族艺术精髓,增强中华民族自信心与自豪感。该案例中,老师只让学生看了几组图片和一段视频,没有给学生讲解歌曲的创作背景以及作曲家的简介,在上课过程中与学生也没有积极互动,并且教学方法过于单一,没有积极引导学生参与生动有趣的音乐活动,不利于激发学生对音乐的兴趣。

其次,该案例中老师的做法违背了《义务教育艺术课程标准(2022 年版)》中“重视艺术体验”的基本理念。该理念要求:重视学生在学习过程中的艺术感知及情感体验,激发学生参与艺术活动的兴趣和热情,使学生在欣赏、表现、创造、联系的过程中,形成丰富、健康的审美情趣;强调艺术课程的实践导向,使学生在以艺术体验为核心的多样化实践中,提高艺术素养和创造能力。该案例中,教师没有范唱,也没有对歌曲进行分析讲解,只是播放了一次歌曲录音,就要求学生直接跟唱,没有引导学生充分地聆听音乐和参与音乐实践,没有从音乐本身去把握音乐要素,也没有采用生动活泼的教学形式,整节课没有发挥学生的主体地位。

(3)改进建议:根据《义务教育艺术课程标准(2022 年版)》中音乐学科第一学段(1~2 年级)学习任务 1 趣味唱游部分的教学提示,教师可做如下改进:

①调动听觉、动觉、视觉、触觉等,引导学生多感官地体验音乐,让学生在玩中学、动中学、乐中学,激发他们学习音乐的兴趣。重视在音乐游戏和活动体验中渗透音乐

基础知识、基本技能的教学,包括演唱和演奏的基本姿势、方法、音准、节奏等,让学生在唱游中学会听辨旋律、节奏、节拍、力度、速度等音乐基本要素。重视发挥学生的主体作用,激发他们的主观能动性,调动他们参与游戏活动的积极性。

②基于1~2年级学生的年龄、身心特点,教师可以适当地设计一些有趣的学习活动,学习活动的设计既要体现趣味化、生活化、情境化、综合化等特点,也要体现音乐性。学习活动可以采用全班集体表演、分组表演或个别表演等形式,让每个学生都有充分展现的机会,逐步增强他们的自信心。

七、论述题

45. 你认为歌唱教学在小学音乐课堂中重要吗?为什么?应该怎样在课堂上培养孩子们的歌唱能力?

【参考答案】歌唱教学是小学音乐课堂教学的重要组成部分,在小学音乐课堂教学中有着举足轻重的地位。演唱歌曲是小学音乐教学的基本内容,也是小学生最易于接受和乐于参与的表现形式。在课堂上培养孩子们的歌唱能力,可以从以下几点入手:

(1)要重视课程内容中对演唱姿势、呼吸方法、节奏和音准等方面的要求。

(2)演唱技能的练习,应结合演唱实践活动进行。

(3)创设与歌曲表现内容相适应的教学情境,激发学生富有感情地演唱。

(4)注意变声期的嗓音保护,避免喊唱。

(5)要更加重视并着力加强合唱教学,使学生感受多声部音乐的丰富表现力,尽早积累与他人合作演唱的经验,培养集体意识及协调、合作能力。合唱教学可从轮唱开始,逐步过渡到其他多声部合唱形式。

(6)唱歌教学要注意调动每一个学生参与的积极性,培养其演唱的自信心,使他们在演唱表现中享受到美的愉悦,受到美的熏陶。

46. 瓦格纳是19世纪中下叶德奥音乐发展的重要代表人物,论述其音乐成就及代表作品。

【参考答案】(1)瓦格纳的歌剧改革在音乐史上地位卓著,不仅把德国浪漫主义歌剧发展至顶峰,而且对19世纪下半叶的欧洲歌剧产生了重大影响。他把自己改革的歌剧称作"乐剧"。

他认为,乐剧是一种戏剧、诗歌、音乐高度融合的体裁,其中戏剧是最终目的,音乐只是手段。

他认为,乐剧中的音乐形式不应再像传统歌剧那样,采用割裂戏剧的分曲结构(咏叹调、宣叙调、重唱、合唱),而应成为连续不断的整体。他放弃了传统歌剧中宣叙调与咏叹调的歌唱形式，创作“无终旋律”连贯地发展乐剧的戏剧性。

他将乐剧中的“主导动机”手法作为组织音乐、描写剧情的重要手段，细致地刻画和描摹戏剧中的某一人物、情景、情感特征。

他的管弦乐在乐剧中担负重要的戏剧性任务，表现意义有时甚至超过声乐部分，并把交响乐队扩大到三管、四管编制。

他的半音和声不仅为音乐的连续性和炽热情感的表现提供了基础，而且把欧洲大小调体系的和声推向崩溃的边缘，它使得调性动荡、模糊，对音乐的表现和发展起到了重要作用。

(2)瓦格纳的乐剧代表作品有《特里斯坦与伊索尔德》、《尼伯龙根的指环》(此剧包括《莱茵河的黄金》《女武神》《齐格弗里德》和《众神的黄昏》)，其他重要作品有《漂泊的荷兰人》《纽伦堡的名歌手》《罗恩格林》《汤豪塞》《黎恩济》等。

教师招聘考试小学音乐预测试卷(三)

答案速查

1~5	BBDCC	6~10	CACCD	11~15	BCDDA	16~20	CBCDA
21~25	CCDDB	26~30	DBAAB	31~35	BBDDD	36~40	ABABB
41~45	×√√×√			46~50	××××√		

一、单项选择题

1. B 【解析】本题考查不同谱号的定义和音位判别。将G谱号记在五线谱的第二线上叫作高音谱号，它表示五线谱的第二线为g^1。将F谱号记在五线谱的第四线上叫作低音谱号，它表示五线谱的第四线为f。将C谱号记在五线谱的第三线上叫作中音谱号，也叫C三线谱号，它表示五线谱的第三线为c^1。综上，A选项为小字一组的b，即b^1；B选项为小字组的b；C选项为大字组的B；D选项为大字组的B。

2. B 【解析】本题考查临时变音记号的用法。临时变音记号的作用仅针对变音记号后面一小节之内同高度的音有效；一小节之内已经升高或降低的音，音高有变化时，则需另记变音记号。由此可知，谱例中第一个“5”和第二个“5”均为♯5，① = ②；第三、四、五个“5”都是♮5(即5)，因此③ = ④ = ⑤。这5个“5”的音高从高到低应排列为① = ② > ③ = ④ = ⑤。

3. D 【解析】本题考查音程的识别与类型判断。A选项为增一度音程，B选项为增二度音程，C选项为增三度音程，D选项为增四度音程。除增四度、减五度音程以外，其他所有增、减、倍增、倍减音程都为变化音程。因此只有增四度音程为自然音程，其余三项都为变化音程。

4. C 【解析】本题考查和弦的识别。将小七和弦的五音降低增一度后，三音—五音由大三度变为小三度，根音—三音—五音构成的和弦由小三和弦变为减三和弦，小七和弦变为减小七和弦，也叫半减七和弦。

5. C 【解析】本题考查调与调之间的关系。A 选项，平行大小调是指调号相同、主音相距一个小三度关系的大小调，也叫关系大小调。B 选项，同主音大小调是指主音相同、调号不同、音列各异的大小调。C 选项，近关系调是指调号相同或只相差一个变音记号的调。D 选项，远关系调是指除近关系调之外的其他调。清楚了各项调关系的概念之后，再来分析题干：c 小调的调号为三个降号，♭B 大调的调号为两个降号，两调相差一个变音记号，属于近关系调。

6. C 【解析】本题考查调式音阶中各音级之间的关系。以 C 宫系统调为例，题干中，燕乐宫调式音阶为“1 2 3 4 5 6 ♭7 1”，音阶中各音级之间的关系为大二度（全音）、大二度（全音）、小二度（半音）、大二度（全音）、大二度（全音）、小二度（半音）、大二度（全音），简写为“全全半全全半全”。A 选项，雅乐角调式音阶为“3 ♯4 5 6 7 1 2 3”，各音级之间的关系为“全半全全半全全”；B 选项，清乐商调式音阶为“2 3 4 5 6 7 1 2”，各音级之间的关系为“全半全全全半全”；C 选项，清乐徵调式音阶为“5 6 7 1 2 3 4 5”，各音级之间的关系为“全全半全全半全”；D 选项，雅乐羽调式音阶为“6 7 1 2 3 ♯4 5 6”，各音级之间的关系为“全半全全全半全”。对比各选项与题干中的调式音阶，可知 C 选项的调式音阶与题干调式音阶相同，因此应选 C。另外可看出 B 选项和 D 选项的调式音阶相同。

7. A 【解析】本题考查调式中的音级。将自然小调的第Ⅶ级音升高半音，构成和声小调。民族雅乐七声调式是在五声调式的基础上加上变徵（♯4）和变宫（7）两个偏音构成的。在七个升降号调内，调号中的变音记号与和声小调第Ⅶ级音、雅乐调式中变徵音不相关时，这两个音级的变音记号为♯；当调号与和声小调第Ⅶ级音、雅乐调式中变徵音相关时，升号调中，这两个音级的变音记号为×，降号调中，这两个音级的变音记号为♮。在七个升降号调内，和声小调的第Ⅶ级音与七声雅乐调式中变徵音不可能是降低的，A 选项只表示降低的含义。B 选项和 C 选项表示升高的含义，D 选项表示将升高的音降低或将降低的音升高。

8. C 【解析】本题考查波音的类型和运用。C 选项为复逆波音，奏法应由主要音开始，很快两次进入下方邻音，又立即回到主要音。其余三个选项记法和奏法均正确。

9. C 【解析】本题考查调式中的音级。采用排除法，调式中有增二度的只有和声大小调,因此排除 BD 选项。♭B 和声大调中没有♭F 与♭A,因此本题音阶只在♭a 和声小调中出现。

10. D 【解析】本题考查反复记号的含义和运用。在谱例当中,出现了后反复记号、反复跳跃记号、从记号处反复记号、跨越小节号。根据谱例中的记号位置,唱(奏)到第 3 小节后从头反复,跳过第 3 小节直接唱(奏)第 4 小节;继续往后唱(奏)至第 8 小节的 D. S. 处,D. S. 表示从记号处反复,即第 8 小节后接第 6 小节;之后跨过 7、8 小节(反复时省略)后接 9、10 小节的 Coda(尾声)。

11. B 【解析】本题考查调式中的音级。c 和声小调的第Ⅶ级音与主音构成小二度,即 b ~ c 构成小二度,因此 c 和声小调的第Ⅶ级音为 b。在七声燕乐调式中,以 b 为闰,则宫为♯C,选项中属于♯C 宫系统调的只有 B 选项♯G 燕乐徵调式。

12. C 【解析】本题考查中古调式的结构。多利亚调式与自然小调的不同之处,是第Ⅵ级音与主音构成大六度,这个音是该调式的特征音,这个特征音程称为“多利亚六度”。利底亚与自然大调的不同之处是主音与第Ⅳ级音构成增四度,称“利底亚四度”。混合利底亚与自然大调的不同之处是主音与第Ⅶ级音构成小七度,称“混合利底亚七度”。弗里几亚调式与自然小调的不同之处是主音与第Ⅱ级音构成小二度,称“弗里几亚二度”。

13. D 【解析】本题考查八音分类法的相关知识。题图中的四个乐器由左向右分别是琵琶、钟、鼓、埙,根据八音分类法,依次属于丝类、金类、革类、土类。“八音”分类法是周代的乐器分类法,即按制作材料的性质将乐器分为金、石、土、革、丝、木、匏、竹八类,选项中巾、铜不属于八音。

14. D 【解析】本题考查古乐舞《大韶》。孔子评价《大韶》为“尽善尽美”,评价《大武》为“尽美未尽善”。题干中的《韶乐》即为舜时期的乐舞《大韶》。

15. A 【解析】本题考查黄自《长恨歌》的内容。黄自创作的清唱剧《长恨歌》的第八乐章《山在虚无缥缈间》是一首女声三部合唱曲,清淡、朦胧、飘逸,用古曲《清平调》作为素材,有着鲜明的民族风格和柔美淡雅的艺术美感。

16. C 【解析】本题考查藏族民间歌舞堆谐。堆谐是西藏西部地区的歌舞,“堆”是地名,“谐”是藏语“歌唱”之意。堆谐原是当地人民丰收时敬神的歌舞,后逐渐演变为脚下敲击节奏的踢踏舞形式。A 选项囊玛也是流行于西藏的民间歌舞形式;B 选项跳月又称“阿细跳月”,是彝族的民间歌舞形式;D 选项秧歌是流行于北方汉族地区的民间歌舞形式。

17. B 【解析】本题考查《黄河大合唱》的内容。《黄水谣》是一首三段体歌曲,其曲调非常优美动人,把人们对生活的热爱和对祖国的无限深情表达得淋漓尽致。第一段展现出黄河两岸人民安宁、平静的生活，音乐十分流畅，也显得十分祥和。中段情绪急转直下，"自从鬼子来，百姓遭了殃……"，这一段表现日寇入侵中国，践踏祖国的大好河山，中国人民处于水深火热之中。第三段是第一乐段的再现，但在情感上则变得压抑和悲凉。这一乐章是全曲中的一个转折点，整个作品的悲剧性和戏剧的矛盾就此展开。

18. C 【解析】本题考查郭茂倩的《乐府诗集》。北宋年间郭茂倩编录的诗歌总集《乐府诗集》，是收录历朝历代各类乐府歌辞最完备的典籍，现存 100 卷，主要收录了从汉魏到唐朝和五代的乐府诗，共计五千余首，是中古时期乐府歌曲的百科全书，在我国音乐文献中具有重要的价值。

19. D 【解析】本题考查我国古代音乐家与文学作品的联系。李龟年，因其善奏羯鼓、筚篥，能作曲，经常周旋于公侯、王室之间，是唐开元年间的著名乐工。"安史之乱"后，李龟年流落到江南，境遇十分凄惨。一次诗人杜甫偶然听到他的歌声，感叹不已，于是写下了著名的《江南逢李龟年》："岐王宅里寻常见，崔九堂前几度闻。正值江南好风景，落花时节又逢君。"A 选项李延年，是西汉音乐家；B 选项许和子，是唐代开元年间的著名歌手；C 选项段善本，是唐代琵琶名家。

20. A 【解析】本题考查西方弦乐器的知识。西方的弦乐器组由提琴类乐器组成，包括小提琴、中提琴、大提琴、低音提琴。其中低音提琴的实际音高比记谱低一个八度，其音色低沉、雄厚、坚实，是乐队的低音基础。

21. C 【解析】本题考查《歌唱美丽的家乡》的旋律和所属民族。通过视唱旋律可知，该谱例是《歌唱美丽的家乡》的片段。《歌唱美丽的家乡》是苗族飞歌中具有代表性、流传较广的一首作品。歌者演唱时情绪热情、奔放，嗓音高亢而又嘹亮。

22. C 【解析】本题考查越剧的艺术特色。越剧，中国第二大剧种，有"第二国剧"之称，又被称为是"流传最广的地方剧种"，是中国五大戏曲剧种之一。越剧发源于浙江，发展中汲取了昆曲、话剧、绍剧等特色剧种之大成，经历了由男子越剧到女子越剧为主的历史性演变，现也多由女扮男的形式表演。

23. D 【解析】本题考查刘天华的代表作品赏析。题中四个选项均为刘天华创作的二胡曲，其中《病中吟》表达了作者对"人生向何处去"的思索；《闲居吟》表达了作者在怡然自乐的同时对事业的思虑及对未来的憧憬之情；《空山鸟语》再现了深山幽谷中群鸟欢鸣的情景；《光明行》表达了"五四"时期人们追求光明、积极向上的精神风貌。

24. D 【解析】本题考查诸宫调的创始人。诸宫调以唱为主，为孔三传首创，是继承叙事鼓子词及唱赚等曲艺形式，并在说白方面承袭了唐代变文的代言体特点而形成的说唱音乐。张五牛创立的是唱赚。

25. B 【解析】本题考查大型交响乐队的编制。交响乐队以木管乐器的数量作为编制规模的依据,常用的木管乐器每一种都用上两件,即组成"双管"编制的乐队(木管乐器组的长笛、双簧管、单簧管、大管各两支);用上三件,即组成"三管"编制的乐队(木管乐器组的长笛、双簧管、单簧管、大管各两支,再加上一支短笛、一支英国管、一支低音单簧管、一支低音大管,使各类木管乐器均有三支)。为了使各组乐器的数量比例合理,随着木管乐器数量的增减,其他乐器的数量也要随之变动,以维持各声部之间音响的平衡。

26. D 【解析】本题考查声乐演唱形式的定义。合唱是指两组或两组以上的歌唱者,各按本组所担任的声部,演唱同一首歌曲的演唱形式。轮唱是指两组或两组以上的歌唱者,按一定时距,先后演唱同一曲调的演唱形式。齐唱是指两位以上的歌唱者,不分声部,同时演唱同一旋律的演唱形式。重唱是指两个或两个以上的歌唱者,每人担任一个声部,同时演唱一首歌曲的演唱形式,可分为二重唱、三重唱、四重唱等。综上,可判断题干所述的演唱形式为重唱。

27. B 【解析】本题考查进行曲的节拍特点。用整齐匀称的节奏写成的歌曲叫进行曲。进行曲一般以二拍子为基本节拍,结构整齐,通俗易唱,节奏均匀有致,强弱分明,旋律富有形象性,一般具有雄壮有力的气概,往往和军队生活、革命斗争、群众场面等有联系。如《义勇军进行曲》。

28. A 【解析】本题考查 A. 斯卡拉蒂的音乐贡献。A. 斯卡拉蒂是 17 世纪那不勒斯歌剧乐派的创始人和代表,他的歌剧序曲通常与歌剧本身没有联系,包括快—慢—快三部分,这种歌剧序曲也称为"意大利序曲",后来发展为古典交响曲。

29. A 【解析】本题考查柏辽兹的作品内容。《幻想交响曲》的副标题为《艺术家生活片段》,它用浪漫主义的、幻想的形象体现了柏辽兹与哈丽特·史密斯恋爱的体验,这是一部以自传为内容的交响曲。BD 选项也为柏辽兹的作品。C 选项《冬之旅》是舒伯特的声乐套曲。

30. B 【解析】本题考查文艺复兴时期的拨弦乐器琉特琴。AC 属于文艺复兴时期的键盘乐器;D 选项为文艺复兴时期的弓弦乐器;B 选项为文艺复兴时期的拨弦乐器。

31. B 【解析】本题考查门德尔松的代表作品。《仲夏夜之梦》是门德尔松的管弦乐序曲;《春之歌》是门德尔松钢琴作品"无词歌"中的一首;《乘着歌声的翅膀》是门德尔松的艺术歌曲。《六月——船歌》是柴可夫斯基的作品。

32. B 【解析】本题考查《蓝色狂想曲》的创作特点。《蓝色狂想曲》是美国作曲家乔治·格什温写给钢琴及爵士乐团的乐曲，它融合了古典音乐以及爵士乐的元素。这首作品发表后大获成功，使格什温成为世界级的作曲家。

33. D 【解析】本题考查福斯特的歌曲主题旋律。视唱谱例可知，题干旋律片段是美国作曲家福斯特作曲的歌曲《噢，苏珊娜》。

34. D 【解析】本题考查格鲁克及其代表作品。格鲁克，德国作曲家，他针对意大利正歌剧内容贫乏、空洞，形式日益僵化等弊端，提出了歌剧改革的主张。格鲁克的第一部改革歌剧是《奥菲欧与优丽迪茜》，第二部改革歌剧是《阿尔切斯特》，最后一部改革歌剧是《伊菲姬尼在陶里德》。

35. D 【解析】本题考查古典主义时期交响曲的发展。前古典主义音乐的主要发源地在德国和奥地利，其代表乐派主要为：曼海姆乐派、柏林乐派和早期维也纳乐派。曼海姆乐派形成于18世纪中叶德国南部的曼海姆，该乐派的创作以主调音乐风格为主，集中于管弦乐创作领域，作品中的弦乐器表现特别受到关注，在演奏过程中特别讲究乐队在力度、速度方面大起大落的戏剧性效果。

36. A 【解析】本题考查海顿的音乐贡献。题干谱例选自海顿的弦乐四重奏《小夜曲》。该乐曲主旋律全部由第一小提琴担任，其他弦乐器自始至终用拨弦伴奏，模仿情歌式的小夜曲用吉他伴奏的音响效果。海顿是弦乐四重奏的创始人，被称为“弦乐四重奏之父”。

37. B 【解析】本题考查贝多芬的声乐代表作品。B选项《致远方的爱人》是贝多芬的声乐套曲。A选项《鳟鱼》为舒伯特创作的艺术歌曲，C选项《美丽的磨坊姑娘》和D选项《冬之旅》是舒伯特的声乐套曲。

38. A 【解析】本题考查音乐美的范畴。音乐美的范畴包括优美、壮美、崇高美、欢乐美、喜剧美和悲剧美六个基本类型。进行曲和军歌是音乐“壮美”特质的典型表现，它们常用的音乐节奏铿锵有力，形式整齐有序，曲调激昂豪迈，情绪明朗而乐观向上。

39. B 【解析】本题考查奥尔夫教学法的特点。奥尔夫教学法的关键在于激发儿童的想象力去进行音乐的探索、体验。

40. B 【解析】本题考查《义务教育艺术课程标准(2022年版)》的课程理念。《义务教育艺术课程标准(2022年版)》“重视艺术体验”的课程理念中指出，重视学生在学习过程中的艺术感知及情感体验，激发学生参与艺术活动的兴趣和热情，使学生在欣赏、表现、创造、联系/融合的过程中，形成丰富、健康的审美情趣；强调艺术课程的实践导向，使学生在以艺术体验为核心的多样化实践中，提高艺术素养和创造能力。

二、判断改错题

41. × “纯五度、减五度、增五度都是自然音程。”改为“纯五度、减五度是自然音程，增五度是变化音程。”

【解析】本题考查自然音程与变化音程的区别。除了增四度、减五度之外的一切增、减音程和倍增、倍减音程都是变化音程。增五度属于变化音程，因此本题叙述错误。

42. √ **【解析】**本题考查音值组合法的内容。

43. √ **【解析】**本题考查丝竹乐的内容。

44. × “京韵大鼓”改为“苏州弹词”

【解析】本题考查苏州弹词《蝶恋花·答李淑一》。《蝶恋花·答李淑一》原是毛泽东所作诗词，后弹词演员赵开生为这首词谱曲，为了能充分表现诗词的内涵，赵开生大胆革新，创作出了既具有浓郁弹词色彩，又具有时代风格的唱腔。

45. √ **【解析】**本题考查木管五重奏的编制。

46. × 将“慢”改为“令”，将“令”改为“慢”

【解析】本题考查宋元曲子体裁的特点。宋元时期曲子中的“慢”指较长且委婉抒情的曲牌，“令”指较短小的曲牌。

47. × “上海国立音乐专科学校”改为“国立音乐院”

【解析】本题考查国立音乐院的创建和发展。1927 年在上海建立的中国第一所规模较大、制度较健全的、独立的专业音乐教育机构为国立音乐院，1929 年更名为“上海国立音乐专科学校”。

48. × 将“3 ~ 5 年级”改为“1 ~ 2 年级”

【解析】本题考查《义务教育艺术课程标准(2022 年版)》的学段目标。题干内容属于《义务教育艺术课程标准(2022 年版)》1 ~ 2 年级的学段目标的第 5 条。3 ~ 5 年级的学段目标第 5 条是“关注社会生活和社会文化中的音乐现象，对音乐与姊妹艺术、其他学科，以及个人、自然、生活、社会、科技的联系有初步的了解。”

49. × 将“教坊”和“梨园”互换位置，也可将“男性”与“女性”互换位置

【解析】本题考查唐代音乐机构的职能和特点。在唐代音乐机构中，教坊专习歌舞，多由女性入选；梨园以器乐演奏为主，多由男性担任。

50. √ **【解析】**本题考查外国民歌的地域所属。《剪羊毛》是澳大利亚的民歌，独具地方特色。

三、写作题

51.【参考答案】

【解析】注意长短强弱规律，该题为弱起。

52.【参考答案】

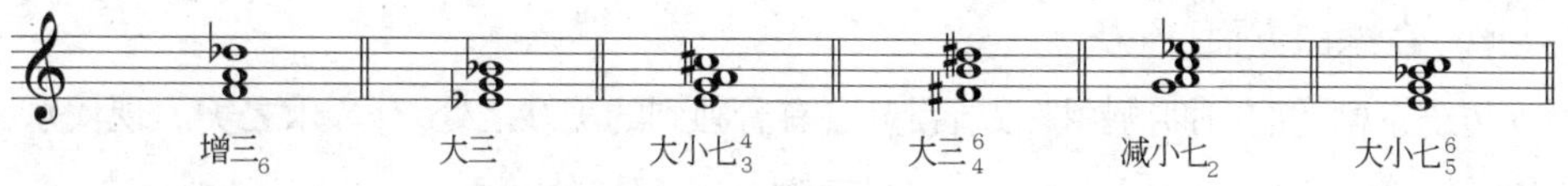

53.【参考答案】

四、简答题

54. 简述传统京剧与现代京剧在音乐、唱腔、行当、表演等方面的区别。

【参考答案】传统京剧与现代京剧的主要区别：

(1)在音乐方面

传统京剧每出戏都没有自己的主题音乐，乐队也都是以“三大件”为主，所有音乐也都是为唱腔服务，音乐没有单独的一席之地，各种过门也都是大同小异，因此音乐内容比较单一。

现代京剧的音乐在传统戏的基础上进行了丰富，在乐器方面，加进了西洋乐器，使音乐显得浑厚、雄壮，在烘托气氛方面具有独到的优势，并且融进了当时的民间音乐。每出戏都有自己的主题音乐。现代京剧的每一场戏，场间都是由音乐连接起来的。

(2)在唱腔方面

现代戏比传统戏的唱腔丰富，节奏也比传统戏要快一些，显得干净、紧凑。在演唱速度上，现代京剧的原板相当于传统京剧的流水板或二六板。在戏词方面，传统京剧上口字较多，现代京剧没有上口字。

(3)在表演程式方面

传统京剧有翎子功、水袖功、髯口功、甩发功等，这些在传统戏中也都是通用的。

现代京剧每个主要人物都有专门的造型设计，因此只看一个动作，有时也能判断出演的是哪出戏中哪个人物。

(4)在表演场面方面

现代京剧大都有大型舞蹈场面，并且每个舞蹈都有现代音乐烘托，感染力很强。传统京剧没有这样的大型舞蹈场面，伴奏为锣鼓经。

(5)在行当划分方面

传统京剧行当齐全，异彩纷呈，现代京剧中没有小生行当。

(6)在念白方面

传统京剧的韵白抑扬顿挫、跌宕起伏，有着独到的美妙之处，有音乐之美。现代京剧不受韵白程式的约束，在表达思想感情方面更能产生很好的效果。

(7)在武打方面

传统戏分文戏和武戏，我们一般把以唱念为主的戏称为文戏，而以做打为主的戏称为武戏。现代京剧则没有严格的文戏、武戏区别，大都是文中有武、武中有文。

55. 简述范唱在音乐课堂教学中的作用。

【参考答案】范唱，就是示范性演唱。范唱是教师围绕识谱、视唱、新歌教唱、欣赏等教学任务，针对音乐课教材中的重点、难点以及学生易唱错的地方进行的示范演唱。在中小学音乐教学中，不论是新歌教唱、识谱教唱还是欣赏，都离不开唱。首先是教师的范唱，然后才是学生的听唱和练唱。

音乐教学中，教师的范唱非常重要，对学生起着潜移默化的作用，学生的发声、吐字、音色、姿势乃至神态往往会模仿教师的样子。范唱是音乐教师重要的教学方法与手段。

范唱技能是音乐教师业务素质的基本体现，是最直观的教学手段。作为音乐教学中的表率性活动，范唱是音乐课教学的重要环节，对一堂音乐课的成败起着举足轻重的作用。好的范唱能够给学生直观的感性认识，帮助学生理解和掌握发声方法，提高学生的学习效率；准确地感受乐曲的艺术形象，直接感染教育学生，帮助学生对新歌的内容、思想感情、风格等方面留下初步印象，激发起学生学习音乐的兴趣和欲望。

五、教学设计题

56.【参考设计】

《感恩的心》

一、教学目标

1. 审美感知、文化理解：通过学唱歌曲，能体会歌曲蕴含的丰富情感变化，能够懂得尊敬父母、尊敬师长、友爱他人。

2. 艺术表现：通过学唱歌曲的二声部，掌握二声部歌曲的演唱方法，并感受二声部音乐的丰富色彩。

3. 创意实践:通过简单的手语学习,体会肢体动作与演唱相结合的表演方式。

二、教学重难点

1. 教学重点:学唱歌曲的二声部,掌握二声部歌曲的演唱方法。

2. 教学难点:简单的手语学习,学生体会肢体动作与演唱相结合的表演方式。

三、教学过程

1. 导入

教师:同学们在以前的音乐课中应该学习了不少歌曲,也欣赏了许多的音乐作品,请说一说哪些歌曲或者音乐作品给你留下的印象最深刻,它们给你带来过哪些感受呢?

学生自由发言。

2. 完整聆听歌曲

(1)初次聆听

教师:歌曲给你带来怎样的感受?在学习过的歌曲中是否有类似的作品?(柔和、温暖、感动)

(2)再次聆听

教师:整首歌曲由几个部分组成?它们之间有什么不同?(两个部分,第一部分是深情的诉说,第二部分表现了内心的呼唤)

【设计意图】导入部分让学生直接谈感受,挖掘学生对不同音乐作品的感受,加深学生对一些曾经学习过的音乐作品的印象和理解,为接下来聆听歌曲做铺垫。请学生划分歌曲结构,目的是让学生更深入地感受歌曲不同情感的表现,从而产生学习的兴趣。

3. 学习歌曲

(1)第一部分

①聆听歌曲,第一部分由几个乐句组成?(四个乐句)

②说一说这些乐句的旋律和节奏具有怎样的特点?能否根据你听到的旋律在黑板上画出旋律线?(有时平缓,有时呈波浪形,第四乐句将旋律推向高潮)

③跟着钢琴轻声学唱第一部分,教师用一些简单、直观的指挥手势加以引导。

④教师范唱,学生聆听并对比,找出切分音位置情感的变化,了解切分节奏对情感的强化作用。

⑤学生根据对比所掌握的要领,随音乐伴奏有感情地演唱歌曲。

(2)第二部分

①聆听歌曲,第二部分的情感是怎样的?声部有什么变化?音区有怎样的特点?

(发自内心的呐喊,二声部,音区比第一部分高)

②学生跟随录音一同轻声演唱高声部,注意演唱高音时的气息和音准。

③第二部分仿佛发自内心的呐喊,表达出一种感恩的心情。请学生跟随教师的钢琴伴奏有感情地学唱低声部曲谱。

④教师与学生配合演唱二声部曲谱。

⑤学生与学生合作演唱二声部,唱准二声部后填词演唱。

⑥歌曲的最后一句有一些难度,教师运用简单有效的手势指挥学生单独练习最后一句。

⑦将学生分成两组,完成整首歌曲的演唱。

【设计意图】让学生通过多次聆听、发现,感受歌曲的情绪,了解歌曲的特点,并通过演唱进行表现。

4. 拓展练习

①教师示范,教学生一些基本的手语动作,如信心、命运、感谢等,让学生一边做手语一边演唱。

②学生自主设计表现方式,参与歌曲表演。

【设计意图】通过手语与歌唱的结合,培养学生的协调能力,了解如何运用恰当的方式表现音乐,体验音乐给人带来的快乐与美的享受。

5. 小结

今天我们学习了《感恩的心》这首歌,我们用这首歌来感恩父母、感恩老师、感恩朋友。

教师招聘考试小学音乐预测试卷(四)

答案速查

1~5	DDACB	6~10	BCCAB	11~15	CABAA	16~20	BCBCD
21~25	BC ABCD AC BCD ABCD			26~30	BCD ABD ABD ABC ABC		

一、单项选择题

1. D 【解析】本题考查变音记号的含义及其使用。音位不变,将音升高半音,方法是增加或变动临时变音记号。题干中的音已经升高半音,再升高半音应用重升记号。

2. D 【解析】本题考查音程的构成。构成大六度音程,可先构其转位音程小三度,f^1下方小三度音是d^1,那么f^1上方大六度音是d^2。

3. A 【解析】本题考查泛音的计算。在琴弦振动时，产生了基本频率，也就产生了最易听见的音，称为基音。全弦振动产生基音，各等分部分产生的音称为泛音。以大字组的C音作为基音，其泛音列中的各个泛音为c、g、c^1、e^1、g^1等。可知其第五泛音为g^1。各泛音之间的音程关系不变，依次为纯八度（第一泛音与基音的结构）—纯五度—纯四度—大三度—小三度—小三度—大二度—大二度—大二度—大二度—小二度—大二度—小二度—增一度—小二度……

4. C 【解析】本题考查终止四六和弦的运用。用于终止式（包括半终止、全终止）中的主和弦第二转位称“终止四六和弦”。那么找出该调的Ⅰ级和弦，它的五音就是终止四六和弦的低音。A大调的Ⅰ级和弦是A－#C－E，它的五音是E，故A大调终止四六和弦的低音是E。

5. B 【解析】本题考查奏鸣曲式的结构特点。奏鸣曲式中呈示部由主部、连接部、副部和结束部组成。呈示部的任务，就是将整个乐曲最主要的音乐形象与内容——两个对比鲜明的音乐主题，进行最初的呈示。因而，由这两个主题各自构成的主部与副部，就是呈示部中最主要的两个部分。

6. B 【解析】本题考查模进的旋律发展手法。模进是将主题或主题的某一乐汇、乐节、乐句形态在不同高度上模仿出来。题干旋律采用的是自由模进的手法，以第一乐句为原型，后边三个乐句都是在第一乐句的基础上进行不断的模进。

7. C 【解析】本题考查近关系转调的概念及应用。从前调转向相差一个升号或一个降号的新调，称为近关系转调。关系大小调的转调，调号没有差别，亦属于近关系转调。E大调为四个升号调，C大调与a小调是无升无降号调，F大调为一个降号调，#c小调与E大调为关系大小调，因此属于近关系转调的范畴。

8. C 【解析】本题考查庄子的音乐审美思想的内容。庄子认为“人籁”（人为创作的音乐）、“地籁”（大自然的音响），不如“天籁”（宇宙间的音响），提倡一种自然、神化的音乐，反对人工雕琢的音乐。

9. A 【解析】本题考查南北朝时期歌舞戏的代表作品。《孔雀东南飞》属于汉乐府时期的叙事民歌。其他三个选项都为南北朝时期的歌舞戏作品。

10. B 【解析】本题考查李叔同的音乐贡献。“春柳社”是一个以戏剧为主的综合性艺术团体。1906年冬由中国留日学生李叔同、曾孝谷组建于日本东京。先后加入者有欧阳予倩、吴我尊、马绛士、陆镜若等人。它的成立标志着中国话剧的发端。

11. C 【解析】本题考查巴洛克时期的音乐特征。完全符合题干所描述的是巴洛克时期的音乐风格，应选C。

12. A 【解析】本题考查贝多芬《欢乐颂》的旋律特点。贝多芬的《欢乐颂》全曲仅用 do re mi fa sol 这五个音来进行旋律的发展。

13. B 【解析】本题考查肖邦的钢琴音乐创作体裁特点。波洛奈兹舞曲也称波兰舞曲，是肖邦作品中最富有民族性格的体裁，同时也是民族意识和情愫体现得最为强烈的体裁，它集中体现了肖邦作品的民族性。

14. A 【解析】本题考查斯特拉文斯基的音乐作品风格。《祭献之舞》选自斯特拉文斯基创作的芭蕾舞剧《春之祭》。在《祭献之舞》的音乐中，作为古典音乐重要表现手段之一的旋律被隐退到次要的地位，代之以刺激性的和声和复杂的节奏，这正是 20 世纪现代音乐的特征。《春之祭》被认为是现代音乐的代表作，因此《祭献之舞》属于现代派乐曲。

15. A 【解析】本题考查印度尼西亚的特色乐器。安格隆是源于印度尼西亚的传统乐器，是流行于东南亚地区的一种摇奏和击奏乐器。三味线是日本乐器，西塔尔和萨朗吉是印度乐器。

16. B 【解析】本题考查巴托克的代表作品。巴托克的代表作品有交响诗《柯树特》，管弦乐曲《两幅肖像》《舞蹈组曲》，歌剧《蓝胡子公爵的城堡》，舞剧《木雕王子》《神奇的满大人》，钢琴教材《小宇宙》等。由此可知 ACD 三项均属于巴托克的作品。B 选项《匈牙利诗篇》是匈牙利另一位作曲家柯达伊的合唱作品。

17. C 【解析】本题考查音乐剧名作与曲作者。《西贡小姐》是克劳德-米歇尔·勋伯格的作品，除此之外他还有一部音乐剧是《悲惨世界》。《西区故事》由伯恩斯坦作曲，故事取材于莎士比亚的戏剧《罗密欧与朱丽叶》。《猫》和《歌剧魅影》是安德鲁·洛依德·韦伯的作品。

18. B 【解析】本题考查巴洛克时期的乐器。管风琴属于键盘乐器，不属于管乐器。

19. C 【解析】本题考查世界著名音乐教学法的国别。奥尔夫教学法是由德国著名作曲家、音乐教育家奥尔夫创立的。其余 ABD 三项对应正确。

20. D 【解析】本题考查《义务教育艺术课程标准（2022 年版）》中教材编写建议的内容。《义务教育艺术课程标准（2022 年版）》中的教材编写建议有五条，分别为：（1）坚持育人导向；（2）精选内容素材；（3）优化组织结构；（4）彰显艺术特色；（5）丰富教材形态。D 选项不包含在内。

二、多项选择题

21. BC 【解析】本题考查具有小调调式色彩的中古调式。跟自然大小调相比，中古调式包含伊奥尼亚调式、多利亚调式、弗里几亚调式、利底亚调式、混合利底亚调式、爱奥尼亚调式、洛克利亚调式七个。其中伊奥尼亚调式与自然大调结构一致，多利亚调式是$^{\#}$Ⅵ级的自然小调，弗里几亚调式是^{b}Ⅱ级的自然小调，利底亚调式是$^{\#}$Ⅳ级的自然大调,混合利底亚调式是^{b}Ⅶ级的自然大调,爱奥尼亚调式与自然小调一样,洛克利亚调式是^{b}Ⅱ级、^{b}Ⅴ级的自然小调。属于大调色彩的调式主音与三音构成大三度,属于小调色彩的调式主音与三音构成小三度,综上,本题选 BC。

22. ABCD 【解析】本题考查中国音乐史的相关知识。四个选项的叙述都正确。

23. AC 【解析】本题考查蒙古族民歌的代表作品。《嘎达梅林》《黑缎子坎肩》都为蒙古族民歌,B 选项《草原放牧》是琵琶协奏曲《草原小姐妹》中的选曲,选材于蒙古族人物事迹。D 选项《牡丹汗》为新疆维吾尔族民歌。

24. BCD 【解析】本题考查南戏的基本知识。南戏唱腔以五声音阶为主,其余三个选项说法均正确。

25. ABCD 【解析】本题考查中国民族乐器的分类。按乐器的发声原理和演奏方法,可将中国民族乐器分为吹管乐器、拉弦乐器、弹拨乐器、打击乐器四大类。

26. BCD 【解析】本题考查萧友梅的著述。萧友梅编写的著述有《和声学纲要》《中西音乐的比较研究》《古今中西音阶概说》《中国历代音乐沿革概略》等。《东西乐制之研究》是王光祈的音乐理论著作。

27. ABD 【解析】本题考查贝多芬的代表作品。《科里奥兰》为莎士比亚创作的悲剧,由维也纳剧作家科林改编为歌剧,贝多芬于 1807 年为这部歌剧创作了序曲。1810 年,贝多芬为歌德的戏剧《爱格蒙特》创作了序曲。《雅典的废墟》是德国剧作家科策布的作品,贝多芬于 1811 年为该剧作配乐。《费德里奥》是贝多芬创作的唯一一部歌剧作品。

28. ABD 【解析】本题考查西方音乐家的出生地。A 选项,(小)约翰 · 施特劳斯于 1825 年出生于奥地利维也纳。B 选项,赫伯特 · 冯 · 卡拉扬于 1908 年出生于奥地利萨尔茨堡。C 选项,德彪西于 1862 年出生于法国西部的圣日耳曼昂莱。D 选项,莫扎特于 1756 年出生于奥地利萨尔茨堡。

29. ABC 【解析】本题考查斯特拉文斯基的代表作品。《彼得鲁什卡》《火鸟》《春之祭》是斯特拉文斯基为佳吉列夫创作的三部著名芭蕾舞剧音乐。D 选项《灰姑娘》是普罗科菲耶夫创作的舞剧音乐。

30. ABC 【解析】本题考查穆索尔斯基的代表作品。穆索尔斯基是俄国近代现实主义音乐的奠基人,被称为"音乐绘画大师"。其代表作品有歌剧《鲍里斯 · 戈杜诺夫》《霍万斯基之乱》,交响音画《荒山之夜》,钢琴套曲《图画展览会》,歌曲《跳蚤之歌》《死之歌舞》等。D 选项《李尔王》一般是指巴拉基列夫创作的管弦乐序曲。

三、填空题

31. D

32. 减五度

33. 泛音

34. 西塔尔琴

35. 巴拉基列夫;居伊;里姆斯基-科萨科夫

36. 聂耳

37. 组歌

38. 海盐腔;余姚腔;弋阳腔;昆山腔

39. 江苏;《无锡景》

40.《步步高》;广东音乐

四、连线题

41. 将下列作品与作曲家对应连接。

【答案】

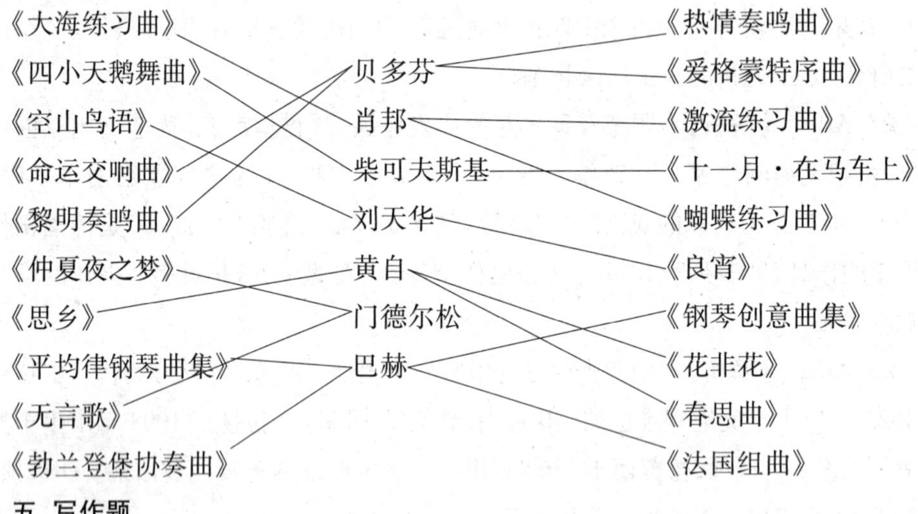

五、写作题

42.【参考答案】

红蜻蜓

六、案例分析题

44.【参考答案】(1)问题:该老师违背了《义务教育艺术课程标准(2022 年版)》中“突出课程综合”的基本理念。“突出课程综合”的基本理念中要求以各艺术学科为主体,加强与其他艺术的融合。案例中的老师运用了大量的时间让学生进行手工制作,没有以音乐学科为教学主体,偏离了教学重心。

(2)改进建议:教师应将学生手工制作的时间缩短,将课堂重点转移到对音乐知识的了解与表现上,融入更多的音乐元素,使音乐课堂丰富起来。比如:请学生介绍彝族音乐风格特点,学生随音乐表现歌曲,说说彝族民族服饰的特点等;或者教师可以拿出课前已经制作好的彝族姑娘和小伙配饰分发给学生,让学生佩戴配饰分组进行表演练习并展示、评价;或者拓展欣赏彝族的其他歌舞音乐,开阔学生的视野。同时,也要注重音乐实践,以学生为课堂的主体,重在让学生去演唱、体会、表现音乐,达到实践要求。

七、论述题

45. 在音乐教学中,怎样培养学生的合作意识与团队精神?

【参考答案】合作精神是素质教育的一个重要组成部分。在音乐教学中,应让学生置身于“玩”的过程中去感知音乐的美,去产生人与人之间情感上的沟通与联系。在“玩”中增强合作的意识和群体中的协调能力,建立一种对话式、讨论式的教学方式,让学生在充满合作精神的群体交往中,学会沟通、学会理解、学会互助、学会分享。

(1)通过教唱歌曲,使学生受到启迪。艺术来源于生活,来源于社会,它是生活的提炼与升华。如《国际歌》《义勇军进行曲》等,这些歌都是通过感人的话语、激昂的旋律,歌颂了"团结就是力量"的宏伟气势,颂扬了集体力量的伟大。通过演唱使学生充分认识到"孤雁难成行、独木难成林"的道理。

(2)通过欣赏,使学生受到感染。音乐是用声音塑造艺术形象的,在实际教学中,切忌枯燥无味,不能只是让学生听听就完事,而是要把欣赏活动组织得有声有色,真正做到寓教于乐,达到生动感人的艺术效果。可将一些优秀的流行歌曲引进课堂,把那种万众一心的集体力量渲染得淋漓尽致。

(3)通过音乐表演,使学生得到体验。音乐是一门表演艺术,它不仅需要熟练的技能技巧,更需要人们之间的相互合作、相互协调,特别像合唱、合奏、重唱、重奏等,让学生通过音乐表演,切身体会"合作"的真谛,从如何与大家协调一致上下功夫,充分体现合作的精神,依靠集体的力量,大家共同努力,才会使表演获得成功。

46. 从音乐与诗歌的关系以及旋律、和声、钢琴伴奏几个方面介绍舒伯特艺术歌曲的特点,并用实例加以说明。

【参考答案】舒伯特的艺术歌曲一般选用著名诗人的诗歌为词,他对诗歌包含的各方面都十分敏感。他尊重语言的重音和音调,根据诗歌的形式和内涵来创造旋律。《野玫瑰》《暮春》等作品具有民歌般的纯朴优美;《海滨》《致音乐》等充盈着内心的忧郁、疑问和恬静等不同的感情;《孤居》《年轻的修女》《幻影》等则混合有吟诵和歌唱的风格。

他创作的旋律与诗歌之间达到一种均衡关系。他总是使音乐的形式与诗歌的结构相称。大多数歌曲都采用分节歌的形式,当内容与气氛有所变化,音乐就做相应改变,既显著地表达了新的意境,又保持了原有的音乐精华(如《鳟鱼》《菩提树》)。当一首诗歌不是分节诗时,常常用通谱写作(如《魔王》)。

他有意识地把和声、钢琴伴奏等因素提高到与旋律和诗歌同等重要的地位,给诗歌增加音乐的力量。和声的特点是常用大小调交替(如《菩提树》《小夜曲》),在自然体系和声的基础上巧妙地运用半音和声。钢琴伴奏起到提示场景、传达诗歌意境的作用。例如,描绘鱼儿在水中穿梭游动的《鳟鱼》;模仿纺车转动,烘托悲痛与感情的《纺车旁的玛格丽特》;刻画风声、马蹄声,制造紧张焦虑、惊惶不安气氛的《魔王》;以阴沉的和弦衬托吟诵般的歌唱的《幻影》《死神与少女》。钢琴伴奏还起到把歌曲的各个部分组合起来,达到音乐完整统一的作用。

教师招聘考试小学音乐预测试卷(五)

答案速查

1～5	BDDBC	6～10	CCBDA	11～15	CCCAA	16～20	BBADD
21～25	ABC ABCD AC BCD BCD			26～30	BCD ABD AB ABD ABD		

一、单项选择题

1. B 【解析】本题考查具体调式中的正三和弦的判断。正三和弦是调式中Ⅰ、Ⅳ、Ⅴ级音上构成的三和弦。B大调的调式音阶为B、$^{\#}$C、$^{\#}$D、E、$^{\#}$F、$^{\#}$G、$^{\#}$A、B,正三和弦原位为B－$^{\#}$D－$^{\#}$F、E－$^{\#}$G－B、$^{\#}$F－$^{\#}$A－$^{\#}$C。即B选项不属于B大调的正三和弦。

2. D 【解析】本题考查七和弦的解决要求。遵循转位属七和弦的解决原则:"三上五七下,根音保持",A选项和C选项中的音,G—G、B—C、D—C、F—E,都正确;遵循导七和弦的解决原则:"三上五七下,根音级进上行",B选项和D选项中的音,B—C、D—E、F—E、^{b}A—G,则D选项解决错误。

3. D 【解析】本题考查歌曲的赏析。歌曲《美丽的草原我的家》由蒙古族作曲家阿拉腾奥勒创作,女中音歌唱家德德玛用醇厚的音色和蒙古族特有的韵味将这首歌曲的意境与牧民生活的幸福感受表现得淋漓尽致。

4. B 【解析】本题考查和弦外音的定义。旋律中处于弱拍、弱位上的和弦外音有三种:经过音、辅助音和先现音。在两个相同音高的和弦音之间插入的上方或下方邻音,叫作辅助音。当旋律作音阶式上行或下行时,处于弱拍或弱位上,时值较为短暂的和弦外音称为经过音。在两个和弦连接时,属于后一和弦的音,却出现在前一和弦的弱拍或弱位上,这一和弦外音称为先现音。当前一和弦的和弦音延留至后一和弦,成为后一和弦强拍(或次强拍)上的和弦外音时,这一和弦外音叫作延留音。

5. C 【解析】本题考查纯律的定义。在分音列的第二分音和第三分音之间插入一个第五分音构成和弦形式,以此作为生律要素,如C－E－G、F－A－C、G－B－D,这样定出来的C、D、E、F、G、A、B七个音的准确音高的律制,叫作纯律。将一个八度内的音分成十二个均等的半音的律制,叫作十二平均律。以分音列中的第二分音与第三分音之间的音高关系连续相生而求得各律的准确音高的律制,叫作五度相生律。

6. C 【解析】本题考查《森林水车》的曲式结构。《森林水车》是一首通俗的管弦乐曲。其曲式结构为:序奏—主部—插部1—主部—插部2—主部—结尾,属于典型的回旋曲式,故选C。

7. C 【解析】本题考查多利亚调式的音级。以d自然小调与D多利亚调式为例:

d自然小调的音阶为d、e、f、g、a、^{b}b、c、d;D多利亚调式的音阶为D、E、F、G、A、B、C、D;通过对比可知,多利亚调式第Ⅵ音比自然小调的第Ⅵ音高了半音。

8. B 【解析】本题考查《秦王破阵乐》描述的内容。《秦王破阵乐》是唐代宫廷燕乐中的著名乐舞,创作于初唐时期,颂扬李世民安邦定国的功绩。《梅花三弄》《平沙落雁》是古琴曲,《十面埋伏》是琵琶曲。

9. D 【解析】本题考查鲍元恺的代表作品。《炎黄风情——中国民歌主题24首管弦乐曲》是鲍元恺的代表作。《御风万里》是郭文景创作的交响序曲,《纳西一奇》是朱践耳创作的交响音诗,《土楼回响》是刘湲创作的交响诗篇。

10. A 【解析】本题考查十大时调的代表作品。《盼情人》采用的是"孟姜女调",《小看戏》采用的是"剪靛花调",《走西口》采用的是"绣荷包调",《茉莉花》采用的是"鲜花调"。

11. C 【解析】本题考查清唱剧的特点。题干描述的是清唱剧的特点。歌剧几乎与清唱剧同时形成,是一种用音乐来表现的戏剧,注重舞台美术、服装和舞蹈动作。弥撒曲是中世纪时期就已经出现的宗教音乐体裁。

12. C 【解析】本题考查格里高利圣咏的特点。格里高利圣咏是指公元6世纪末,罗马教皇格里高利一世对教会歌调加以搜集、整理,广泛吸收古代东方音调、古希腊音乐及地方民间音乐的因素创编的教堂歌调,是基督教举行日课和弥撒时所用的音乐,内容选自《圣经》和诗篇。它是无伴奏的纯人声歌唱的单声部音乐形式,以拉丁文为歌词,即兴式而无明显节拍特征,建立在单纯的自然音阶基础之上。其旋律音调平缓,以级进和三度进行为主,偶有四、五度跳进,整个音乐音域较窄。因此,C选项表述不正确。

13. C 【解析】本题考查巴洛克时期音乐的风格特点。巴洛克时期的音乐在和声上是正格终止式代替了调性终止式。ABD三个选项叙述正确。

14. A 【解析】本题考查霍尔斯特的代表作品。霍尔斯特是在20世纪上半叶复兴英国民间音乐和传统音乐的热潮中涌现的重要作曲家,他最著名的作品是管弦乐《行星组曲》。《行星组曲》共七个乐章,分别以八大行星中除地球之外的七个行星命名。

15. A 【解析】本题考查世界民族民间音乐形态及其对应国家。歌舞伎是日本典型的民族表演艺术,产生于17世纪日本江户时期,是一种融舞蹈、对白、歌唱、器乐于一体的综合性舞台艺能。

16. B 【解析】本题考查海顿的代表作品及其赏析。题干谱例是海顿《惊愕交响曲》第二乐章的主题旋律片段。这部交响曲是海顿著名的交响曲之一,与他的其他几部交响曲共同被认为是古典交响乐的丰碑,乐曲中充满了生机盎然的民间歌舞气息和明快欢乐的情绪。

17. B 【解析】本题考查杨小楼在京剧史上的地位。A 选项梅兰芳与 C 选项尚小云属于四大名旦之列;D 选项周信芳属于京剧老生演员,艺名“麒麟童”,是“麒派”的创始人;B 选项杨小楼为京剧武生演员,享有“武生宗师”的盛誉。

18. A 【解析】本题考查西洋乐器基本知识。小号是铜管乐器中音域最高的乐器,其音色嘹亮、雄伟,被称为乐队中的“男高音”。

19. D 【解析】本题考查舒曼的代表作品。《曼弗雷德》是英国诗人拜伦的哲学诗剧,舒曼为拜伦的这部诗剧写了十六段配乐,包括一首序曲和十五段合唱、重唱、朗诵伴奏和器乐间奏。其中的序曲是最体现舒曼才气的作品。曼弗雷德的基本形象在这部序曲中有着真正的交响式发展,体现了强烈的浪漫主义精神。《唐璜》是理查德・施特劳斯的交响诗作品,《哈罗尔德在意大利》是柏辽兹的交响曲作品,《浮士德》一般是指李斯特的交响曲作品和古诺的歌剧。

20. D 【解析】本题考查拉赫玛尼诺夫的代表作品。拉赫玛尼诺夫见到了象征主义画家勃克林极负盛名的一幅油画《死亡岛》的黑白复制品,并深深地被画面所表现的冷峻、静穆、死寂所感染,创作了交响诗《死亡岛》。

二、多项选择题

21. ABC 【解析】本题考查巴洛克时期威尼斯歌剧的代表人物。巴洛克时期威尼斯歌剧的首要人物就是蒙特威尔第,在他逝世之后,他的两位学生卡瓦利和切斯第成为威尼斯歌剧舞台上杰出的创作者。D 选项班舒瓦是文艺复兴时期勃艮第乐派重要的作曲家。

22. ABCD 【解析】本题考查民族调式的音阶。以 G 为闰的燕乐角调式的主音是角,闰~角是增四度,G 音上方增四度音是$^{\#}$C 音,所以其主音是$^{\#}$C;以$^{\#}$A 为变徵的雅乐羽调式的主音是羽,变徵~羽是小三度,$^{\#}$A 音上方小三度音是$^{\#}$C 音,所以其主音是$^{\#}$C;以 E 为清角的清乐商调式的主音是商,商~清角是小三度,E 音下方小三度音是$^{\#}$C 音,所以其主音是$^{\#}$C;以$^{\#}$G 为商的清乐徵调式的主音是徵,商~徵是纯四度,$^{\#}$G 音上方纯四度音是$^{\#}$C音,所以其主音是$^{\#}$C。

23. AC 【解析】本题考查华彦钧(阿炳)的代表作品。华彦钧,又名阿炳,代表作品有:琵琶曲《大浪淘沙》《昭君出塞》《龙船》,二胡曲《听松》《寒春风曲》《二泉映月》。BD 两项均为古琴曲。

24. BCD 【解析】本题考查各民族特色乐器。伽倻琴是朝鲜族乐器。马头琴是一种两弦的弦乐器,有梯形的琴身和雕刻成马头形状的琴柄,为蒙古族人民喜爱的乐器。月琴,中国传统弹拨乐器,在彝族、哈尼族、苗族等少数民族人民的音乐生活中占有重要地位,常用于男女青年的社交和恋爱生活。热瓦普是维吾尔族、乌孜别克族常用的弹拨乐器。

25. BCD 【解析】本题考查西方歌剧作品与文学作品的联系。A 选项,《伊凡·苏萨宁》为五幕歌剧,由格林卡谱曲。这部歌剧以英雄伊凡·苏萨宁为题材,描述苏萨宁自波兰人手中解救沙皇的故事,不是普希金的文学作品。

B 选项,1842 年俄国作曲家格林卡根据普希金长诗《鲁斯兰与柳德米拉》创作出五幕同名歌剧。

C 选项,《鲍里斯·戈杜诺夫》是由俄国作曲家穆索尔斯基根据普希金的同名历史剧编写剧本并创作的四幕歌剧。

D 选项,歌剧《叶甫盖尼·奥涅金》的俄语剧本由柴可夫斯基和康斯坦丁·西罗夫斯基基于普希金的同名长篇诗文小说改编而成,并由柴可夫斯基谱曲。

26. BCD 【解析】本题考查音乐的表现要素。音乐表现要素包括节奏、节拍、旋律、和声、力度、速度、调式、调性、音区、织体、音色、曲式结构等。情绪不属于音乐的表现要素。

27. ABD 【解析】本题考查《黄河大合唱》的相关知识。《黄河大合唱》是冼星海的代表作(A 选项错误),该曲由《序曲》(乐队)和《黄河船夫曲》(混声合唱)、《黄河颂》(男声独唱)、《黄河之水天上来》(配乐诗朗诵)(C 选项正确)、《黄水谣》(女声合唱)、《河边对口曲》(对唱、轮唱)、《黄河怨》(女声独唱)(D 选项错误)、《保卫黄河》(齐唱、轮唱)、《怒吼吧,黄河》(混声合唱)八个乐章(B 选项错误)组成。

28. AB 【解析】本题考查序列音乐的代表人物。序列音乐于二战后兴起,受韦伯恩十二音体系启发,把安排旋律音高的次序扩展到音的长短、强弱、节奏等因素中去,形成"整体序列主义"或"全面序列主义"。其代表作曲家有梅西安、布列兹等。C 选项斯特拉文斯基是新古典主义音乐的代表人物;D 选项约翰·凯奇为偶然音乐的代表人物。

29. ABD 【解析】本题考查影视歌曲对应的影视作品。歌曲《滚滚长江东逝水》是电视剧《三国演义》的主题曲。其余三个选项均正确。

30. ABD 【解析】本题考查拉丁美洲的歌舞体裁。拉丁美洲比较典型的歌舞体裁有阿根廷的探戈、巴西的桑巴、墨西哥的松、古巴的哈巴涅拉和伦巴、秘鲁的圆舞曲等,由此可知选项 ABD 皆属于拉丁美洲的歌舞体裁。C 选项弗拉门戈是一种融合舞蹈、歌唱、器乐于一体的综合性艺术形式,是西班牙的代表性艺术之一,属于欧洲音乐艺术。

三、填空题

31.《马太受难曲》;巴赫

32.《奥菲欧》;蒙特威尔第

33. 维也纳圆舞曲

34. 附点;三

35. 三

36. 标准音(国际标准音)

37. 大同乐会

38. 印象;拉威尔

39. 弗拉门戈

40. 低音提琴;短笛;小提琴

四、匹配题

41.【答案】(1)~(5)EBDAC

42.【答案】(6)~(10)HFGJI

五、写作题

43.【参考答案】

(1)E 和声大调

(2)$^{\#}$c 旋律小调

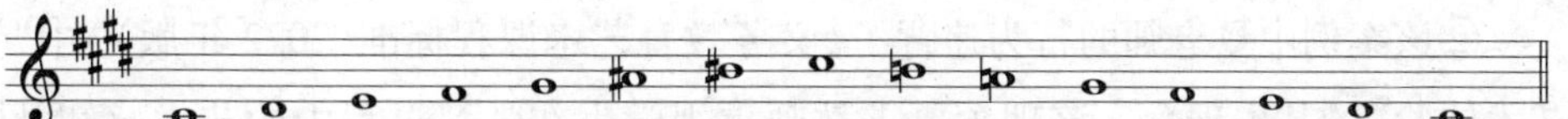

【解析】(1)下中音是调式的第Ⅵ级音,和声大调的第Ⅵ级音需要降低半音,与主音构成小六度。即 C 音的下方小六度的音为 E 音。该调式为 E 和声大调。E 和声大调的调号为四个升号,第Ⅵ级音降低半音,即将$^{\#}$C 音还原。

(2)调号相同、主音相距一个小三度关系的大小调叫作关系大小调,也叫平行大小调。E 和声大调的平行旋律小调为$^{\#}$c 旋律小调。旋律小调上行升高Ⅵ、Ⅶ级音,下行还原。

44.【参考答案】

六、案例分析题

45.【参考答案】(1)判断:该案例中夏老师的教学行为是不合理的。

(2)分析:该案例中的欣赏课属于《义务教育艺术课程标准(2022 年版)》音乐课程内容学习任务 1 听赏与评述第二学段 3 ~5 年级的教学内容。听赏与评述是重要的音乐学习任务,是培育学生审美感知和文化理解素养的有效途径,对学生丰富情感体验和审美体验、积累欣赏音乐的经验、理解音乐相关文化、提高审美情趣具有重要作用。应注意以音乐为本,从音响出发,以听赏为主,以讲解、讨论为辅。教师的讲解、提示力求简明、生动,富有启发性。应采用多种形式调动学生多感官参与音乐体验,引发他们的联想和想象。

①该案例中夏老师的行为违背了《义务教育艺术课程标准(2022 年版)》中"坚持以美育人"的基本理念。该理念要求教师以落实核心素养为主线,引导学生积极参与各类艺术活动,感受美、欣赏美、表现美、创造美,丰富审美体验,学习和领会中华民族艺术精髓,增强中华民族自信心与自豪感。案例中,夏老师没有一个良好的导入环节,并且让学生聆听完乐曲之后,直接对歌曲进行介绍讲解,学生觉得不好听,提不起兴趣,夏老师随即进行反驳,没有合理引导学生循序渐进地对歌曲进行学习,夏老师这样的教学方式不利于学生欣赏美、感受美,没有使学生领会到我国民族音乐的艺术美和精髓,学生对音乐学习的积极性也会降低,不利于教学目标的达成。

②该案例中夏老师的行为违背了《义务教育艺术课程标准(2022 年版)》中"重视艺术体验"的基本理念。该理念要求教师重视学生在学习过程中的艺术感知及情感体验,激发学生参与艺术活动的兴趣和热情,使学生在欣赏、表现、创造、联系/融合的过程中,形成丰富、健康的审美情趣;强调艺术课程的实践导向,使学生在以艺术体验为核心的多样化实践中,提高艺术素养和创造能力。案例中,夏老师在学生对教学内容提不起兴趣的情况下选择了无视,然后继续自己的讲解,结束后就开始提问学生回答问题。夏老师忽视了学生的主体性和艺术体验对音乐学习的重要性,而是自己主导了整节课,没有很好地将学生的主体地位及教师的主导地位进行有机结合,学生整节课没有参与进课堂,没有进行良好的艺术感知及情感体验,不利于激发学生参与艺术活动的兴趣和热情,也不利于提高学生的艺术素养和创造能力。

七、作品赏析题

46.【参考答案】《到敌人后方去》由赵启海作词、冼星海作曲。此歌于 1938 年 9 月在武汉创作发表后,1938 年底即传遍晋察冀边区的每一个角落。它原是一首进行曲风格的二声部合唱曲,流传时一般为齐唱。

这首歌曲十分形象地描绘了千百万青年为了保卫祖国,踊跃地奔赴敌后,参加抗日游击队伍，英勇抗敌的情景。

《到敌人后方去》这首歌是 F 大调、$\frac{2}{4}$拍、回旋曲式，其结构是 $A+B+A+C+A^1$。它由一个用四分音符和附点音符组成的、弹性和冲击力都很强的音型作为主导动机，运用模进手法，发展成为歌曲的 A 段主题。

第一插部(B)仍然保持附点音符节奏型的特点，生动形象地刻画了游击战争中声东击西“出奇兵”的场景，塑造了游击队员机智勇敢的形象，成功地表达了歌词的主题思想和特定的艺术意境，显示了人民战争的强大威力。这一段在曲调上采用短句重复和变化的手法。然后 A 段再现。

第二插部(C)只有两个乐句，情绪较前有了明显的变化，由于节奏拉宽了，因而听起来旋律比较舒展，音也比较高，充满了革命战士的自豪感，表达了他们的必胜信心。歌曲唱到这里，从头反复一遍。最后接尾声(A^1)。

由于这首歌表现的是同一音乐形象的几个侧面，因而音乐材料集中，手法精练。主部和插部都从各个不同侧面刻画了游击战士乐观豪迈、机智勇敢的性格。歌曲的旋律挺拔、矫健，节奏富于弹性而灵活多变，生动、形象地表现了革命队伍势不可挡的伟大力量。

教师招聘考试小学音乐预测试卷(六)

答案速查

1~5	A ABC D AC A	6~10	D AC D ACD AC
11~15	√√×××	16~20	√×√×√

一、不定项选择题

1. A 【解析】本题考查具体的调式音阶结构。以 C 宫系统调中的 A 燕乐羽调式为例，该调式的音阶为 A、^bB、C、D、E、F、G、A，相邻音级之间的全半音关系为半全全全半全全。A 选项弗里几亚调式与以 E 为主音的 C 自然大调的调式音阶相同，即该调式的音阶为 E、F、G、A、B、C、D、E，音阶结构为半全全全半全全。B 选项和声小调，以 a 和声小调为例，该调式音阶为 a、b、c、d、e、f、$^\#g$、a，音阶结构为全半全全半增半。C 选项自然小调，以 a 自然小调为例，该调式音阶为 a、b、c、d、e、f、g、a，音阶结构为全半全全半全全。D 选项利底亚调式与以 F 为主音的 C 自然大调的调式音阶相同，即该调式的音阶为 F、G、A、B、C、D、E、F，音阶结构为全全全半全全半。综上，与燕乐羽调式音阶结构相同的是弗里几亚调式。

2. ABC 【解析】本题考查音程扩大的方法。音程扩大的方法有升高冠音或降低根音。如将小三度的冠音重升,变成增三度,原音程扩大,A 选项正确;将小三度的根音重降、冠音降低半音,变为大三度,原音程扩大,B 选项正确;将小三度升高冠音、降低根音,变为增三度,原音程扩大,C 选项正确;将小三度同时降低冠音和根音,还是小三度,原音程不变,D 选项错误。

3. D 【解析】本题考查少数民族的代表作品。A 选项《阿细跳月》是彝族民歌;B 选项《阿里郎》是朝鲜族民歌;C 选项《小红帽》是一首巴西儿童歌曲;D 选项《正月十五那一天》是藏族民歌。

4. AC 【解析】本题考查乐器的分类。BD 两项为我国传统的弹拨乐器,AC 两项为打击乐器。

5. A 【解析】本题考查著名民歌中的旋律创作手法。鱼咬尾是指前一句旋律的尾音和下一句旋律的首音相同的结构,也叫衔尾式、接龙式,是中国传统音乐的一种结构形式,也是音乐的一种创作手法,在我国很多的民歌中都有体现,比如著名的山东民歌《沂蒙山小调》就很能体现这一种结构形式。

6. D 【解析】本题考查歌曲的旋律进行方式。通过视唱下面旋律可知,该旋律的进行方式属于波浪式进行。

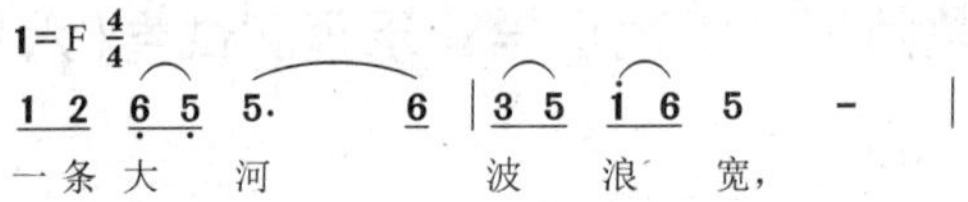

1=F $\frac{4}{4}$

1 2 6 5 5· 6 | 3 5 i 6 5 - |

一条大河 波浪宽,

7. AC 【解析】本题考查交响诗《我的祖国》中的乐章。交响诗套曲《我的祖国》含有 6 首既独立又相互联系的交响诗,分别为《维谢格拉德》《沃尔塔瓦河》《莎尔卡》《捷克的原野和森林》《塔波尔》《勃兰尼克》。B 选项《乡村欢乐的集会》选自贝多芬《第六(田园)交响曲》第三乐章;D 选项《舞会》选自柏辽兹《幻想交响曲》第二乐章。

8. D 【解析】本题考查日本和朝鲜的传统乐器。伽倻琴是朝鲜传统乐器。

9. ACD 【解析】本题考查无调性音乐的代表作品。无调性技法是表现主义音乐最基本的表现手法,代表人物有勋伯格和他的两个学生韦伯恩和贝尔格。无调性音乐代表作品主要有勋伯格的《一个华沙的幸存者》《月迷彼埃罗》《五首管弦乐曲》,韦伯恩的《室内交响曲》,贝尔格的《沃采克》《璐璐》。《蓝色狂想曲》是格什温为钢琴与爵士乐队创作的乐曲,属于调性音乐。

10. AC 【解析】本题考查属于歌剧体裁的作品。《天鹅湖》属于芭蕾舞剧,《丝路花雨》属于中国民族舞剧。《洪湖赤卫队》是由张敬安、欧阳谦叔作曲的歌剧作品;《伤逝》是施光南创作的歌剧作品。

二、判断题

11. √ 【解析】本题考查调式中的和弦性质。以 a 和声小调为例，其属七和弦为 E – #G – B – D，为大小七和弦，由此可知所有和声小调的属七和弦的性质均为大小七和弦。以 C 自然大调为例，其属七和弦为 G – B – D – F，为大小七和弦，由此可知所有自然大调的属和弦的性质均为大小七和弦。因此可以得知，和声小调和自然大调的属七和弦性质相同。

12. √ 【解析】本题考查属七和弦的解决方式。属七和弦通常解决到主功能系，最常见的是解决到原位主和弦。解决时：三音上行二度，五音、七音下行二度，根音四度上行或五度下行，跳进到主和弦的根音（若为转位和弦，则根音保持）。

13. × 【解析】本题考查《天仙配》所属的剧种。《天仙配》是黄梅戏的经典剧目。

14. × 【解析】本题考查肖邦的音乐贡献及交响诗的首创者。肖邦，波兰钢琴家、作曲家，被誉为“钢琴诗人”。他的作品几乎都是为钢琴而写，他是较早将东欧民间音乐融入西方音乐艺术的大师。肖邦的钢琴音乐创作体裁有叙事曲、奏鸣曲、练习曲、波兰舞曲、夜曲、玛祖卡、圆舞曲、即兴曲、谐谑曲、幻想曲、前奏曲等。交响诗由李斯特首创。

15. × 【解析】本题考查《长征组歌》中的歌曲。《长征组歌——红军不怕远征难》为大型声乐套曲，由肖华作词，晨耕、生茂、唐诃、遇秋作曲，整个组歌共分为《告别》《突破封锁线》《遵义会议放光辉》《四渡赤水出奇兵》《飞越大渡河》《过雪山草地》《到吴起镇》《祝捷》《报喜》和《大会师》十个部分。《告别》为其中的第一首曲目。

16. √ 【解析】本题考查意大利新艺术时期的代表人物及其贡献。

17. × 【解析】本题考查亨德尔的《水上音乐》的赏析。《水上音乐》是一部亨德尔创作的管弦乐组曲。这首曲子是亨德尔旅居英国时所作，因在英国伦敦泰晤士河游船上演奏，所以便有了“水上音乐”的美名。

18. √ 【解析】本题考查《义务教育艺术课程标准（2022 年版）》的学段目标。《义务教育艺术课程标准（2022 年版）》第一学段（1 ~ 2 年级）的学段目标包括：(1)能体验音乐的情绪与情感，了解音乐的基本特征，感知音乐的艺术形象，对音乐产生兴趣。在音乐体验中唤起爱党、爱国、爱家乡的情感，初步具有乐观的态度以及对身边人的友爱之情。(2)能积极参与演唱、演奏、歌表演、律动、音乐游戏、舞蹈、戏剧表演等艺术活动，积累实践经验，享受艺术表现的乐趣，在各种艺术实践中初步建立规则意识和合作意识。(3)对音乐有好奇心和探究欲，能在探究声音与音乐的过程中表达自己的想法和感受。(4)初步了解中国音乐文化和世界多元音乐文化。(5)对身边的音乐和音乐现象感兴趣，能与他人分享、交流自己的发现和感受。

19. × 【解析】本题考查咏叹调与宣叙调的区别。题干叙述的是宣叙调的特点。咏叹调是一种配有伴奏的一个声部或几个声部以优美的旋律表现出演唱者感情的独唱曲，旋律优美，强调声乐演唱技巧，具有很强的艺术魅力。

20. √ 【解析】本题考查拉威尔的音乐贡献。题干关于拉威尔的音乐贡献叙述正确。

三、写作题

21.【参考答案】

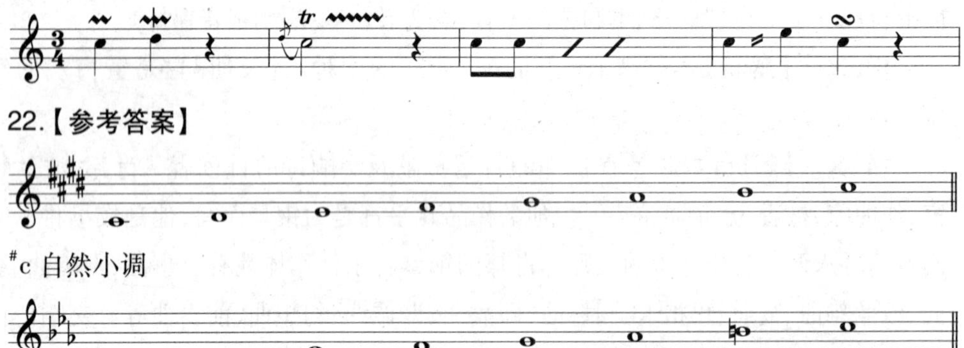

22.【参考答案】

#c 自然小调

c 和声小调

【解析】以 b 为导音的自然小调：自然小调的导音与主音相距大二度，即 b 音上方大二度的#c 音为主音，因此调名为#c 自然小调。#c 小调的调号为 E 调的四个升号，写上调号后，从主音到主音依次写出调式音阶。

以 b 为导音的和声小调：和声小调的导音与主音相距小二度，即 b 音上方小二度的 c 音为主音，因此调名为 c 和声小调。c 小调的调号为♭E 调的三个降号，写上调号后，从主音到主音依次写出调式音阶。和声小调升高Ⅶ级音，因此 b 音前面要写上还原号，符合题干要求。

23.【参考答案】

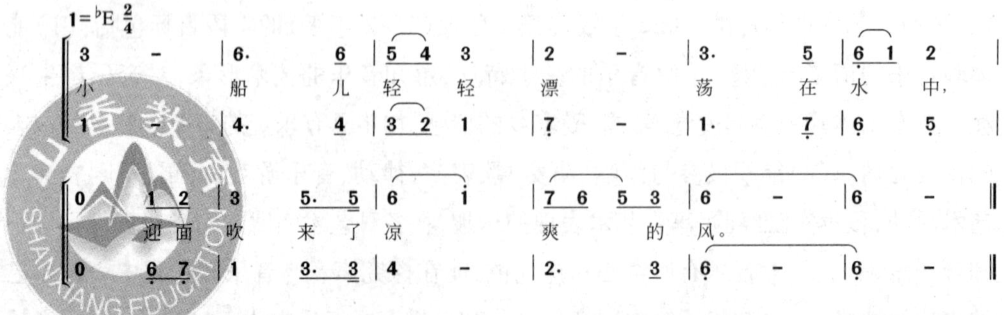

四、分析题

24.【参考答案】(1)乐曲的结构图示如下：

A		B		A^1	
a	a^1	b	c	a^2	a^3
5	4	4	4	4	4

(2)带再现的单三部曲式

(3)再现段的旋律与第一段的旋律基本相同,只是在音区上比第一段高一个八度,是第一段的变化重复。这样的再现手法可以使再现段与第一段相呼应,并在音区上进行对比,既协调又统一,增加了乐曲的表现力。

五、简答题

25. 简述《白毛女》的艺术成就。

【参考答案】新歌剧《白毛女》由鲁迅艺术学院于 1945 年集体创作,贺敬之、丁毅执笔,马可、张鲁、瞿维、李焕之、向隅、陈紫、刘炽等人作曲。它根据民间流传的《白毛仙姑》的故事改编,深刻地表现了半封建半殖民地社会背景下农村的基本矛盾,揭示了“旧社会把人变成鬼,新社会把鬼变成人”的深刻主题。

《白毛女》是我国民族新歌剧的奠基石,是中国新歌剧成型的标志,富有浓郁的民族色彩。该剧以中国革命为题材,表现了中国农村复杂的斗争生活,是一部里程碑式的作品。其艺术成就主要有：

(1)准确而成功地以音乐塑造人物形象。作曲家们通过音乐来具体细致地刻画人物形象,使其性格化、戏剧化,并根据剧情发展的需要,赋予音乐强烈的戏剧性,使人物性格得到多层次展示。

(2)广泛吸收民间音调作为主要人物主导主题的音调基础。如喜儿的主题音调是以河北民歌《小白菜》作为基础写作的,杨白劳的主题音调则是以山西民歌《捡麦根》为基础创作的。

(3)有意识地借鉴吸收戏曲音乐的素材与手法,增强了音乐的感染力。例如,喜儿的唱段中运用了秦腔以及河北梆子的音调特点,表现了由悲到愤、由愤到恨的情感变化。

(4)大胆而又谨慎地借鉴了西洋歌剧经验。剧中尝试运用了独唱、伴唱、重唱、合唱的形式,运用了和声、复调等多声部音乐手法,乐队方面使用了中西乐器的混合编制。

26. 刘天华是我国现代著名音乐家,其音乐成就与贡献主要体现在哪些方面?

【参考答案】刘天华是我国现代著名音乐家,其音乐成就与贡献主要体现在以下几个方面：

(1)他主张音乐要顾及一般民众，因而重视本国的民族民间音乐，主张通过“采取本国精粹”“容纳外来潮流”的方法来改进国乐。他在民族音乐的基础上吸取西洋作曲和演奏技法，在民族乐器二胡和琵琶音乐的创作及演奏上取得了杰出成就。

(2)他对我国二胡艺术有突出的贡献，创作有10首二胡曲：《病中吟》《月夜》《空山鸟语》《闲居吟》《光明行》《良宵》《烛影摇红》《苦闷之讴》《悲歌》《独弦操》，还作有琵琶曲3首、民乐合奏曲2首。

(3)在二胡曲创作上，他广泛吸收了其他乐器的演奏方法，如小提琴的跳弓、泛音、颤弓、换把等；音调上适当吸收了西洋音乐的一些因素，丰富了民族器乐的语汇。

(4)在二胡教学上，他第一次建立了我国二胡的教材体系，使二胡这种口传心授的乐器走向正规的现代音乐教育之中，培养了一批人才，形成了独具风格的二胡学派。

(5)他除了教授二胡、琵琶外，还从事创作、演奏、采集民间音乐、编订民族音乐曲谱、改进传统工尺谱、撰写音乐论著与教材，并组织“国乐改进社”，创办了《音乐杂志》。

总之，刘天华以自己毕生的精力，通过创作、演奏、教学以及理论研究，在我国专业音乐教育和现代音乐文化建设中，为民族器乐的发展争取到一席之地。

27. 简述《义务教育艺术课程标准(2022年版)》中音乐学科第一学段学习任务2聆听音乐中的内容要求和学业要求。

【参考答案】(1)内容要求：聆听形象鲜明、结构短小的民歌、儿童歌曲、戏曲音乐片段，以及其他简短歌曲和小型器乐曲等，以中国作品为主、外国作品为辅。体验音乐的基本情绪，感受歌唱中的童声、女声和男声音色，以及打击乐器和其他常见乐器的音色，感知音乐中的旋律、节奏、力度、速度变化，体验二拍子、三拍子音乐的特点。了解所听音乐的表现形式，感受它们的不同风格。

(2)学业要求：①聆听或表现音乐的过程中，能根据音乐的情绪自然流露出相应的表情或做出体态反应，说出音乐情绪的相同与不同，简要描述音乐表现的形象与内容。②能听辨常见打击乐器的音色以及歌唱中的童声、女声和男声音色，判断音乐的高低、快慢、强弱、长短、音色变化，并做出相应的体态反应或简单描述。③能跟随音乐的节拍拍手或走步，并对二拍子、三拍子音乐做出相应的体态反应。④能区分独唱(奏)、齐唱(奏)、轮唱、合奏等，能随进行曲、舞曲、摇篮曲等音乐进行律动、舞蹈。⑤能运用所学知识和积累的听觉经验区分相同或不同风格的音乐，并借助律动、舞蹈、色彩或线条等予以表示。⑥在聆听音乐时能保持安静，注意力集中，参与音乐活动时能专注于音乐，不干扰他人。

六、教学设计题

28.【参考设计】

《小鸟　小鸟》

一、教学目标

1. 审美感知:通过学唱《小鸟　小鸟》,感受$\frac{6}{8}$拍的强弱规律;理解歌曲中八分休止符的作用;基本理解变化重复写作手法的含义。

2. 艺术表现:通过聆听、模唱、图谱对比等方法,在听、唱、看的过程中学习歌曲。

3. 文化理解:通过学唱《小鸟　小鸟》,从歌曲的旋律中感受小鸟雀跃和展翅高飞的形象,激发学生的学习兴趣及乐观向上的生活态度。

二、教学重难点

1. 教学重点:用富有弹性的、优美舒展的歌声来正确演唱这首歌曲的第一段。

2. 教学难点:二声部的训练。

三、教学过程

(一)导入新课

教师带领学生随歌曲《小鸟　小鸟》的伴奏律动,感受$\frac{6}{8}$拍的强弱规律,通过音乐律动引出课题。

(二)新课教学

1. 看图片初听歌曲,感受歌曲的情绪。

2. 看歌谱,教师根据演唱形式把歌曲划分为 A、B 两个乐段。

3. A 乐段的齐唱学习。

(1)教师带领学生按节奏朗读歌词。(注意弱起拍的起唱;八分休止符的作用)

(2)听 A 段第一段范唱,学生自学。

(3)教师弹琴范唱歌曲,学生模唱。

(4)跟伴奏完整演唱 A 段第一段歌词。

4. B 乐段的合唱学习。

(1)听 B 乐段片段,教师通过画出小鸟飞行的两条不同路线片段图引出合唱中的低声部与高声部。

(2)分别学唱高声部与低声部。

①学唱歌谱。

②指出高、低声部旋律分为两大乐句,通过图谱对比让学生基本理解"变化重复"的歌曲写作手法。

③学唱两大乐句中不同的旋律部分。

④慢速、正确地演唱低声部歌谱。

⑤加快速度演唱歌谱。

⑥歌曲的处理。

⑦加歌词演唱高、低声部旋律。

5. 二声部的合唱。

(1)电脑播放含高声部旋律的伴奏,教师弹低声部旋律,学生跟唱低声部旋律。

(2)分组做音程练习。

(3)分组慢速合唱二声部旋律。

第一组学生跟老师演奏的钢琴旋律唱低声部,第二组跟电脑含高声部旋律的伴奏唱高声部。(要求学生注意聆听另一声部)

(4)跟伴奏加快速度演唱歌曲。

(5)跟原速伴奏演唱二声部合唱部分旋律。

6. 第一段歌词的演唱。

(1)慢速把 A、B 两乐段连起来演唱。(提醒学生歌曲的处理)

(2)原速演唱第一段歌词。

(三)实践练习

学生自主学习 A 段第二段歌词。

(四)小结

师:小鸟非常可爱,是人类的好朋友,所以我们要爱护它们,不能伤害它们。老师希望同学们像快乐的小鸟一样,生活在祖国温暖的怀抱里,自由地飞翔、歌唱!

教师招聘考试小学音乐预测试卷(七)

答案速查

1~5	CCAAA	6~10	DBACB	11~15	BCDCD
16~20	CAABB	21~25	CBABD	26~30	CBABB

一、单项选择题

1. C 【解析】本题考查记谱法和移高八度记号的内容。根据各谱号的音位可推算出:A、B、D 选项中的两个音均为 g^1、b^1。C 选项中音符上方的记号是移高八度记号,因此其中的两个音 a、c^1 移高八度后为 a^1、c^2。a^1 高于 g^1,c^2 高于 b^1。因此 C 选项中的两个音是音高最高的。

2. C 【解析】本题考查拍子的类型。复拍子是指由完全相同的单拍子结合在一起构成的拍子,常见的复拍子有$\frac{4}{4}$拍、$\frac{6}{8}$拍、$\frac{9}{8}$拍等。ABD 选项的拍子均为单拍子,C 选项为复拍子。

3. A 【解析】本题考查音乐表情术语的含义。A 选项 Dolce 表示“柔和、甜美地”;B 选项 Animato 表示“活泼地”;C 选项 Accarezzevole 表示“深情地”;D 选项 Fresco 表示“有朝气地”。

4. A 【解析】本题考查音程的扩大与缩小。扩大音程的方法有两种,即升高冠音(上方音)或降低根音(下方音)。将减音程的冠音升高半音或根音降低半音,则减音程扩大为相应的小音程;将减音程的冠音升高全音或根音降低全音,则减音程扩大为相应的大音程。题中,将减六度的下方音重降,即下方音降低全音,则减六度扩大为大六度。

5. A 【解析】本题考查音的性质。音有四种性质,即音高、音值、音量、音色。A 选项发音体振动的频率决定音的高低(音高);B 选项发音体振动的时间决定音的长短(音值);C 选项发音体振动的幅度决定音的强弱(音量);D 选项发音体的形状、大小等决定音色。

6. D 【解析】本题考查和弦连接中的不良进行。和弦连接中需避免的不良进行有平行八度、平行五度、反向八度、反向五度、隐伏八度、隐伏五度等。此外,在四部和声的和弦连接中,四部同向被认为是损害平衡的一种进行,也是应当避免的。

7. B 【解析】本题考查回旋曲式的结构。回旋曲式是一种多部组合的结构样式,它必须满足以下条件:包含五个以上相对独立的部分;叠部至少出现三次;有两个以上各不相同的插部;叠部隔时再现,插部穿插其间,各部分主题材料的排列既具有循环和交替性组合特点,又显示出三部性结构的连锁关系。

8. A 【解析】本题考查三分损益法。三分损益法是在周代正式确立的中国古代生律的方法,按其振动体长度来进行音阶或十二律吕的相生,是我国最早的乐律计算方法。最早记述这一理论的是管仲的《管子》一书。

9. C 【解析】本题考查四川民歌《槐花几时开》的旋律。通过视唱旋律可知,题干谱例是四川民歌《槐花几时开》的旋律片段。《槐花几时开》是流行于四川地区的一首描写青年男女纯真爱情的歌曲。该民歌通过形象生动的歌词,真实地表现了少女等待自己情人时急迫又害羞的心情。

10. B 【解析】本题考查柴可夫斯基《1812 序曲》的赏析。《1812 序曲》为奏鸣曲式,序奏用大提琴与中提琴演奏的赞歌主题引自圣咏《上帝,拯救你的子民》;呈示部展示战争氛围,以《马赛曲》主题象征攻入俄国的拿破仑军队,以俄罗斯民歌《在爸爸妈妈的大门旁》表现俄国人民对祖国的情感;展开部表现两种力量的对比,代表俄国的主题终于战胜拿破仑军队的主题;再现部后是凯旋的高潮,最终是格林卡的歌剧《伊凡·苏萨宁》中《光荣颂》的主题。《欢乐颂》选自贝多芬《第九(合唱)交响曲》第四乐章;《念故乡》是由德沃夏克《第九(自新大陆)交响曲》第二乐章的主题旋律改编的歌曲;《卡玛林斯卡亚》是格林卡的管弦乐作品。

11. B 【解析】本题考查彝族的代表作品。“阿细跳月”是彝族阿细人最具艺术神韵与民族精神的民间舞蹈代表。彭修文改编的管弦乐《阿细跳月》,是一首反映云南彝族人民生活的乐曲。

12. C 【解析】本题考查《春节序曲》的旋律及所属体裁。通过视唱可知,该旋律出自李焕之创作的管弦乐组曲《春节组曲》中的第一乐章《春节序曲》,属于交响曲。

13. D 【解析】本题考查中国音乐史著作。我国近代音乐家叶伯和最大的贡献是写出了中国第一部音乐史著作《中国音乐史》,上卷出版于 1922 年。本题应选 D。另外,在中国音乐史学方面,王光祈著有《中国音乐史》,出版于 1934 年;杨荫浏著有《中国音乐史纲》,出版于 1952 年,又在 1981 年出版了《中国古代音乐史稿》;1931 年,萧友梅在《乐艺》上发表有音乐理论文章《中国历代音乐沿革概略(上)》。

14. C 【解析】本题考查周代宫廷音乐的类型。周代宫廷音乐包括六代之乐、颂乐、雅乐、房中乐、四夷之乐等。

15. D 【解析】本题考查我国秧歌剧的代表作。秧歌剧是在新秧歌运动中,以旧秧歌中的“小场子戏”作为基础,再广泛吸收当地的民歌、地方戏曲、民间歌舞以及话剧、舞蹈等因素综合而成。秧歌剧的题材内容十分广阔,几乎涉及群众生活的各个方面,但主要反映当时解放区的生产斗争、农村中的阶级斗争、军民反对日本帝国主义和国民党反动派的革命斗争。秧歌剧的代表作品有《兄妹开荒》《货郎担》《夫妻识字》《牛永贵挂彩》等。《坚决打他不留情》是李劫夫在解放战争时期创作的歌曲。

16. C 【解析】本题考查巴洛克时期的音乐特点。大约从 1600 年(歌剧的诞生)到 1750 年(巴赫去世)这一个半世纪,西方音乐史上称之为“巴洛克时期”,因此题干中的 1673 年属于西方巴洛克时期。题干选项中的通奏低音是巴洛克时期音乐最重要的特征之一。A 选项为中世纪与文艺复兴时期音乐的创作特征;B 选项为 20 世纪音乐的创作特征;D 选项为浪漫主义时期音乐的创作特征。

17. A 【解析】本题考查贺绿汀的代表作品。《晚会》原来是一首叫作《闹新春》

的钢琴曲，由贺绿汀创作于 1934 年。之后贺绿汀将其改编为管弦乐小品，并题名《晚会》。

18. A 【解析】本题考查我国近现代代表音乐家的音乐作品。《南飞之雁语》是萧友梅的音乐作品。《革命必先革人心》是沈心工的音乐作品；《旗正飘飘》是黄自的音乐作品；《送别》是李叔同的音乐作品。

19. B 【解析】本题考查少数民族歌舞音乐。囊玛是流行在拉萨地区的藏族歌舞音乐。其音乐基本上由中速的引子、慢板的歌曲及快板的舞曲三部分组成。歌曲部分的音乐优美典雅，演唱时伴以简单的舞蹈动作。舞曲部分热情活泼，舞蹈轻快舒展，表演者只舞不唱。其伴奏乐器主要有扎木聂、笛子、二胡、扬琴、串铃等。

20. B 【解析】本题考查歌剧《伤逝》的曲作者。中国第一部抒情心理歌剧《伤逝》，由王泉、韩伟编剧，施光南作曲。

21. C 【解析】本题考查莫扎特的音乐风格。莫扎特一生阅尽人间沧桑、饱受痛苦，其音乐风格却永远清新纯净，并无阴暗晦怨之气。他几乎所有的作品都充满着朝气，予我们以阳光与微笑，因此被誉为“含着眼泪的微笑”。

22. B 【解析】本题考查西方音乐作品的体裁。《蝙蝠》是奥地利作曲家(小)约翰·施特劳斯的轻歌剧代表作，属于歌剧体裁。《维也纳森林的故事》是(小)约翰·施特劳斯的圆舞曲代表作，属于舞曲体裁。《四季》在这里可能是指俄罗斯作曲家柴可夫斯基创作的钢琴套曲，也可能是指意大利作曲家维瓦尔第创作的小提琴协奏曲，均不属于舞曲体裁。《培尔·金特》是挪威文学家易卜生创作的一部文学作品，格里格曾应邀为《培尔·金特》配乐，后改成两部组曲，也不属于舞曲体裁。

23. A 【解析】本题考查罗西尼的歌剧作品赏析。罗西尼是 19 世纪上半叶意大利重要的歌剧作曲家，AB 选项中的《威廉·退尔》《塞维利亚的理发师》均为罗西尼的歌剧代表作。其中，《威廉·退尔》是根据席勒的同名剧作创作的歌剧，歌颂了瑞士人民反抗异族压迫、争取民族独立的英勇斗争精神。《塞维利亚的理发师》是以法国作家博马舍的同名喜剧为蓝本而改编的。因此，本题应选 A。C 选项《卡门》是法国作曲家比才的歌剧代表作。D 选项《茶花女》是意大利作曲家威尔第的代表作。

24. B 【解析】本题考查奥尔加农的历史地位。奥尔加农产生于公元 9 世纪，是西方最早的复调音乐，以格里高利圣咏为固定调，在它的上方或下方加上一个被称为奥尔加农的附加声部，从而构成的二声部音乐。A 选项格里高利圣咏是单声部音乐；C 选项迪斯康特和 D 选项克劳苏拉都是在奥尔加农的基础上逐渐发展形成的复调音乐形式。

25. D 【解析】本题考查奥尔夫音乐教学体系的内容。奥尔夫教学法将儿童的身体作为乐器,通过身体动作进行音乐节奏训练。声势训练不需要其他教学用具,对场地和环境也没有特殊要求,是一种较为高效、使用较多的教学手段。奥尔夫提炼出世界各国民族舞蹈相通的四种基本形式,并以此对应传统和声的四个声部:跺脚对应男低音声部,拍腿对应男高音声部,拍手对应女低音声部,捻指对应女高音声部。

26. C 【解析】本题考查《大河之舞》的旋律。通过视唱可知,题干旋律选自《大河之舞》。《大河之舞》结合了踢踏舞、音乐与戏剧的艺术形式,以传统爱尔兰民族特色的踢踏舞为主,融合热情奔放的西班牙弗拉门戈舞,并汲取古典芭蕾与现代舞蹈的精华,营造出气势如虹、异彩纷呈的舞台场景。

27. B 【解析】本题考查豫剧代表剧目。A 选项《女驸马》为黄梅戏的代表剧目,B 选项《花木兰》为豫剧的代表剧目,C 选项《刘海砍樵》是湖南花鼓戏的代表剧目,D 选项《天仙配》也是黄梅戏的代表剧目。

28. A 【解析】本题考查《义务教育艺术课程标准(2022 年版)》的课程内容。《义务教育艺术课程标准(2022 年版)》课程内容"欣赏"类艺术实践包括:音乐情绪情感、音乐表现要素、音乐体裁形式、音乐风格流派。B 选项"声音与音乐探索"属于"创造"类艺术实践。C 选项"音乐与社会生活"属于"联系"类艺术实践。D 选项"乐谱识读"属于"表现"类艺术实践。

29. B 【解析】本题考查音乐教学方法的类别。"老师指导学生用竖笛吹奏主题旋律"强调的是实践性的教学方法,语境中没有体现模仿、语言、探究等教学方法。

30. B 【解析】本题考查声乐演唱知识。一般我们将人的声音分为高、中、低三个声区,低声区也称为胸声区,其共鸣是以胸腔为主,口腔、头腔次之;中声区也称混声区,其共鸣是以口腔、咽腔为主,头腔、胸腔次之;高声区也称头声区,其共鸣是以头腔为主,口腔、胸腔次之。

二、填空题

31. $^\#$A;$^\#$D

32. 变格进行;完全进行

33. 弦歌;相和歌

34. 工尺谱

35. 平行;上行;下行

36. 四;三

37.《翻身的日子》

38.《月光》

39. 吕利;拉莫;和声学

40. 听觉器官;演唱或演奏;听觉

三、连线题

41. 将下列作曲家与作品对应连接。

【答案】

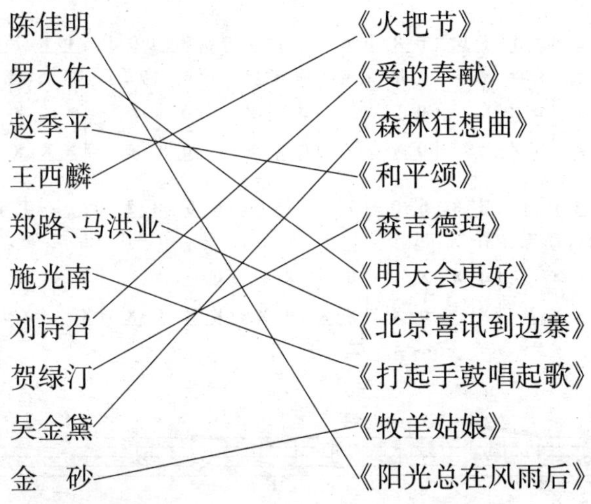

四、名词解释

42.《碣石调·幽兰》

【参考答案】《碣石调·幽兰》是南朝梁时人丘明的传谱,谱本是唐人的手抄本,是中国现存最早的琴谱,是目前仅见的一首文字谱。

“碣石调”源于相和歌“瑟调曲”中的《陇西行》,有可能吸收了少数民族的乐曲风格,因曹操填词首句为“东临碣石,以观沧海”而名“碣石调”。“碣石调”是一种曲调形式,“幽兰”是琴曲名称,指乐曲所表现的内容是描写兰花的,前人认为是借深山幽谷的兰花来抒发文人隐士的清高思想。其音调清丽沉郁,有“郁郁不得志”之意,全曲共四段,由一基本音调发展而成。

43. 百戏

【参考答案】百戏在汉代得到高度的发展。汉代的百戏,上承周代散乐,是多种民间艺术的汇合。它包括了角抵、杂技、魔术、歌舞等多种艺术形式。

五、写作题

44. **【参考答案】**

1=C $\frac{2}{4}$

6· 5 | 6 i 6 5 | 3 5 3 | 2 - | 5· 3 | 2 3 1 7 | 6 1 7 | 6 - ‖

45.【参考答案】

46.【参考答案】

【解析】F 调圆号的特点是实际的发音比记谱低纯五度，因此这类乐器记谱时应当高纯五度记谱。A 调单簧管的特点是实际的发音比记谱低小三度，所以这类乐器记谱时应当高小三度记谱。题干谱例是 F 调圆号的演奏谱（#F 调），那么应先将其移为低纯五度的乐谱（即 B 调），A 调单簧管的演奏谱又要移高小三度记谱，因此最终应移为 B 调上方小三度，即 D 调记谱。

47.【参考答案】

48.【参考答案】

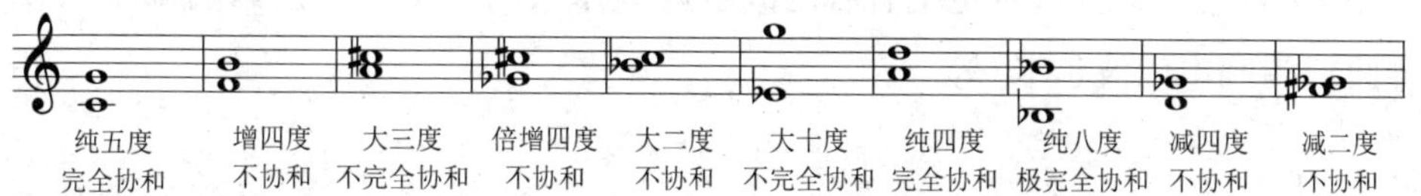

六、简答题

49. 请结合教学实践,谈谈影响合唱音准的因素。

【参考答案】(1)作品的速度:演唱快速度的合唱作品时音准容易偏高,演唱慢速度的作品时音准又容易偏低。

(2)演唱的力度:演唱强音时容易偏高,演唱弱音时音又容易偏低。

(3)作品的音域:当合唱作品音域较宽时,往往会因在不同音区或音域中发声控制不当,引起合唱音准的偏移,出现高音区音偏低,低音区音偏高的现象。

(4)作品的旋律:上行旋律音准容易偏高,下行旋律音准容易偏低。当合唱遇到半音阶进行、大跳、离调和转调、难咬的字等困难部分时,合唱音准最易偏离。

(5)作品的和声及调性:力度性和声的音容易偏高,色彩性和声应注意和声变化中变化音的倾向性和其他音不受变化音的影响而改变音高。

(6)演唱者的呼吸:演唱者吸气过多,音会容易偏低,吸气过浅,音容易偏高。

(7)演唱者声音的位置:演唱者歌唱的位置低,音容易偏低,歌唱的位置高,音容易偏高。

(8)合唱时的状态:演唱者排练姿势不正、精神不振等因素会影响歌唱发声时横膈膜的积极活动,使合唱音高偏低。

(9)合唱队员咬字、吐字的方法不统一,演唱时的歌唱情绪不稳定等也会影响合唱的音准。

50. 列举在西方音乐史上对圆舞曲体裁的发展做出突出贡献的两位作曲家,简述他们的主要成就及代表作品。

【参考答案】(1)(老)约翰·施特劳斯,奥地利作曲家,被称为"圆舞曲之父"。他的主要成就在于和兰纳共同确立了维也纳圆舞曲样式。他继承和发展了古典音乐中生活风俗性小品和舒伯特圆舞曲的传统,以民间连德勒舞曲、进行曲为基础,将维也纳圆舞曲的样式固定下来,即引子、五首有调性联系和情绪烘托的舞曲(有时舞曲数量略有增减)、尾声(以再现主要舞曲素材为主)。他的代表作品是《拉德斯基进行曲》。

(2)(小)约翰·施特劳斯,奥地利作曲家,被称为"圆舞曲之王"。他继承了父辈所创立的维也纳圆舞曲的样式,运用交响乐发展的手法,使全曲在结构上既有段落性,又有音乐的贯穿性，并将徐缓的小步舞曲、连德勒舞曲发展为快速圆舞曲。他的代表作品有《蓝色多瑙河》《维也纳森林的故事》《艺术家的生涯》《春之声圆舞曲》《皇帝圆舞曲》《雷鸣电闪波尔卡》等。

教师招聘考试小学音乐预测试卷(八)

答案速查

1~5	CCACD	6~10	ABDCC	11~15	AADCC
16~20	ADCCB	21~25	BABDD	26~30	ACDAC

一、单项选择题

1. C **【解析】**本题考查和声大调音阶与调式音级名称。调式中的下中音即Ⅵ级音。A 和声大调是在 A 自然大调的基础上将Ⅵ级音降低半音而构成的，其音阶为 A、B、$^\#$C、D、E、F、$^\#$G、A，其中的Ⅵ级音是在 A 自然大调Ⅵ级音($^\#$F 音)的基础上降低半音而得到的，即 F 音。因此本题应选 C。另外，B 项的$^\#$G 音是 A 和声大调的导音，即Ⅶ级音。

2. C **【解析】**本题考查同主音大小调定义及调号关系。B 大调的同主音小调是 b 小调，其调号是 D 大调的调号，为两个升号。

3. A **【解析】**本题考查反复记号的含义。“Dal Segno”的简写是“D. S.”，意为“从记号处反复”。因此本题应选 A。另外，C 项“Da Capo”在乐谱中一般缩写为“D. C.”，表示从头反复；B 项“Lento”和 D 项“Andante”均为速度术语，分别意为“慢板”和“行板”。

4. C **【解析】**本题考查基本力度标记的强弱顺序。ppp 是极弱，pp 是很弱，p 是弱，mp 是中弱，mf 是中强，f 是强，ff 是很强，fff 是最强。由强到弱排列是fff > ff > f > mf > mp > p > pp > ppp。

5. D **【解析】**本题考查三全音的含义。“三全音”指的是增四度或减五度音程，这两个音程都包含三个全音。

6. A **【解析】**本题考查音乐起源说的内容。题干描述体现的是音乐起源说中的“信息传递说”。“模拟自然说”主要是指模仿自然界的声音，如模仿鸟叫等；“巫术说”主要是指原始人类为祈求神明保佑而组织祭拜活动，产生的仪式音乐；“生性本能说”主要是指人类的音乐本能。

7. B **【解析】**本题考查原始及夏商时期的乐舞发展。夏代的《大夏》和商代的

《大濩》都是以“人”为歌颂对象，体现着统治者的意志，这是原始乐舞中前所未见的。由“颂神”转向“颂人”是夏商乐舞的时代特色。

8. D 【解析】本题考查减字谱的辨认和产生时期。观察图中的记谱法可知是减字谱。减字谱是由唐末琴师曹柔发明的一种记录琴谱的方法，这种方法不记录音名音高，也不记录节奏快慢，只记录左右手配合按弦、抚弦、弹奏的指法。

9. C 【解析】本题考查打击乐器的分类。云锣是由十件音高不同的小型平面锣用绳置于一架而成，是锣类乐器中能奏出不同音高的乐音性打击乐器。其余三个选项都是无固定音高的打击乐器。

10. C 【解析】本题考查歌剧《白毛女》首演喜儿的歌唱家。1945 年，我国创作的第一部新歌剧《白毛女》首演，由王昆出演女主角喜儿。

11. A 【解析】本题考查著名民族器乐作品的演奏乐器。《百鸟朝凤》是唢呐曲，《喜相逢》是笛子曲，《十面埋伏》是琵琶曲，《空山鸟语》是二胡曲。

12. A 【解析】本题考查铜管五重奏的乐器组成。铜管五重奏具备高中低音色，是由两支音色高亢的小号、一支高雅的圆号、一把长号和一把大号共同组成的。

13. D 【解析】本题考查著名古琴曲《胡笳十八拍》的赏析。《胡笳十八拍》是蔡琰(即蔡文姬)所作的一首琴歌，共分十八段，逐段倾诉她被掳、思乡、别子、归汉等一系列坎坷遭遇。A、B、C 三项均为古琴曲。

14. C 【解析】本题考查古琴的形制。古琴又称琴、瑶琴、玉琴、丝桐和七弦琴，是中国汉族传统弹拨乐器，有三千年以上历史。古琴音域宽广，音色深沉，余音悠远。扬琴、箜篌和筝都属于丝弦乐器，但都不符合“七弦十三徽”的形制描述。

15. C 【解析】本题考查剧种及其发源地。吕剧是山东省地方剧种，20 世纪初由民间说唱艺术“山东琴书”发展而成，1950 年定名为“吕剧”。越剧是发源并流行于浙江一带的地方剧种。豫剧又叫河南梆子、河南高调，是发源并广泛流行于河南一带的地方剧种。评剧是清末在河北滦州一带的小曲“对口莲花落”的基础上形成的，先是在河北农村流行，后进入唐山，称“唐山落子”。

16. A 【解析】本题考查赵元任的合唱作品。《海韵》是赵元任创作的大型合唱作品，《八路军大合唱》是郑律成的作品，《黄河大合唱》是冼星海的作品，《教我如何不想她》是赵元任创作的独唱歌曲。

17. D 【解析】本题考查管弦乐曲《红旗颂》中引用的歌曲音调素材。管弦乐曲《红旗颂》由中国作曲家吕其明创作，乐曲开始，小号奏出以《义勇军进行曲》为素材的引子，紧接着，弦乐奏出舒展、优美的颂歌主题，描写 1949 年 10 月 1 日，天安门广场上升起了第一面五星红旗的情景。

18. C 【解析】本题考查我国戏曲音乐的艺术特点。题干描述体现的是戏曲表演艺术的虚拟化特征。表演的虚拟化是以歌舞为主所必然形成的表演特征,即将大量的生活动作舞蹈化,而无需在舞台上搭置或绘制实景。

19. C 【解析】本题考查西洋管弦乐队的座位图。在西洋管弦乐队中,弦乐器放在最前排,铜管乐器和打击乐器放在最后排,木管乐器居中,色彩性乐器在最左边。图中“1”是第一小提琴的位置,“2”是木管乐器组的位置,“3”是低音提琴的位置,“4”是大提琴的位置。

20. B 【解析】本题考查常见曲式的结构图示。由基本主题的最初陈述及其若干次变化重复或展开所构成的曲式,称为变奏曲式。其结构为:A(主题) + A_1(第一变奏) + A_2(第二变奏) + A_3(第三变奏)……

21. B 【解析】本题考查小夜曲的起源。小夜曲源于欧洲中世纪游吟诗人黄昏或夜晚在恋人窗前所唱的爱情歌曲。这种歌曲多为男声独唱,常用吉他和曼陀林伴奏,流行于西班牙、意大利等国家。夜曲、前奏曲、无词歌都属于器乐体裁,与题意不符。

22. A 【解析】本题考查巴洛克时期的音乐特点与代表人物。巴洛克音乐构思巨大,结构严谨,感情表现单一而强烈,旋律流畅,气息宽广,音量宏大,强弱对比和音色对比鲜明而强烈,具有辉煌的效果,多用复调手法。该时期的代表人物有亨德尔、维瓦尔第、巴赫等。

23. B 【解析】本题考查莫扎特的歌曲作品。《渴望春天》是奥地利作曲家莫扎特于 1791 年创作的一首深受儿童喜爱的抒情歌曲,它以少年儿童纯真稚气、活泼生动的语言,表达了孩子们渴望满目绿色、鲜花盛开、小鸟歌唱的春天到来时的心情。

24. D 【解析】本题考查德国作曲家韦伯的杰出贡献。韦伯是德国浪漫主义歌剧的创始人,致力于德国民族歌剧的发展,他最重要的歌剧《魔弹射手》(也译为《自由射手》)标志着德国浪漫主义歌剧的诞生。

25. D 【解析】本题考查福雷的音乐贡献和称号。福雷,法国音乐家,他的主要创作领域是艺术歌曲,因此被称为“法国的舒曼”。

26. A 【解析】本题考查印度民族民间音乐的特点。塔拉是印度人对节奏节拍的总称。拉格是印度古典音乐的旋律框架,同时又是一种基本的音乐结构。塔兰泰拉是意大利的舞曲体裁。哈巴涅拉是古巴的舞曲体裁。

27. C 【解析】本题考查《义务教育艺术课程标准(2022 年版)》的教师培训建议。ABD 选项属于《义务教育艺术课程标准(2022 年版)》中的教师培训建议,C 选项“聚焦关键问题开展主题教研”属于教学研究建议之一。

28. D 【解析】本题考查探戈的相关知识。A 选项圆舞曲又称华尔兹，是旋律流畅、节奏轻快的三拍子舞曲，起源于奥地利北部的一种民间舞蹈。B 选项波尔卡是 19 世纪 30 年代起源于捷克民间的一种二拍子的舞曲。C 选项玛祖卡是起源于波兰的一种三拍子的民间舞曲。D 选项探戈是起源于阿根廷的一种双人舞蹈，旋律多为二拍子或四拍子，音乐节奏明快，切分音是探戈独特而鲜明的特征。

29. A 【解析】本题考查世界音乐教学法的教学内容和特点。达尔克罗兹是著名的音乐教育家，他于 1902 年创立了“体态律动”学说，并在这一学说的基础上建立了达尔克罗兹音乐教育体系，其教学实践由体态律动、视唱练耳和即兴训练三部分内容组成。

30. C 【解析】本题考查《义务教育艺术课程标准(2022 年版)》中课程理念的内容。《义务教育艺术课程标准(2022 年版)》的课程理念为：①坚持以美育人；②重视艺术体验；③突出课程综合。

二、填空题

31. 共同

32. 乐队首席；双簧管

33. 吕利；抒情悲剧

34. 三声中部；插部性中部

35. 第一小提琴；第二小提琴；中提琴；大提琴

36. 马林巴

37. 谷建芬

38. 百戏

39.《智取威虎山》

40.《乐话》《音乐通论》

三、连线题

41. 将下列作品与对应的剧种连接起来。

【答案】

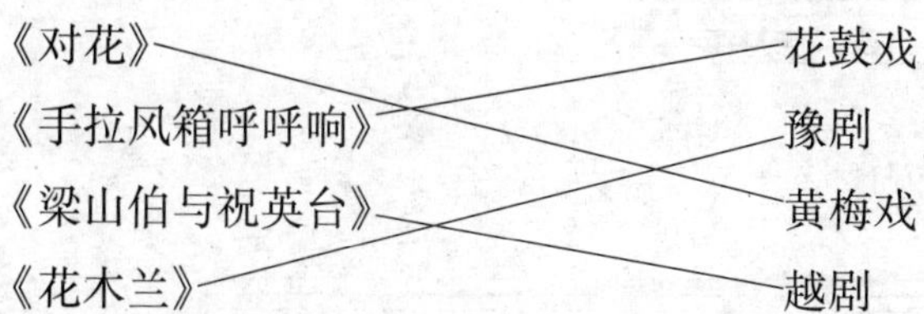

42. 将下列作品与对应民族民歌连接起来。

【答案】

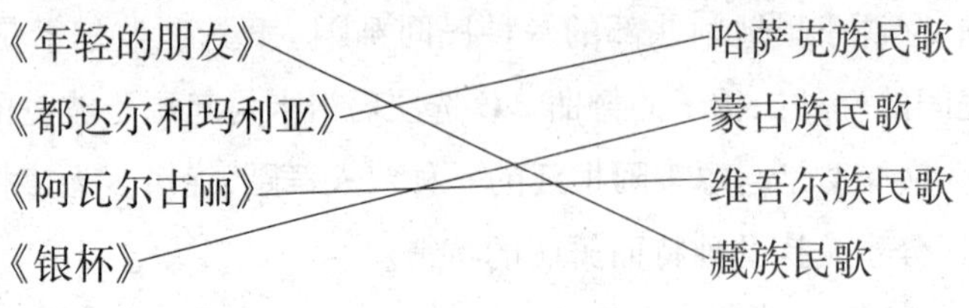

四、名词解释

43. 变声期

【参考答案】变声期是指男女少年进入青春发育期后,因喉头、声带等发声器官迅速生长发育与变化引起声音(音质、音色)明显发生变化的过程。女生在 13 ~ 15 岁、男生在 14 ~ 16 岁开始变声。男女声之间音色差别十分明显,男女声音高相差约八度。

44. 装饰音

【参考答案】用来装饰旋律的小音符及某些旋律型的特别记号,称为装饰音。常用的装饰音有四种:倚音、回音、波音、颤音。装饰音在各类声乐、器乐作品中都很常见,适量的使用对于润泽音乐语言、增强旋律性格、塑造音乐形象都有十分重要的作用。

五、写作题

45.**【参考答案】**

46.**【参考答案】**

47.**【参考答案】**(1)^{b}b 旋律小调音阶

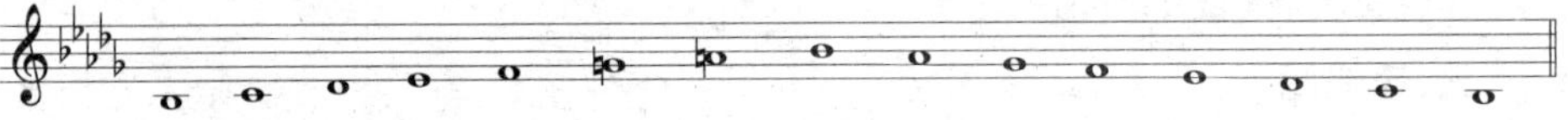

(2)以 D 为徵音的五声商调式音阶

(3)以 B 为闰的燕乐羽调式音阶

【解析】(1)♭b 小调与♭D 大调是关系大小调，调号相同，为五个降号。♭b 自然小调的第Ⅵ级音(♭G)、第Ⅶ级音(♭A)需升高半音，构成♭b 旋律小调，在降低半音的基础上升高半音，即♮G 和♮A。旋律小调在下行音阶时第Ⅵ、Ⅶ级音需要还原。

(2)以 D 为徵音，则 G 为宫音，A 为商音，调号为一个升号，该调式为 A 五声商调式，音阶为 A、B、D、E、G、A。

(3)以 B 为闰，则♯C 为宫，♯A 为羽，调号为七个升号，该调式为♯A 燕乐羽调式，闰音需在调号的基础上进行还原，即♮B。

六、分析题

48.【参考答案】

49.【参考答案】(1)两首歌曲分别是《蓝花花》和《茉莉花》;《蓝花花》属于 D 五声羽调式，《茉莉花》属于 A 五声徵调式。

(2)《蓝花花》流传于陕北地区，《茉莉花》流传于江苏地区。

(3)①陕北民歌是随着陕北人民的劳动生活和陕北的历史以及民俗活动而诞生并流传至今的。20 世纪 30 年代以前，陕北民歌是陕北人民依照自己的生活与习俗，在耕地、赶脚、过节等生活场景里，触景生情，即兴编唱出来的，逐步形成了高亢、豪放、粗犷、悠扬的风格，主要分为劳动号子、信天游、小调三类。这些民歌以口头传唱而流行，靠集体编创而繁盛，从不同侧面反映了陕北人民的生活、历史沿革和社会变迁。

②不论是平原上的山歌、城市中的小调还是秧田中的号子，江苏民歌都是柔婉华美的，这种风格特征同调式结构和旋法特征有关。江苏民歌以徵调式最为常见，宫、羽调式次之，商调式较少，角调式则罕见。在徵调式的旋律中，不强调宫、商两声，而角、羽两声则较为突出，因此旋律显得比较柔和。由于强调羽、角，在旋律中常出现“徵—角”“宫—羽”之间的三度进行，加之以回绕曲折的级进式旋法，使江苏民歌的旋律有清丽委婉、纤细柔美的特点。

除了调式和旋法的基本特征之外，江苏民歌还有色彩性乐汇和润腔特点。色彩性乐汇有连续下行级进，曲折级进、包含大跳等三种;润腔以纤细、精巧为特点，颤音幅度小，速度快，大多为单颤音。小三度的倚音、滑音比颤音多。此外，亦有许多以羽、角为中心音的旋律音型，成为它的色彩性乐汇，与润腔手法相结合，增添了柔婉细腻的风格特征。

七、简答题

50. 简述《义务教育艺术课程标准(2022 年版)》中，音乐学科 3 ~ 5 年级的学段目标。

【参考答案】《义务教育艺术课程标准(2022 年版)》中，3 ~ 5 年级的学段目标为：

(1)具有丰富的音乐情绪与情感体验，在与音乐作品的情感共鸣中焕发爱党、爱国、爱社会主义的情感，具有乐观的态度以及对美好事物的关爱之情；感知、体验、了解音乐的感性特征和审美特质，养成良好的欣赏习惯，能对音乐作品和音乐活动进行简单评价；增强对音乐的兴趣。

(2)能自信、自然地进行演唱、演奏、歌表演、律动、音乐游戏、舞蹈、戏剧表演等艺术活动，乐于表达自己独特的感受和想法，在实践中增强规则意识、责任意识和学习意志力等，发展交流与合作能力。

(3)对音乐保持好奇心和探究欲，能在探究、即兴表演和编创等艺术创造活动中展现个性和创意。

(4)增进对中国音乐文化的了解和喜爱之情，了解世界多元音乐文化，开阔文化视野。

(5)关注社会生活和社会文化中的音乐现象，对音乐与姊妹艺术、其他学科，以及个人、自然、生活、社会、科技的联系有初步的了解。

51. 请简述“奏鸣曲式”的定义，分析其运用场合以及基本框架图示。

【参考答案】(1)奏鸣曲式是以对比、发展和统一的原则为基础所形成的一种大型曲式。奏鸣曲式包含呈示部、展开部、再现部三个部分。

(2)奏鸣曲式广泛用于各种器乐独奏曲(如钢琴奏鸣曲、小提琴奏鸣曲)、室内乐(如弦乐四重奏)、协奏曲、交响曲等音乐体裁的作品中。

(3)奏鸣曲式基本框架图示：

结构	呈示部		展开部	再现部	
材料	主部 +(连接部)	副部 +(结束部)	展开呈示部的材料或引进新材料	主部 +(连接部)	副部 +(结束部)
调性	主调	从属调性	一系列自由选择的调性	主调	主调(调性服从)

教师招聘考试小学音乐预测试卷(九)

答案速查

1～5	ACD BCD B A ACD	6～10	D AC ABD C B
11～15	×√××√	16～20	√√√××

一、不定项选择题

1. ACD 【解析】本题考查记谱法的基本知识。A 选项是$^{b}b^{1}$,B 选项是 b,C 选项是$^{bb}d^{1}$,D 选项是$^{b}d^{1}$。

2. BCD 【解析】本题考查和声终止式的进行方式。全终止可分为三种:第一种用的是 D—T 的和声语汇,称为“正格终止”;第二种用的是 S—T 的和声语汇,称为“变格终止”;第三种用的是“S—D—T”的和声语汇,称为“复式终止”。A 选项中的 S—D 以属和弦结束,属于“半终止”。B、D 选项为正格终止,C 选项为变格终止,均属于全终止。

3. B 【解析】本题考查和弦所属调式。在自然大小调、和声大小调体系中,增三和弦仅能在和声大调的Ⅵ级音及和声小调的Ⅲ级音上构成。以^{b}B 音为根音的增三和弦是^{b}B－D－$^{\#}$F,将^{b}B 音作为和声大调的Ⅵ级音,可得出该调为 D 和声大调;再将^{b}B 音作为和声小调的Ⅲ级音,可得出该调为 g 和声小调。符合题意的只有 B 选项。

4. A 【解析】本题考查调式和声的功能。在调式和声中,Ⅰ、Ⅳ、Ⅴ级和弦分别属于主功能、下属功能和属功能和弦,Ⅲ级和弦因为包含调式的中音,所以具有主功能性,同时也包含属音和导音,即也具有属功能性,因此该和弦属于具有复合功能的和弦。

5. ACD 【解析】本题考查隋代七部乐的内容。隋初(隋文帝时)置七部乐,即国伎(后改称“西凉伎”)、清商伎、高丽伎、天竺伎、安国伎、龟兹伎、文康伎(后改称“礼毕”)。B 选项《高昌伎》是唐十部乐中的内容。

6. D 【解析】本题考查谭盾《风·雅·颂》的赏析。谭盾的弦乐四重奏《风·雅·颂》选取了《梅花三弄》《幽兰》等著名古琴曲和古老民歌的音调素材,并吸收近现代作曲手法,巧妙地运用了“主导音程”的结构布局;在和声上打破了传统的三度叠置和大小调的功能体系;在演奏上;把古琴、琵琶和二胡演奏手法,创造性地移植到弦乐四重奏中,使作品既古朴典雅,又具有强烈的现代特征。

7. AC 【解析】本题考查我国古乐曲赏析。《霸王卸甲》和《十面埋伏》都是著名的古代琵琶大套武曲,同样都是取材于楚汉相争的垓下之战。不同的是,《十面埋伏》

是以胜者刘邦的角度来描绘，而《霸王卸甲》则是以败者项羽的角度来描绘。《将军令》《夕阳箫鼓》也是我国著名琵琶古曲。

8. ABD 【解析】本题考查京剧的基本知识。京剧表演的四项基本功是唱、念、做、打。

9. C 【解析】本题考查挪威乐派的作曲家。19 世纪挪威人民争取民族独立的意识不断高涨，民族独立运动促进了挪威文化艺术的发展。19 世纪下半叶，挪威在文学、戏剧、音乐等多方面取得了卓越的成就，其民族乐派的形成是挪威许多音乐家共同努力的结果，但真正使挪威民族音乐走向世界的是格里格，他是挪威民族乐派的代表人物，也是第一位获得世界声誉的北欧作曲家。A 选项巴托克是匈牙利民俗音乐学家、作曲家、钢琴家、音乐教育家；B 选项格林卡是俄罗斯民族乐派的奠基人，被称为“俄罗斯民族音乐之父”；D 选项德沃夏克是捷克民族乐派的代表作曲家。

10. B 【解析】本题考查墨西哥民歌《拉库卡拉查》的音乐特点。《拉库卡拉查》是一首墨西哥民歌。整首歌曲曲调欢快，描绘了人们舞蹈时的一片欢乐景象，B 选项的描述有误。其他三个选项的描述均正确。

二、判断题

11. × 【解析】本题考查音的性质。音高由发音体振动的频率决定，频率快则音高，频率慢则音低，两者呈正相关。

12. √ 【解析】本题考查切分音的定义。一个音由弱拍或弱位开始，延续到下一个强拍或强位，这种改变了原来节拍强弱规律的方法称为切分法，由切分法形成的音，就称为切分音。切分音在一小节的都记成一个音符，跨小节的切分音写成两个音并加延音线。

13. × 【解析】本题考查音乐表情术语的含义。Dolce 表示“柔和、甜美地”。“刚健地”用“Vigoroso”表示。

14. × 【解析】本题考查黎锦晖的音乐贡献。1927 年，由黎锦晖创办的中国近代音乐史上最早的专门训练歌舞人才的培训机构“中华歌舞专门学校”建立，后又组建“中华歌舞团”（1929 年改组为“明月歌舞剧社”）。

15. √ 【解析】本题考查我国民族多声部音乐的类型。“侗族大歌”是一种结构较大的二声部或三声部民歌。“潮尔”是蒙古族多声部音乐概念的总称，泛指两个或两个以上的复音音乐形式。“蝴蝶歌”在瑶族二声部民歌中，用一种汉语方言演唱，内容以情歌为主，因为在歌中常出现“蝴的蝶”“蝶的蝶”“黄蜂”等衬词，故此得名“蝴蝶歌”。纳西族的“窝热”是流传数千年的集体民族习俗歌舞，参舞者手拉手围成圆圈，按顺时针方向踏歌，边唱边舞，男的发出“窝热热”的声音，女的伴声“哎嘿嘿”相应和，歌舞浑然一体,不用乐器伴奏,多声部之间刚柔并济。

16.√ 【解析】本题考查我国传统的声乐演唱特点。我国传统歌唱要求“情动于中而形于声”,也就是要先动情后发声,俗称以情促声、以声传情、声情并茂、声随字发、字领腔行。

17.√ 【解析】本题考查柯达伊的音乐教学方法。柯尔文手势是1870 年由柯尔文首创、用于训练音准的一套手势,用七种不同的手势代表音阶中固定的某一唱名,并通过在空间中不同的高低位置显示各音之间的高低关系。柯达伊教学法中使用柯尔文手势用以帮助儿童理解首调唱名体系中各音级之间的高低关系、调式音级倾向。

18.√ 【解析】本题考查柏林乐派的音乐特点。柏林乐派是18 世纪下半叶在柏林形成的一个乐派,代表人物是 C. P. E. 巴赫。这个乐派的特征主要反映在两个方面:(1)风格比较保守,音乐多采用对位手法,交响曲多为三个乐章;(2)这个乐派的贡献在于强调交响曲中的情感表达,信奉“情感主义”,比曼海姆乐派的音乐更动情。它把奏鸣曲式中呈示部的两个主题真正分开,扩大了展开部的发展,奠定了近代奏鸣曲的基础。

19.× 【解析】本题考查格里格的管弦乐曲《培尔·金特》。管弦乐《海上风暴之夜》选自挪威作曲家格里格创作的管弦乐《培尔·金特》第二组曲中的第三曲。

20.× 【解析】本题考查等和弦的定义。原位三和弦转位后,相邻两音的音程结构发生改变,随之音响效果也会发生改变。而等和弦是和弦的个别音或几个音做等音变换而产生的,这样的两个和弦孤立起来听时具有同样的音响效果,只是在音乐中的意义和记法不同,与音程转位无关,因此题干叙述错误。

三、写作题

21.【参考答案】

编花篮

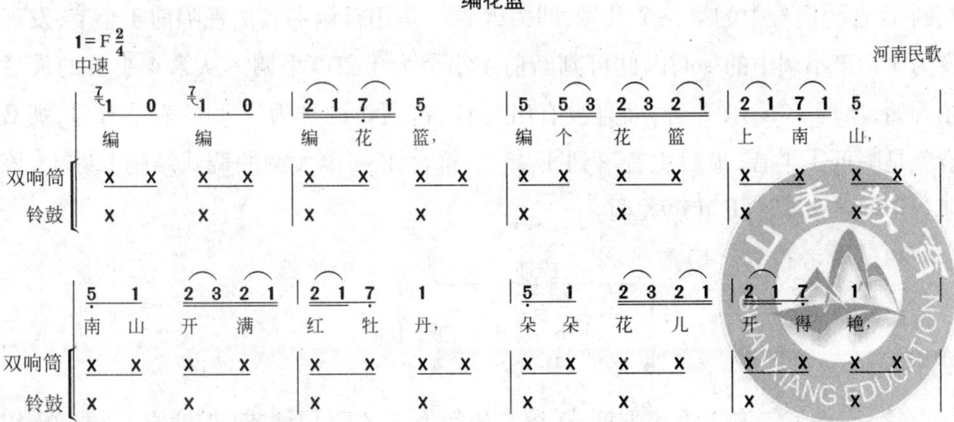

| 5. 1 2 5 | 5. 7 1 | 1. 2 5 6 5 | 5. X |
朵 朵 花 儿 开 得 艳， 银 个 丹 丹 （嗨）
双响筒 | X X X XX | X X X | X X X XX | X X X |
铃鼓 | X X | X X | X X | X X X |

| 2 3 2 1 1 | 5 5 3 2 3 2 1 | 5. 1 2 1 7 | 1 - ‖
银 牡 丹， 银 牡 丹 那 个 那 哈 咿 呀 嗨。
双响筒 | 0 X X X 0 | X X X 0 X X | 0 X 0 X X | X X X 0 ‖
铃鼓 | 0 X | X X | X X | X X X ‖

22.【参考答案】

1=D $\frac{2}{4}$

f
| 5. 5 5 6 | 5 - | 6 3 2 | 1 - | 1. 1 6 | 6. 1̇ | 6 5 4 3 | 2 - |
红 星闪 闪 放 光 彩， 红 星灿 灿 暖 胸 怀，

| 5. 5 1̇ | 1̇ - | 6 6. 5 | 3 - | 2. 2 6 5 | 4 3 2 1 | 5 - | 5 - |
红 星是 咱 工 农 的 心， 党 的光辉 照 万 代。
| 3. 3 6 | 6 - | 4 4. 3 | 3 - | 2. 2 6 5 | 4 3 2 1 | 5 - | 5 - |

| 5. 5 1̇ | 1̇ - | 2̇ 2̇. 1̇ | 6 - | 5. 1̇ 6 5 | 3 3 2 | 1 - | 1 0 |
红 星是 咱 工 农 的 心， 党 的光辉 照 万 代。
| 3. 3 6 | 6 - | 7 7. 6 | 6 - | 3. 5 6 5 | 3 3 2 | 1 - | 1 0 |

四、分析题

23.【参考答案】#f 和声小调转#F 和声大调

【解析】首先，看调号，谱例中的调号为两个升号。观察谱例，发现在谱例中出现了#G、#E、部分#A 音，可判断该旋律可能会有转调的情况，而且部分调号以临时升降号的形式出现在谱例中。

前 4 小节旋律中，A 音都未升高，出现有#G、#E 音，结合调号中的两个升号，可先判断#G 音为调号中的第三个升号，即为 A 调。运用首调唱名法视唱前 4 小节，发现#E 音为#f 和声小调中的#sol，因此可判断前 4 小节为#f 和声小调。从第 4 小节的最后一拍开始，出现了#A 和#E 音，而且没有出现 G 音，假设调号为#F 调的六个升号，那么 D 音就是降低了半音，最后主音落到#F 音上，符合#F 和声大调的调式结构。综上，该旋律为#f 和声小调转#F 和声大调。

24.【参考答案】(1)

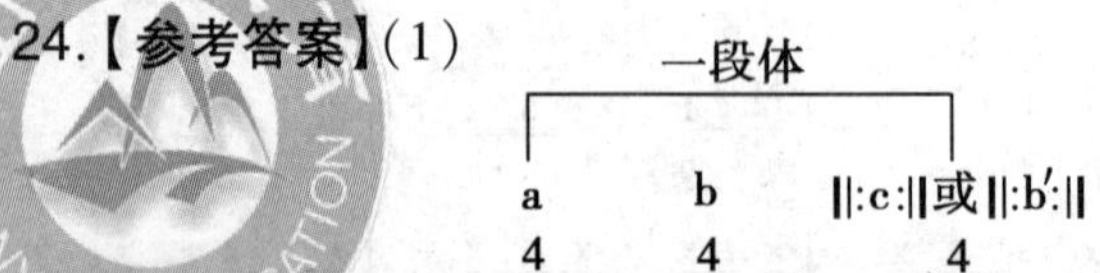

(2)第一乐句为 A 五声羽调式，第二乐句为 A 六声羽调式(加变宫)，第三乐句为

A 六声羽调式(加变宫)。

(3)该歌曲以轻松欢快的曲调塑造了一幅充满愉悦气息的画面。歌曲从羽音开始,$\frac{2}{4}$拍的节奏以及附点和休止符的运用使得歌曲轻松、愉快,第二乐句中加入了偏音变宫,使得民族色彩进一步加强。歌曲中六度的跳进以及后两句的重复又体现了劳动人民欢快喜悦的心情。旋律最终结束在羽音,形成了一首短小精悍的歌曲。

(4)第二乐句和第三乐句所用到的旋律发展手法为换头合尾。

【解题思路】本题主要考查三句式乐段的曲式结构分析、民族五声调式的判断、歌曲调式特点的分析、换头合尾旋律发展手法的辨析。解题思路具体如下:

(1)乐句划分:①题目中已经告知“歌曲分为三个乐句”,哼唱歌曲旋律,首先可以发现第 4、8、12 小节的第 2 拍后半拍均为休止,可感觉到明显的停顿感;②其次,可以发现第 4、8、12 小节的乐音均落在 A 音上,综合调式调性可知,A 为调式主音,则确定其终止式;③综合以上两点发现,可以划分出乐句结构,即第一乐句为第 1 ~4 小节,第二乐句为第 5 ~8 小节,第三乐句为第 9 ~12 小节。

(2)调式调性判断:①根据谱例前的调号,可确定歌曲属于 C 调;②首调视唱歌曲,可感受到歌曲具有明显的民族调式色彩,可进一步判定歌曲属于 C 宫调;③歌曲的第一乐句由 C、D、E、G、A 五个音构成,结束音为 A 音,C 音为宫,则 A 音为羽,为 A 五声羽调式;第二、三乐句均由 C、D、E、G、A、B 六个音构成,结束音均为 A 音,均为 A 六声羽调式(加变宫)。

(3)歌曲调式特点分析:主要从歌曲调式所表现出的民族色彩、情绪特点、旋律进行特点等方面进行分析。

(4)旋律发展手法辨析:对比歌曲第二句和第三句的音乐材料,可发现这两句的后两小节音乐材料完全相同,而前两小节的音乐材料不相同,符合换头合尾的旋律发展手法的特点。

五、简答题

25. 简述冼星海的群众歌曲创作特征及其历史意义。

【参考答案】(1)创作特征:①大多取材于现实生活,与当时的政治斗争联系密切,具有深刻的社会意义。②十分重视塑造工人、农民和革命群众的典型形象。③音乐形象鲜明生动,音乐语言通俗易懂,音乐构思清晰严谨。④音乐富于鲜明的民族特色、强烈的时代精神和生活气息。

(2)历史意义:他的音乐创作对中国近代音乐的发展产生了深远的影响。他的作品中既有西洋音乐创作技法的应用,又体现了中国民族音乐的风格,贯穿着爱国、救亡、抗日、反帝、反封建等革命斗争主题,具有强烈的时代感和鲜明的形象性,易于群众接受。

26. 简述相和大曲、燕乐大曲的结构特征。

【参考答案】(1)相和大曲是相和歌的最高发展形式,是一种歌、舞、乐并用,有一定复杂结构形式的作品,结构包括"艳""曲""解""趋"四个部分。"艳"是华丽、婉转的抒情段落,一般在曲前,有带歌词和不带歌词两种,相当于"前奏";"曲"是正曲,大曲的主要组成部分,集歌唱、器乐、舞蹈三位一体;"解"是器乐伴奏下的舞蹈部分,它的速度是快速、急剧的,情绪是热烈、奔放的;"趋"的速度比较急促,常用在一曲末尾,相当于"尾声"。因此,相和大曲是器乐、声乐和舞蹈三者组合而成的综合艺术,篇幅较长,解数较多。

(2)唐代大曲又称燕乐大曲,是一种综合器乐、歌唱和舞蹈的多段结构的大型歌舞音乐,其形式与规模较之汉魏的相和、清商大曲有着更高程度的发展。杨荫浏将唐代大曲分为三个部分:①散序——节奏自由,器乐独奏、轮奏或合奏。②中序、拍序或歌头——节奏固定,慢板;歌唱为主,器乐伴奏;舞或不舞不一定。③破或舞遍——节奏几次改变,由散板入节奏,逐渐加快,以至极快;舞蹈为主,器乐伴奏,歌或不歌不一定,一般大曲皆在急促的节拍中结束。

27. 简述《义务教育艺术课程标准(2022 年版)》中的课程总目标。

【参考答案】通过义务教育艺术课程的学习,学生应达到以下目标:

(1)感知、发现、体验和欣赏艺术美、自然美、生活美、社会美,提升审美感知能力。

(2)丰富想象力,运用媒介、技术和独特的艺术语言进行表达与交流,运用形象思维创作情景生动、意蕴健康的艺术作品,提高艺术表现能力。

(3)发展创新思维,积极参与创作、表演、展示、制作等艺术实践活动,学会发现并解决问题,提升创意实践能力。

(4)感受和理解我国深厚的文化底蕴和党的百年奋斗重大成就,传承和弘扬中华优秀传统文化、革命文化、社会主义先进文化,坚定文化自信,铸牢中华民族共同体意识。

(5)了解不同地区、民族和国家的历史与文化传统,理解文化与构建人类命运共同体的关系,学会尊重、理解和包容。

六、教学设计题

28.【参考设计】

《小溪流水响叮咚》

一、教学目标

1. 审美感知:聆听歌曲,体会歌曲的基本情绪。

2. 艺术表现：能用亲切自然、富有力度变化的声音有感情地演唱歌曲。

3. 创意实践、文化理解：用自制的打击乐器为歌曲伴奏，形成“音乐就在我们身边”的意识，以及寻找生活中“美的音响”的意识。

二、教学重难点

1. 教学重点：能用优美的声音完整、流畅地演唱《小溪流水响叮咚》。

2. 教学难点：打击乐器伴奏演唱。

三、教学过程

（一）组织教学

1. 听着歌曲《小溪流水响叮咚》的伴奏进教室。

2. 师生问好。

（二）教学导入

1. 师：同学们，我们今天这堂课的主角是一位大自然的朋友，一起来听听它的声音，它是谁？

播放课件（溪水声）。

生：溪流。

师：你能模仿一下吗？

2. 师：看来同学们对大自然中的声音都非常敏感。在美丽的山谷中，小溪快活地流动着，听它的歌声：

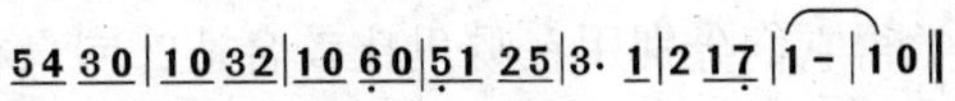

54 30 | 10 32 | 10 60 | 51 25 | 3· 1 | 2 17 | 1 - | 10 ‖

（1）出示乐谱，师范唱。

师：你听出了什么？（让学生说说哪里是欢快的，哪里是优美舒缓的，为什么这样觉得。若学生答不出来，老师可以再范唱一次）

（2）出示曲谱，学唱曲谱。

师：今天咱们来挑战一下曲谱，还记得吗？让老师来帮助你们。（跟琴唱）

（三）学唱歌曲

1. 师：你们的声音真动听，仿佛一条小溪从我眼前流过。今天我们就来学习这首《小溪流水响叮咚》。听完以后告诉大家，歌曲带给你怎样的感受？

2. 师范唱。

3. 学唱第一段。

（1）用“u”跟琴唱。

（2）学生默唱第一段歌词。

(3)学生跟琴学唱歌曲第一段,学生自己找出难点并解决。

4. 学生跟琴学唱歌曲第二段。

5. 随钢琴带感情地演唱整首歌曲。

6. 教师范唱。(突出强弱和音乐情绪)

歌曲处理:指导学生讨论如何更好地演唱歌曲,表现出歌曲的内容和意境。(从音色、速度、力度等方面发表意见)

7. 集体有感情地跟伴奏音乐演唱歌曲。

(四)拓展延伸

1. 自制乐器——碗琴和沙球。

师:同学们都成了一条快乐的小溪流,老师都被你们深深地感动了,因此我真的把小溪的歌声带来了。(敲击碗琴,让学生猜是什么乐器,提问学生为什么音有高低,请学生来尝试)

师:我可以用碗琴来表现溪水的声音。在美丽的山谷中,还有那么多动听的声音,我们可以如何去表现呢?

师:老师这里分别有两条节奏:① X0 X0 | X0 X0 |;② X 0 | X 0 |。

(拿出沙球)你看,它们分别适合用哪个乐器来演奏。(沙球练习)

2. 分组讨论怎样用上面两种节奏型为歌曲伴奏。

师:你们的节奏感都很好。接下来,老师再来考考你们,刚才的两种节奏型都想为小溪流伴奏,那么你们觉得它们分别用在哪里比较合适?同桌相互讨论一下,请同学来回答。

3. 课件展示节奏,学生随伴奏演唱并用手打节奏。

师:你们表现得都不错,那么,我们一起来看一看,老师是怎么把它们组合起来的。跟着老师一起来学习自制打击乐器的演奏。

师:风吹树叶的“沙沙”声,泉水的“叮咚”声,同学们优美的歌声交织成了一片,好像大自然中独一无二的交响曲。同学们,此刻你有什么感受吗?(学生自由回答)

(五)小结

师:最后,我想对你们说,大自然很大、很美、很神奇,让我们去尽情挖掘她,从她身上找寻出更多的音乐吧。(踏着《小溪流水响叮咚》的节拍走出教室)

教师招聘考试小学音乐预测试卷(十)

答案速查

1~5	BAADD	6~10	ADDCA	11~15	CCCAB
16~20	DDACC	21~25	DBABB	26~30	CCCDB

一、单项选择题

1. B 【解析】本题考查调号的具体运用。A 选项#F 自然大调的主音是#F,调号为 6 个升号;B 选项以#E为导音的和声小调,即#f 和声小调,其调号和 A 大调的相同,为 3 个升号;C 选项以 E 为Ⅱ级音的和声大调,即 D 和声大调,调号为 2 个升号;D 选项以#D为变宫的雅乐羽调式,即#C 羽调式,属于 E 宫系统调,调号为 4 个升号。

2. A 【解析】本题考查谱号和首调唱名法的应用。首调唱名法是一种基于调式的唱法,它把大调式的主音唱作 do,其他依次唱作 re、mi、fa、sol、la、si;把小调式的主音唱作 la,其他依次唱作 si、do、re、mi、fa、sol。题中谱表为低音谱表,调号为两个升号,若在大调中,则为 D 大调,其主音为 D,用首调唱名法,把 D 音(低音谱表第三线的音位)唱作 do,那么谱表中的音符则唱作 la。

3. A 【解析】本题考查乐音体系中各音区的高低顺序。由下面钢琴键盘中的音的分组可知,选项中的音区从低到高依次为大字一组、大字组、小字组、小字一组。

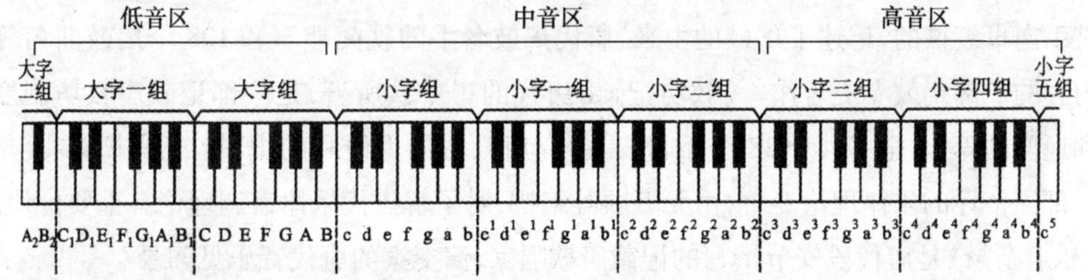

4. D 【解析】本题考查音程转位的含义及识别。音程的根音和冠音相互颠倒叫作“音程的转位”。题干音程为 C~ᵇA,其转位音程必定为ᵇA~C,因此通过降号可以直接排除②。根据谱号的对应音位,可发现③中的音程为ᵇC~E,①④中的音程都为ᵇA~C,因此本题选 D。

5. D 【解析】本题考查调式音级的类别。调式体系中的各音叫作调式音级。调式音级的级数是用罗马数字来标记的,其中Ⅰ、Ⅲ、Ⅴ级是稳定音级,Ⅱ、Ⅳ、Ⅵ、Ⅶ级是不稳定音级,Ⅰ、Ⅳ、Ⅴ级是正音级,Ⅱ、Ⅲ、Ⅵ、Ⅶ级是副音级。

6. A 【解析】本题考查拉莫在和声学方面的突出贡献。拉莫是法国著名的作曲家、管风琴家、音乐理论家。他于 1722 年发表的《和声学教程》,奠定了近代和声学理论。

7. D 【解析】本题考查假再现的定义。音乐再现时一般是主题和调性同时再现。在三部曲式中,如果在中部临结束时,第一乐部的主题在别的调上出现,那还不能称为再现,而被称为“假再现”。假再现是不完整的,一般只出现主题中富有特色的部分,它一般作为真再现的过渡或预示。

8. D 【解析】本题考查交响曲四个乐章的典型范式。交响曲通常分为四个乐章:第一乐章,快板的奏鸣曲式;第二乐章,稍慢或慢板的抒情风格的三部曲式或变奏曲式;第三乐章,快板或稍快的小步舞曲(贝多芬后改为谐谑曲);第四乐章,快板或急板的奏鸣曲式、回旋曲式、奏鸣回旋曲式或变奏曲式。

9. C 【解析】本题考查我国民族乐器的辨认和八音分类法的分类。题干乐器是柷。柷,打击乐器,方形,用木棒敲击,用于演奏宫廷的雅乐,其演奏表示乐曲的开始。柷是由木材制成的乐器,属于八音分类法中的“木”类乐器。

10. A 【解析】本题考查丁善德的作品赏析。丁善德的《快乐的节日》由五个乐章组成,即《郊游》《扑蝶》《跳绳》《捉迷藏》《节日舞》。《新疆舞曲第二号》是丁善德创作的钢琴独奏作品。

11. C 【解析】本题考查琵琶的音色特点。“大珠小珠落玉盘”出自白居易的《琵琶行》,描述琵琶的声音就像“大珠小珠一串串掉落玉盘”。

12. C 【解析】本题考查我国古代乐律学理论著作。《羯鼓录》是由唐代著名羯鼓手南卓编撰的,记述了羯鼓的由来、唐代羯鼓名手的轶闻趣事和 128 个羯鼓曲名等内容的一部羯鼓专史著作。《教坊记》由唐代的崔令钦所著,是一部记载唐教坊制度和逸闻的著作,全书共分 28 个条目,是研究唐教坊最为便利的史料。《乐书要录》是一部通俗性的乐律理论专著,由元万顷等编撰,对了解唐代乐律宫调理论有重要价值。《乐府杂录》是唐代段安节撰写的记载唐歌唱家、演奏家的唐代音乐见闻录。

13. C 【解析】本题考查古琴名曲《流水》的相关知识。《高山流水》原为一曲,自唐代以后《高山》与《流水》分为两首独立的琴曲。1977 年 8 月,美国发射的“航行者”号太空船上,放置着一张可以循环播放的喷金的铜唱片,其中录有地球上大自然和人类的各种声音,包括中国著名古琴家管平湖先生演奏的古琴曲《流水》。

14. A 【解析】本题考查孔子的音乐思想。孔子主张“仁”“礼”的音乐思想,提倡“乐而不淫,哀而不伤”;老子否定人为的音乐,认为“五色令人目盲,五音令人耳聋,五味令人口爽”,他的音乐观是“大音希声”,提出音乐的最高境界是无声之乐;荀子是战国后期儒家学派的代表人物,他认为人们之所以需要音乐,是因为音乐能够配合统治阶级的文治武功，调和各方面的矛盾而求得统一，最后达到“天下大齐”的目的；庄子认为“人籁”（人为创作的音乐）、“地籁”（大自然的音响），不如“天籁”（宇宙间的音响），提倡一种自然、神化的音乐。

15. B 【解析】本题考查黄自的音乐贡献。《都市风光幻想曲》是黄自创作的电影音乐；《怀旧》是黄自在美国耶鲁大学留学期间创作的管弦乐作品，也是中国作曲家创作的最早的管弦乐作品，并于 1929 年在美国耶鲁大学音乐学院的毕业音乐会上公演；《中国狂想曲》是冼星海 1945 年创作的中国第一首“管弦乐狂想曲体裁”的作品；《台湾舞曲》是江文也创作的管弦乐曲。

16. D 【解析】本题考查冼星海《黄河大合唱》的相关知识。冼星海是我国抗日战争时期伟大的音乐家，他以音乐作为武器抨击着侵略者，鼓舞着战士的雄心。在他短暂的创作生涯里谱写出了大量优秀的作品。其中谱写的宏伟篇章《黄河大合唱》被周恩来题词说：“为抗战发出怒吼，为大众谱出呼声！”

17. D 【解析】本题考查贺绿汀的歌曲作品。《到敌人后方去》是冼星海所作的歌曲，《牧童短笛》是贺绿汀所作的钢琴曲，《延安颂》是郑律成所作的歌曲，《游击队歌》是贺绿汀所作的歌曲。

18. A 【解析】本题考查说唱艺术中“南弹北鼓”的概念。说唱艺术中“南弹”是以苏州弹词为代表，“北鼓”是以京韵大鼓为代表。

19. C 【解析】本题考查中国民族打击乐器的分类。根据发音体材质的不同，中国民族打击乐器可分为响铜类、响木类和皮革类三类。响铜类指铜制的打击乐器，包括大钹、小钹、大锣、小锣、云锣、碰铃等。响木类指木制的打击乐器，包括梆子、木鱼、板等。皮革类指运用了皮革的打击乐器，包括大鼓、小鼓、板鼓、排鼓、象脚鼓等。A 选项碰铃和 B 选项钹属于响铜类，C 选项排鼓属于皮革类，D 选项梆子属于响木类。

20. C 【解析】本题考查桑桐的无调性音乐代表作。小提琴与钢琴曲《夜景》由桑桐作于 1947 年，为我国第一首无调性音乐作品。该曲是一首标题性乐曲，意图表现静夜湖边，林中夜莺鸣啭，一位诗人独自在湖边徘徊，时而哀伤、时而激昂，最后只有夜莺的歌声和诗人哀吟的余音的情景。同年，桑桐创作了钢琴独奏曲《在那遥远的地方》，是以同名青海民歌为素材，采用了自由无调性的和声处理方法写成。

21. D 【解析】本题考查中世纪僧侣规多的突出贡献。西方中世纪时期的僧侣规多确立了四线谱，并用赞美歌韵开始的拉丁文音节 ut、re、mi、fa、sol、la 来教唱 C、D、E、F、G、A 六个音，于是唱名就出现了。

22. B 【解析】本题考查莫扎特在协奏曲方面的特殊贡献。莫扎特在巴洛克协奏曲的基础上，确立了 18 世纪古典主义协奏曲的结构模式，成为近代协奏曲形式的创始人。他在巴洛克协奏曲快—慢—快三乐章结构的基础上，第一乐章采用“双呈示部”的奏鸣曲式结构，在第一乐章的尾声前，经常有独奏乐器的“华彩乐段”；第二乐章用慢板；第三乐章多采用回旋曲式或奏鸣回旋曲式，速度比第一乐章要快，情绪也更为热烈。

23. A 【解析】本题考查奥芬巴赫及其代表作品。《美丽的海伦》是奥芬巴赫的三幕轻歌剧代表作，1864 年首演于巴黎，由曼尔哈克与哈列维撰写脚本。

24. B 【解析】本题考查艺术的门类。按照艺术分类的不同原则和角度，在近现代艺术理论中出现了多种分类方法，其中最主要的有五种，分别为艺术形态的存在方式、对艺术形态的感知方式、艺术作品对客观世界的反映方式、艺术作品的物化形式、艺术形态的物质存在方式与审美意识物态化的内容特征。以艺术形态的存在方式为标准，可分为时间艺术、空间艺术和时空艺术。

25. B 【解析】本题考查格罗菲的《大峡谷组曲》赏析。作品《大峡谷组曲》共分为五个乐章：第一乐章《日出》，第二乐章《五光十色的沙漠》，第三乐章《羊肠小道》，第四乐章《日落》，第五乐章《大暴雨》。

26. C 【解析】本题考查日本民歌《樱花》的旋律及音乐特点。从谱例可以看出，歌曲旋律线较为平缓，级进居多，C 项的描述与谱例不符。都节调式是日本民歌的特色调式之一，由 mi、fa、la、si、do 五个音构成。

27. C 【解析】本题考查歌曲《大江东去》的曲作者。《大江东去》是我国著名音乐家青主于 1920 年在德国留学期间创作的，它是中国“艺术歌曲”的开山之作。其歌词来源于北宋豪放派诗人苏轼的代表作《念奴娇·赤壁怀古》。青主在创作上借用了西方的作曲技法。

28. C 【解析】本题考查伦巴舞的流行国家。伦巴，拉丁舞项目之一，源自 16 世纪非洲黑人的民间舞蹈，流行于拉丁美洲，后在古巴得到发展，所以又叫“古巴伦巴”。

29. D 【解析】本题考查《义务教育艺术课程标准（2022 年版）》课程实施中的教学建议的内容。《义务教育艺术课程标准（2022 年版）》课程实施中的教学建议有 5 条，分别为：（1）坚持育人为本，强化素养立意；（2）重视知识内在关联，加强教学内容有机整合；（3）注重感知体验，营造开放的学习情境；（4）善用多种媒材，有机结合继承与创新；（5）建立激励机制，激发学生的艺术潜能。

30. B 【解析】本题考查《义务教育艺术课程标准（2022 年版）》音乐学科中 3 ~ 5 年级的学业要求。“能运用生活中的物品自制简易乐器，为歌曲伴奏或表现音乐情境”属于《义务教育艺术课程标准（2022 年版）》中音乐学科 3 ~ 5 年级的学业要求。CD 两项的学段划分有误。

二、填空题

31. 增二度;减七度;减四度;增五度

32. 近关系转调

33. 纯十一度;小七度

34. 变格终止;正格终止

35.《大武》

36.《成相篇》

37. 体态律动

38. 黄自;廖辅叔

39.《桃金娘》;《诗人之恋》;《妇女的爱情与生活》

40. 立德树人;核心素养

三、匹配题

41.【答案】IHDGEBCAFJ

四、名词解释

42. 歌舞伎

【参考答案】歌舞伎是日本典型的民族表演艺术,产生于 17 世纪日本江户时期,是一种融舞蹈、对白、歌唱、器乐于一体的综合性舞台艺能。

43. 鱼咬尾

【参考答案】鱼咬尾是指前一乐句的结束音和下一乐句的第一个音为同一个音或相差八度的音的结构,也叫衔尾式、接龙式,是中国传统音乐的一种结构形式,也是音乐的一种创作手法。

五、写作题

44.【参考答案】

45.【参考答案】

♯c 小调　B 大调　♭e 小调　f 小调　A 大调　♭D 大调　♭E 大调　g 小调

六、调式判断

46. b 和声小调

【解析】首先,看调号,该旋律的调号为两个升号,假设为 D 调;然后,首调视唱该旋律，出现了$^\#$sol；最后，找主音，旋律最后落在B音上。综上，该旋律符合b和声小调升高第Ⅶ级音的结构特征，因此判断该旋律为b和声小调。

47. F五声商调式

【解析】分析谱例，首先，总体上可感知这段音乐具有明显的民族调式风格；其次，谱例中总共只出现了五个音，即^{b}B、C、^{b}E、F、G，根据五声调式中唯一的宫音和角音之间的大三度特性音程，对照谱例中^{b}E和G之间构成的唯一的大三度，可判定^{b}E为宫；最后，谱例结束音落在F音上，由此可判定这段旋律为F五声商调式。

48. g和声小调转^{b}B自然大调

【解析】分析谱例，首先，总体上可感知这段音乐具有明显的西洋大小调式风格；其次，根据调号及谱例中的临时变音记号，判定这段音乐属于^{b}B调；再次，根据谱例中第1～10小节中$^\#$F音的固定半音变化形成的增二度特性音程，综合考虑第1～10小节在旋律上幽暗的小调色彩，可判定第1～10小节的音乐为g和声小调；最后，根据第11～16小节中F音的还原，综合考虑第11～16小节在旋律上明亮的大调色彩，尤其是第11小节F音到^{b}B音所表现出的明确的属到主的倾向性以及第15～16小节明确的属（F音）到主（终止在^{b}B音上）的正格终止，可以判定这段音乐从第11小节开始转调到^{b}B自然大调上，即第11～16小节为^{b}B自然大调。

七、简答题

49. 试述肖邦的钢琴音乐创作特征。

【参考答案】肖邦，波兰钢琴家、作曲家，被誉为“钢琴诗人”。他的作品几乎都是为钢琴而写的。肖邦继承和发展了波兰民族音乐文化传统，同时创造性地吸取了欧洲古典和浪漫主义时期音乐的成就，开拓了近、现代钢琴艺术的新天地；在挖掘和丰富钢琴的表现力、扩大和提高钢琴的表现范围上，具有卓越的贡献。肖邦的钢琴音乐创作特征如下：

（1）他在钢琴音乐的体裁形式运用方面是个大胆的改革者，从思想内容的表现出发，既不抛弃传统结构，又不受其约束，创造了许多内容形式统一的独特形式，他还把一些原来简单的民间舞曲发展成大型的，甚至是史诗性的作品；

（2）他的作品极富个性，既有浓郁的波兰民谣气息，又有高贵的诗人气质，他很少使用民歌旋律，但始终保持波兰民族音乐的调性和节奏特征；

（3）他的钢琴旋律气息宽广，优美如歌，但又是器乐化的，常为旋律加上双音和装饰音，使旋律线条柔顺平滑，他重视调的色彩，调性的变化常起到明暗对比的作用；

（4）他的和声具有典型的浪漫主义音乐特色，他经常不遵守传统和声学原则，而是根据音乐表现需要，进行色彩性安排，造成冲突与对比效果，但在整个和声布局上，仍保持着清晰的功能逻辑；

(5)他的节奏带有民族特征,爱用自由节奏,突出幻想和奔放的性格特点；

(6)钢琴踏板的有效运用,也大大丰富了钢琴的表现力。

50. 简述《义务教育艺术课程标准(2022年版)》音乐学科第一学段学习任务2聆听音乐的教学提示。

【参考答案】《义务教育艺术课程标准(2022年版)》音乐学科第一学段学习任务2聆听音乐的教学提示包括以下三项内容：

(1)教学策略建议。在教学中坚持听觉为先的教学原则。无论通过何种方式聆听或体验音乐,都要引导学生将注意力集中到音乐上,并给予学生充分的时间聆听音乐。适当结合多媒体、图画、图形谱、律动或语言引导等方式辅助聆听,调动学生多感官参与聆听活动,但切不可"喧宾夺主",避免对音乐聆听和想象造成干扰。根据音乐特点和学习目标,设计游戏化的体验方式,鼓励学生通过身体动作、语言描述或色彩、线条等方式表达自己的感受,表现音乐要素和音乐特点。

(2)情境素材建议。低年级学生聆听的曲目,应以形象鲜明、主题突出、结构短小的标题音乐为主。情境创设应联系学生的生活,将生活中各种声音的高低、快慢、强弱、长短、音色等与相关音乐要素建立联系,引导学生将已有的生活经验迁移到音乐相关学习内容上,逐步将生活经验转化为音乐经验。

(3)学习活动建议。学习活动应体现生活化、趣味化、情境化等特点,可根据形象鲜明、结构短小的音乐设计相应的游戏活动或情境表演,让学生在游戏和表演中更好地感受、体验音乐的特点,领略艺术形象。

图书反馈

重磅！真题有奖征集！

「凡提供当年度考试真题者，根据真题完整度，可获得500元以内现金奖励。」

具体请联系QQ:1831595423

（温馨提示：所提供真题须是当年度考试真题，且真实有效。）

联系方式：400-600-3363　　研发部QQ：1831595423

招教网
招考资讯平台

山香官网
考编服务平台

山香网校
线上学习平台

图书订正链接
勘误更新平台